中国快递服务的空间组织

林涛 等 著

科学出版社
北 京

内 容 简 介

本书基于交通地理学研究的前沿领域之一——现代物流的空间内涵，针对中国快递服务业，从快递服务的地理学研究动态入手，在阐明快递网络基本内涵的基础上，对快递企业的空间组织、区域转运中心空间布局、快递运输方式及其所依赖的运输线网、快递服务网络空间组织、快递服务的区域城市网络和区域空间结构等进行比较深入的探索和分析，揭示了中国快递企业和快递服务业的基本空间组织状态。

本书可供快递企业、快递服务行业（交通运输、仓储和邮政业）以及区域规划、城市规划的决策者及相关的研发人员、科技工作者等参考，也可作为地理、城乡规划、交通运输工程等专业的高等院校和科研院所师生的参考书。

审图号：GS(2021)1653号

图书在版编目(CIP)数据

中国快递服务的空间组织/林涛等著. —北京：科学出版社，2022.6
ISBN 978-7-03-072381-9

Ⅰ. ①中… Ⅱ. ①林… Ⅲ. ①快递-服务业-研究-中国 Ⅳ. ①F632

中国版本图书馆CIP数据核字(2022)第089891号

责任编辑：李秋艳 赵 晶/责任校对：邹慧卿
责任印制：吴兆东/封面设计：蓝正设计

科学出版社 出版
北京东黄城根北街16号
邮政编码：100717
http://www.sciencep.com
北京中科印刷有限公司 印刷
科学出版社发行 各地新华书店经销
*
2022年6月第 一 版 开本：787×1092 1/16
2023年7月第二次印刷 印张：17 1/2
字数：414 000

定价：150.00元

（如有印装质量问题，我社负责调换）

前　言

1907 年，世界上第一家快递公司美国联合包裹速递服务公司（UPS）于美国西雅图成立。1971 年，联邦快递（FedEx）在美国小石头城成立，开创了隔夜递送包裹的历史。1979 年，中国对外贸易运输（集团）总公司率先与日本 OCS 快递公司签订了第一份快递代理合同，在中国开展国际快递业务，标志着快递业正式进入中国。1980 年，中国邮政开办全球邮政特快专递业务，开创了我国的快递业务。1984 年，中国邮政开办国内特快专递业务，一年后成立中国速递服务公司，全面开展快递业务。1984 年，FedEx 开始在中国和日本开展快递业务。1986 年，全球快递、物流业的领导者德国敦豪国际航空快递公司（DHL）与中国对外贸易运输（集团）总公司各注资 50%成立中外运敦豪。1988 年，UPS 进驻中国。到 1992 年，中国的快件量接近 1000 万件，时值邓小平“南方谈话”，随后我国开启了新一轮改革开放热潮，经济进入新的发展时期，一批民营企业敏锐地抓住了这个巨大机遇，我国快递业开始勃兴。

1993 年，顺丰速运和申通快递分别在珠江三角洲（简称珠三角）、长江三角洲（简称长三角）地区成立，1994 年宅急送在北京成立，1999 年韵达速递成立，2000 年圆通速递成立，2002 年中通快递成立，2003 年百世快递的前身汇通快运成立……这一批民营企业为快递业的发展注入强大的生机和活力。2003 年 5 月，DHL 正式在中国开展国内快递业务。2004 年，FedEx 在上海设立中国区总部。2005 年，中国按照世界贸易组织（WTO）协议全面对外开放物流及快递业，同年，FedEx 宣布在中国南部的广州白云国际机场建设新的亚太区转运中心，2006 年正式破土动工。同期，DHL 启动了为期 5 年的 2.73 亿美元的对华策略投资计划。2009 年，修订后的《中华人民共和国邮政法》首次将快递业务纳入调整范畴，明确了快递企业的法律地位，《快递业务经营许可管理办法》同步实施，极大地释放了市场主体的发展活力，为民营快递企业打开了大门，快递业进入了高速发展时期。2011 年，国家邮政局落实《国务院关于促进企业兼并重组的意见》，2012 年 5 月 1 日起 ，《快递服务》系列国家标准正式实施。

2019 年，我国全年快递业务量完成 635.2 亿件，同比增长 25.3%；快递业务收入完成 7498.0 亿元，同比增长 24.2%，占 GDP 比重达 0.76%，行业收入增速是全国 GDP 增速的 4 倍，中国快递业规模已经连续 6 年居世界首位。2020 年上半年，全国快递业务量累计完成 338.8 亿件，同比增长 22.1%；业务收入累计完成 3823.8 亿元，同比增长 12.6%。我国快递业从 1979 年发展到今天，短短 40 多年，速度发展之快、快递量规模之大，全世界绝无仅有，令人惊叹！这种高速发展，关键是放开了市场，形成了民营企业、国有企业和中外合资企业充分竞争的局面。

快递业在我国的迅速发展，基础设施建设起到了至关重要的支撑作用。2019 年末，全国公路总里程 501.25 万 km，公路密度 $52.21km/10^2km^2$，高速公路里程 14.96 万 km；铁路营业里程 13.9 万 km，高铁营业里程 3.5 万 km，民航机场 238 个。我国高速公路总里程世界第一，高铁总里程世界第一，高速公路和高铁的运输量也排在世界前列。

同时，中国的信息化建设为快递业提供了网络中枢神经，保障了运输网络的高效运转。截至 2020 年 6 月底，我国网民规模达 9.40 亿人，互联网普及率 67.0%，网络购物用户规模达 7.49 亿人；2019 年，全国网上零售额达 10.63 万亿元，其中实物商品网上零售额达 8.52 万亿元，占社会消费品零售总额的比重为 20.7%。快递与电商共同发展，两者密不可分。

快递是物流业务的重要拓展与延伸，属于物流服务，快递企业是物流企业的重要类型之一。快递服务与具有公共产品性质的统一规范、低价普惠、普遍性的邮政服务不同，其是一种满足社会特殊需求、个性化、限时送达的竞争性商务服务。在我国的国民经济行业分类中，快递服务从属于“交通运输、仓储和邮政业”中的邮政业，实行市场准入制度，由国家邮政局实行统一监管。众所周知，物流产业跨越多个行业，是一个庞大的、复合型的生产性服务业。在当下的信息经济时代和网络社会，快递业已经成为物流产业重要和关键的组成部分，其市场规模增长与物流规模增长呈正相关，并日益壮大，渗透至经济、社会和生活的各个领域，已成为中国经济新的增长点。现代物流的空间内涵是交通地理学研究的前沿领域之一。目前，国内外关于物流组织的研究集中于宏观层面的理论和经验探索，缺乏物流企业或公司层面的较为深入的实证分析，但物流企业已经逐渐成为现代物流地理学的研究主体。在国内，关于快递企业真正意义上的地理学研究仍然不够充分。

本书是作者所主持的国家自然科学基金面上项目（41471100）研究成果的集成，旨在展示近期（2015～2019 年）我国高速发展的快递服务业的基本空间组织状态。本书内容集合了项目申请期间（2013～2014 年）、项目执行期间（2015～2018 年）和项目完成之后（2019～2020 年）的几乎所有研究成果。研究工作总体上按照项目申请时所设计的目标、方案、内容等执行。内容包括：①快递服务的地理学相关研究动态（第 1 章）；②快递网络的内涵（第 2 章）；③快递企业的空间组织及其服务最重要的节点——区域转运中心的空间布局（第 3 章、第 4 章）；④快递的运输方式及其所依赖的运输线网（第 5 章、第 6 章）；⑤快递服务网络在区域尺度上的空间组织（第 7 章）；⑥快递服务的区域城市网络和区域空间结构的案例（第 8 章、第 9 章）。所有参与具体研究工作和文稿的贡献者为第 1 章，林涛；第 2 章，林涛、谢夏成；第 3 章，林涛、王倩倩、平子禾、田赛赛、殷雨佳；第 4 章，林涛、刘龙娜；第 5 章，林涛、殷雨佳、蒋蕾蕾、胡婉君；第 6 章，林涛、叶子豪、王倩倩、刘龙娜；第 7 章，林涛、张明、王宁、潘梦琳、杨芳芳、平子禾；第 8 章，林涛、田赛赛；第 9 章，林涛、蒋漪漪。在书稿整理过程中，研究生陈冰露、金娅婧、车天培、杨潇悦、杨慧秀等承担了部分图表的制作和修订工作。

本书所涉及的研究工作历时多年，各章节的数据资料均为研究时段所搜集，并据此开展研究，本书中也已明确指出。时间跨度长，各章节所涉及的数据在年份上未能保持一致，敬请读者予以包涵。研究中遇到的最大困难就是快递网络要素之一——“权”的数据难以获取。所谓“权”就是快递网络节点（快递企业的区域转运中心、城市配送中心、服务门店）的处理能力、边（快递干支线）的长度，以及边上的货运量、运输成本、运输时间等，其是考查一个快递企业的某个节点综合效能的指标，这种数据的获得性可想而知。鉴于此，研究拟开展的深层次问题，如高速交通网络及其关联响应（网络瓶颈、节点密度、节点结构、节点空间联系、节点调整与变化等）对快递物流产生的空间摩擦机理等无法有效展开，甚为遗憾。

感谢国家自然科学基金委员会给予的资助，感谢项目执行期间进行广泛国内外学术交流时，同行学者、专家对本项目开展的研究所提出的学术批评、建议。当然，我们的研究工作离不开我的工作单位上海师范大学的全力支持，离不开我所在的环境与地理科学学院的支持。在本书出版之际，还得到2022年度的“上海师范大学高水平地方高校建设项目”资助。感谢在每一次讨论会上，同事们对我们的研究予以的中肯建议和批评。还要特别感谢我的夫人和女儿在背后给予我工作和事业的最大和默默的支持！

由于作者的水平有限，本书所呈现的研究结果仍然有许多不足，恳请读者和同行一如既往地给予批评和建议，以使我们的工作做得更好。

林　涛

2020年11月30日于上海

2022年6月6日于上海修订

目　　录

第1章 绪　　论

1.1 引　　言

快递业是现代服务业的重要组成部分，是推动流通方式转型、促进消费升级的现代化先导性产业。近年来，快递业务量和业务收入快速增长，快递业在中国物流行业异军突起，成为中国经济发展的新增长点。2014 年 1 月，李克强在西安视察顺丰快递时称：快递业是中国经济的“黑马”。按照国家邮政局发布的《快递业发展“十三五”规划》部署，到 2020 年，我国快递市场规模稳居世界首位，基本实现乡乡有网点、村村通快递，快递年业务量达到 700 亿件、年业务收入达到 8000 亿元；重点快递企业国内重点城市间实现 48h 送达，国际快递服务通达范围更广、速度更快。2015 年发布的《国务院关于促进快递业发展的若干意见》将“培育壮大快递企业、推进‘互联网+’快递、构建完善服务网络、衔接综合交通体系、加强行业安全监管”列为促进我国快递业发展的重要任务。

在快递服务中，延误是消费者申诉快递服务的主要问题之一，占月消费者申诉快递业务的主要问题的 30%～50%。快递服务主要依托综合交通体系开展，其中高速交通体系是关键。快递延误虽由多种原因导致，但其中综合交通体系的问题，诸如高速公路网的瓶颈、拥堵以及愈演愈烈的城市交通拥堵，以及飞机航班延误等的空间摩擦（spatial friction）是重要的影响因素，也是导致物流成本居高不下的重要原因之一。高速交通体系是“物流摩擦”（logistics friction）四个要素之一——物质环境的重要组成部分，自 Hesse 和 Rodrigue（2004）提出“物流摩擦”概念以来，关于“物质环境”所造成的物流摩擦的研究进展十分缓慢。

快递业、邮政业、物流业在业务领域、市场监管等方面存在相互混杂、交叉的现象，因此，社会上甚至学界对快递服务、邮政服务与物流服务等术语和概念的认识比较含混。按照行业术语等国家标准，快递服务（express service；courier service）是“在承诺时限内完成的寄递服务”。所谓寄递（posting and delivery），即“受用户委托，将信件、包裹、印刷品等物品，通过收寄、分拣、运输、投递等环节，按照封装上的名址递送给特定个人或单位的活动”。物流（logistics）是“物品从供应地到接收地的实体流动过程。根据实际需要，将运输、储存、装卸、搬运、包装、流通加工、配送、信息处理等基本功能实施有机结合”。因此，快递是轻型的、个性化的、快速准确送达的实物寄递业务。快递服务就是快速收寄、运输、投递单独封装的、有名址的信件、包裹等快件，按承诺时限送到收件人或指定地点并获得签收的寄递服务，具有实物通信性质。快捷性、安全性、服务性、专业性、网络化、信息化是快递的突出特点。世界贸易组织（WTO）的《国际服务贸易分类表》规定，快递服务与邮政服务、电信服务、视听服务及其他服务并列，同属于“通信服务”（communication service）。快递服务与具有公共产品性质的统一规范、低价普惠、普遍性的邮政服务不同，其是一种满足社会特殊需求、个性化、限时送达的竞争性的商务服务。但是，在我国的《国民经济行业分类》（GB/T 4754—2011）中，快递服务（6020）从属于 G 类的“交通运输、仓储和邮政业”中的邮政业（60），实行市场准入制度，由国家邮政局统一监管。

显然，快递服务与物流服务一样都是对物品空间位置的转移服务，即对快件进行收寄、分拣、封发和派送操作。而快件操作又是现代物流技术的综合运用和集中体现，因此，可以说快递是物流业务的重要拓展与延伸，属于物流服务，快递业是物流业的重要类型之一。众所周知，物流业是在社会再生产过程中，从事物质实体产品的包装、运输、仓储、装卸、搬运、库存控制和订单处理等作业的部门的总称，其跨越多个行业，是一个庞大的、复合型的生产性服务业。在当下的信息经济时代和网络社会，快递业已经成为物流业重要和关键的组成部分，其市场规模增长与物流规模增长呈正相关，并日益壮大，渗透至经济、社会和生活的各个领域，已成为中国经济新的增长点。当然，快递服务与一般物流服务又有明显不同，后者是与生产活动相关的物质资料供应，与商品（货物）运输相关联，不具有实物通信性质。除此之外，快递服务在服务形式、封装要求、内件性质、受理方式、数量指标、重量要求、规格要求、作业方式、限时要求、业务定位、市场准入、标准体系、名址要求等方面与一般物流服务也具有明显区别。对快件的收寄、分拣、封发和派送四个环节是快递业务的一般流程，其直接表象就是快件的空间位置移动——物品的流动，因此，毫无疑问，快递研究属于物流研究的范畴。

此外，无论在社会还是在学界，还有“快递物流”这一名词被大量使用。但是，根据上述国家标准术语，“快递物流”显然不合规范，本书不主张采用此词进行学术讨论或社会交流。

1.2　我国物流业、快递业发展状况

1. 我国物流业规模呈快速增长的态势，但是社会物流总费用较高，物流运行效率偏低

在经济生活日益全球化的今天，现代物流已经成为影响企业全球生产网络的重要组成部分，同时也是当前电子商务模式（B2B、B2C、C2C 等）快速发展的基础。物流业是理解当前全球化特征和影响的重要方面，它不仅直接参与全球的生产和贸易，而且是不同经济机构和组织之间冲突的前沿，同时也是最本地化和具有嵌入性的行业之一。

在全球经济中，中国是最活跃的新兴经济体，其相应的物流业规模呈快速增长的态势。2008 年，全国社会物流总额达 89.9 万亿元，比 2000 年增长 4.2 倍，年均增长 23%；物流业实现增加值 2.0 万亿元，比 2000 年增长 1.9 倍，年均增长 14%。2008 年，物流业增加值占全部服务业增加值的比重为 16.5%，占 GDP 的比重为 6.6%。2012 年，全国社会物流总额达 177.3 万亿元，几乎是 2008 年的 2 倍，物流业实现增加值 3.50 万亿元，物流业增加值占全部服务业增加值的比重为 15.3%，占 GDP 的比重为 6.8%。2009～2012 年，全国社会物流总额，物流业实现增加值，物流业增加值占全部服务业增加值的比重、占 GDP 的比重年均增长分别为 11.57%、11.43%、6.83%、15.93%。但是，全国社会物流总费用依然较高，2004～2012 年，年均增长 14.58%，全国社会物流总费用与 GDP 的比率平均保持在 18.4%，其中运输费用年均增长 13.26%，占全国社会物流总费用的比重平

均为49.81%。因此，全国社会物流运行效率偏低，全国社会物流总费用与GDP的比率高出发达国家1倍左右，这仍然是物流业的突出问题之一。

近年来，物流业主要业务量、主营业务收入、资产规模在保持年增幅15%～20%的同时，主营业务成本增速比较快，主营业务利润及盈利水平下降比较明显。例如，2011年，物流业主营业务成本比上年增长29%，其中运输成本增长21.5%，增幅与上年相比提高2.3个百分点；配送成本和一体化物流业务成本分别增长56.6%和82.1%；物流业主营业务利润额比上年下降40.1%。2011年物流业收入利润率为5.3%，比上年下降6.1个百分点。物流业既要面临人力、土地、仓储租金、油价等成本压力，又要承受高额的税负，经营压力依然较大。而且"大而全""小而全"的企业物流运作模式还相当普遍，此乃我国物流业的突出问题之二。

2. 我国快递业发展迅猛，但快递延误问题突出，高速交通网络的瓶颈、拥堵等是其主要致因

2005～2015年，快递业的发展在全国物流业中异军突起，快递业务量和业务收入快速增长，2005～2015年快递业务量从8.7亿件增加到206.7亿件（表1.1），快递业成为我国经济新的增长点。2010年，我国快递业务收入占邮政业务收入的比重已经达到45%。此外，网络零售作为我国战略性新兴产业与现代流通方式的重要组成部分，近年来与快递服务相互依存、互为支撑，业务合作日趋紧密、关联领域不断拓展，呈现出互利共赢的良好局面，有力促进了两个市场的发展壮大，2011年在网购业务比上年增加了66%之

表1.1　2005～2015年全国快递服务企业/规模以上快递企业快递业务发展

年份	业务量/亿件	同比增长/%	业务收入/亿元	同比增长/%	业务收入占全部快递业务收入比例/%			业务量占全部快递业务量比例/%		
					同城	异地	国际及港澳台	同城	异地	国际及港澳台
2015	206.7	48.1	2769.6	35.4	14.5	54.6	13.3	26.1	71.8	2.1
2014	139.6	51.9	2045.4	41.9	13.0	55.3	15.4	25.4	72.3	2.3
2013	91.9	61.5	1441.7	36.6	11.5	57.5	18.8	24.9	72.2	2.9
2012	56.9	55.0	1055.3	39.2	10.4	60.2	19.5	23.1	73.7	3.2
2011	36.7	56.8	758.0	31.9	8.7	58.8	24.4	22.3	74.2	3.5
2010	23.4	25.8	574.6	20.0	7.2	54.7	31.1	22.9	71.5	5.6
2009	18.6	23.2	479.0	17.3	7.3	55.7	31.7	23.5	70.4	6.1
2008	15.1	25.8	408.4	19.2	7.6	52.4	36.0	26.6	66.4	7.0
2007	12.0	13.2	342.6	14.3	—	—	—	—	—	—
2006	10.6	22.4	299.7	25.0	—	—	—	—	—	—
2005	8.7	—	239.7	—	—	—	—	—	—	—

注：资料来源于国家邮政局公布的2007～2013年历年邮政行业运行情况以及2014年12月和2015年12月邮政行业运行情况。

2005年、2006年数据来自国家邮政局的"全国首次快递服务统计调查结果分析"；2007～2013年为"规模以上快递企业"数据；2014年、2015年为"快递服务企业"数据。

—表示无数据，本书下同

后，快递业务也比上年增加了57%。总体上，快递网络、服务领域和产品种类不断拓展，快递服务与产业链、供应链和服务链的联系更加密切，促进生产和服务民生的基础性作用日益显现。

同时，快递服务误件、配送不及时等的投诉问题也成倍增长，快递延误是消费者投诉的主要问题之一，堪称顽疾。2009～2015年快递延误的有效申诉问题历年占比最低31.3%，最高达52.0%（表1.2，图1.1和图1.2）。其他的申诉包括投递服务差、快件丢失及内件短少、快件损毁、收寄服务差、代收货款、违规收费等。同时，快递服务与网络零售协调发展过程中还存在一些衔接不顺畅、发展不协调的问题，如运营配套、信息共享等方面仍存在差距。为此，2012年国家邮政局、商务部还专门颁布《关于促进快递服务与网络零售协同发展的指导意见》。总体上，我国快递企业规模小、实力弱、经营分散、产业集中度低、运营和管理能力滞后、服务水平不高等问题突出，快递业的整体能力和水平还不能满足经济社会发展的需要。

表1.2　2009～2015年快递延误有效申诉情况

年份	延误数量/件	有效申诉比率/%	比上年增加/件	比上年增加/%
2015	86227	31.3	3239	3.9
2014	82988	35.4	–2176	–2.6
2013	85164	43.4	22026	34.9
2012	63138	46.0	37433	145.6
2011	25705	52.0	21090	366.1
2010	5515	49.5	3075	126.0
2009	2440	43.2	—	—

注：根据国家邮政局2010～2015年每年12月关于邮政业消费者申诉情况的通告整理

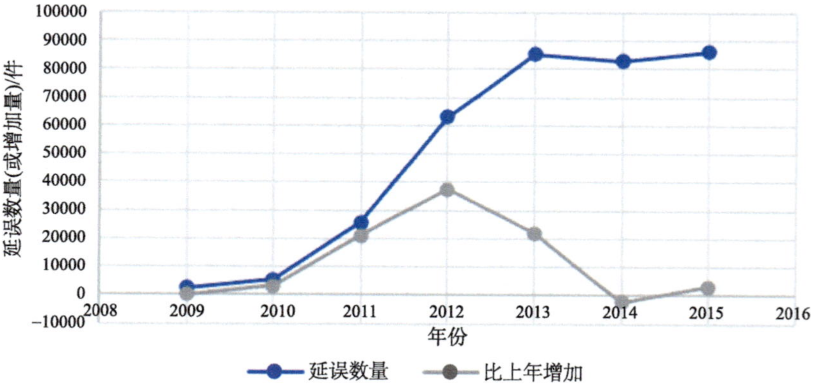

图1.1　2009～2015年快递延误数量及与上年相比增加量

快递延误显然是快件从供给者到需求者的实体位移过程中由各种阻隔因子导致的，是物流空间摩擦的结果。据估计，高速交通网络的瓶颈、拥堵等因素（如航班延误等）引发的快递延误占到60%以上，其是快递延误最主要的原因，其次是分拣错误引发的，

图 1.2　2009～2015 年快递延误有效申诉比率及与上年相比增加量

占 30%，其他还有递送频次较少（如最后一公里问题等）、快递服务时限产品不明晰等原因。这些因素与我国物流业上述两大问题，以及尚未建立布局合理、衔接顺畅、能力充分、高效便捷的综合交通运输体系；物流园区、物流技术装备等能力有待加强，形成的物流基础设施能力不足；地方封锁和行业垄断对资源整合和一体化运作形成障碍，物流市场还不够规范；物流技术、人才培养和物流标准还不能完全满足需要，物流服务的组织化和集约化程度不高等突出问题，有着广泛和密切的联系。

1.3　快递服务网络高效运作的前提和条件

物流的高效运作需要物流组织网络、物流基础设施网络和物流信息网络三者有机结合，其中物流基础设施网络是物流高效运作的前提和条件。半个多世纪以来，技术进步推进了民用航空、高速铁路、高速公路的快速建设和发展，世界交通网络基础设施发生了巨大的变化，城市之间、区域之间的通达性大为改观，时空收敛十分显著。在我国，自 20 世纪 80 年代以来，这种变化表现得更加突出，高速公路、高速铁路、民用航空的建设和发展成就举世瞩目。

1984 年，中国开始建设高速公路（沈大高速公路）；1988 年，中国第一条高速公路——沪嘉高速公路建成通车。两年后，沈大高速公路全线通车。2015 年，全国高速公路里程达 12.35 万 km，其中，国家高速公路里程 7.96 万 km，全国高速公路车道里程 54.84 万 km。国家高速公路里程已经完成国家高速公路网规划总规模约 8.5 万 km 的 93.65%；中国高速铁路自 20 世纪 90 年代初开始进行科学研究和技术攻关，2008 年第一条城际高铁开通，2013 年我国高速铁路总营业里程已达到 1.1 万 km，在建高速铁路规模 1.2 万 km，我国成为世界上高速铁路投产运营里程最长、在建规模最大的国家。2015 年底，我国高速铁路运营里程达 1.9 万 km，居世界第一位，占世界高速铁路运营总里程的 60%以上；1978～2007 年的 30 年间，我国民航运输的增长速度远远高于其他运输方式：旅客周转量年均增长率为 17.2%，而铁路为 6.7%、公路为 11.2%、水运为 0.9%；民航货物周转量年均增长率为 17.8%，而铁路为 5.3%、公路为 13.7%、水运为 10.1%、管道为 5.1%，在快递业中，航空运输具有绝对优势。2015 年底，我国民航全行业运输飞机期末在册架数 2650 架，共有颁证运输机场 210 个、定期航班航线 3326 条，按重复距离计算的航线里程为 786.6 万 km，按不重复距离计算的航线里程为 531.7 万 km；定期航班国内通航城市 204 个（不含香港、澳门、台湾数据），航空公司定期航班国际通航 55 个国家的 137 个城市。

基于此，主要快递企业拥有大量自己的运输车辆甚至飞机，并开辟了相应的航线、公路运输干线（表 1.3）。在国家邮政局获得《快递业务经营许可证》的企业名录中，与航空企业相关的有 25 家之多；中铁快运是国家 AAAAA 级物流企业，虽不经营快递业务，但其小件快运、高铁快运产品实际相当于快递产品。

表 1.3　2015 年我国主要快递企业拥有的运输工具、航线、公路运输干线

企业	飞机/架	航线/条	航线覆盖城市/个	车辆/辆	运输干线/条
申通	7	—	—	30000	—
圆通	15	1110	101	32000	2928
中通	*15*	*773*	*103*	40000	—
顺丰	19	—	—	16000	—
韵达	—	*800*		*21000*	*3100*
百世	—	—	—	*2200*	*1200*
天天		400		30000	—
全峰	—	—	—	*6000*	—
宅急送		*360*	*49*	*2000*	*620*
国通	—	—	—	*10000*	*500*
优速	—	—	—	*8800*	—

注：除了斜体数字（通过网络查询等获得）之外，其他数字均根据各企业官网关于企业介绍资料整理；因数据的可获得性问题，本表为非完全数据

1.4　快递服务在地理学领域中的基本科学问题

研究表明，1960～1998 年，各种类型的资源流（resource flows）、不同类型的运输方式、几乎所有的运输媒介，凡是与距离相关的成本都已经发生了不同程度的变化。知识/信息流成本的下降速度远远超过客运和货运的成本。加工成本（the cost of processing）和信息流成本自 1960 年以来实际上已经分别下降了 98%和 92%。此外，不同旅行方式的客流的实际成本、不同交通方式的物流的实际成本的变化率存在较大差别。例如，1999 年美国国内铁路和水路的物流的实际成本分别减少了 58%和 42%。当然，与此同时，经济活动的全球化使得商品生产链、供应链、价值链以及企业的交易环境也发生了较大变化。

然而，尽管如此，今天的高速交通网仍然不能充分满足快递服务的高效运作，高速公路的瓶颈路段和常发性拥堵、高速铁路的事故频次、航班的延误等还会常常对快递服务造成较为严重的空间摩擦。例如，我国东部发达地区的主要高速公路，如京藏、京津

唐、京港澳、沪宁、广深等高速公路的拥堵已经常态化；2007年以来，我国航班延误问题不断加剧，全行业航班正常率呈现连年下滑的态势。2010年航班正常率降至75.6%，国内航班平均延误约1h，而且延误易发地域逐渐扩大；高速铁路因天气或偶发事故也常会造成延误。因此，2013年，阿里巴巴集团宣布与相关企业共同启动“中国智能物流骨干网”，拟在8～10年建立一个能支撑日均300亿元网络零售额，让全国任何一个地区做到24h内送货必达的超大规模智能物流网络，其既顺乎情理，也合乎必然。

因此，“距离”没有消失，“边界”的作用没有消退，距离所蕴含的新经济意义恰恰是企业在资源之间、运输方式之间以及运输媒介之间不断地、创造性地寻求替代品的同时，不断地改变产品加工处理、物流管理方式，以应对距离所发挥的越来越重要的作用。由距离测度的空间摩擦仍然是经济和社会地理过程的核心问题，但上述变化和存在的问题客观上要求经济地理学对空间摩擦的研究应该从传统的运输成本发展为对包括运输成本、供应链复杂性、企业交易环境和物质环境在内的四种要素的研究，Hesse 和 Rodrigue（2004）将之称为“物流摩擦”。近年来，国外关于“物流成本”的研究散布于各个学科领域，尚未形成一个系统性的理论研究框架；“供应链复杂性”多属于管理学、运筹学研究范畴，供应链空间效应正成为国际物流地理学的研究热点；企业交易环境则多与企业之间的交易规制相关；而空间摩擦的“物质环境”要素涉及物流基础设施资源供给、物流线路的瓶颈与拥堵、城际联系、城市空间结构等，这恰恰是经济地理学、交通地理学、城市地理学研究的优势所在。

现代物流是典型的跨部门领域，尽管这些物流摩擦要素的确难以相互割裂，但从研究角度出发，似乎没有哪一个学科能够擅长所有四种要素涉及的领域，或许只有发挥各要素对应的优势学科再进行综合考量，才更有利于探索物流摩擦机理，也更加裨益交通地理学发展。高速交通线路及其连接起来的快递服务网络这种物质环境是造成快递服务空间摩擦的主要原因之一。那么，一个首要的问题是，不同高速交通网络资源供给及其空间组合对于快递服务综合保障性究竟是怎样的？如何对其进行评价？其次，在城市、区域、国家的空间尺度上，不同方式的高速交通网络的瓶颈问题、常发性拥堵、延误等是以何种方式影响快递服务的？其原因是什么？表现的特征又是什么？最后，由高速交通线路连接起来的物流节点在地理空间上的组合、联系方向和强度会对快递服务带来怎样的空间摩擦？其内在原因是什么？有什么特点？

因此，高速交通线路及其连接的物流节点是快递网络高效运作的前提和条件，伴随技术的进步，高速交通网络设施得以长足发展，空间摩擦总体上大幅度降低，但仍然不能满足日益增长的快递服务需求，在理论上需要对其重新审视，以进一步解决快递服务的核心和关键问题。

1.5 快递服务的地理学相关研究动态

现代物流的空间内涵是交通地理学研究的前沿领域之一。目前，国内外关于物流组织的研究集中于宏观层面的理论和经验探索，缺乏物流企业或公司层面的较为深入的实证分析，但物流企业已经逐渐成为现代物流地理学的研究主体。

目前，在全球生产网络环境下，企业层面的物流活动空间研究多涉及物流企业选址、企业集聚和扩散方面。例如，地方市场准入因素和对区域主要客户的快速反应能力对物流企业选址最为重要，其次是选址是否靠近基础设施、劳动力成本或其他相关服务等，企业在空间上的集聚有利于企业创新和技术扩散。在现代物流组织影响下，供应链管理的整合作用和即时（just in time，JIT）配送方式可以使不同层次企业间的空间关系更分散。国内基于企业的物流地理研究刚起步不久，对公司、公司-公司间层面的物流网络组织及其形成机制的研究还相对较少，如以物流企业为研究对象，构筑了“区位—集聚—网络—运营”的企业空间组织体系；对物流企业的空间形态的探讨；从公司层次的微观视角构建物流网络组织的分析框架，将物流组织网络解构为战略网络、空间网络、运营网络三个层面，并进行实证分析；对物流企业区位的空间格局进行研究；基于企业物流联系分析区域城市空间发展特征，以及中国物流企业的布局特征与形成机制。

关于快递企业的地理学研究，欧美学者涉及快递业变化的多样性和复杂性、快递网络的布局与选址优化、快递企业网络的空间分析等问题，但公开发表的研究文献并不多。在国内，关于快递企业的真正意义上的地理学研究更可谓凤毛麟角，如快递的空间组织特征、影响因素以及快递区域空间联系和城市关联体系等。其他学科开展了有关不同组织模式的快递网络特征研究，基于复杂网络的快递网络拓扑结构和复杂性、网络购物与“快递物流”的耦合关联、快递网络效应问题等内涵丰富的研究，有助于推进开展快递服务地理学研究。

关于空间摩擦的研究，迄今为止，仍以距离为主要因子和测度指标来衡量空间单元之间相互作用、相互联系所需支付的交通运输成本。研究表明，20 世纪 80 年代，联邦德国、日本、美国企业的空间定价仍然主要受制于运输成本的空间摩擦。此外，有关物理的连续性、以运输成本为内涵的空间摩擦不再是经济活动区位动力的决定因子，空间摩擦将会很快终结的预言并没有实现，在国内，有学者也关注了运输成本的地理学研究。进入 21 世纪，距离摩擦（friction of distance）总体仍然是日常活动的一个重要因子，相关学者分析了公路运输成本与区域轴-辐（hub-spoke）物流网络关系，空间摩擦影响物流的效率、公路运输成本与区域轴-辐物流网络关系等。同时，学者们不断地改进数据包络分析（DEA）模型，用其对公共交通、机场效率进行探讨。此外，家庭、企业区位选择模型的构建、物流与地方经济结构、港口-区域联系、城市公共服务的区位布局、城际贸易成本、港口集装箱化的空间影响甚至在网页上基于地理实体名称并发（co-occurrences）来捕捉地理实体之间的相关性等问题，距离所产生的交通运输成本仍然是目前空间摩擦研究的主要内容。

自 20 世纪 60 年代以来，尽管空间摩擦的内涵已经发生较大的变化，但是除了距离产生的交通运输成本之外，对空间摩擦其他要素的研究较为有限，进展不大。相对而言，供应链的空间研究成果稍多，涉及内容较广，如食品、服装、造纸、汽车等行业以及港口与腹地之间的关系等。目前，供应链及其管理的空间研究已成为国际上交通地理学研究的热点问题之一；在物流企业交易环境方面，国内出现了一批区域一体化背景下物流空间效应的初步研究，但是物流制度如何影响区域经济社会空间布局的研究基本处于空白；空间物质环境导致的物流空间摩擦研究还非常有限，成果较少，散见于如高速交通网络与大都市地区的时空收敛、高速公路与区域物流网络的布局规划、公路客运快递网络优化、中国航空快递业的发展等研究中。

1.6 研究展望

基于此，在已有研究的基础上，运用快递服务基本通道——高速交通网络（航空网、高速铁路网、高速公路网、城市快速干道网）设施基础数据和运营数据，以不同规模等级的典型快递企业为样本，在地理信息系统（GIS）技术的支持下，结合复杂网络理论、技术与方法，应用以数据包络分析为主的运输效率计量经济模型，探索高速交通网络资源供给及其空间组合所形成的快递服务设施网络的可用性及其评价方法；研究不同方式的高速交通网络在各种空间尺度下的瓶颈和拥堵对快递服务产生的空间摩擦方式、摩擦因子和摩擦表现；分析高速交通网络节点的空间组合、空间联系（方向、强度）对快递服务所产生的空间摩擦方式、摩擦因子和摩擦表现；揭示基于高速交通网络及其空间关联响应的快递服务空间摩擦机理，以提高快递服务网络运作效率，帮助解决我国物流业存在的物流费用偏高、物流运行效率较低等突出问题，并拓展经济地理学中对空间摩擦的内涵认知。

第2章　快递网络的要素、结构与上海节点的空间格局

2.1　引　　言

学界虽然对物流网络的研究有一定积累，但是针对快递网络的研究仍然有限。Chestler（1985）较早开展了“次日达航空快递”的空间格局研究。他认为，航空运输技术进步已经使得“次日达航空快递”服务网络能够针对个体、商务、政府部门任意两点之间，实现门对门小型包裹次日寄达。他还讨论了航空快递的运营及其轴-辐系统。21世纪之前，有关快递及其网络的研究进展缓慢，仅有零星研究如FedEx案例的枢纽网络设计、快递服务的航空网络等，这种状况一直持续到2005年左右。最近十多年来，互联网络和电子商务的快速发展，尤其是网络购物的勃兴，促进了快递业在我国的爆发性增长，学界开始注重快递网络研究。这些研究大致集中在以下几个方面：①快递网络的设计及其优化。例如，Lin和Shen（2004）详细讨论了快递阶层网络设计，快递网络优化、优化设计或重新设计问题，而有学者更深入研究不同的算法、运筹方法应用、快件调度以及特征化、模型化动力学等的快递网络优化问题。②快递网络的形态、性质、结构和特征。例如，对中国快递企业的网络进行系统分析，对快递网络的形态、复杂性、拓扑性等问题以及不同快递网络结构的特征进行探讨，同时，还对重要快递企业的网络结构进行空间分析。③快递网络要素。例如，对快递服务的层级轴-辐系统的次路径网络的设计模型分析；对快递服务中快件分拣与寄递的路径研究；对快递网络的重要节点——枢纽、分拨中心的选址、布局分析；对快递节点、快递服务网络点的区位与选址研究。④快递网络效应。

这些研究散布于交通、运输、港航、物流、信息等各个领域，涉及交通运输经济学、生产力经济学、统计学、管理学、经济地理学、社会科学、系统工程等各个学科，同时也表明快递业是一个跨越众多领域的行业。一个有趣的现象是，与快递业在我国爆发性增长相对应，关于快递网络的研究成果以我国学者居多。但是，与快递业爆发性增长存在诸多问题不相称的是，关于快递网络的学术研究成果仍然偏少、不充分，本章的研究有助于丰富相关探索。

2.2　快递网络的要素与结构

2.2.1　快递网络的要素

快递网络是快递企业和客户之间的桥梁，是实现快递服务的物质基础和重要保障，决定了快递服务的质量和水平。合理地规划、设计、组织快递网络，实现快递营运成本最低化、利润最大化，是快递网络管理的根本目标。

快递网络依附于交通运输网络，是由客户服务中心、快件收派处理点、各级分拣转运场站（集散中心）和运输线路，按照一定的原则和方式组织起来的递送网络系统。它以物理层为基础，在业务层的规范下，由控制系统依靠网络整体功能进行调度、监督和协调快件迅速、有序递送。遗憾的是，相关文献对快递的各项要素阐释较为零散，系统性不强，尤其对节点分级的阐释不够明晰，对节点命名的准确性把握不足。本章试图对此进行完善。

1. 节点

节点是实现快件转移的空间场所，其集中、分拨和转运来自其他服务网点收集的快件，完成快件的“分散—集中—分散”，即“客户—快递企业—客户”的流程，从而实现快件在整个快递网络中流通。一般地，一个快递企业的核心业务网络节点分为三级：区域转运中心、城市配送中心、服务门店（图 2.1）。当然，按照快件寄递的实际运作，如果算上一些自取网点、社区服务站（如淘宝的菜鸟驿站、顺丰的嘿客等），从区域转运中心到快递网络末端节点则可以分为四级。企业总部作为控制中心并不负责快件的具体操作，但是它是整个网络的中枢。

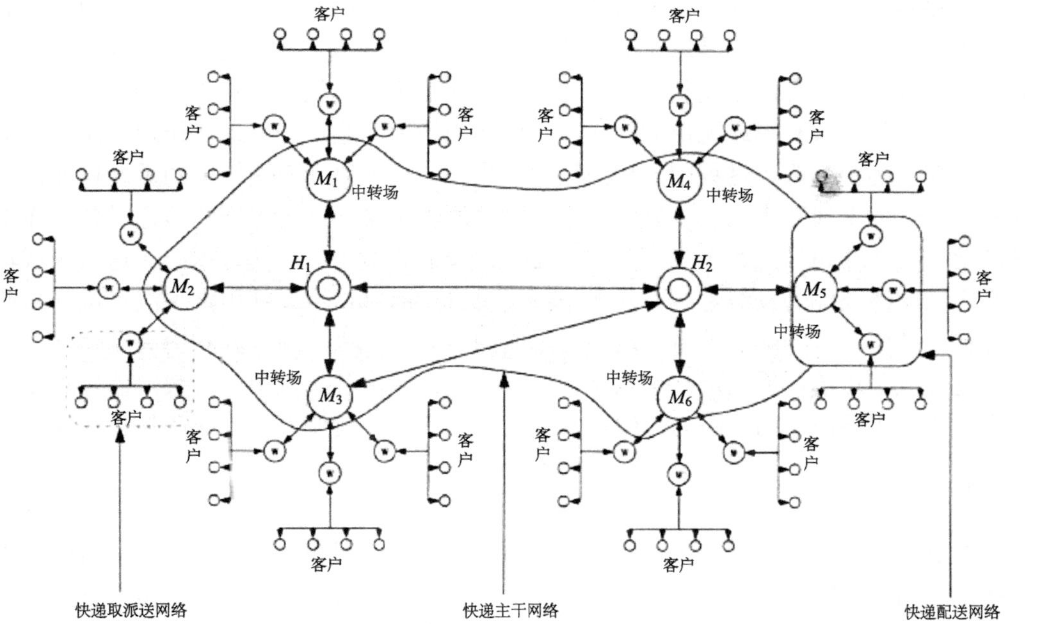

图 2.1　一个较大规模快递企业的快递网络整体示意图（倪玲霖等，2012）

M 表示中转场；*H* 表示区域转运中心

（1）区域转运中心（regional transit center）。区域转运中心是快递企业在一定区域的快件分拣、集散和处理中心，负责跨省和本地的快件集散，实现快件快速位移，确保各种运输方式高效衔接，以发往各个城市配送中心。其一般布局在交通便利的跨省快速干道附近的交通枢纽地区。它还有区域集散中心、区域分拣中心等称谓。其区位选择，一般要综合考虑区域社会经济环境、区域交通条件、货物流量流向、与其他区域转运中心衔接等因素。

（2）城市配送中心（city distribution center）。城市配送中心是快递企业在一个城市区域范围内负责收集、分拨、配送快件至下属相应的快递服务网点（服务门店）的中转场所。它同时包含服务门店的职能，可直接为周边地区的客户提供收派服务。其疏密程度直接影响整个快递企业物流网络的运输层次，它还具有城市分拣中心、城市转运中心、城市集散中心等不同称谓。其区位选择，一般要综合考虑其上级节点——区域转运中心覆盖范围内的作业效率、边际成本、货物流量流向、交通条件、与其他中转场的衔接、城市规划、地方政策等因素。

（3）服务门店（service store）。服务门店是快递企业最基本的业务——面向客户实现收寄和投递快件的场所，是企业快递网络的始端和末端。它还有营业点等其他称呼。这些门店一般按照距离最接近客户原则布局在城乡各个角落，其选址要综合考虑地理位置、交通条件、客户密度、环境条件、组织管理和成本等因素。在维持一定成本费用的情况下，对于不同经济发展水平和生活水平的地方，各因素还应有所侧重。

2. 线路

线路是节点的连接线，是在服务门店、城市配送中心、区域转运中心之间安排的汽车、火车、飞机等运输工具运行的交通线路（公路、铁路、航空线路）以及通信线路，其承担快件流转过程的运输和信息传递功能；运输工具一般按规定路线和班期运行，在各个节点之间形成有形或无形的连线，从而构成快递网络。一般地，快递线路仅指交通线路。在实际快递服务过程中，按照运输距离、快递量以及在网络中的重要程度，快递线路可以分为干线和支线，以分别使用不同的运输工具，产生不同的传递时效。连接区域转运中心的线路为一级干线，如顺丰在全国设立了多个区域转运中心，这些区域转运中心之间的线路即为一级干线，其多使用飞机进行航空运输或使用大型汽车进行高速公路运输；省内或区域间的城市配送中心之间的线路为二级干线，其利用高速公路、快速干道进行汽车运输，或利用高速铁路运输，形成对区内各级城市的有效覆盖；连接城市配送中心与服务门店的线路为支线，其使用小型汽车或其他方便的交通工具运输。

3. 时点

时点是实现快件在预定时间到达预定地理位置的时间和地点的综合考量指标。快递网络是时间和空间上高度协调衔接的系统，它不仅要解决快件的空间位移，更重要的是对快递网络中的各种活动都有具体的、严格的时点要求，这一要素在内涵上能准确地反映快件递送的时空高度协调性。例如，目前顺丰速运有针对商务、电商、个人客户的服务（产品）：顺丰即日、顺丰次晨、顺丰次日、顺丰隔日、顺丰标快（港澳台）、顺丰特惠（港澳）、顺丰标快（国际）、国际特惠-出口、物流普运、重货快运、顺丰特安等的质量均可指示顺丰速运网络的时点。

4. 权

权是节点的处理能力、边的长度以及边上的货运量、运输成本、运输时间等，是考查一个快递企业的某个节点综合效能的指标。快递企业用之考量区域转运中心、城市配送中心等各级节点处理快件的能力以及快递干支线的距离、运量、成本、时间等，而这些边的要素正是每个快递企业快件递送的关键影响因子。例如，2014 年 5 月在西安咸阳国际机场正式落成顺丰速运西北航空转运中心，其占地面积 2000 余平方米，预计航空邮件日处理量将超过 200t 就是该节点的权——处理能力。显然，权涉及各个快递企业的商业机密。

2.2.2　快递网络的结构

根据运输量、时限、网络节点数量、节点衔接方式等的不同，快递网络结构一般分为两种模式：①点对点直达模式，即在每一个节点之间直接建立运输通道形成网络模式，也称为全连接模式；②轴-辐模式，即轴心（hub）和辐网（spoke）的空间组织集合，它将所有的运输量集中到轴心，然后通过辐网向各节点发运。快递量是快递网络结构的决定性因素，单位储存成本、单位中转成本以及单位分拣成本等是次要因素，而网络规模与网络结构的选择没有直接关系；据研究，轴-辐模式的快递网络的分拣成本、分拣效率以及储存效率均小于点对点网络。

例如，现实中，广西某快递企业的配送网络（图 2.2）以南宁为一级配送节点，各地级市为二级配送节点，各县为末端配送节点，绝大部分乡镇没有配送网点，网络结构呈混合轴-辐式。国内两个大型快递企业的快递网络结构也呈混合轴-辐形态。

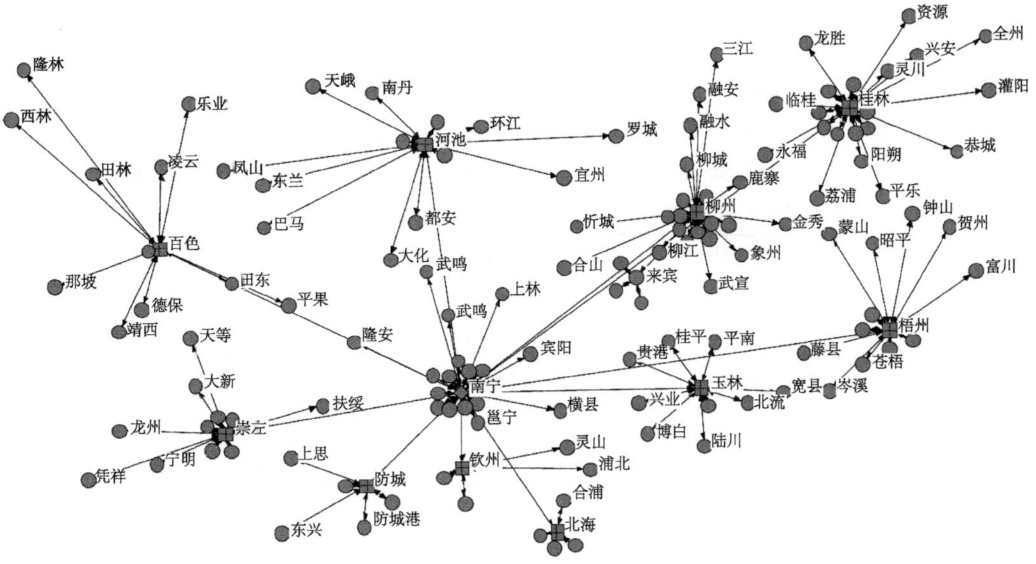

图 2.2　广西某快递企业配送网络拓扑图（杨从平，2014）

2.3　上海快递网络节点空间格局

2.3.1　上海的快递业发展

上海是中国经济、金融、贸易和航运中心，其相对完善的基础设施支撑着发达的商贸流通、金融、信息、制造、物流等产业，因而也成为中国快递业发展最早的城市之一。2015 年，上海快递业务快速增长：同城快递业务保持增速，异地快递业务增长迅猛，国际及港澳台快递业务小幅上升，民营快递企业持续快速发展。与上年相比，民营快递企业市场份额持续提升，快递市场集中度提高（表 2.1～表 2.3），全年快递服务品牌集中度指数 CR8 为 83.7，较上年下降 0.6。

表 2.1　2011～2015 年上海快递业务量和业务收入（上海市邮政管理局，2016a）

项目	业务指标	2015 年	2014 年	2013 年	2012 年	2011 年
业务量	完成量/亿件	17.1	12.8	9.5	6.0	—
	同比增长/%	33.6	34.7	58.3	46.4	4.1
业务收入	完成收入/亿元	455.2	361.3	257.6	182.9	121.8
	同比增长/%	26.0	40.3	40.8	50.1	—
	占行业总收入的比重/%	89.7	88.0	—	—	—
	占行业总收入的比重比上年提高的百分点/%	1.7	—	—	—	—

—表示无数据，本书下同

表 2.2　上海不同类型快递业务发展（上海市邮政管理局，2016b）

业务类型	业务指标	2015 年	2014 年	2013 年	2012 年	2011 年
同城快递业务	完成量/亿件	6.3	4.6	—	—	—
	完成量同比增长/%	37.0	39.5	—	—	—
	完成量占全部比例/%	36.8	36.4	35.2	—	—
	完成收入/亿元	49.0	37.5	25.7	14.4	9.9
	完成收入同比增长/%	30.7	45.9	78.5	45.5	—
	完成收入占全部比例/%	10.8	10.4	10.0	7.9	—
异地快递业务	完成量/亿件	10.3	7.7	—	—	—
	完成量同比增长/%	33.8	36.2	—	—	—
	完成量占全部比例/%	60.3	59.9	59.4	—	—
	完成收入/亿元	124.7	100.2	78.1	53.0	39.2
	完成收入同比增长/%	24.5	28.3	47.4	35.2	—
	完成收入占全部比例/%	27.4	27.7	30.3	29.0	—
国际及港澳台快递业务	完成量/亿件	0.5	0.5	—	—	—
	完成量同比增长/%	4.4	–5.6	—	—	—
	完成量占全部比例/%	2.9	3.7	5.3	—	—
	完成收入/%	44.2	41.8	50.9	43.9	35.8
	完成收入同比增长/%	5.7	–17.9	15.9	22.6	—
	完成收入占全部比例/%	9.7	11.6	19.8	24.0	—

表 2.3　上海不同所有制快递企业的业务发展（上海市邮政管理局，2016c）

企业所有制	业务指标	2015 年	2014 年
国有快递企业	业务量/亿件	1.1	1.2
	业务量市场份额/%	6.6	9.1
	业务收入/亿元	20.9	20.2
	业务收入市场份额/%	4.6	5.6
民营快递企业	业务量/亿件	15.6	11.3
	业务量市场份额/%	91.6	88.0
	业务收入/亿元	394.9	301.5
	业务收入市场份额/%	86.7	83.5
外资快递企业	业务量/亿件	0.3	0.4
	业务量市场份额/%	1.8	3.0
	业务收入/亿元	39.4	39.5
	业务收入市场份额/%	8.7	10.9

2015 年，在上海取得快递经营许可证的企业共 1521 家。全国十大民营快递公司中的申通、圆通、韵达、中通、国通五家在上海设立了全国总部；国际快递巨头 FedEx 在上海设置了中国区总部，开设了最大的 FedEx 站点，并拥有上海国际快件和货运中心；荷兰天地物流（TNT）在上海开设中国国际快递总部，并拥有 TNT 上海浦东国际快递分公司（2008 年 9 月设立），TNT 上海分公司浦西营运中心（2010 年 8 月投入运营）是 TNT 中国范围内规模最大的分公司营运中心，2016 年 5 月 FedEx 收购 TNT；UPS 于 1994 年 5 月在上海设立办事处，到 2016 年上海已成为 UPS 亚太地区三个航空枢纽港之一；DHL 于 2007 年在上海设立洲际转运中心——上海北亚转运中心，其电子商务大中华区总部位于上海。上海是中国和世界重要的快递企业总部或区域总部集聚地。

2.3.2　快递服务门店的空间格局

2013 年，全国排名前十位的快递企业业务量合计占全部快递业务量的比重达 87%。这里以五家总部位于上海的民营快递企业——圆通速递、申通快递、中通快递、百世快递和韵达速递为样本进行分析。这些企业官网所列服务网点为其三级节点——服务门店，2014 年五家企业在上海的服务门店合计 5826 个（表 2.4）。

表 2.4　2014 年全国业务量累计排名前十位的企业总部、网点（服务门店）、员工规模等情况

快递企业	总部	全国网点/个	员工/万人	2014 年单日最高件量/万件	上海服务门店/个
顺丰	深圳	—	—	—	—
申通	上海	10000	20	3050	44
圆通	上海	15500	21	2532	137
中通	上海	10000	16	2420	123
韵达	上海	10000	—	2058	5376*
天天	—	—	—	—	—

续表

快递企业	总部	全国网点/个	员工/万人	2014 年单日最高件量/万件	上海服务门店/个
百世	—	14000	10	900	146
国通	上海	—	—	104	90
全峰	上海	—	—	193	144
优速	上海	—	—	80	164

注：表中韵达速递的服务门店个数是韵达速递官网显示的 2014 年数据；2016 年 8 月作者查询韵达速递官网，其服务门店数合计为 5098 个

利用 ArcGIS 的核密度估计法，输入节点的位置数据，测量这些点生成的密度值连续表面，同时计算出快递服务门店在其周围邻域中的密度（图 2.3），并将集聚程度分为 9 个等级。

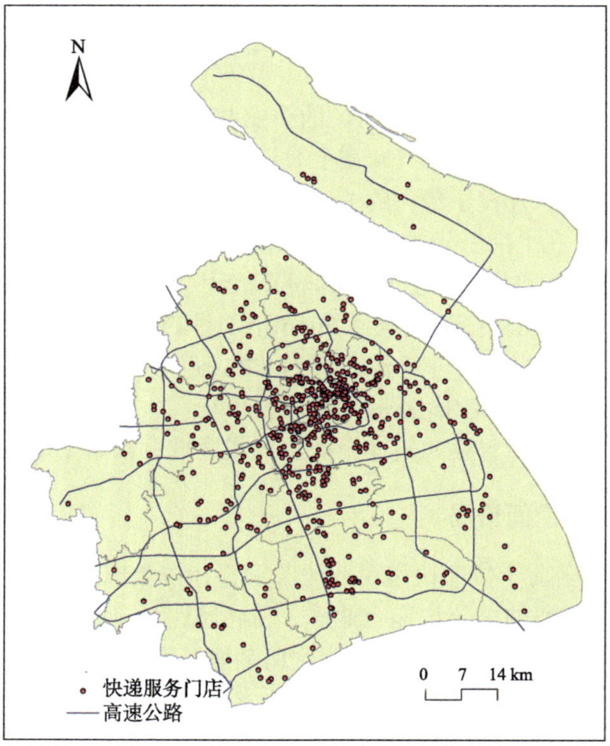

图 2.3　上海市域民营快递服务门店空间布局

第一，上海主要快递企业服务网点——服务门店数量的空间分布从城市中心向外围郊区呈递减格局——中心城区密集、外围相对稀疏，静安区为核心区，黄浦区、虹口区、普陀区、闸北区[1]、长宁区、徐汇区是高密集区；闵行区、宝山区、嘉定区为较高密集

① 2015 年，上海市闸北区与静安区合并为新的静安区

区；浦东新区、奉贤区、松江区、青浦区、金山区、崇明县①为低密集区。

第二，上海主要快递企业服务门店的空间集聚特征表现为“一极多核”：在虹口区、闸北区、普陀区和静安区交界处形成最高等级集聚区，核密度以此区域向外围区域渐次减弱；闸北区、虹口区、杨浦区、黄浦区和徐汇区等主城区依然是高密度集聚区；青浦区、奉贤区、嘉定区、浦东新区、闵行区、宝山区等郊区新城也形成明显的集聚区，这与最近 10 年上海郊区新城建设加快推进，经济活动、就业人口在新城的集聚有密切的关系（图 2.4）。

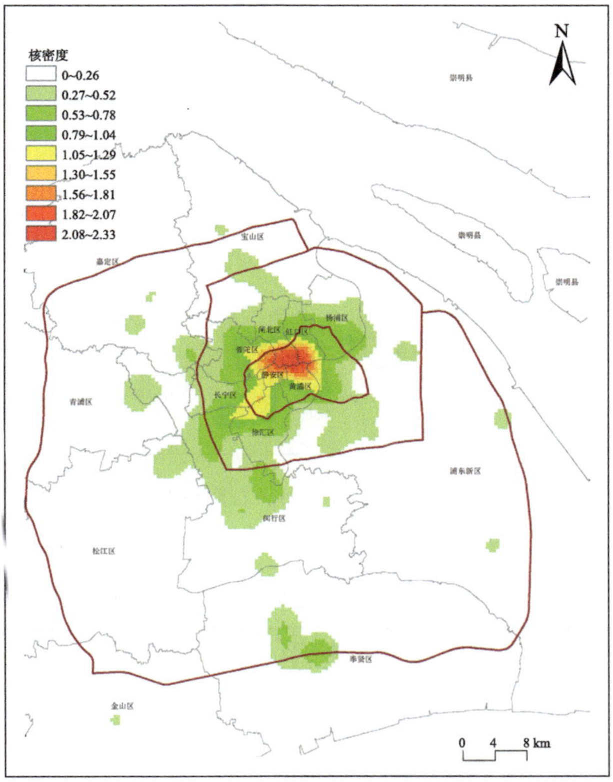

图 2.4　上海中心城区快递服务门店空间集聚特征

第三，上海主要快递企业服务门店的空间布局密度和上海人口密度分布高度吻合——快递服务门店在人口密集的核心区集聚程度高，在人口分布相对稀疏的郊区数量少，集聚程度也低（图 2.5），说明快递服务门店空间布局必须考虑人口的密度分布。

2.3.3　区域转运中心、城市配送中心分布

上海的民营快递企业运营网络的一级节点（区域转运中心）、二级节点（城市配送中心）集中于浦东新区、青浦区布局（表 2.5、图 2.6），且邻近高速公路以及浦东国际机场、

① 2016 年，上海市崇明县撤县设区，改为崇明区

虹桥综合交通枢纽两大交通枢纽，个别布局于闵行区、奉贤区。集中于青浦区的几家民营快递企业总部也是其快递服务网络的一级节点——区域转运中心。

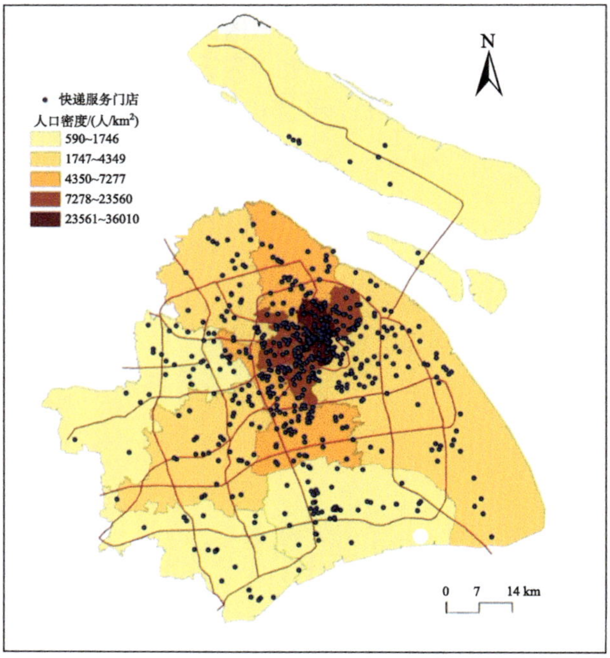

图 2.5　上海地区快递服务门店布局与人口密度分布

表 2.5　上海地区民营快递企业的区域转运中心、城市配送中心区位

企业	浦东新区	青浦区	松江区	闵行区	长宁区	奉贤区
顺丰	宣秋路	双浜路		莲花南路	北翟路	
申通	康桥东路	北青公路				
圆通	*	*	书林路			
中通						
韵达	申江路；民耀路					同迎路
天天	北蔡镇					
百世	*	*				
宅急送						
国通	*		车墩镇			
全峰		华蔡路				*

*表示具体地址不详

图 2.6　上海快递企业总部与快递服务一、二级节点分布

因数据的可获得性差，节点数据不完整

2.3.4　快递企业的总部区位

国际快递巨头区域总部位于上海市中心城区（图 2.6），以彰显其国际巨头之地位和形象。此外，除了 TNT 上海分公司浦西营运中心外，FedEx 的上海国际快件和货运中心、UPS 亚太地区航空枢纽港、DHL 上海北亚转运中心等均位于浦东国际机场或其邻近地区。

全国十大民营快递公司中，申通、圆通、韵达、中通、国通等的总部均在上海，除了国通总部位于松江区之外，其余总部都在青浦区的华新镇、重固镇、赵巷镇合围的大约 150km^2 的空间范围之内。这些总部一般也是这些企业快递服务运营的区域转运中心（一级）或城市配送中心（二级）。

形成这一地理空间集聚现象的主要原因是上海青浦区的政策支持和显著的地理区位优势：首先，青浦区政府大力推进快递基础设施建设和努力改善公共服务，为快递企业提供了良好的经营环境。此举吸引了国内最重要的几家快递企业在青浦区设立总部和大型快件分拨中心，青浦区已成为快递总部聚集区。2016 年上半年，青浦全区实现快递业务量 26891.6 万件，同比增长 77.7%，占全市的 23.94%；业务收入 209.51 亿元，同比增长 85.4%，占全市的 67%。其次，青浦区交通十分便利。上述快递企业总部集聚的华新镇、重固镇、赵巷镇内仅仅 12km×12km 的空间范围内（图 2.6），北有横贯东西的京沪高速公路（G2）和沪陕高速公路（G42），南有东西向的沪渝高速公路（G50），东有纵贯南北的沈海高速公路（G15），西有上海绕城高速（G1501）穿越南北，同时其东北方向还有东西向穿越华新镇南部的沪常高速公路（上海 S26，江苏 S58），再往南数千米更有长三角地区高速公路干线沪杭高速公路（G60）；该区域更毗邻虹桥综合交通枢纽，距离浦东国际机场也仅在 1h 车程之内。因此，无论是公路、铁路，还是航空都可以快速形成与上海市域外部的衔接，同时连接城市内部快速路网。再者，青浦区地处上海西郊，地租上具有优势，这对快递企业的大型快件中转中心要占用大量土地十分有利。2009～2013 年，青浦区土地成交价格平均为 2658 元/m^2，仅为上海市土地价格最高的普陀区（422423 元/m^2）的 0.6%，因此，其十分有利于快递企业所需的场站建设。最后，青浦区位于上海、浙江、江苏三省（市）的交界处，市场服务范围广，加上便利的交通，快递服务可径直辐射江苏苏州、浙江嘉兴等地，同时，青浦区本身又是上海市农产品生产基地之一，因而引致大量商流不断催生快递需求。

2.4 讨　论

本章研究的重要启示在于：第一，清晰地把握快递网络要素、结构，对于政府监管快递产业，规划和建设快递设施，以及快递末端从业者和用户提高快递效率具有重要的现实意义。我国的快递业与电商相伴而生，中国电商的迅猛发展极大地影响了传统零售业，其地理意义上的最大影响在于货品的运送跳过了零售商店，从订单完成地点转到买家所在地（家庭所在地或办公所在地），从而导致与零售相关的活动极化于配送中心和买家所在地（家庭所在地或办公所在地）。由此，三个主要的地理空间效应将会产生：货物配送中心和订单中心区位重新选择，零售商店和商场的规模可能缩减，最后一公里的递送活动强化（Wang and Xiao, 2015）。作者亲历的一份文件快递足以说明这种空间效应的后果所在：这份文件本来不足 3km 的快递路程，却在本市走了近 70km，原本预期第二天一早到达目的地的，结果第四天晚上才到达，第五天收件人才收到文件（表 2.6、图 2.7、图 2.8）。因此，如果末端从业者、客户对快递网络有一个基本的了解，一些不必要的递送极化活动或可避免。快递企业的经营管理者应该有所预测和掌握此类情况，亦可潜在地提高服务效率、减少货品运输活动、减轻道路拥堵压力等。其实这也反映了效率较高的轴-辐式网络的明显缺点——原本两点直达的运输服务被中转式运输形式割裂并取而代之，进而加剧了延误（罗德里格等，2014）。

表 2.6　X 号快件的走件流程

日期	时刻	流程与路径
2016/11/12	19:57	上海市 TD 客户四公司（点击查询电话）已揽收
	20:32:04	上海市 TD 客户四公司 已发出，下一站 上海转运中心
	22:43:32	上海转运中心已收入
2016/11/13	6:00	上海转运中心 已发出，下一站 上海市徐汇区龙华公司
	8:43:08	上海市徐汇区龙华公司 已发出，下一站 上海转运中心
2016/11/14	23:00	上海市徐汇区华泾公司已收入

续表

日期	时刻	流程与路径
2016/11/15	7:01	上海市徐汇区华泾公司（点击查询电话）石** 派件中派件员电话 1860178****
	20:15:00	客户签收人: 邮件收发章 已签收 感谢使用圆通速递，期待再次为您服务

资料来源：圆通速递官网运单查询结果

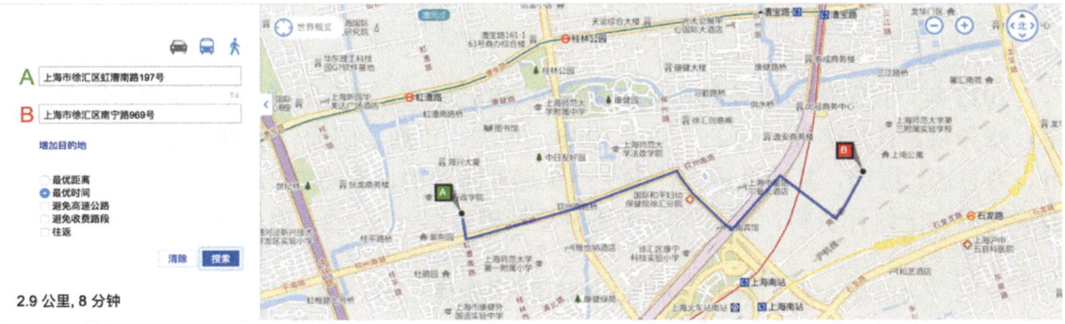

图 2.7　X 号快件起讫点及最优时间和路径

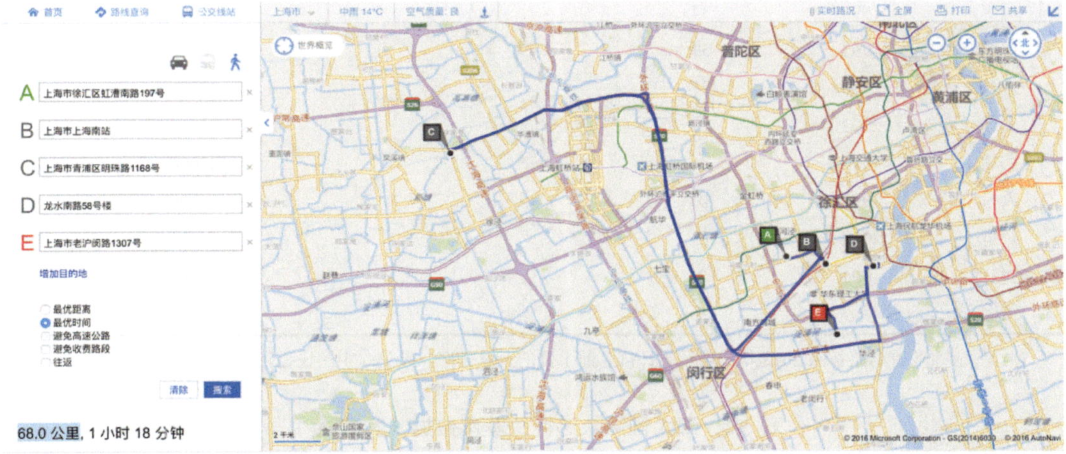

图 2.8　X 号快件的实际路径和行程

第二，上海主要和重要快递企业节点的空间格局已经基本显现了《上海市现代物流业发展“十三五”规划》拟打造的“快递物流基地”的空间布局。但是，如何按照规划所要求的进一步完善三级城市配送网络和重点区域物流配套服务，形成东西联动、辐射内外、层级合理、有机衔接的物流业协调互联空间新格局，以打造“一体两翼”新优势，仍面临诸多挑战。

城市的货运包括城市环境下的货品配送活动（递送与收件），其对交通影响重大，反之亦然。2015 年，上海市交通运行总体保持平稳态势，但交通供需矛盾仍然突出——“道路交通需求持续增长，道路拥堵状况进一步加剧”是其主要特点之一。2016 年交通形势研判中，交通供需矛盾将进一步突出，道路交通运行状况将更加严峻，这将对快递活动带来直接影响。

第3章　快递企业的空间组织：轴、辐和网络结构

3.1　引　　言

2013年，我国快递服务品牌集中度指数CR8为80，在全国20家主要快递服务品牌中，业务量累计排名前十位的企业是EMS、顺丰、申通、圆通、中通、韵达、天天、百世、宅急送、国通，其业务量合计占全部快递业务量的比重达87%。表3.1为10家企业的规模不完全统计资料，可与国际快递巨头规模数据（表3.2）对比，差距甚大。

表3.1　中国主要快递企业规模（2013年）

企业	成立年份	从业人员数/万人	销售额/亿元	资产总额/亿元	营业网点/个	飞机/架
EMS	1980	10	100	210	45000	
顺丰	1993	34			13000	30
申通	1993	30			20000	
圆通	2000	21			24000	
中通	2002	25			10000	
韵达	1999				40000	
天天	1994	10			10000	
百世	2003	13			16000	
宅急送	1994	2			3000	
国通		5				

注：本表企业排名系按照2013年业务量累计排名前十位的企业排序，参见《中国快递行业发展报告2014》

表3.2　四大国际快递巨头基本数据（2013年）

公司名称	成立年份	车辆/万辆	飞机/架	营业收入	员工数/人
UPS	1907	9.6	625	554亿美元	395000
DHL	1969	3.0	250	410亿欧元	315000
FedEx	1971	4.8	630	450亿美元	160000
TNT	1946	2.7	50	67亿欧元	58722

注：根据UPS、FedEx、DHL、TNT官网资料整理

2017年3月28日，国家邮政局发布的《2016年中国快递发展指数报告》显示，我国快递业务量规模稳居世界首位，在全球占比超过四成，对世界快递业务量增长的贡献率为60%。

2019年，快递服务品牌集中度指数CR8为82.5。根据商业咨询机构华经产业研究院的《2019年全国快递从业人员职业调查报告》，这8家企业应为顺丰速运、中通快递、

韵达速递、圆通速递、申通快递、百世快递、中国邮政，以及京东快递等。表 3.3 为 2013～2019 年这些主要快递公司（不完全）快递业务量。

表 3.3　2013～2019 年主要快递公司快递业务量　（单位：亿件）

年份	申通	韵达	圆通	顺丰	中通	百世
2013	14.73	11.49	12.84	10.97	10.67	3.22
2014	23.06	15.68	18.57	16.10	18.16	7.35
2015	25.68	21.31	30.32	16.69	29.46	14.02
2016	32.60	32.14	44.60	25.80	44.98	21.66
2017	38.98	47.20	50.64	30.52	62.20	37.69
2018	51.12	69.85	66.65	38.69	82.25	54.6
2019（Q1～Q3）	50.47	69.33	61.51	32.51	84.32	50.98
2019（1～11 月）	66.04	89.05	80.92	42.57		

注：资料来源于《2019 年中国快递业务量、快递业务收入及企业竞争格局分布》。Q1 为第一季度；Q3 为第三季度

下文选择顺丰速运、圆通速递、百世快递等进行深入分析，样本企业的数据期为研究工作时段 2015～2017 年。

3.2　顺 丰 速 运

2016 年底，顺丰速运在中国已拥有近 1.5 万台自有营运车辆，以及遍布中国的 1.3 万多个营业网点，同时拥有 36 架自有全货机，还搭建了以深圳、杭州为双枢纽，辐射全国的航线网络。与此同时，顺丰速运积极拓展国际业务，目前国际小包服务可覆盖全球 200 多个国家及地区，国际快递服务已覆盖美国、俄罗斯、日本、韩国、新加坡、马来西亚、澳大利亚、新西兰、加拿大、巴西，以及欧盟各国等 50 多个国家及地区。

2018 年 6 月，顺丰速运的业务覆盖中国 336 个地级市、2727 个县级行政区划单位，有近 1.4 万个自营网点。

3.2.1　区域转运中心的空间布局

1. 国内区域转运中心

区域转运中心是顺丰速运网络中最高级别的枢纽，主要负责跨区域快递的进出转运，根据快递的目的地分拣到下一级别的配送中心。不同快递企业会根据企业具体的营业情况选择不同的城市作为自己的区域转运中心，因为它是整个快递网络的核心枢纽，所以一般选址城市在其区域内综合经济实力、交通运输实力、城市基础设施都应该是最强的。我们平时看到的快递配送其实只是顺丰速运内部定位的“宅配网”。顺丰速运实际已经构建了集信息网、仓储网、干线网、零担网、宅配网（云物流）等于一体的整套网络服务。因此，传统的区域转运中心已不仅仅是快件的集散、分拣，在大数据技术的支持下已经逐渐发展为集自动化、智能化于一体的云仓。云仓运营的背后需要强大的技术和装

备支持，其远胜于传统仓储（表 3.4）。

表 3.4　云仓与传统仓储的异同

项目	云仓	传统仓储
仓储品类	多品类集中	品类相对单一
货物匹配方式	利用大数据实现就近下单、拣选配送，避免物流浪费，提高配送效率	货物品类单一存放，集中配送
管理方式与要求	仓内作业的时效性要求以及精细化管理程度高	管控主要集中于库内安全和库存情况
装备与技术	需要自动化装备和信息化软件	不完全具备自动化和信息化

顺丰速运目前在华东地区、华南地区、华北地区、华中地区、西南地区、西北地区、东北地区七大地理区域分别建立了上海、广州、北京、武汉、成都、西安、沈阳 7 个区域转运中心，杭州与深圳是顺丰速运全国航空枢纽中心（图 3.1、图 3.2），运输以夜航模式为主，使全货机运载和效率上得到了足够的提升。

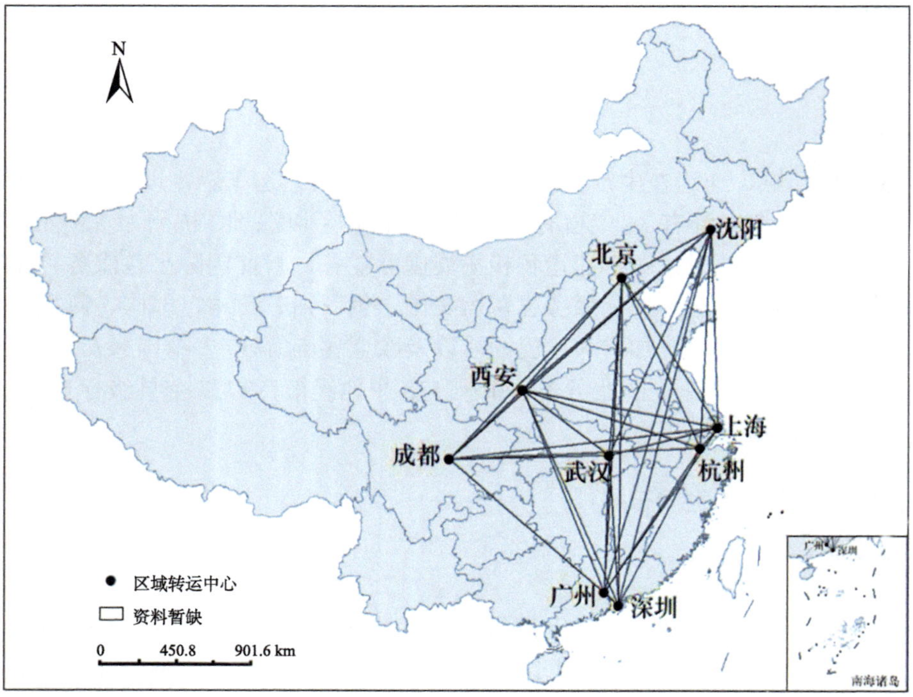

图 3.1　顺丰速运区域转运中心分布及其拓扑联系

在上述七大区域转运中心中，根据实际物流载配量大小及区域实际需求，顺丰速运设计了区域之间共享的方案，如遇到紧急配送或意外突发状况时，相近区域之间可以采

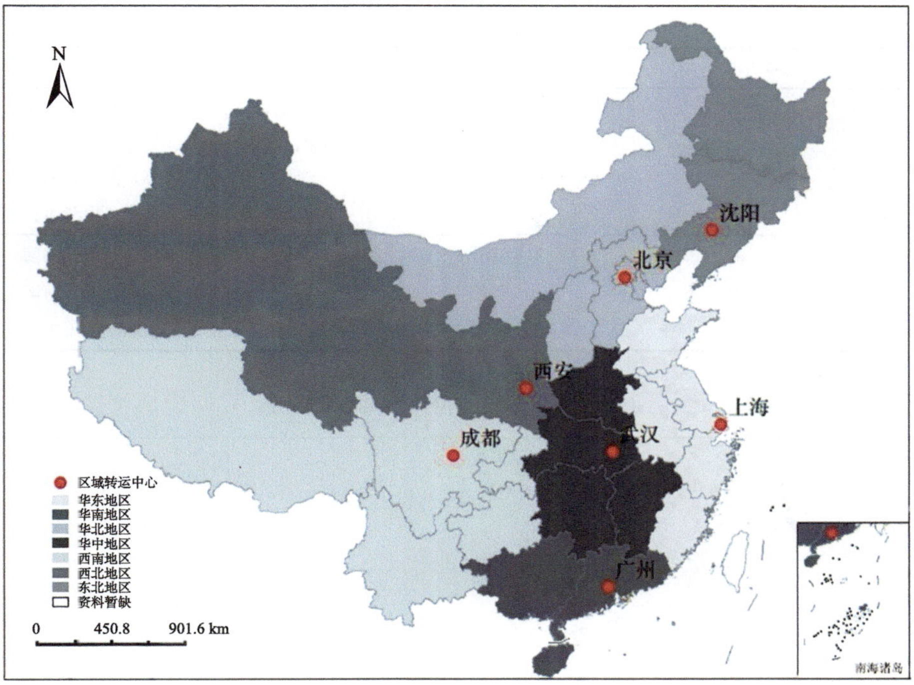

图 3.2 顺丰速运区域转运中心管辖范围示意图

取及时补救措施，避免快件运输的延误。顺丰速运进一步加强了快递主干网络的处理分拣能力，以提高全网运营效率。区域转运中心作为枢纽在整个运输网络中处于核心地位，它的运营能力与效率决定快递到达下一级配送中心和最后派送到顾客手中的时效。

在快递需求量猛增的特殊时间点（如“双十一”等），某些区域内供应无法得到满足时，顺丰速运提出了仓共享的运营方案（表 3.5、图 3.3～图 3.5、表 3.6）。参与仓共享的区域多是人口较多、市场广阔的区域，五仓共享的区域主要是广州、上海、北京、武汉和成都，三仓共享则分为 A 方案和 B 方案，A 方案是广州、武汉和北京。将武汉作为区域转运中心参与仓共享是因为顺丰速运已于 2015 年在鄂州选址自建第一座货运机场，鄂州距离武汉不到 1h 车程，武汉作为华中地区的大城市其地理位置优越，连接东西、南北区域，铁路、公路及水路相通，人口市场广阔。B 方案是较为传统的分类，北上广一线城市参与仓共享，其经济发达、人口众多，快递需求量位于全国前列。

表 3.5 顺丰速运区域转运中心运营方案

运营方案	区域转运中心位置	覆盖范围
五仓共享	广州	广东、广西、福建、海南
	上海	上海、安徽、浙江、江苏
	北京	北京、河北、天津、山东、内蒙古、辽宁、山西
	武汉	湖北、湖南、江西、河南、陕西
	成都	四川、重庆、贵州、云南

续表

运营方案		区域转运中心位置	覆盖范围
三仓共享	A 方案	广州	广东、广西、福建、海南
		武汉	湖北、湖南、江西、安徽、贵州、河南、陕西、四川、上海、江苏、浙江、云南、重庆
		北京	北京、河北、天津、山东、内蒙古、辽宁、山西
	B 方案	广州	广东、广西、福建、海南、湖南、江西
		上海	上海、安徽、浙江、江苏、河南、湖北
		北京	北京、天津、河北、山东、内蒙古、辽宁、山西

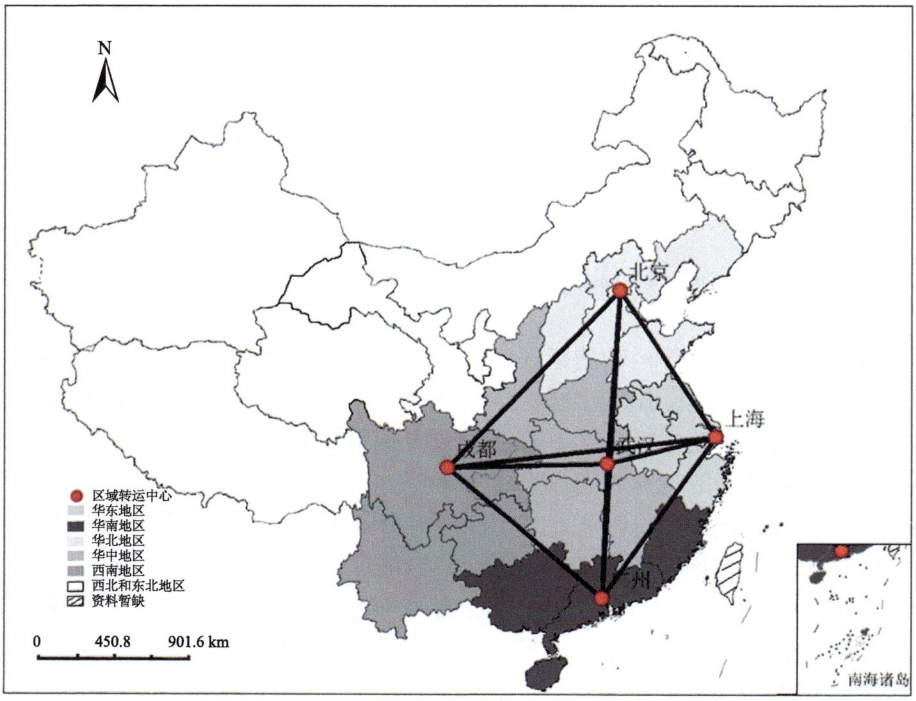

图 3.3　顺丰速运的五仓共享示意图

2. 海外区域转运中心

在国际物流服务领域，顺丰速运致力于为国内外制造企业、贸易企业、跨境电商，以及消费者提供便捷可靠的国际快递、物流及供应链解决方案。目前，顺丰国际提供包括国际标快、国际特惠、国际小包、国际重货、保税仓储、海外仓、转运等不同类型及时效标准的进出口服务，并可根据客户需求量身定制包括市场准入、运输、清关、派送在内的一体化的进出口解决方案。国际小包服务网络覆盖全球 200 多个国家及地区。

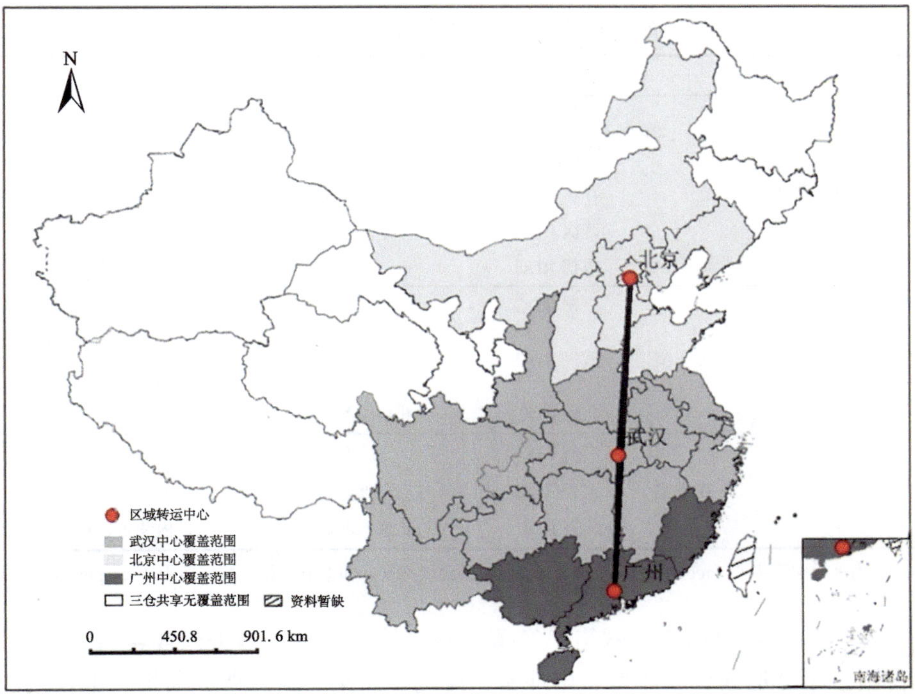

图 3.4　顺丰速运的三仓共享 A 方案示意图

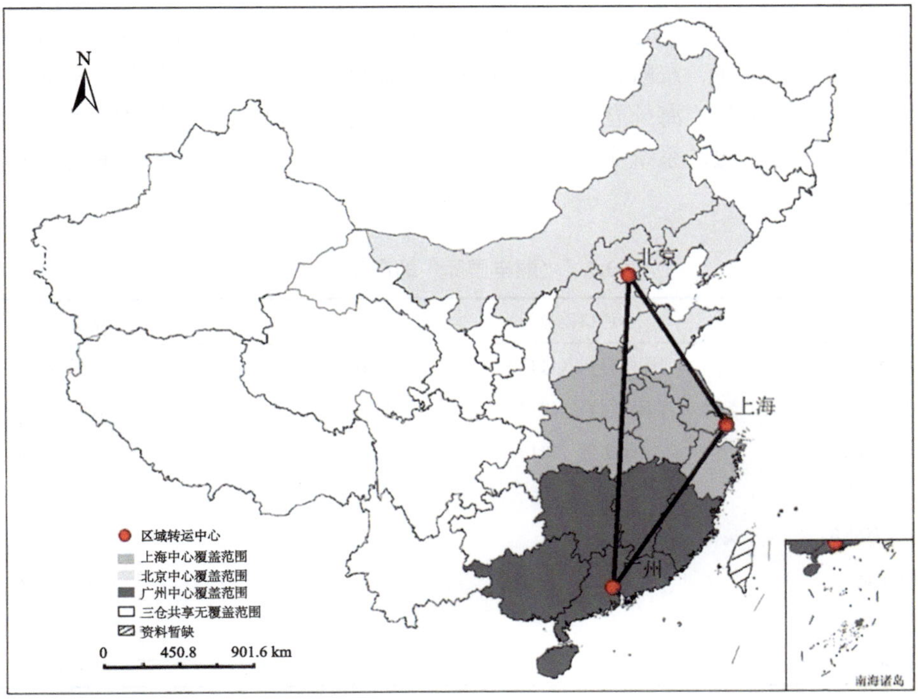

图 3.5　顺丰速运的三仓共享 B 方案示意图

表 3.6　顺丰速运 24 个城市的云仓布局

云仓方案		云仓区位	覆盖配送范围
五仓共享		广州 RDC	广东、广西、福建、海南
		上海 RDC	上海、安徽、浙江、江苏
		北京 RDC	北京、河北、天津、山东、内蒙古、辽宁、山西
		武汉 RDC	湖北、湖南、江西、河南、陕西
		成都 RDC	四川、重庆、贵州、云南
三仓共享	A 方案	广州 RDC	广东、广西、福建、海南
		武汉 RDC	湖北、湖南、江西、安徽、贵州、河南、陕西、四川、上海、江苏、浙江、云南、重庆
		北京 RDC	北京、河北、天津、山东、内蒙古、辽宁、山西
	B 方案	广州 RDC	广东、广西、福建、海南、湖南、江西
		上海 RDC	上海、安徽、浙江、江苏、河南、湖北
		北京 RDC	北京、河北、天津、山东、内蒙古、辽宁、山西

注：RDC 为区域配送中心（regional distribution center）的英文缩写，即本书所指区域转运中心（regional transit center）

顺丰速运的国际快递服务网络已经覆盖新加坡、韩国、马来西亚、日本、泰国、越南、蒙古国、印度尼西亚、印度、柬埔寨、缅甸、文莱、阿联酋、斯里兰卡、孟加拉国、巴基斯坦、菲律宾、美国、加拿大、墨西哥、巴西、澳大利亚、新西兰、俄罗斯、欧盟各国。实际上，在“顺丰国际”的产品与服务中（表 3.7），涉及快递服务的品项众多。其中，海外仓是其重要的转运中心节点（表 3.8），是顺丰国际整合优质的国际运输资源，针对发往美国、俄罗斯、东欧、北欧、英国以及欧盟国家等的跨境电商客户量身打造的一站式物流供应链服务。海外仓不仅可以帮助中国卖家实现海外本土化销售，降低物流运营成本，而且可以通过系统实时监控库存和订单状态，提高订单响应速度，缩短派送时间。

表 3.7　“顺丰国际”的产品与服务

出口物流	进口物流	消费者物流	增值服务
国际标快（出口）	国际标快（进口）	SFBuy（出口）	保价
国际特惠（出口）	国际特惠（进口）	SFBuy（进口）	签收确认服务
国际小包	国际重货（进口）		原件地址变更服务
国际电商专递			超长超重附加服务
海外仓			偏远附加费
国际重货（出口）			住宅附加费
国际经济小包			燃油附加费
国际专线小包			包装服务

注：根据顺丰速运服务范围及参考时效整理

表 3.8　“顺丰国际”的海外仓服务范围及参考时效

海外仓	服务国家	国际头程运输（含入库上架）	最后一公里（工作日）	
东欧仓	欧洲 32 国	空运：7～12 天	国际小包	北欧、东欧流向 5～7 天
		海运：42 天		俄罗斯、白俄罗斯流向 7～13 天
		铁运：22～25 天	国际小包	7～10 天（俄罗斯流向速卖通平台认可渠道专属）
			电商专递	5～10 天
德国仓	欧洲 28 国	空运：7～12 天	国际小包	德国本地：2～3 天
		海运：42 天		欧盟国家：3～7 天
		陆运：22～25 天	电商专递	德国本地：1～2 天
				欧盟国家：2～5 天
中欧仓	欧洲 28 国	空运：5～7 天	电商专递	德国本地：2～3 天
		海运：28～32 天		欧盟派送：3～7 天
俄罗斯仓	俄罗斯全境	空运：5～7 天	电商专递	主要城市：2～5 天可派送
		海运：42 天		其他城市：5～13 天可派送
美东仓（特拉华仓）	美国、加拿大、墨西哥	快递：3～7 天	电商专递	美国本土：2～5 天
		空运：5～7 天		加拿大、墨西哥：3～8 天
美西仓（洛杉矶仓）	美国、加拿大、墨西哥	快递：3～7 天	电商专递	美国本土：2～5 天
		空运：5～7 天		加拿大、墨西哥：3～8 天

注：欧洲 28 国为英国、法国、德国、意大利、荷兰、比利时、卢森堡、丹麦、爱尔兰、希腊、葡萄牙、西班牙、奥地利、瑞典、芬兰、马耳他、塞浦路斯、波兰、匈牙利、捷克、斯洛伐克、斯洛文尼亚、爱沙尼亚、拉脱维亚、立陶宛、罗马尼亚、保加利亚、克罗地亚；欧洲 32 国除覆盖以上国家外，还包括俄罗斯、白俄罗斯、乌克兰和挪威。

本表根据顺丰速运服务范围及参考时效整理

3.2.2　城市配送中心的空间布局

快递的城市配送中心也具备分拣、短暂储存、转运、衔接作用，区域转运中心物流量发生分流后到达每个城市配送中心的运量就会减少，其节点之间的距离较短，在网络中节点数量显然比区域转运中心多。顺丰速运围绕区域转运中心分设城市配送中心，主要处理归属区域内快件的分拣和中转，城市配送中心之间的运输线相对枢纽之间而言，由于距离短、运量小，一般采用汽车运输，属于全网中的支线运输。2015 年，顺丰速运在全国已建立 144 个城市配送中心（表 3.9、图 3.6）。每个大区内的城市配送中心服务于本区域转运中心，由区域转运中心分流下来的快件实现“点对点”直达区域内城市配送中心。城市配送中心在全网中汇集末端与客户直接接触的门店的所有快件，节点之间的网络属于支线，运量中等，其相对干线而言更多且更复杂。

表 3.9　顺丰速运国内城市配送中心分布情况（2015 年）　（单位：个）

地区	城市配送中心
华东地区	42
华北地区	27
华南地区	26
华中地区	22
西南地区	15
西北地区	6
东北地区	6
全网	144

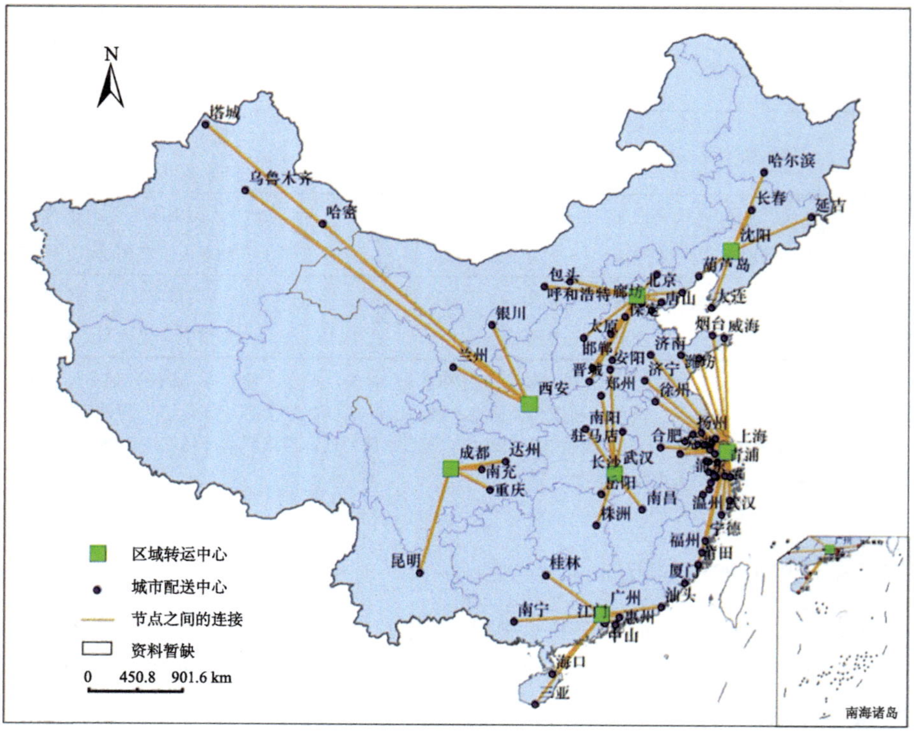

图 3.6　顺丰速运国内区域转运中心与城市配送中心分布

3.2.3　服务门店（网点）的空间布局

1. 国内服务门店覆盖

在中国，顺丰速运 2015 年已建有 13000 多个营业网点，覆盖了中国 31 个省（自治区、直辖市），300 多个大中城市及 1900 多个县级市或区县。从表 3.10 统计情况来看，顺丰速运在全国的门店覆盖率呈现从东向西递减的趋势，东部覆盖率高于中、西部较多，中、西部之间的差异不是太大。其中，省级网点覆盖率在全国范围内已经达到 100%。从地级市网点覆盖率来看，东部地区高达 99%，中、西部也都在 90%以上，差异略小。从区县网点覆盖率来看，东部覆盖率领先中、西部将近 20 个百分点，由此可以看出，具体到区县，顺丰速运在东部的网点布局密度较大。行政级别越高，东部与中、西部的网点覆盖率差距就越小；反之，行政级别越低，东部与中、西部的差距就越大（图 3.7、图 3.8）。

表 3.10　顺丰速运网点覆盖统计（2015 年）

地区	覆盖省级单元/个	省级单元合计/个	省级网点覆盖率/%	覆盖地级市/个	地级市合计/个	地级市网点覆盖率/%	覆盖区县/个	区县合计/个	区县网点覆盖率/%
东部地区	11	11	100	99	100	99	655	873	75.03
中部地区	8	8	100	96	104	92.31	527	895	58.88
西部地区	12	12	100	119	130	91.54	628	1082	58.04
合计	31	31		314	334		1810	2850	

注：①统计中未包括港澳台地区。东部地区包括辽宁、河北、北京、天津、山东、江苏、上海、浙江、福建、广东和海南；中部地区包括黑龙江、吉林、河南、山西、湖北、湖南、安徽、江西；西部地区包括内蒙古、宁夏、陕西、甘肃、青海、四川、重庆、新疆、西藏、云南、贵州和广西（倪玲霖等，2012）。②各级行政区划单位数量依据民政部《2015 年社会服务发展统计公报》

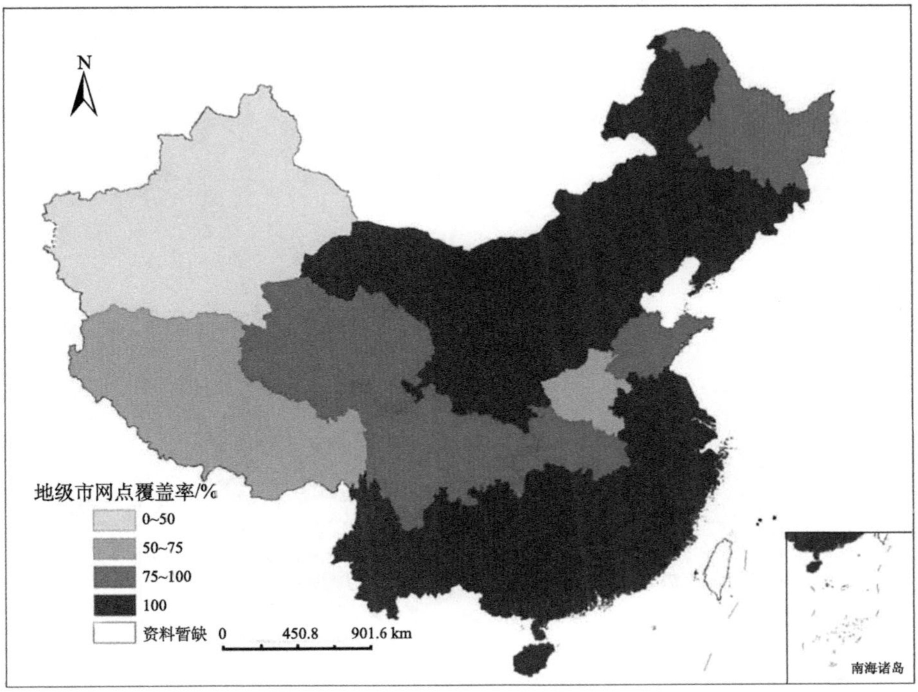

图 3.7　顺丰速运的地级市网点覆盖率

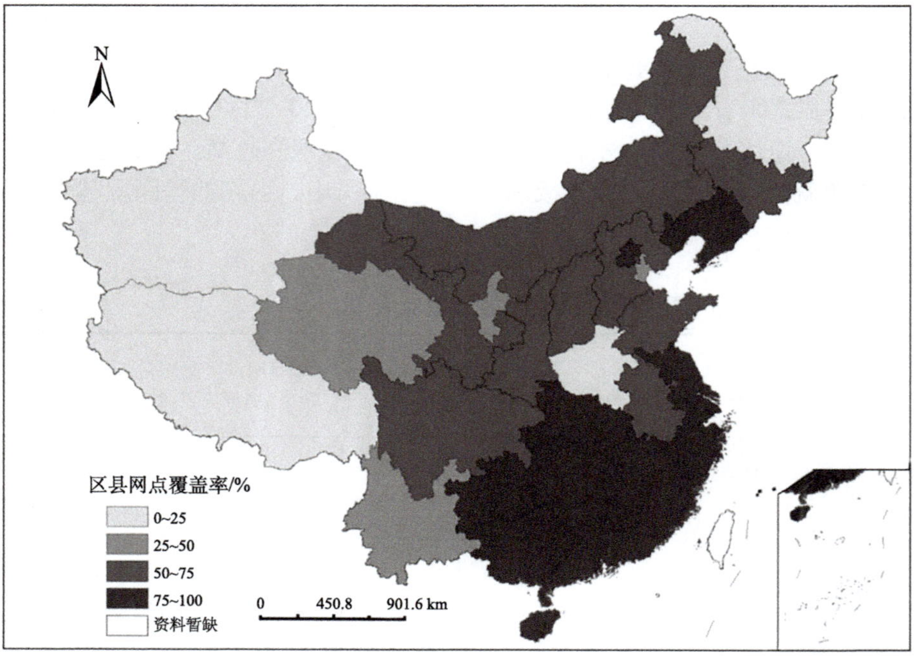

图 3.8　顺丰速运区县网点覆盖率

根据顺丰速运官网统计到自营门店的具体地址，再利用百度地图坐标拾取器将地址转换为经纬度坐标，将数据输入 ArcGIS 中，则可以得到服务门店的空间布局情况（图 3.9）。从图 3.9 中可以看出，从区域的总体布局看，服务门店数量从东南沿海到西北内陆地区

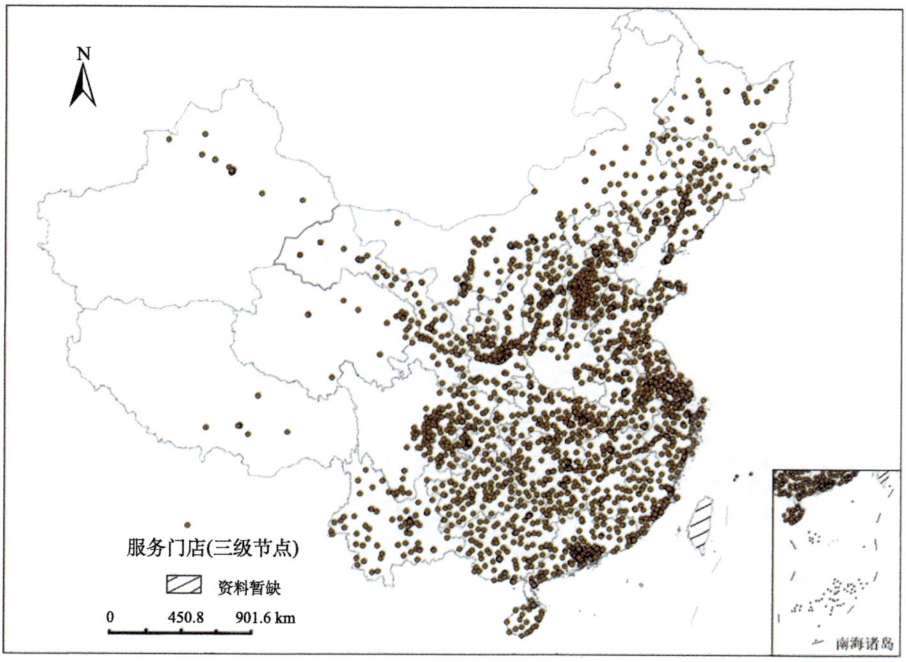

图 3.9　顺丰速运的全国服务门店布局

逐渐减少，其中珠三角、长三角及京津冀地区最为密集，而行政区划面积较大的新疆、西藏和青海最为稀疏。

2. 国内服务门店的空间集聚特征

对顺丰速运 3768 个服务门店在全国范围内的核密度进行分析，将集聚结果分为 9 个等级，结果如图 3.10 所示。3768 个服务门店核密度最大的地区位于以广州为中心的珠三角地区，其次为以上海为中心的长三角地区，总体呈现以珠三角为主核心、长三角为次核心的“双核多极”的空间集聚现象，“核”与“极”集中在东、中部地区。

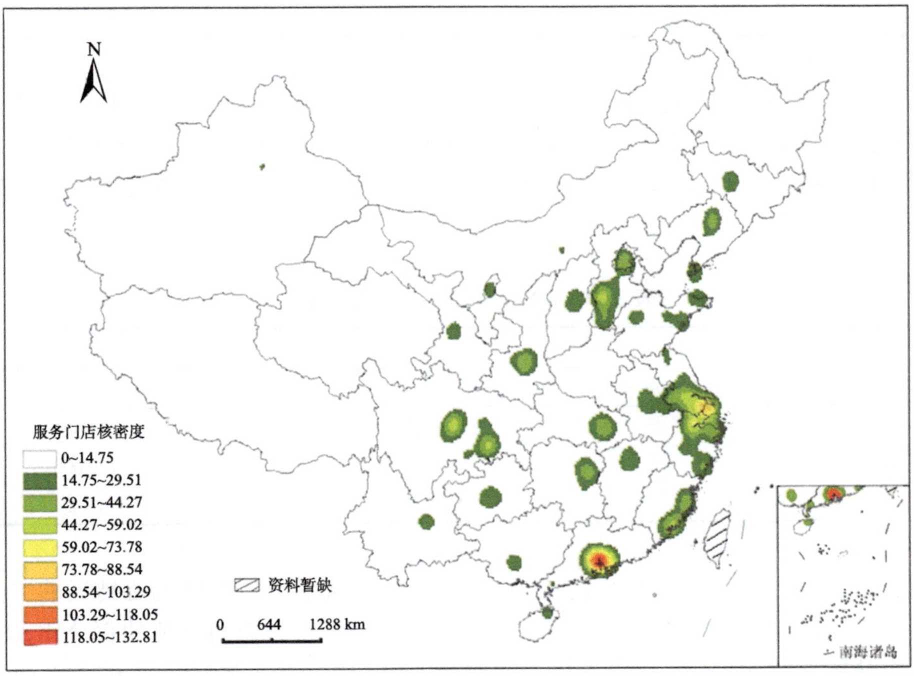

图 3.10　顺丰速运全国服务门店核密度分布

3. 国内服务门店布局的影响因子

顺丰速运服务门店的空间布局特征显然与我国地区经济发展水平、人口状况及地区交通发展状况密切相关。

基于数据的可获得性和科学性原则，本节选取我国 31 个省级行政区的人口因素、经济发展因素、交通基础设施因素、快递发展因素四大因素，合计 16 个影响因子进行因子分析。这 16 个影响因子是常住人口、人口密度、人均 GDP、第二产业增加值占 GDP 的比重、第三产业增加值占 GDP 的比重、城市化水平、快递业务量、邮政业从业人数、公路里程、货运量、公路货运量、货物周转量、公路货物周转量、互联网普及率、电子商务销售额、互联网上网人数（表 3.11），这些因素总体上从经济、人口、产业、交通等方面反映了地区综合经济发展水平。

表 3.11　顺丰速运服务门店空间布局影响因子

序号	影响因子	序号	影响因子
X_1	常住人口	X_9	公路里程
X_2	人口密度	X_{10}	货运量
X_3	人均 GDP	X_{11}	公路货运量
X_4	第二产业增加值占 GDP 的比重	X_{12}	货物周转量
X_5	第三产业增加值占 GDP 的比重	X_{13}	公路货物周转量
X_6	城市化水平	X_{14}	互联网普及率
X_7	快递业务量	X_{15}	电子商务销售额
X_8	邮政业从业人数	X_{16}	互联网上网人数

16 个影响因子原始数据来自《2015 年中国统计年鉴》，采用 SPSS 软件中主成分分析法进行测度。分析结果显示（表 3.12）， KMO 值为 0.736，比较接近于 1，比较适合做因子分析，Sig.值为 0.000，小于显著水平 0.05，说明变量之间存在相关关系，适合做因子分析。

表 3.12　KMO 和 Bartlett 的检验结果

KMO 和 Bartlett 检验		结果
KMO 测量取样适当性		0.736
Bartlett 的球形检验	近似卡方	674.921
	df	120.000
	Sig.	0.000

表 3.13 给出了主因子贡献率的结果，左侧为初始特征值，右侧为旋转后的主因子结果。“合计”指因子特征值，“方差/%”指该因子特征值占总特征值的百分比，“累计/%”指累计的百分比。其中，前 3 个因子特征值大于 1，3 个因子特征值之和高达 84.287%，因此，提取前 3 个因子作为主因子。

表 3.13　主因子贡献率

成分	初始特征值			旋转平方和载入		
	合计	方差/%	累计/%	合计	方差/%	累计/%
1	6.662	41.637	41.637	6.662	41.637	41.637
2	5.550	34.687	76.324	5.550	34.687	76.324
3	1.274	7.963	84.287	1.274	7.963	84.287
4	0.875	5.466	89.753			
5	0.478	2.988	92.741			
6	0.387	2.416	95.157			
7	0.199	1.245	96.402			
8	0.153	0.955	97.357			

续表

成分	初始特征值			旋转平方和载入		
	合计	方差/%	累计/%	合计	方差/%	累计/%
9	0.119	0.744	98.101			
10	0.108	0.674	98.775			
11	0.062	0.389	99.164			
12	0.056	0.352	99.516			
13	0.038	0.235	99.751			
14	0.024	0.153	99.904			
15	0.010	0.063	99.967			
16	0.005	0.032	99.999			

采用 Kaiser 标准化正交旋转，设置最大迭代次数为 25，旋转 5 次后得到主因子矩阵（表 3.14）。结果表明，F_1主因子与X_1常住人口、X_8邮政业从业人数、X_9公路里程、X_{10}货运量、X_{11}公路货运量、X_{13}公路货物周转量、X_{16}互联网上网人数等多个指标相关性较高，故将F_1主因子命名为“城市综合实力”因子；F_2主因子与X_3人均 GDP、X_6城市化水平、X_{14}互联网普及率、X_{15}电子商务销售额等几个因子高度相关。因此，将F_2主因子命名为“城市化”因子；F_3主因子与X_4第二产业增加值占 GDP 的比重因子相关性较高。因此，将其命名为“产业结构”因子。

表 3.14 主因子得分系数

成分	主因子		
	F_1	F_2	F_3
X_1常住人口	0.124	−0.085	−0.142
X_2人口密度	0.058	0.128	0.163
X_3人均 GDP	0.065	0.137	0.217
X_4第二产业增加值占 GDP 的比重	0.031	−0.110	0.483
X_5第三产业增加值占 GDP 的比重	0.013	0.156	−0.286
X_6城市化水平	0.067	0.138	0.196
X_7快递业务量	0.118	0.054	−0.137
X_8邮政业从业人数	0.125	0.013	−0.327
X_9公路里程	0.059	−0.138	−0.251
X_{10}货运量	0.124	−0.081	0.094
X_{11}公路货运量	0.118	−0.101	0.048
X_{12}货物周转量	0.122	0.026	0.251
X_{13}公路货物周转量	0.089	−0.107	0.178
X_{14}互联网普及率	0.061	0.141	0.122
X_{15}电子商务销售额	0.114	0.101	−0.112
X_{16}互联网上网人数	0.141	−0.038	−0.123

将原始变量标准化后，得到特征向量矩阵（表 3.15）。根据特征向量矩阵所产生的因子权重得到主成分计算公式：

$$F_1 = 0.124X_1 + 0.058X_2 + 0.065X_3 + 0.031X_4 + 0.013X_5 + 0.067X_6 + 0.118X_7 + 0.125X_8 + 0.059X_9 + 0.124X_{10} + 0.118X_{11} + 0.122X_{12} + 0.089X_{13} + 0.061X_{14} + 0.114X_{15} + 0.141X_{16}$$

$$F_2 = -0.085X_1 + 0.128X_2 + 0.137X_3 - 0.110X_4 + 0.156X_5 + 0.138X_6 + 0.054X_7 + 0.013X_8 - 0.138X_9 - 0.081X_{10} - 0.101X_{11} + 0.026X_{12} - 0.107X_{13} + 0.141X_{14} + 0.101X_{15} - 0.038X_{16}$$

$$F_3 = -0.142X_1 + 0.163X_2 + 0.217X_3 + 0.483X_4 - 0.286X_5 + 0.196X_6 - 0.137X_7 - 0.327X_8 - 0.251X_9 + 0.094X_{10} + 0.048X_{11} + 0.251X_{12} + 0.178X_{13} + 0.122X_{14} - 0.112X_{15} - 0.123X_{16}$$

表 3.15　全国省级行政区快递业发展水平得分及排名

省（自治区、直辖市）	F_1	F_2	F_3	F	排名
广东	2.62982	7.03396	1.34344	4.32077	1
上海	8.29948	0.51590	−1.69708	4.15188	2
浙江	0.60707	6.84476	−2.19578	2.90933	3
江苏	2.83188	1.43494	0.21678	2.00994	4
北京	2.94188	0.72150	0.00709	1.75087	5
天津	−1.10121	3.58785	2.08159	1.12919	6
山东	3.79222	−2.08117	0.14604	1.03065	7
辽宁	1.29847	0.11416	1.54939	0.83479	8
福建	0.20021	0.78826	1.13799	0.53080	9
河北	2.13412	−2.43641	1.16862	0.16196	10
湖北	0.83505	−1.22942	−0.42853	−0.13393	11
安徽	1.90683	−2.93031	1.20631	−0.15001	12
河南	1.86266	−2.79362	−0.08953	−0.23799	13
重庆	−0.98570	0.26522	0.10647	−0.36772	14
内蒙古	−0.44759	−0.73313	1.32647	−0.39751	15
山西	−0.89226	−0.06772	−0.37309	−0.50389	16
湖南	0.71847	−1.99255	−0.55205	−0.51724	17
四川	0.97491	−2.28950	−1.97628	−0.64731	18
陕西	−0.54543	−1.08365	0.56909	−0.66164	19
黑龙江	−1.77108	0.28287	−1.46332	−0.89673	20
海南	−3.33471	1.97931	−1.13454	−0.93994	21
江西	−0.58087	−1.75081	0.60782	−0.95005	22
广西	−0.79070	−1.53995	0.35453	−0.99085	23
吉林	−2.07461	−0.25502	0.84794	−1.04969	24
新疆	−2.02667	−0.27826	−0.45066	−1.15825	25
宁夏	−3.06218	0.47581	0.97415	−1.22486	26

续表

省（自治区、直辖市）	F_1	F_2	F_3	F	排名
云南	−1.33802	−1.51819	−1.22652	−1.40163	27
青海	−3.25832	0.26624	0.93145	−1.41203	28
贵州	−2.08134	−1.08715	−0.89176	−1.55982	29
甘肃	−2.61830	−0.54655	−1.02302	−1.61499	30
西藏	−4.12410	0.30261	−1.07300	−2.01411	31

根据 3 个主因子得分及其贡献率，可以计算出具体地区快递网点分布的整体实力得分，计算公式如下：

$$F = \left(a_1F_1 + a_2F_2 + \cdots + a_iF_i\right)/A$$

式中，F 为地区快递业发展总水平；F_i 为主因子得分；a_i 为主因子贡献率；A 为主因子累计贡献率。根据此公式，计算出各地区快递业发展水平（表 3.15）。计算结果表明，F 快递业发展水平得分广东最高，说明广东顺丰速运发展综合实力强大，上海紧随其后。快递业发展水平较低的是中西部地区。利用主成分分析法研究得出的结果也显示出全国呈现以广东为主核心、上海为次核心的“双核多极”空间结构模式。

3.2.4　快递网络的空间组织

上述关于顺丰速运的区域转运中心、城市配送中心及末端服务门店的分析和阐述清晰地表明，其快递服务网络组织采用从上而下的运营模式。相关资料表明，顺丰速运的运营构架为：总部—区域分拨中心—区部（一级中转场）—分部（二级中转场/配送中心）—点部（服务门店）（图 3.11）。顺丰速运总部设在深圳市福田区，全国分为华东、华北、华南、华中、西南、西北、东北七个大区，分别在区内中心城市上海、北京、广州、武汉、成都、西安、沈阳设立区域分拨中心，它们作为大区的集散枢纽，完成快件一级中转；在大区内根据实际运营需求及大区现实情况构建区内的服务网络，一般形成区部、分部、点部三级构架，分别完成二级、三级中转，最后抵达全网中的末端——点部，与客户直接接触，负责快件的收发，仅具备运营功能，不具有管理职能。以华东大区为例，2016 年，顺丰速运华东大区（华东经营本部）拥有 1 个区域分拨中心、1 个航空枢纽、3 个一级中转场，年吞吐量 16.7 万 t；二级中转场/配送中心 24 个，年吞吐量 42.6 万 t；城际运输干线 96 条，干线运出班次 274 个（图 3.12）。

顺丰速运区域转运中心之间可以实现仓共享，区域转运中心到城市配送中心、城市配送中心到服务门店之间采用“点到点”直达的方式，强化枢纽之间的互动性能够从整体上提高网络的运输效率；而二级、三级之间的联通采用点对点，则可以使末端分流时少走弯路，全网呈现“多枢纽轴-辐式”网络运输组织方式。区域转运中心和城市配送中心之间的运输网络和服务网络更大、成本控制更好、竞争优势更强。

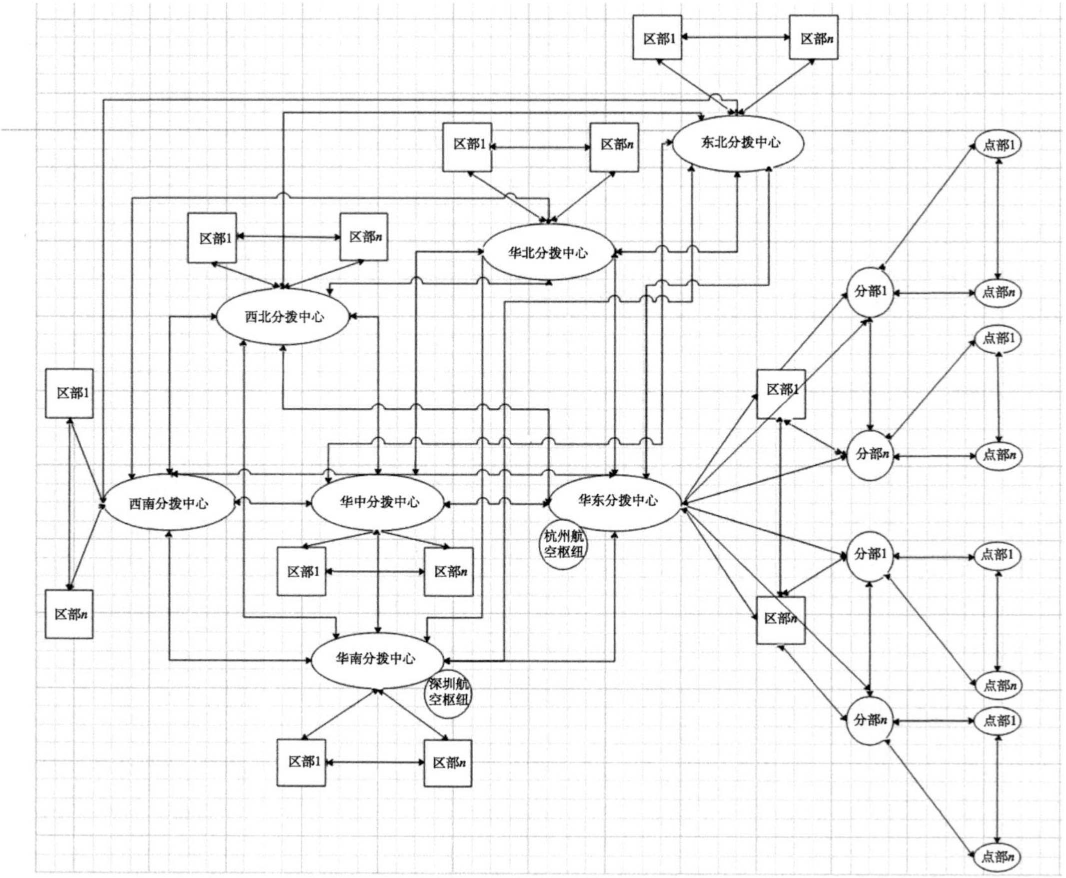

图 3.11　顺丰速运的运营构架（2016 年）

根据顺丰速运官网及网络资料整理

随着电子商务的快速发展，人们对于快递配送高速安全的需求越来越高，快递网络区域转运中心枢纽之间基本采用航空运输，以实现快件次晨达、一日达。2016 年底，顺丰速运拥有货机 46 架，其中自有货机 31 架、租赁货机 15 架，在国内通航 36 个城市和地区，搭建以深圳、杭州为双枢纽，辐射全国的航线网络，绝大部分以夜航为主，避开了客运的高峰，到达目的地后分拣配送做到次晨达。深圳与杭州之间的每日固定航班多达 5 次，枢纽之间的联系强度最大，其次以深圳和杭州为出发地，到达七大分拨中心，相对分散，班次根据货流量、城市之间的联系强度减弱依次减少；此外，七大分拨中心之间的航班相对较少，有的城市仅是一条航线中的一个停靠点（图 3.13）。

顺丰速运航空班次频率体现了城市之间快递运输的联系，进一步对顺丰速运全国航班班次与距离进行研究，可深入分析航空运输的距离衰减规律特征，以发现航空运输的适宜运营距离、最佳运营距离（王海江和苗长虹，2008）。基于数据的可获得性，根据顺丰速运航空通航的主要城市航班信息（从顺丰速运通航城市的机场官网获取实时航班信息），可得到每周共开行 518 班次。按照每 50km 区段进行计算，得到每周班次在每个区段所占的百分比及累计百分比，如此绘制出顺丰速运航空运输距离衰减情况（图 3.14、

图 3.15）。在 1100km 的范围内，顺丰速运航空的全国航运班次已经累计达到 50%，同时在 1100km 处达到最大值，对应枢纽航点深圳—杭州的航线；在 1100～1800km，累计班次从 60%增加到 90%，大致在 2400km 处累计班次达 99%。因此，顺丰速运航空的适宜运营距离为 1800km。按照 60%最佳运营比例，最佳运营距离为 1100km，根据全部班次，顺丰速运航空的全国航空运输班次的平均距离为 1157km。

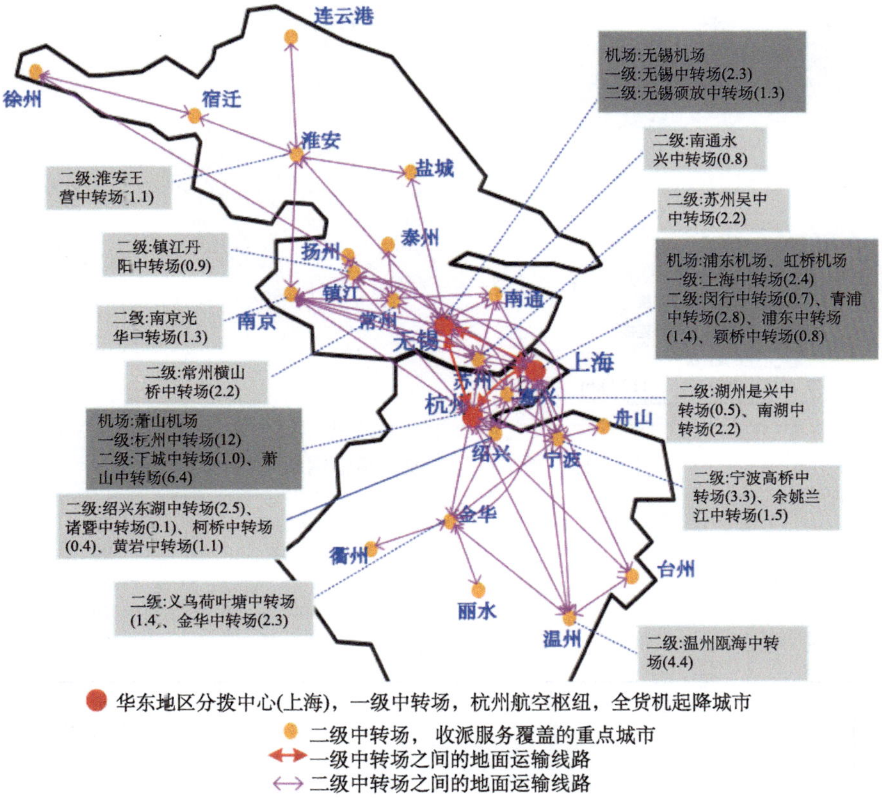

图 3.12　顺丰速运华东大区收派网络拓扑图（2016 年）

中转场名称后内的数字为中转场的年吞吐能力，单位为万 t

本图资料来源于互联网，有改动

据此，分别以航空枢纽点杭州、深圳为中心做缓冲区分析发现，距枢纽适宜距离 1800km 范围内涵盖了几乎所有已通航城市（除乌鲁木齐外）；枢纽最佳距离 1100km 范围内涵盖了东南沿海全部通航城市和部分中部城市。因此，随着电子商务的普及化和交通的进一步便捷化，顺丰速运未来在中西部应增加通航城市，以确保通航城市均处于航空枢纽城市的最佳运输范围内，减少从深圳、杭州东部枢纽运输到西部距离带来的时间和经济费用。

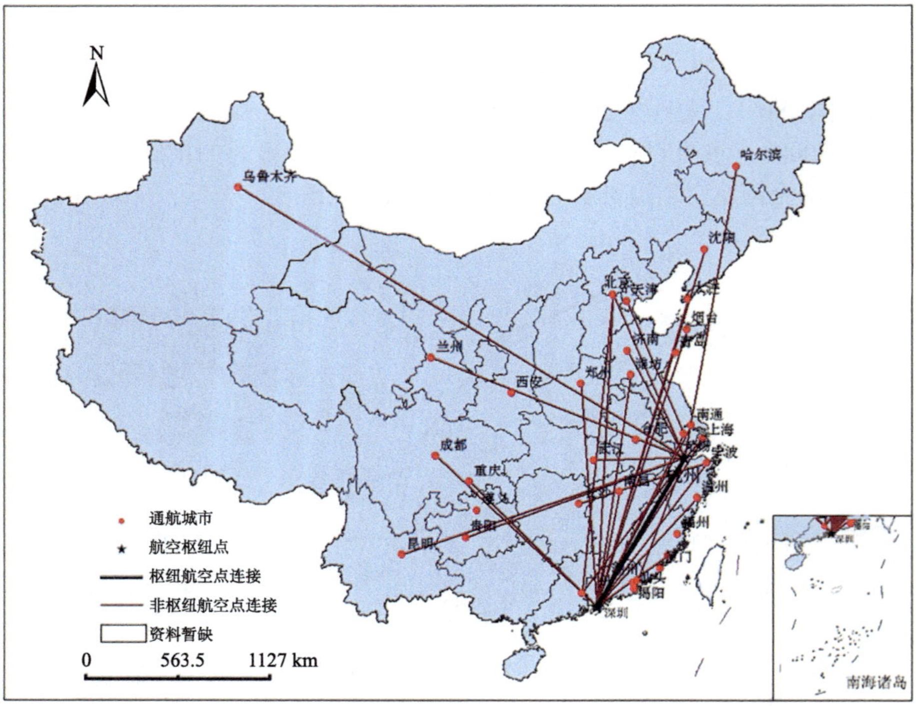

图 3.13　顺丰速运的航空运输网络结构

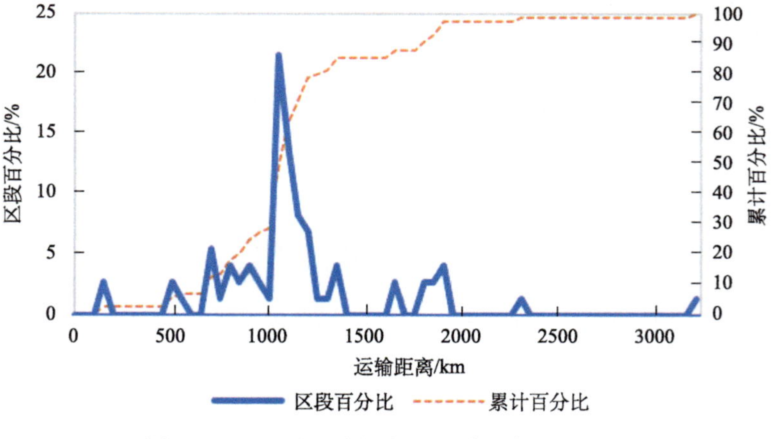

图 3.14　顺丰速运全国航空运输距离衰减规律

根据图 3.11 显示的顺丰速运运营构架(2016 年),顺丰速运地面运输网络显然为“多枢纽混合模式”。全国七大区域分别以沈阳、北京、上海、广州、成都、武汉、西安为核心，通过干线通道（高速公路等干线公路）（图 3.16）实现快件一级中转，连接大区下属区部的城市配送中心，为“轴-辐”模式，总体上可以实现经济规模最大化。在特殊时间点（如“双十一”等）快递需求量猛增时，区域转运中心会通过仓共享模式，对其他区域内城市配送中心实现“点对点”支线直达发送，省去承接的时间和经济成本。这种模式充分考虑了客户对快递时效性的需求，也节省了企业分拣、配送的人力物力等资源。

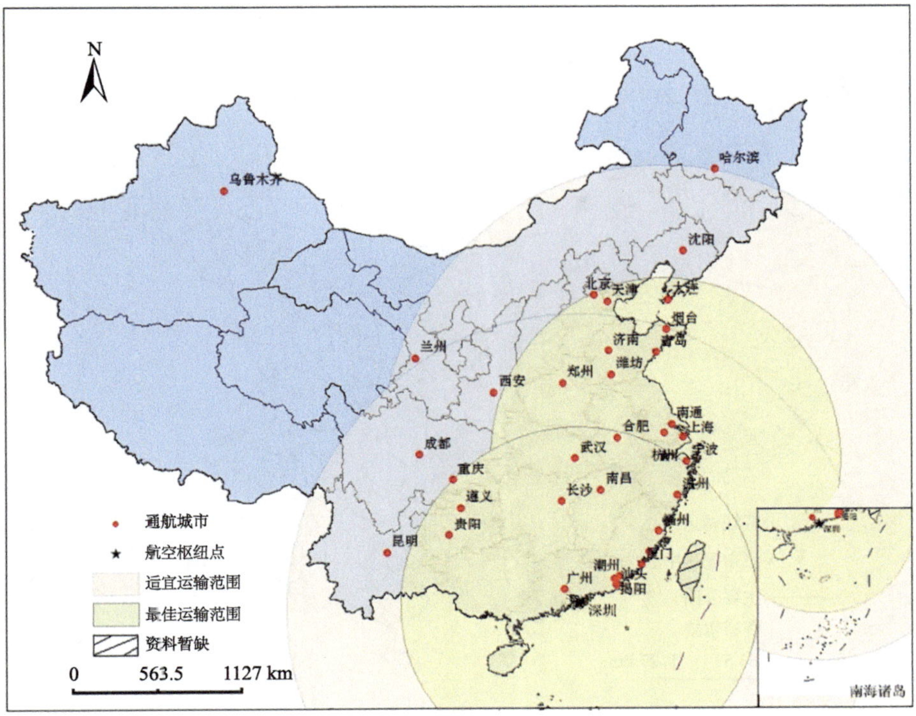

图 3.15　顺丰速运的航空运输范围

将区域转运中心与城市配送中心数据导入全国主要高速公路地图中，发现区域转运中心全部分布在多条高速公路交叉点处，城市配送中心分布在少数几条高速公路交叉点或高速公路沿线，令网点数量为因变量、高速公路网密度为自变量，采用简单线性回归分析两者之间的相关性（表 3.16、表 3.17）。结果显示，R^2 为 0.948，接近于 1，说明模型的解释能力越强，方差分析中显著性（Sig.）一般为 0.001，明显小于 0.05，充分反映了模型整体的显著性。因此，模型表达式为

$$Q = 2.944 + 0.07 \cdot D$$

式中，Q 为城市配送中心数量；D 为高速公路网密度。这意味着高速公路网密度每提高 1 点，城市配送中心数量就增加 0.07 点，通过此简单线性回归分析，可知高速公路网密度与城市配送中心数量之间存在一定的相关性。

表 3.16　模型汇总

模型	R	R^2	调整后 R^2	标准估计的误差
1	0.948^a	0.898	0.878	4.54668

注：因变量为网点数量；a 为预测变量常数

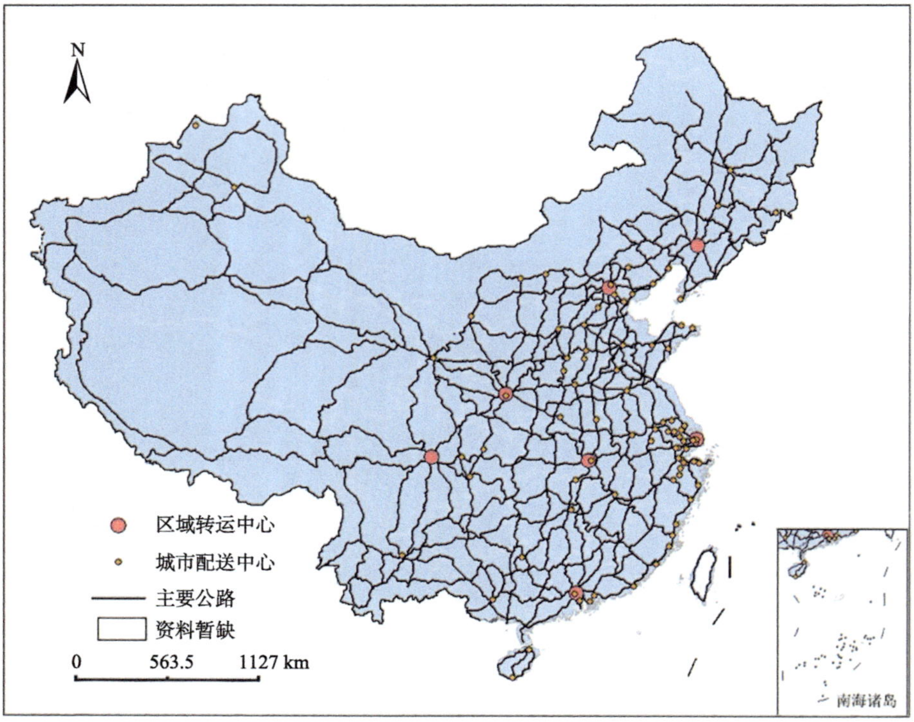

图 3.16　顺丰速运的城市配送中心与国家公路网分布

表 3.17　系数

模型	非标准化系数		标准化系数	*T*	显著性
	B	标准误差	Beta		
1（常数）	2.994	2.464		1.215	0.279
高速公路网密度	0.070	0.011	0.948	6.635	0.001

注：因变量为网点数量

3.3　圆 通 速 递

3.3.1　概述

圆通速递成立于 2000 年 5 月，是一家集快递物流、科技、航空、金融、商贸等于一体，国内国际协同发展，为客户提供一站式服务的供应链企业。2005 年，圆通速递首次与阿里巴巴合作，先行一步，让圆通速递搭上了电商快车。2015 年 10 月，圆通速递航空正式开航运营，成为国内仅有的两家拥有自己的航空公司的快递企业，其运输车辆超过 32000 辆，陆路运输干线 2928 条，服务范围覆盖国内 1600 余个城市，通达包括港澳台地区在内的全球 200 余个国家和地区，航空运输通达城市达 70 余个，业务范围遍及全国 31 个省（自治区、直辖市）的所有市县乡（镇），营业网点超过 4.5 万个。

2019 年底，圆通速递全网拥有分公司 4000 多家，服务网点和终端门店 7 万多个，各级转运中心 133 个，员工 40 万余人，快递服务网络覆盖全国 31 个省（自治区、直辖市），县级以上城市已基本实现全覆盖。圆通速递航空已基本搭建起覆盖国内及亚洲地区的航线网络，从而可以不断提升快件时效质量。截至 2019 年底，圆通速递拥有自有全货机 12 架，已开通 20 条国际货运航线，其速递业务组织基本网络构架如图 3.17 所示。

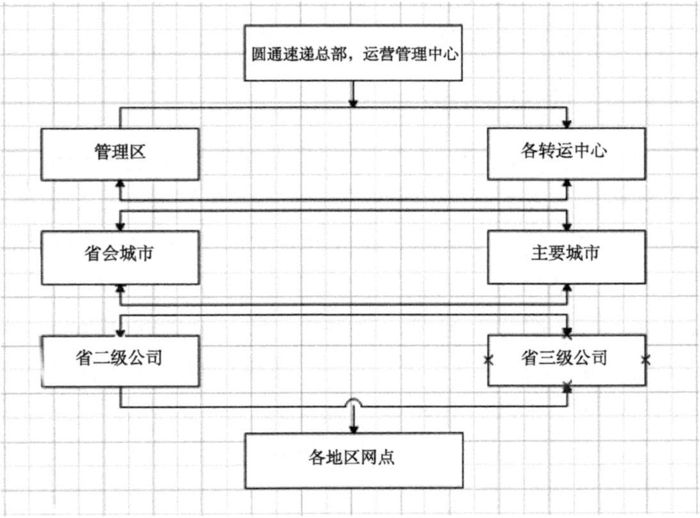

图 3.17　圆通速递业务组织基本网络构架

3.3.2　区域转运中心的空间布局

2015 年，圆通速递在全国范围拥有自营转运中心 60 个，拥有 8 个管理区，管理区的总部分别位于上海、广州、北京、武汉、济南、沈阳、成都和西安。其 60 个自营转运中心，仅华东就有 21 个、华南有 13 个（表 3.18），两者合计占到 50%以上，说明其快递业务量集中于华东、华南地区。

表 3.18　圆通速递各管理区转运中心分布（2015 年）

所属管理区	所属省份（数量/个）	总量/个
华东管理区	上海（2），江苏（7），江西（2），浙江（7），安徽（3）	21
华南管理区	福建（4），广东（7），广西（1），海南（1）	13
华北管理区	北京（1），天津（1），河北（1），河南（2），内蒙古（1）	6
华中管理区	湖北（2），湖南（1），重庆（1），贵州（1）	5
山东管理区	山东（5）	5
东北管理区	辽宁（2），吉林（1），黑龙江（1）	4
川藏管理区	云南（2），四川（1）	3
西北管理区	陕西（2），山西（1）	3

注：本表是按圆通速递的划分方法进行划分的

从区域的总体布局看，圆通速递在西部地区的新疆、西藏、甘肃、宁夏、青海无区域转运中心分布；在东北、西北和西南地区转运中心分布较少；而在华东地区、华南地区和华北地区分布较多。从三大地带布局来看，圆通速递在东部地区拥有 39 家转运中心，在中部地区拥有 15 家转运中心，在西部地区仅拥有 6 家转运中心，即呈现出了从东向西逐渐递减的趋势。总体上，圆通速递的转运中心多分布于经济发达且人口较为集中的地区，而在经济水平较为落后且人烟稀少的地区分布较少。

3.3.3　服务门店（网点）的空间布局

圆通速递在全国拥有较广的网点布局，已覆盖近乎全部的地级市，且具有行政级别越高，其网点覆盖率越高的特征。从直辖市和省会城市布局来看，圆通速递在全国直辖市和各省省会城市（台北除外）都布局有营业网点，即共有 31 个直辖市、省会城市布局有圆通速递营业网点；从地级市布局来看，圆通速递覆盖了全国 325 个地级市，占全国 333 个地级行政单元（含地级市、地区、自治州、盟）总量的 97.6%。从县域布局来看，圆通速递覆盖了全国 1189 个县，占全国 1992 个县级行政单元（含县、县级市、自治县、旗、自治旗、特区和林区，未统计市辖区）总量的 59.7%。从区域的总体布局来看，圆通速递在新疆、甘肃、宁夏、青海、内蒙古、黑龙江、辽宁、河北、云南、四川和广东网点较少。

从三大地带布局来看，圆通速递在全国的网点覆盖率呈现出由中部向东部、西部递减的趋势（表 3.19）。其全国省级网点覆盖率为 100%，除台湾省外，圆通速递网点覆盖了全国所有的省级行政单位。从地级市覆盖范围来看，东部地区地级市的网点覆盖率为 99%，中部地区达到 100%，西部地区略低，为 94.6%。从区县网点覆盖范围来看，圆通速递在东、中、西部地区的网点布局差距进一步拉大，东部地区的区县网点覆盖率为 61.3%，中部地区达到 80.3%，而西部地区仅为 44.4%。由此可见，越到下一级的行政单元，圆通速递在东、中、西部地区布局的网点覆盖率差距越大。

表 3.19　圆通速递网点覆盖统计

地区	省级单元合计/个	覆盖省级单元/个	省级网点覆盖率/%	地级市合计/个	覆盖地级市/个	地级市网点覆盖率/%	区县合计/个	覆盖区县/个	区县网点覆盖率/%
东部地区	11	11	100	99	98	99	520	319	61.3
中部地区	8	8	100	104	104	100	604	485	80.3
西部地区	12	12	100	130	123	94.6	868	385	44.4
合计	31	31		333	325		1992	1189	

注：统计中未包括港澳台地区。东部地区包括辽宁、河北、北京、天津、山东、江苏、上海、浙江、福建、广东和海南；中部地区包括黑龙江、吉林、河南、山西、湖北、湖南、安徽、江西；西部地区包括内蒙古、宁夏、陕西、甘肃、青海、四川、重庆、新疆、西藏、云南、贵州和广西

从空间布局的区域性特点来看，圆通速递业务的主要市场分布在华东和中部地区，而对华南、西北和西南地区涉及较少。其营业网点除在京津冀、长三角地区比较集中外，主要倾向于经济发达的东部沿海省份和中部地区密集分布（表 3.20）。从地级市网点空间

覆盖来看，圆通速递在 27 个省（自治区）的地级市（不含直辖市）有网点布局，即在全国 27 个省（自治区）全部都有布局。从县级网点空间覆盖来看，圆通速递同样在全国各省（自治区、直辖市）的县有网点布局，并主要集中分布在北京、天津、上海、湖北、吉林、江西、山东、浙江和江苏等省份，覆盖率达到 90%及以上，河南和湖南的覆盖率次之，分别为 87.2%和 86.2%。

表 3.20 圆通速递各省（自治区、直辖市）网点覆盖统计

省（自治区、直辖市）	地级市合计/个	覆盖地级市/个	县合计/个	覆盖县/个	县网点覆盖率/%
河北	11	11	135	56	41.5
山东	17	17	90	83	92.2
山西	11	11	96	56	58.3
江苏	13	13	47	46	97.9
河南	17	17	109	95	87.2
湖北	13	13	65	62	95.4
安徽	16	16	62	53	85.5
浙江	11	11	58	56	96.6
湖南	14	14	87	75	86.2
江西	11	11	81	78	96.3
福建	9	9	59	31	52.5
内蒙古	12	12	80	38	47.5
新疆	14	14	90	17	18.9
西藏	7	4	73	3	4.10
甘肃	14	13	69	26	37.7
青海	8	5	39	8	20.5
宁夏	5	5	13	6	46.2
黑龙江	13	13	64	30	46.9
吉林	9	9	40	36	90.0
辽宁	14	14	44	21	47.7
四川	21	21	136	63	46.3
云南	16	16	116	33	28.4
贵州	9	9	75	64	85.3
广西	14	14	75	56	74.7
陕西	10	10	83	64	77.1
广东	21	21	65	11	16.9
海南	3	2	16	9	56.3
北京			2	2	100
上海			1	1	100
天津			3	3	100
重庆			19	7	36.8

3.3.4 次晨达 / 次日达产品布局

2015 年，圆通速递在北京、天津、上海、香港、广东、江苏、浙江、安徽和四川 9 个省（直辖市、特别行政区）之间开通了部分城市之间的专机次晨达/次日达服务，提供了高端航空快递服务。这些开通专机次晨达/次日达服务的城市主要集中在我国京津、长三角和珠三角经济发达地区。由此可见，圆通速递的专机次晨达/次日达服务主要覆盖京津、长三角和珠三角经济发达、人口密集的大都市地区，但对东北、西北和西南地区（除四川外）基本没有覆盖，这与圆通快递的整体业务在全国的覆盖水平基本保持一致。

圆通速递次晨达/次日达服务的网点布局主要由其市场需求、发展历史及其产品定位决定：第一，由于圆通速递网点布局采取加盟代理的模式，网点布局根据市场需求而定。因此，其在经济发达地区的网点密集，而在经济不发达地区网点稀疏。第二，与圆通速递的发展历史有关。圆通速递早先成立于上海，后来逐渐扩展到整个长三角地区以及华东、华北等地区，即圆通速递是由区域性快递企业逐渐发展成全国性快递企业，其整体的扩展趋势为由南向北、由东向西。第三，圆通速递的中高端快递业务的市场定位决定了其网点布局必然与当地的社会经济发展水平及其交通网络发达情况相一致。一方面社会经济发展水平高的区域，高端快递需求业务量较大；另一方面，这些地方的交通网络相对较为发达，航班密集，能从时间上保证其快递业务的顺利完成。

3.4 百世快递

3.4.1 概述

百世快递的前身为“汇通快运”，于 2003 年 5 月在上海成立。2010 年 10 月，其被杭州百世网络技术有限公司收购后，更名为“百世汇通”，并对原有的综合物流系统和供应链服务平台进行了创新改造，此后，公司业务以每年平均超过 100%的增速发展。到 2012 年，百世汇通的各级转运中心已在全国布局超过 70 个，大大完善了快递业务的全网中转枢纽布局，同时，全网公路运输干线班车线路超过 1000 条，极大地提升了全网快件的递送时效。2014 年 7 月，百世汇通正式入驻澳门，开拓港澳台业务。2015 年“双十一”期间，百世汇通快递业务突破 2500 万单，快递品牌进入行业第一梯队。2016 年 3 月，百世汇通更名为百世快递。2017 年 9 月，百世快递已拥有转运中心 150 多个，服务网点 21100 余个，开通全网省际、省内班车 2400 余条。服务网络覆盖全国，乡镇覆盖率位居行业前列。在 2012～2016 年的 5 年间，百世快递的业务量复合增长率高达 93%。目前，百世快递总部位于上海青浦区，其母公司百世集团总部位于杭州。

百世快递利用其母公司百世集团所拥有的互联网背景技术团队，在国内率先运用信息化手段探索快递业务转型升级，自主研发日处理交易数千万级的系统集群，对综合供应链服务平台进行创新，为用户提供精准的速递服务，对以科技推动物流行业变革做出了积极贡献。

3.4.2　区域转运中心、城市配送中心的空间布局

百世快递是总部位于杭州的百世集团旗下经营快递业务的一家快递企业。其网络组织采取自上而下的管理模式，在全国范围内划分了七大片区，设立多个转运中心，配送网络覆盖全国，延伸至县、乡镇区域，并向客户提供供应链、快递、快运、电商和软件服务。百世快递在其六大片区内设立的经营本部即为区域转运中心，其属于百世快递内部组织架构的第二级。各区域本部分别建立分公司及各自的服务网络。经营本部划分的范围与该地区门店设置的疏密程度的关系是，门店设置越密集，分区覆盖范围越小，华南、华东远远小于西南、西北片区。第三级设有分部，主要负责中转、分拨与管理等服务。最底层是点部，设有分派员，直接与收件客户联系，主要职能是集结、分拣派送到门店或客户手中（表 3.21）。

表 3.21　百世快递的七大片区和城市配送中心

片区	城市配送中心
华北片区	北京、天津、太原、青岛、烟台、临沂、济南、潍坊、石家庄、廊坊、沂水、日照莒县、保定
东北片区	沈阳、长春、哈尔滨、大连、营口
华东片区	上海、南京、苏州、昆山、无锡、杭州、嘉兴、常州、淮安、湖州、绍兴、温州、义乌、宁波、合肥
华中片区	武汉、长沙、郑州、南昌、醴陵
西北片区	西安、乌鲁木齐、兰州、银川
华南片区	广州、深圳、东莞、厦门、南宁、珠海、中山、福州、泉州、晋江
西南片区	昆明、成都、重庆、德阳、贵阳

注：根据百世快递供应链/服务网络整理

区域转运中心的空间布局。区域转运中心是快递网络组织中除了企业总部之外快递业务运行级别最高的一级节点。目前，百世快递在全国的七大片区内从北到南设有北京、郑州、武汉、南京、苏州、上海、杭州、金华、广州、虎门、深圳 11 个区域转运中心，可以为百世快递全网提供稳定、快速的物流服务。这些区域转运中心所坐落的城市经济发展能力、交通运输能力、城市基础设施水平都相对较高，连接这些城市之间的高速公路形成了高效的快件运输路线，密切联系各转运中心，构成百世快递整个快递网络的主体空间组织构架。

随着网络信息技术的不断推进，大数据的广泛应用，基于区域转运中心，百世快递将传统的快递服务系统逐渐发展为基于云计算技术的仓配系统——专业、开放、共享、智慧的仓配管理服务体系和系统平台，即百世云仓。百世云仓诞生于 2010 年，它的设立进一步强化了区域转运中心的职能。2017 年，百世快递已在全国 170 个重点城市设立了 320 个云仓，主要集中于河北、山东、江苏、浙江、福建等省区。宁波、乌鲁木齐为国内保税仓，可进行多仓发货，提高快递运营效率。另外，百世云仓服务网络已拓展海外业务，主要有美国的加利福尼亚仓库、新泽西仓库；法国的巴黎仓库；英国的伦敦仓库；韩国的仁川仓库；日本的成田仓库；澳大利亚的墨尔本、悉尼仓库。

城市配送中心的空间布局。城市配送中心也称作城市中转站，属于快递网络中区域

转运中心之下的第二级配送点，不同的快递企业根据自身的运营网络状况进行设立。百世快递供应链服务网络在全国七大片区 85 个城市设立分公司和办事处，在这些城市也设立了本地运营中心负责区域分拨和同城配送的调度与跟踪，其中百世快递的城市配送中心应设立在表 3.21 中 57 个城市（县），与上述 11 个区域转运中心构成了一个覆盖全国的仓储、运输网络，为客户提供全网正向物流、区域配送、逆向物流、短期仓储等有偿服务。城市配送中心主要集中分布在华东、华北、华南片区（表 3.21、图 3.18），这些城市不仅是我国现有的也是规划中的铁路、公路网络的重要枢纽节点。国家《中长期铁路网规划》已构筑了“八纵八横”高速铁路主通道，拟形成高效率的物流运营网络。国家高速公路网的规划目标是连接所有目前城镇人口超过 20 万人的城市，形成高效运输网络。其布局方案是采用放射线和纵横网格相结合的“7918”网——由 7 条北京放射线、9 条纵向路线和 18 条横向路线组成，总规模约 8.5 万 km。此外，各个地方还有省级高速路网规划和建设。华北、华东、华南片区运输网络发达、市场广阔。小型贵重物品大部分通过航空的方式完成，自有专线空运直达，辅之以高速公路、铁路，形成以区域转运中心为轴心的多枢纽轴-辐网络结构。二级网络主要连接区域转运中心和城市配送中心，数量较多。最后，由城市配送中心与服务门店相连接，完成快递的投递活动。

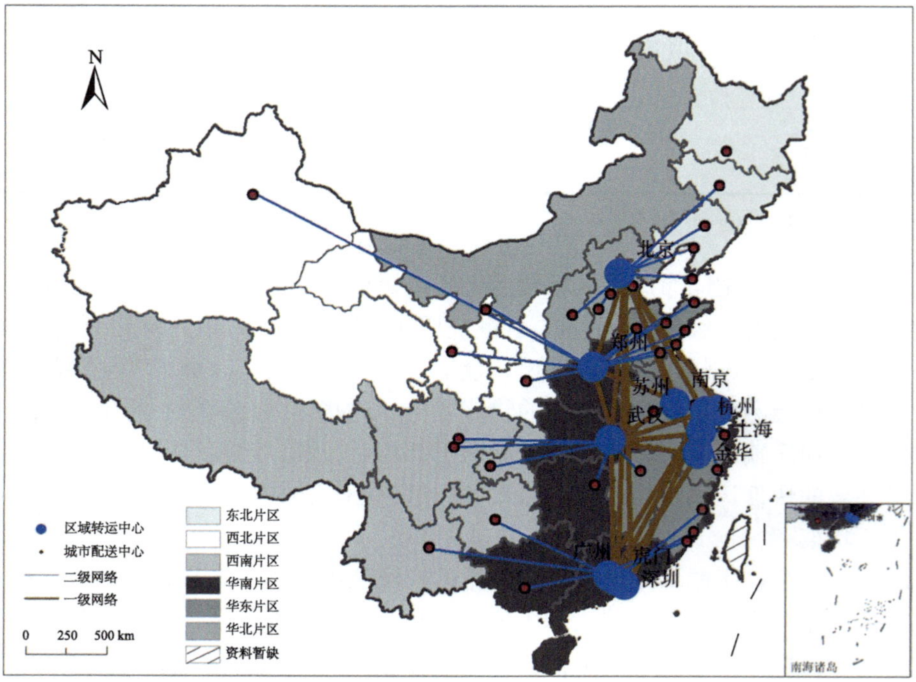

图 3.18 百世快递的片区划分、区域转运中心及一、二级干线通道拓扑连接

3.4.3 服务门店的空间布局

根据兴趣点（POI）爬取百世快递网站（www.800bestex.com）的服务门店数据（2016 年 11 月），得到百世快递服务门店的布局图（图 3.19）。

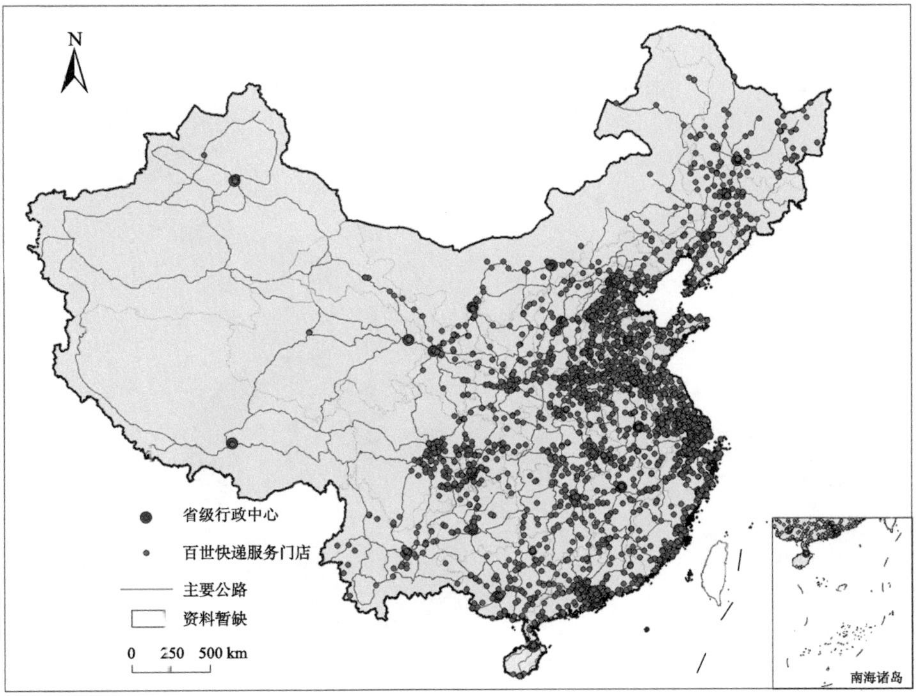

图 3.19　百世快递服务门店布局

根据百世快递企业在全国的服务门店布局（表 3.22、图 3.19）及覆盖（图 3.20），百世快递在直辖市和全国各省省会均有服务门店，并覆盖了全国 285 个地级市，占全国 291 个地级市的 97.9%，分别覆盖了东、中、西三大地带 90%以上的地级市，三者相差不大，但由于西部地级市数量较少，其服务门店布局也较少；从区域总体布局来看，百世快递服务门店范围覆盖到中国每个省区。但在西藏、青海、新疆、内蒙古等较为偏远的省区服务门店较少，在中东部及沿海省区分布密集。从服务门店布局的区域特点看，百世快递业务的主要市场分布在华北地区、华东地区、华南地区及中南地区，而西北地区、西南地区、东北部分地区分布较少；其服务门店倾向于集聚在京津沪、经济发达的东部沿海省区和华南地区，另外一个密集区是四川中东部及河南。从东、中、西三大地带来看，虽然偏远的青海、西藏有服务门店，但总体上百世快递在全国的服务门店覆盖呈现出从东向西递减的趋势，东部、中部服务门店覆盖率都较高，快件流量较大，服务门店布局较多。

表 3.22　百世快递服务门店覆盖统计

地区	省级单元合计/个	覆盖省级单元/个	省级网点覆盖率/%	地级市合计/个	覆盖地级市/个	地级市网点覆盖率/%	服务门店数量/个
东部地区	11	11	100	100	99	99	3080
中部地区	8	8	100	100	99	99	1347
西部地区	12	12	100	91	87	96	964
合计	31	31		291	285		5391

注：表中不包含港澳台数据

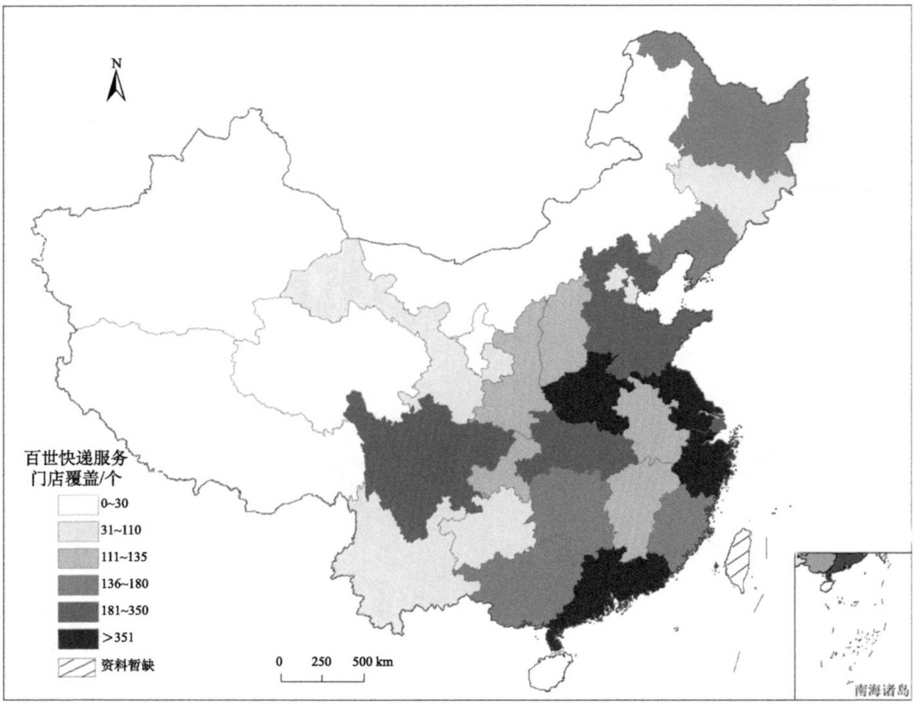

图 3.20　百世快递服务门店覆盖

站点主要是指储运仓库、中转仓库，负责向更低一级的机构进行快递配送。百世快递中的站点是各区域对应的分部，分部下设有各点部，各点部都有相应的派送范围（图 3.21）。站点覆盖率图与服务门店覆盖率图有一定的相似性，主要集中在东南沿海省份，如江苏、浙江、广东，而上海地区相对较少，由于站点数量与行政区域的大小、交通便捷程度有一定的相关性，若省区下设地级市多，服务网点及站点分布相对较多，如四川和云南地级市较多，则服务网点及站点数量高于安徽和湖北。另外，江苏、浙江、广东站点数位于前列。由此看出，南方部分省区，如安徽、湖南、江西、福建等，站点数量相对较少。

根据网点布局图并基于 GIS 分析工具，将 5391 个服务门店在全国范围内进行核密度分析，相关搜索半径和字段等都是默认状态，得到百世快递网点布局的核密度图（图 3.22）。核密度是在概率论中用来估计未知的密度函数，核密度分析就是计算要素在其周围邻域中的密度。这里计算的是点要素（服务门店）的密度。根据要素的重要程度赋予某些要素比其他要素更大的权重。长三角、珠三角被赋予较大权重，其是百世快递服务门店在全国集聚程度最大的区域，呈现出“双核”的空间分布特征，百世快递业务集中为这些市场提供服务，其在全国市场处于绝对领导地位。服务门店集聚程度较高的是天津、河北东部及四川中东部，其权重相对较小，呈现出“多极”的空间集聚现象。东北地区、西北地区等被赋予权重最小，百世快递的市场范围虽扩展到这些地区，但服务门店分布数量较少，由于西藏、新疆、内蒙古等省份人口分布较少，再加上交通不便、运输成本高、经济发展程度低等因素的影响，其业务量较少，市场范围也比较有限。

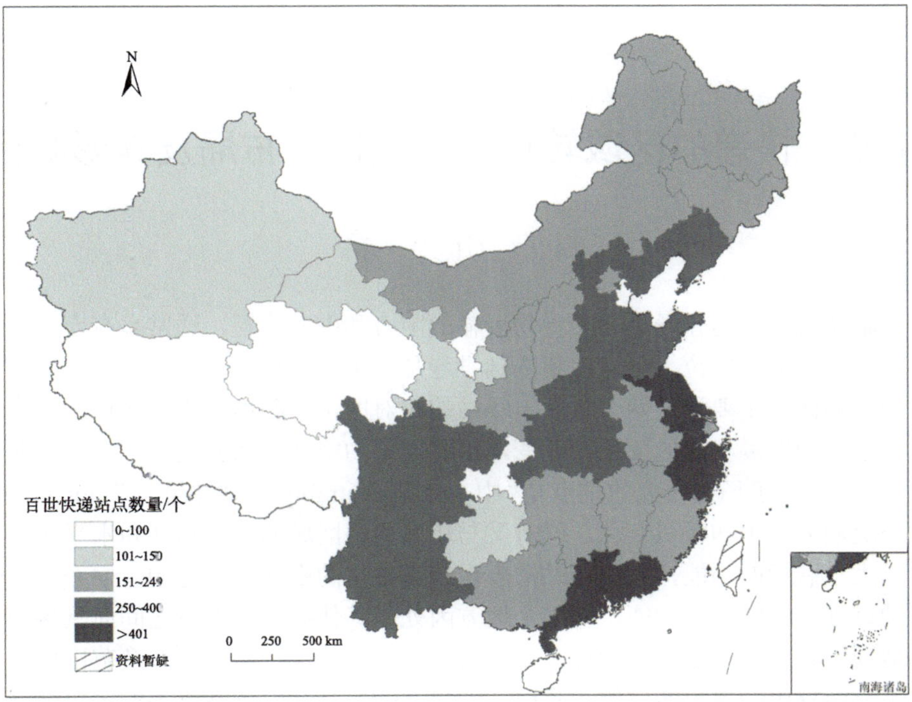

图 3.21　百世快递的站点覆盖

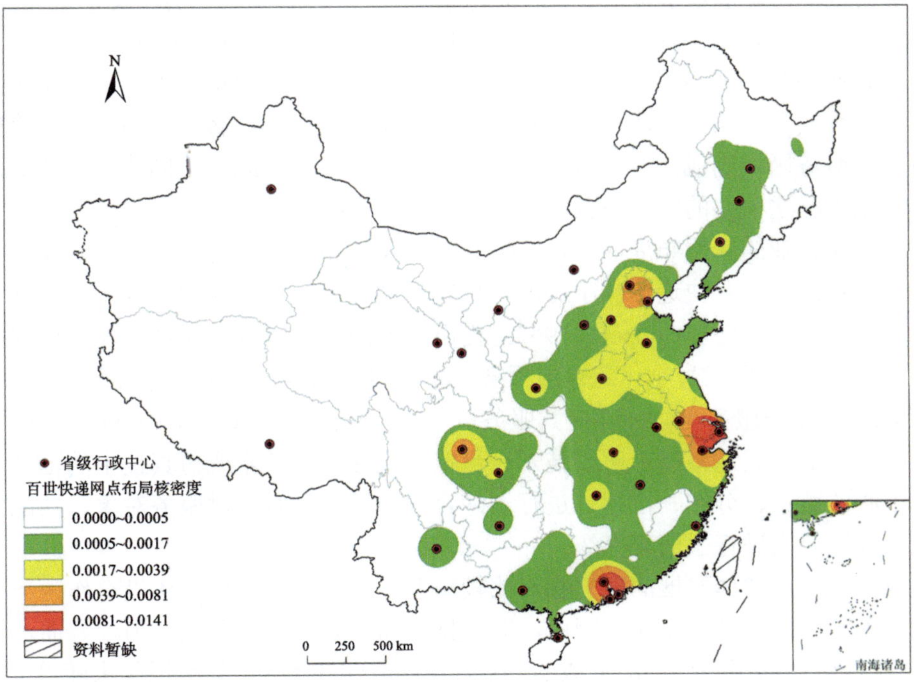

图 3.22　百世快递网点布局的核密度估计

第 4 章 快递的区域转运中心区位：布局及其影响因子

4.1 引 言

在运输系统中，运输场站处于货物运输的中心和中间位置，通常具有连通、节点、缓冲三个常用功能。区位、可达性和基础设施是关乎运输场站重要性和绩效的三个重要属性。场站的区位主要涉及两个方面：场站的相对区位和腹地。由于区位的重要性会随着贸易的波动和发展机遇的变化而改变，因此场站的空间关系就是竞争中一个非常重要的因素。地理学对于场站研究的重点是“中心性”（centrality）和“中介性”（intermediacy）。中心性与交通的发生和吸引有关，同时又与场站周边区域的经济活动和水平相关，中心性包含了大量联运的功能，大型场站的出现就是由它的中心性决定的。中介性关注的是货物流动过程中中间点的功能，即某个地方因处于其他某两个地方之间而具备的优势。尽可能地利用转运能力已经成为许多场站的一个重要特征。中介性涉及范围门户、中继中枢、集散中枢等多层面的问题。腹地（hinterland）是运输场站服务的辐射区域。该场站所占的区域和市场份额与服务于同一个地区的其他场站有一定的关系，人们经常专注的是两类腹地：一类是基本腹地，即最接近运输场站的市场区域；另一类是竞争性腹地，即一个场站与其他场站进行业务竞争的市场区域（Rodrigue et al., 2014）。

快递企业的竞争能力主要由服务区域、服务水平、服务价格三大要素来决定。我国快递市场的分层并不明显，服务水平往往被人忽略，绝大部分客户习惯选择低价格的快递服务，而服务区域则成为客户寄件的最大限制性因素。因此，不同快递企业的区域转运中心、城市配送中心的区位及其相互竞争就格外重要。

关于快递企业的区位布局问题，早在 1973 年，FedEx 将其超级转运中心建立于孟菲斯之后，为物流公司及快递分拨中心的选址建设建立了一种潜在的标准，之后其逐步成为整个行业的一种趋势。Cooper（1963）提出概括的韦伯问题（又称仓库选址问题或选址分配问题），该模型以最小化运输或服务成本为目标函数，研究当需求不连续时，如何在平面上选定 m 个服务点，并确定其服务范围。Bowersox 和 Closs（1996）指出了用于支持选址分析的工具通常属于解析技术、最优化线性规划技术或仿真技术的范畴。他们对物流中心的数量、分布、位置等进行了综合性分析，同时也对服务对象、功能定位等物流中心选址要素进行了简要介绍。

国内对快递业整体发展的研究相对比较薄弱。一方面，快递业还没有作为一个独立的行业纳入国民经济统计系统，因此，对数据方面的研究略显不足；另一方面，快递业是 1979 年引进快递服务后逐渐形成的产业，发展时间还不长，只是近年来随着《中华人民共和国邮政法》的修订、国际四大快递企业的进入以及民营快递企业的崛起，快递业才引起国内研究者的重视。研究表明，现有物流中心选址方法，如重心模型法或整数线性规划法，主要依据单纯的经济性目标，即最低的运输周转量和费用，来建立相关的模型进行优化计算，没有考虑到客户对配送时间的要求，不能解决抢险物资和军事供应等对时效性要求很高的物流中心选址问题，其主要以经济性为决策目标、以时效性为约束条件，来寻求最优布局点。有研究者通过实习调研法和案例分析法探求快递网点数量、层级空间分布的最佳形式和一般规律，并建立了快递企业城市网点布局的原则、标准、模式和流程等理论基础，证实了网点布局优化理论的有效性，认为网点布局应该以商业区和宜居区为首选，从里向外网点数量逐渐减少，层级逐渐提高；网点在城市集聚区进行布局，可以使快递企业产生规模经济；等级越高的网点由于地租原因而位于城乡接合部或郊区地带，而等级越低的网点则往往密集分布在商业区而不是偏远区域。还有研究者通过对区域物流中心建立多种布局模型、结合案例分析来证明模型的有效性。

关于典型区位竞争问题研究，相关学者针对一般意义上的设施选址的考虑要素，对当时有关区位所采用的方法进行了归纳；通过相关的定性和定量分析，建立了影响网点竞争相关的指标体系，利用综合评分法、层次分析法和系统聚类法等，提出了快递企业国内网点布局的优化方案，但从全国性、整体性的角度分析较为笼统；通过引进节点凝聚力系数，对物流系统各影响因素重要性及影响力进行了分析；运用 GIS 空间分析方法对广州市 3771 家物流企业进行了空间集聚分析，揭示了影响空间格局的主要因素，并指出物流企业的空间格局是区位、交通、政策、地区经济实力和地价等因素综合作用的结果；采用加权方法对选址原则、自然环境和经济环境影响因素进行实证研究，认为区位竞争因素包括以下方面：对城市居民影响程度、出入口道路饱和度、区域经济集聚程度、劳动力条件、与工商业联系度、接近消费市场、较低的地价、运营成本、与现有设施的兼容度、多式联运协调程度、地形、面积等。有学者认为，经济和产业结构、产业集群、交通区位、物流规划与政策等几个方面的差异是促使物流企业区位布局形成分异的重要因素。还有研究从航空物流转运中心与配送中心的区别入手，分析了航空物流转运中心布局应考虑的主要因素，并在此基础上引入灰局势决策理论，建立了航空物流转运中心的选址模型，通过实证来验证方法的可行性与效果。

总之，近些年来随着快递企业的发展不断增加，快递区域转运中心（场）竞争也日益激烈，快递企业覆盖率、中转度和客户满意度等成为区域转运中心（场）竞争的重要砝码。区域转运中心（场）的空间布局决定着快递企业的发展方向，而竞争则影响着企业的长远发展。总体上，第一，在快递企业的区域转运中心（场）布局方面，现有的研究主要是立足于快递决策者的角度，通过节点枢纽的空间布局，追寻以最低的快递成本向客户提供满意的服务。然而，快递企业发展到今天，服务满意度和时效性成为客户选择的重要内容，快递企业提供的服务与客户期望相匹配以满足不同客户的偏好和购买力，这是客户选择的基本标准。以往的研究者虽然关注了价格的合理性和客户对价格的接受度，并认识到时效的重要性，但很少站在客户的角度考虑客户自身对于送达时间以及时间准确性的预期。第二，对快递企业转运中心（场）的竞争影响因素研究不应该局限于区位、交通、政策、地区经济实力和地价等因素，还应该结合现代社会信息化的发展对区位的影响度，因为随着网络、电商等的普及，网购在快递业务量中的比重越来越大，并且呈逐渐上升趋势。2013 年，淘宝成交额 1.1 万亿元与天猫成交额 0.441 万亿元合计占当年中国网络购物交易额 1.85 万亿元的 83.3%[①]。按这一比例推算，我国的快递包裹中，70%以上的包裹由网购产生，这里在对竞争的影响因素分析时考虑到了这一点。第三，现有相关研究鲜有从转运中心（场）方面，尤其是从多家快递企业整体的转运中心（场）空间布局及其区位竞争方面进行的研究。

2013 年，在全国 20 家主要快递品牌中，业务量累计排名前十位的企业是 EMS、顺丰、申通、圆通、中通、韵达、天天、百世、宅急送、国通，其业务量合计占全部快递业务量的比重达 87%。本章以此十大快递企业作为研究对象，来研究我国（当年）快递行业的整体发展状况。

4.2　快递企业转运中心（场）的区位布局及其特征

4.2.1　转运中心（场）区位总体布局

由我国十大快递企业转运中心（场）在全国的布局数据可知，我国快递企业的转运中心（场）分布在全国的 138 个地级市（表 4.1）。

表 4.1　我国十大快递企业转运中心（场）的区域分布

地区	所占地级市数/个	覆盖率/%	占比最多的省份	覆盖率/%
东北地区	11	8.0	辽宁	45.5
北部沿海地区	22	16.0	山东	45.5
东部沿海地区	22	16.0	江苏、浙江	95.5
南部沿海地区	18	13.0	广东	61.1
黄河中游地区	21	15.2	河南	38.1
长江中游地区	21	15.2	江西	28.6
西南地区	14	10.1	四川	57.1
大西北地区	9	6.5	宁夏	22.2

注：本表区域划分标根据李善同和侯永志（2003）提出的“八大区域”划分方法，东北地区为辽宁、吉林、黑龙江；北部沿海地区为北京（为方便划分，北京列入此地区）、天津、河北、山东；东部沿海地区为上海、江苏、浙江；南部沿海地区为福建、广东、海南；黄河中游地区为陕西、山西、河南、内蒙古；长江中游地区为湖北、湖南、江西、安徽；西南地区为云南、四川、重庆、贵州、广西；大西北地区为甘肃、宁夏、青海、新疆、西藏

总体上，我国快递企业的转运中心（场）呈现出沿海及长江、黄河中游地区分布较多，东北、西南与大西北地区分布较少的特点。其中，这些转运中心（场）在三个沿海及长江、黄河中游地区的分布覆盖率为 75.4%，且相对均衡，其中沿海地区占 45%，长江、黄河中游地区占 30.4%，尤以北部沿海地区和东部沿海地区最多；北部沿海地区的山东转运中心（场）所占地级市数量覆盖了整个地区的 45.5%，东部沿海地区的江苏和浙江分布相当，覆盖了整个地区的95.5%，南部沿海地区的广东覆盖了整个地区的61.1%。东北、西南和大西北地区分布的转运中心（场）所在地级市覆盖率总和仅占全国的 24.6%，

① 阿里首次公开披露天猫与淘宝成交额. https://tech.qq.com/a/20140616/080076.htm

大西北地区只有 6.5%。我国快递企业转运中心（场）在全国的分布很不均衡，特别是东北、西南和大西北地区还有较大的发展空间。

从空间布局的区域性来看（表 4.2），我国快递企业转运中心（场）主要分布在东部沿海地区，总数占据了全国的 26.9%，其次为北部沿海地区、南部沿海地区和长江中游地区，占比分别为 14.9%、14.2%和 13.4%，而对东北地区、黄河中游地区、西南地区和大西北地区的涉及较少，仅为 7.4%、9.9%、9.9%和 3.4%，四大地区共占了全国转运中心（场）的 30.6%。快递企业的转运中心（场）除了在上海、江苏、浙江地区比较集中之外，还主要倾向于其他沿海地区和长江中游地区，以北部沿海地区的北京、天津、河北、山东，南部沿海地区的福建、广东，以及长江中游地区的安徽、湖北和湖南分布较为密集。

表 4.2　我国十大快递企业转运中心（场）的覆盖统计

地区	顺丰/个	EMS/个	中通/个	申通/个	圆通/个	韵达/个	百世/个	宅急送/个	天天/个	国通/个	总数/个	占比/%
东北地区	6	8	1	5	4	4	5	3	3	4	43	7.4
北部沿海地区	16	7	7	11	7	11	9	4	6	9	87	14.9
东部沿海地区	30	9	13	23	16	17	10	6	16	17	157	26.9
南部沿海地区	20	8	9	5	10	8	3	5	6	9	83	14.2
黄河中游地区	11	9	6	6	6	7	3	4	4	2	58	9.9
长江中游地区	7	13	7	12	8	9	4	4	8	6	78	13.4
西南地区	9	8	4	6	8	8	5	4	4	2	58	9.9
大西北地区	5	8	0	1	0	2	2	1	0	1	20	3.4
总数	104	70	47	69	59	66	41	31	47	50	584	100

从各快递企业来看，顺丰和 EMS 的转运中心（场）在全国的分布最广泛而且相对均衡；申通、圆通、韵达、天天和国通的转运中心（场）在全国的分布差异较大，主要集中在东部沿海地区，共占据全国转运中心（场）的 49.8%左右；中通、圆通和天天在大西北地区的转运中心（场）分布还未涉及。通过 ArcGIS 核密度分析工具计算我国快递企业转运中心（场）在其周围领域中的核密度，结果表明，我国快递企业转运中心（场）在空间分布上总体呈现出“两级多核”的空间分布格局。在长三角地区，即东部沿海地区以及广东中东部地区形成明显的最高等级的集聚区，并以此逐渐向外围区域减弱。显然，除 EMS 之外的 9 家快递企业的总部均位于这两个区域，其快递业务总体发展程度相对较高，因而转运中心（场）的分布也会较为密集，而在北部沿海地区即北京、天津、河北和山东以及福建东部地区则形成次一级的集聚区。总之，我国快递企业的转运中心（场）在沿海地区的分布最为密集，已经形成沿海“带状”分布，转运中心（场）的空间集聚性分布和经济的发展程度密不可分。

从我国主要快递企业转运中心（场）在全国的布局看，顺丰速运的转运中心（场）主要集中在长三角地区和福建中东部地区；EMS 在全国的分布最为均匀，涉及每一个省份；中通快递、圆通速递、天天快递和国通快递的转运中心（场）主要分布在中、东部地区，以沿海地区最为密集；韵达速递和百世快递的转运中心（场）在各个区域都有分布，只在一两个省份有所缺失，以长三角地区和福建中东部地区为最密；申通快递的转运中心（场）在东部地区最为集中；宅急送的转运中心（场）在除大西北地区之外的其他地区均匀分布。

表 4.3 反映出东部地区的转运中心（场）数量最多，占据了快递企业全国转运中心（场）数的 59.76%，中部地区次之，但转运中心（场）数量大幅度减少，而西部地区更少。东、中、西部地区的转运中心（场）大致呈现 7∶3∶2 的比例关系。相应地，2015 年，东、中、西部地区快递业务收入的比重分别为 81.9%、10.3%和 7.8%，业务量比重分别为 82%、11.2%和 6.8%。

表 4.3　我国十大快递企业转运中心（场）在东、中、西部的布局

地区	顺丰/个	EMS/个	中通/个	申通/个	圆通/个	韵达/个	百世/个	宅急送/个	天天/个	国通/个	总数/个	占比/%
东部地区	69	27	30	41	35	39	24	16	30	38	349	59.76
中部地区	18	22	11	19	14	15	9	8	12	8	136	23.29
西部地区	17	21	6	9	10	12	8	7	5	4	99	16.95
合计	104	70	47	69	59	66	41	31	47	50	584	100

注：东部地区包括辽宁、海南、广东、福建、浙江、江苏、上海、山东、河北、天津、北京；中部地区包括吉林、黑龙江、湖南、湖北、河南、山西、江西、安徽；西部地区包括重庆、四川、贵州、云南、西藏、陕西、甘肃、青海、宁夏、新疆、广西、内蒙古，统计中未包括港澳台地区

4.2.2　转运中心（场）区位的省区布局

根据我国十家快递企业在地级以上城市布局区域转运中心（场）的数量（表 4.4），可以得出快递企业在各省份综合布局的权重（图 4.1）。

表 4.4　我国十家快递企业在地级以上城市布局区域转运中心（场）的数量

城市	数量/个	城市	数量/个	城市	数量/个	城市	数量/个	城市	数量/个
白城	1	拉萨	2	郑州	9	宝鸡	1	赣州	3
锦州	1	重庆	9	洛阳	2	兰州	3	廊坊	1
沈阳	9	昆明	6	荆州	3	中卫	1	安阳	1
长春	8	南充	3	孝感	1	安康	1	邯郸	1
哈尔滨	7	攀枝花	2	湛江	1	西宁	1	岳阳	1
盘锦	6	衡水	1	惠州	3	葫芦岛	1	哈密	2
齐齐哈尔	1	大同	1	佛山	3	银川	4	延吉	1
乌鲁木齐	4	承德	1	广州	12	咸阳	2	凉山	1
大连	5	沧州	1	桂林	3	盐城	2	海西	1
通化	1	运城	1	柳州	4	泉州	7	嘉兴	8
佳木斯	2	长治	1	中山	4	宣城	1	金华	12
宜昌	3	长沙	9	东莞	10	温州	6	莆田	1

续表

城市	数量/个	城市	数量/个	城市	数量/个	城市	数量/个	城市	数量/个
呼伦贝尔	1	唐山	2	三亚	1	上海	19	威海	1
黄石	1	秦皇岛	2	海口	5	鹰潭	4	潍坊	9
株洲	2	太原	8	汕头	3	衢州	2	济宁	5
信阳	2	临汾	2	揭阳	5	蚌埠	6	厦门	3
南阳	2	北京	11	深圳	11	临沂	2	宜春	1
衡阳	2	石家庄	9	江门	3	枣庄	1	德州	1
驻马店	1	保定	3	韶关	1	合肥	9	五家渠	1
常德	1	包头	2	南宁	8	杭州	11	大理	2
漯河	5	邢台	2	雅安	1	南通	9		
呼和浩特	5	武汉	10	贵阳	8	绍兴	5		
怀化	1	天津	10	达州	1	淮安	7		
周口	1	晋城	2	自贡	2	湖州	3		
福州	8	西安	10	成都	8	宁德	3		
济南	8	酒泉	1	内江	1	烟台	6		
无锡	11	南京	11	台州	7	泰州	6		
南昌	8	青岛	5	九江	1	宁波	10		
苏州	7	徐州	8	镇江	2	丽水	1		
常州	7	新余	2	扬州	3	芜湖	6		

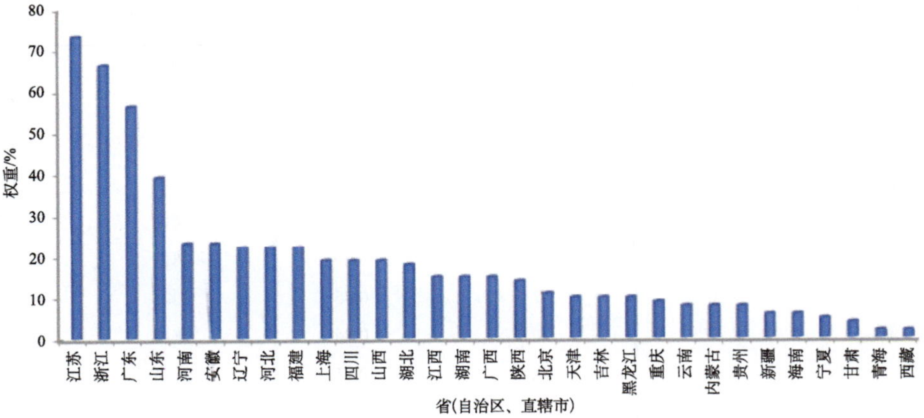

图 4.1　我国十家快递企业转运中心（场）在各省（自治区、直辖市）综合布局的权重

显然，江苏、浙江、广东和山东四个省份所布局的转运中心（场）数量最多，位于前十位的还有河南、安徽、辽宁、河北、福建和上海，并且转运中心（场）数量基本持平。

表 4.5 反映了十家快递企业转运中心（场）在各省（自治区、直辖市）的城市集中度排序情况，表 4.6 为我国快递企业省级转运中心（场）服务人口密度统计排序，两者并无显著的规律可循。

表 4.5 快递企业转运中心（场）城市集中度统计

省（自治区、直辖市）	城市	数量/个	集中度/%	省（自治区、直辖市）	城市	数量/个	集中度/%
贵州	贵阳	8	100.0	青海	西宁	1	50.0
西藏	拉萨	2	100.0	江西	南昌	8	42.1
海南	海口	5	83.0	四川	成都	8	42.1
宁夏	银川	4	80.0	辽宁	沈阳	9	40.9
吉林	长春	8	80.0	河北	石家庄	9	40.9
云南	昆明	6	75.0	河南	郑州	9	39.1
甘肃	兰州	3	75.0	安徽	合肥	9	39.1
陕西	西安	10	71.4	福建	福州	8	36.4
黑龙江	哈尔滨	7	70.0	新疆	哈密	2	33.3
新疆	乌鲁木齐	4	66.7	福建	泉州	7	31.8
内蒙古	呼和浩特	5	62.5	辽宁	盘锦	6	27.3
湖南	长沙	9	60.0	广西	柳州	4	26.7
湖北	武汉	10	55.6	安徽	蚌埠	6	26.1
山西	太原	8	53.3	安徽	芜湖	6	26.1
广西	南宁	8	53.3	内蒙古	包头	2	25.0

注：城市集中度为某城市快递企业转运中心（场）数量占该省转运中心（场）总数的比重。北京、上海、天津、重庆的城市集中度都为100%

表 4.6 我国快递企业省级转运中心（场）服务人口密度统计表

省(自治区、直辖市)	服务人口密度 /（个/万人）	省（自治区、直辖市）	服务人口密度 /（个/万人）	省（自治区、直辖市）	服务人口密度 /（个/万人）
西藏	3.39	辽宁	1.08	湖北	0.67
海南	2.73	天津	1.00	山东	0.64
新疆	2.30	福建	0.99	黑龙江	0.56
宁夏	1.72	广西	0.93	四川	0.52
云南	1.47	甘肃	0.93	湖南	0.50
浙江	1.40	青海	0.89	河南	0.40
上海	1.33	吉林	0.85	河北	0.40
安徽	1.17	北京	0.84	重庆	0.27
广东	1.16	陕西	0.71	贵州	0.27
内蒙古	1.13	江西	0.69		
江苏	1.12	山西	0.68		

注：服务人口密度为所在省级转运中心（场）数量与人口的比值

4.2.3 转运中心（场）区位的城市布局

表 4.7 为 10 家快递企业在我国地级以上城市布局的转运中心（场）的数量。我国快递企业转运中心（场）主要布局在广州、上海、无锡、南京、宁波、北京、杭州、金华、天津、深圳、武汉、东莞、西安 13 个城市，其次布局在苏州、重庆、郑州、嘉兴、徐州、

泉州等 24 个城市。值得注意的是，其中的无锡、宁波、金华、深圳、东莞、苏州、嘉兴、徐州、泉州、潍坊、南通、淮安、常州、台州等城市为非省会城市。

表 4.7　快递企业转运中心（场）布局的主要城市

数量/个	地级及以上城市
≥10	广州、上海、无锡、南京、宁波、北京、杭州、金华、天津、深圳、武汉、东莞、西安
7≤数量<10	苏州、重庆、郑州、嘉兴、徐州、泉州、潍坊、合肥、南通、沈阳、长春、福州、济南、南昌、淮安、常州、太原、成都、长沙、台州、贵阳、南宁、哈尔滨、石家庄
5≤数量<7	芜湖、济宁、泰州、绍兴、昆明、烟台、青岛、蚌埠、温州、大连、盘锦、呼和浩特、揭阳、海口、漯河
3≤数量<5	厦门、扬州、湖州、宁德、赣州、鹰潭、银川、兰州、保定、南充、汕头、江门、惠州、佛山、桂林、柳州、中山、荆州、宜昌、乌鲁木齐

如果按照快递企业布局所在地级市的每千平方千米内转运中心（场）的数量，则转运中心（场）密度排名前三十的城市见表 4.8。转运中心（场）密度最高的为深圳，其次为东莞和上海，再次为无锡、漯河、中山、海口、嘉兴、厦门等城市。

表 4.8　我国快递企业市级转运中心（场）密度统计表

地级及以上城市	人口/万人	面积/km^2	转运中心（场）数量/个	服务人口密度/（个/10^{2}万人）	转运中心（场）密度/（个/10^{3}km^2）
深圳	299.1	1923.87	11	3.68	5.71
东莞	188.0	2447.88	10	5.32	4.09
上海	1429.6	6327.88	19	1.33	3.00
无锡	471.2	4616.89	11	2.33	2.38
漯河	274.6	2163.31	5	1.82	2.31
中山	153.1	1772.54	4	2.61	2.26
海口	162.4	2293.27	5	3.08	2.18
嘉兴	345.2	3906.75	8	2.32	2.05
厦门	193.9	1549.97	3	1.55	1.94
南京	640.8	6563.56	11	1.72	1.68
广州	827.3	7389.25	12	1.45	1.62
常州	365.3	4364.71	7	1.92	1.60
盘锦	128.9	4063.43	6	4.65	1.48
汕头	536.4	2050.28	3	0.56	1.46
郑州	775.1	6279.42	9	1.16	1.43
武汉	821.9	8492.46	10	1.22	1.18
太原	366.7	6962.75	8	2.18	1.15
鹰潭	124.3	3549.70	4	3.22	1.13
南通	765.9	7994.61	9	1.18	1.13
金华	472.0	10910.77	12	2.54	1.10

续表

地级及以上城市	人口/万人	面积/km^2	转运中心（场）数量/个	服务人口密度/（个/10^2万人）	转运中心（场）密度/（个/10^3km^2）
南昌	509.0	7386.34	8	1.57	1.08
泰州	507.1	5779.05	6	1.18	1.04
宁波	578.9	9794.93	10	1.73	1.02
蚌埠	367.2	5961.72	6	1.63	1.01
芜湖	384.0	5979.63	6	1.56	1.00
贵阳	376.8	7994.40	8	2.12	1.00
西安	801.5	10029.03	10	1.25	1.00
济南	611.2	8149.66	8	1.31	1.00
揭阳	678.3	5232.22	5	0.74	1.00
天津	998.6	11853.24	10	1.00	0.83

注：转运中心（场）密度为所在地级市转运中心（场）数量与面积的比值

4.3　快递企业转运中心（场）的区位环境

4.3.1　快递企业转运中心（场）区位布局因子

空间区位竞争中，企业将注意力聚焦于客户需求的不确定性、企业的利润、空间定位的有效性、企业发展的长远性等方面。快递企业对转运中心（场）区位的选择实际上就是区位竞争的过程。快递企业为了能够在更大范围内获得利益，实现企业扩张，掌握市场主导权，通常会根据各地区的经济发展程度、市场规模、人均可支配收入以及地理区位等布设快递服务最重要的节点——区域转运中心。因此，不同快递企业会在同一个区域或城市设置转运中心（场），其呈现出快递企业空间布局的集聚性。这种集聚性首先可以使快递企业实现外部规模经济和外部范围经济，即不同的快递企业集聚在同一地点可以有效地共享当地共同的基础设施和服务、劳动力资源等，节约一定的成本；同时，由于地域上的接近性和关联性，快递企业之间可以通过竞争相互促进，激励自身发展，充分发挥企业内部专业人才的技术，进一步加强企业管理，提高营销策略等能力。还有，快递企业间可以根据自身需求，在相互信任的基础上，通过企业间的协作方式进行联合，扩大企业规模、提升经济效益，从而达到互利互惠的效果，提高企业在本区域的整体竞争能力。

我国快递企业在全国范围内以基本交通运输干线为基础建立快递运输通道，并在特大城市和部分大城市建立转运中心（场），以提升整个服务网络的运营能力。快递企业对转运中心（场）的建设投资力度不断加大，尤其是对一些具有战略地位的转运中心（场），反映了转运中心（场）在快递企业发展过程中的重要作用。快递企业转运中心（场）地理区位的选择从宏观上来看主要是企业战略、组织以及外部环境综合作用的结果。区域转运中心（场）区位分布的影响因素包括快递企业的共性因素，同时也有快递企业的个性因素。

在相关研究的基础上，可以进一步将移动电话、互联网宽带用户数纳入快递区域转运中心（场）区位影响因子中，以准确反映在高度信息化的背景下，快递企业对其区域转运中心（场）区位的决策。一般来说，快递企业对其区域转运中心（场）区位的决策所考虑的因素主要包括以下几个方面：

第一，地区经济发展。经济发展水平是一个国家或地区的经济发展规模、速度以及所达到的水准，反映经济发展水平常用的指标一般有国民生产总值、国民收入、人均国民收入、经济发展速度和经济增长速度。一般情况下，采用国内生产总值（GDP）和 GDP 增长率作为经济规模和经济增长速度指标，其中 GDP 代表了一个国家或地区在一定时期内所产生财富（物品和服务）的总和。这里采用 GDP、人均 GDP、人均社会消费品总额、批发和零售业商品销售额、第二产业占 GDP 的比重以及第三产业占 GDP 的比重等作为经济环境方面衡量我国快递企业转运中心（场）区位环境评价的指标。

第二，地区交通条件。交通因素对转运中心（场）的影响主要表现在运输成本、人员费用和交通设备等方面，其对快递转运中心（场）具有直接的影响，主要表现在交通的联结度和通达性两个方面，转运中心（场）的布局必须具备较为便捷的交通运输条件。因此，转运中心（场）的布局最好是靠近交通枢纽位置，如机场、铁路枢纽、高速交通干道等。

第三，区域市场特性。由于移动智能设备和互联网的普及，我国网民网购的数量逐年迅速增加，中国互联网络信息中心（CNNIC）发布的信息显示，截至 2014 年 12 月，我国的网络购物用户规模达到 3.61 亿人，较 2013 年增长 19.7%；其中手机网络购物用户达到 2.36 亿人，增长率为 63.5%，是网络购物市场整个用户规模增长速度的 3.2 倍，手机购物的使用比例达到了 42.4%。网民网购的增长促使网络零售业蓬勃发展，2015 年底，网络零售额达到 3.71 亿元，占全国消费品零售总额的 12.3%。网购消费拉动了快递行业的发展，2014 年电商快递已占据快递行业超过 60%的份额。因此，一个地区网购零售业的发展是快递企业转运中心（场）区位评价的重要因素。

第四，土地价格。转运中心（场）的建设一般需要较大的用地面积，因此廉价的地价成为快递企业是否在此设立转运中心（场）的考虑因素。

第五，地区政策环境。快递业发展受到一个地区的制度环境和政策层面的重要影响，如物流产业园区的规划、建设、场地租金减免、税收优惠等。例如，2014 年，国家提出快递业“向下向西向外”的三向拓展战略，快递企业快递网点向三、四线城市以及乡、县地区不断渗透。

第六，其他因素。转运中心（场）的建设还受到基础设施建设、固体废弃物和污水处理能力等的影响（徐杰等，2001）。

据此，我们认为，快递企业转运中心（场）的区位布局受交通环境、经济环境、市场环境和政策环境四个基本因素影响，其可作为一级的测度指标体系。其中，交通环境包括民用航空货邮运量、公路与铁路的里程数和货运量等评价指标；经济环境代表着城市的整体发展能级，主要包含经济水平、从业水平和产业结构三大方面，涉及人均 GDP、人均社会消费品总额、批发和零售业商品销售额、人口密度、第三产业（交通运输、仓储和邮政业）从业人员、第二产业占 GDP 比重、第三产业占 GDP 比重等指标；市场环境主要从网络水平和土地状况两个方面来进行衡量，涉及移动电话用户数、互联网宽带接入用户数、建设用地出让土地面积、建设用地出让土地成交价款、城市物流仓储用地面积等指标；政策环境指政策服务，即相关法律法规的制定与政策导向等（表 4.9）。

表 4.9　转运中心（场）区位环境评价的基本指标体系（18 个）

一级指标	二级指标	三级指标
交通环境（5 个指标）	航空	民用航空货邮运量/t
	公路	里程数/km
		货运量/万 t
	铁路	里程数/km
		货运量/万 t
经济环境（7 个指标）	经济水平	人均 GDP/元
		人均社会消费品总额/元
		批发和零售业商品销售额/亿元
	从业水平	人口密度/（人/km^2）
		第三产业（交通运输、仓储和邮政业）从业人员/万人
	产业结构	第二产业占 GDP 比重/%
		第三产业占 GDP 比重/%
市场环境（5 个指标）	网络水平	移动电话用户数/万户
		互联网宽带接入用户数/万户
	土地状况	建设用地出让土地面积/hm^2
		建设用地出让土地成交价款/亿元
		城市物流仓储用地面积/km^2
政策环境（1 个指标）	政策服务	相关法律法规的制定与政策导向/条

注：指标原始数据来自《中国城市统计年鉴 2013》《中国省市经济发展年鉴 2013》

4.3.2　快递企业转运中心（场）区位布局因子测度

1. 因子分析

采用主成分分析法对快递企业转运中心（场）区位布局因子进行测度，各个指标的解释见表 4.10。

在进行主成分分析之前，首先要对指标进行 KMO 检验和 Bartlett 检验。KMO 的统计量为 0～1，当所有变量间的简单相关系数平方和远远大于偏相关系数平方和时，KMO 的值越接近 1，意味着变量之间的相关性越强，原有变量越适合做主成分分析；当所有变量间的简单相关系数平方和接近 0 时，KMO 的值越接近 0，意味着变量之间的相关性越弱，原有变量越不适合做主成分分析。常用 KMO 度量标准为 0.9 以上表示非常适合

表 4.10　指标代码及名称

指标代码	名称	指标代码	名称
X_1	民用航空货邮运量/t	X_{10}	第三产业占 GDP 比重/%
X_2	第三产业（交通运输、仓储和邮政业）从业人员/万人	X_{11}	人均社会消费品总额/元
X_3	公路货运量/万 t	X_{12}	城市物流仓储用地面积/km^2
X_4	公路里程数/km	X_{13}	移动电话用户数/万户
X_5	铁路货运量/万 t	X_{14}	互联网宽带接入用户数/万户
X_6	铁路里程数/km	X_{15}	批发和零售业商品销售额/亿元
X_7	人均 GDP/元	X_{16}	建设用地出让土地面积/hm^2
X_8	人口密度/（人/km^2）	X_{17}	建设用地出让土地成交价款/亿元
X_9	第二产业占 GDP 比重/%		

做主成分分析；0.8 表示适合；0.7 表示一般；0.6 表示不太适合；0.5 及以下表示极不适合，一般在 0.8 左右可以接受。Bartlett 的值是为了看数据是否服从多元正态分布的总体。我们对所选取指标进行 KMO 检验和 Bartlett 检验的结果见表 4.11。

表 4.11　转运中心（场）区位布局影响因素指标的 KMO 和 Bartlett 检验

KMO 和 Bartlett 检验		KMO 值
取样足够度的 KMO 度量		0.802
Bartlett 的球形检验	近似卡方	2361.208
	df	136
	Sig.	0

检验结果表明，影响因素指标的 KMO 值为 0.802，大于 0.8，表明可以进行主成分分析。Sig.的值为 0.000，说明适合数据来自正态分布的总体。进一步对 17 个指标所构成的综合指标体系做标准化处理，并计算出各指标之间的相关系数矩阵（从略），根据相关矩阵计算出特征值以及各主成分的方差贡献率和累计方差贡献率，结果见表 4.12。

表 4.12　特征值及主成分贡献率和累计方差贡献率

成分	初始特征值			提取平方和载入			旋转平方和载入		
	合计	方差贡献率/%	累计方差贡献率/%	合计	方差贡献率/%	累计方差贡献率/%	合计	方差贡献率/%	累计方差贡献率/%
1	7.400	43.530	43.530	7.400	43.530	43.530	4.577	26.926	26.926
2	2.180	12.830	56.360	2.180	12.830	56.36	3.407	20.042	46.975
3	1.669	9.817	66.180	1.669	9.817	66.177	2.432	14.314	61.281
4	1.360	8.001	74.180	1.360	8.001	74.178	1.916	11.271	72.550
5	1.013	5.959	80.140	1.013	5.959	80.137	1.290	7.591	80.143
6	0.826	4.859	85.000						
7	0.676	3.977	88.970						

续表

成分	初始特征值			提取平方和载入			旋转平方和载入		
	合计	方差贡献率/%	累计方差贡献率/%	合计	方差贡献率/%	累计方差贡献率/%	合计	方差贡献率/%	累计方差贡献率/%
8	0.571	3.361	92.33						
9	0.349	2.054	94.39						
10	0.330	1.941	96.33						
11	0.219	1.287	97.62						
12	0.156	0.916	98.53						
13	0.095	0.561	99.09						
14	0.066	0.386	99.48						
15	0.041	0.241	99.72						
16	0.029	0.169	99.89						
17	0.020	0.116	100.01						

特征值反映了主成分对原始变量的影响程度，表示引入该主成分后可以解释原始变量的信息，特征值又叫方差，某个特征值占总特征值的比例称为主成分方差贡献率。可以看出，第一个因子的特征值为 7.400，解释了原有 17 个变量 43.530%的信息；第二个因子的特征值为 2.180，解释了原有 17 个变量 12.830%的信息；第三个因子的特征值为 1.669，解释了原有 17 个变量 9.817%的信息；第四个因子的特征值为 1.360，解释了原有 17 个变量 8.001%的信息；第五个因子的特征值为 1.013，解释了原有 17 个变量 5.959%的信息。提取的这五个因子的累计方差贡献率为 80.14%，并且当且仅当特征值取值大于 1 时，才说明提取的这五个公因子基本上包含全部 17 个分级基金绩效的评级指标变量的主要信息。因此，我们提取这五个因子为主因子可行（图 4.2）。

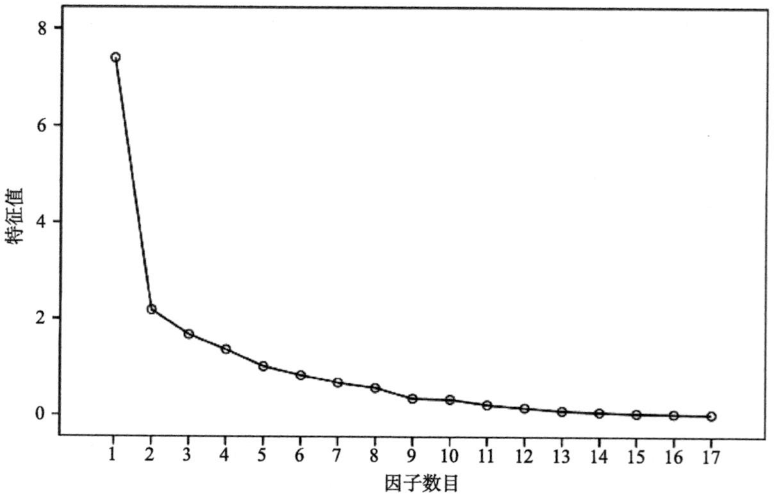

图 4.2　转运中心（场）区位分布指标的公因子碎石图

碎石图横坐标为因子数目，纵坐标为特征值（图 4.2），显然前五个因子的特征根相对较高，对解释转运中心（场）区位分布影响因素的贡献率极大，第五个因子之后的特征根都很小，取值都小于 1，说明它们对转运中心（场）区位分布影响因素的贡献率极小。

主因子与原有变量之间的相关程度可以通过主因子的载荷矩阵表现出来，因子的载荷值越高，说明该因子表示该指标的信息量就越多（吴庆春等，2007）。通过以上主成分得出的五个主因子能够较完全地反映 17 个变量的实际情况且具有一定的代表性，同时各主成分相互独立，可以单独代表一类而且不受其他因子的影响。经过正交旋转后的五个主因子的载荷矩阵见表 4.13。

表 4.13　旋转后主因子载荷矩阵

变量	主成分				
	F_1	F_2	F_3	F_4	F_5
X_1	0.927	0.136	0.015	0.211	0.064
X_2	0.862	0.252	0.290	0.186	0.078
X_3	0.155	−0.147	0.577	0.298	0.187
X_4	0.088	−0.203	0.886	−0.007	0.001
X_5	0.036	0.047	0.058	−0.070	0.893
X_6	0.157	0.075	0.122	0.342	0.609
X_7	0.163	0.918	−0.091	0.082	0.057
X_8	0.472	0.451	−0.079	−0.260	−0.030
X_9	−0.216	−0.040	−0.046	−0.920	−0.053
X_{10}	0.315	0.459	−0.033	0.743	0.127
X_{11}	0.249	0.911	−0.078	0.198	0.088
X_{12}	0.837	0.069	0.028	0.173	0.060
X_{13}	0.652	0.565	0.369	0.156	0.104
X_{14}	0.585	0.558	0.427	0.102	0.097
X_{15}	0.890	0.328	0.076	0.151	0.121
X_{16}	0.014	0.279	0.804	−0.133	0.073
X_{17}	0.447	0.588	0.464	0.095	−0.051

注：提取方法为主成分分析法。旋转法为具有 Kaiser 标准化的正交旋转法。旋转在 6 次迭代后收敛

①主因子 F_1 在 X_1、X_2、X_{12}、X_{13}、X_{14}、X_{15} 上的载荷较大，其中 X_1、X_{12} 分别为民用航空货邮运量、城市物流仓储用地面积；X_2、X_{15} 分别为第三产业（交通运输、仓储和邮政业）从业人员、批发和零售业商品销售额；X_{13}、X_{14} 分别为移动电话用户数、互联网宽带接入用户数，因此第一主成分可以命名为“航空-仓储-销售因子”；②主因子 F_2 在 X_7、X_{11} 上的载荷较大，反映了经济发展水平和人均消费状况，因此第二主成分可以命名为“发展-消费因子”；③主因子 F_3 在 X_4、X_{16} 上的载荷较大，反映了公路发展状况和城市建设发展潜力，因此，第三主成分可以命名为“公路-城建因子”；④主因子 F_4 在 X_9、X_{10} 上的载荷较大，反映了产业结构自身水平，因此，第四主成分可以命名为“产业结构因子”；⑤主因子 F_5 在 X_5、X_6 上的载荷较大，反映了铁路发展情况，因此，第

五主成分可以命名为“铁路因子”。或者可以把主因子 F_3 和 F_5 合并起来，命名为“交通因子”。

2. 因子比较

每家快递企业区域转运中心的区位布局因子各不相同。某些地级市十家快递企业都有转运中心（场）分布，而某些地级市转运中心（场）的分布却寥寥无几。据此，我们将其分为两类：一类为五家及以上快递企业在这个地级市有转运中心（场）布局，共有 53 个地级市；另一类为少于五家快递企业在这个地级市有转运中心（场）布局。然后对这两类情况进行分析比较，共有 82 个地级市。表 4.14 是对这些企业在这些城市布局转运中心（场）布局的因子测度。我们发现，第一类五个因子的累计方差贡献率达到 85.313%，第二类五个因子的累计方差贡献率达到了 72.734%，第一类变量的主成分可以解释原始变量的信息比第二类多。

表 4.14　特征值、主成分贡献率和累计贡献率比较

类别	主成分	特征值			提取平方和载入			旋转平方和载入		
		合计	方差/%	累计/%	合计	方差/%	累计/%	合计	方差/%	累计/%
第一类	F_1	7.433	43.723	43.723	7.433	43.723	43.723	5.085	29.914	29.914
	F_2	2.795	16.442	60.165	2.795	16.442	60.165	2.938	17.280	47.194
	F_3	1.729	10.173	70.338	1.729	10.173	70.338	2.851	16.768	63.962
	F_4	1.405	8.265	78.603	1.405	8.265	78.603	1.992	11.720	75.682
	F_5	1.141	6.71	85.313	1.141	6.710	85.313	1.637	9.630	85.312
第二类	F_1	5.238	30.811	30.811	5.238	30.811	30.811	3.127	18.391	18.391
	F_2	2.547	14.98	45.791	2.547	14.980	45.791	3.067	18.041	36.432
	F_3	2.094	12.319	58.110	2.094	12.319	58.110	2.902	17.069	53.501
	F_4	1.280	7.527	65.637	1.280	7.527	65.637	1.915	11.262	64.763
	F_5	1.207	7.097	72.734	1.207	7.097	72.734	1.355	7.971	72.734

进一步研究可以看出，第一类企业的主因子 F_1 在 X_1、X_2、X_{15} 上的载荷较大，X_1、X_2、X_{15} 分别为民用航空货邮运量、第三产业（交通运输、仓储和邮政业）从业人员以及批发和零售业商品销售额；主因子 F_2 在 X_4、X_{16} 上的载荷较大，X_4、X_{16} 分别为公路里程数和建设用地出让土地面积；主因子 F_3 在 X_7、X_{11} 上的载荷较大，X_7、X_{11} 分别为人均 GDP 和人均社会消费品总额；主因子 F_4 在 X_9、X_{10} 上的载荷较大，X_9、X_{10} 分别为第二产业和第三产业占 GDP 比重；主因子 F_5 在 X_5 上的载荷较大，X_5 为铁路货运量（表 4.15）。

表 4.15　旋转后主因子载荷矩阵比较

变量	第一类主成分					第二类主成分				
	F_1	F_2	F_3	F_4	F_5	F_1	F_2	F_3	F_4	F_5
X_1	0.944	0.006	0.07	0.209	0.092	–0.101	0.592	0.356	0.155	–0.092
X_2	0.889	0.303	0.18	0.159	0.113	0.232	0.679	0.153	0.272	0.198

续表

变量	第一类主成分					第二类主成分				
	F_1	F_2	F_3	F_4	F_5	F_1	F_2	F_3	F_4	F_5
X_3	0.429	0.744	−0.049	0.027	0.278	0.221	−0.053	−0.333	0.414	0.222
X_4	0.076	0.92	−0.153	0.041	−0.025	0.366	−0.051	−0.767	0.073	0.161
X_5	0.016	0.133	0.053	0.005	0.853	−0.01	0.039	0.091	−0.106	0.847
X_6	0.229	0.032	−0.002	0.341	0.747	−0.082	0.268	−0.222	0.259	0.423
X_7	0.137	−0.107	0.959	0.036	−0.015	0.296	0.183	0.856	−0.036	0.124
X_8	0.625	−0.238	0.323	−0.493	0.135	0.149	0.615	−0.006	−0.287	−0.428
X_9	−0.359	0.053	−0.14	−0.838	−0.208	0.098	−0.075	0.126	−0.929	0.068
X_{10}	0.408	−0.056	0.341	0.772	0.226	−0.067	0.223	0.463	0.762	0.017
X_{11}	0.229	−0.127	0.926	0.173	0.086	0.294	0.298	0.839	0.071	0.072
X_{12}	0.767	0.04	0.041	0.327	−0.056	0.05	0.732	0.11	0.107	0.296
X_{13}	0.701	0.341	0.485	0.184	0.188	0.756	0.537	−0.034	−0.048	−0.028
X_{14}	0.602	0.455	0.444	0.102	0.19	0.728	0.539	0.097	−0.104	−0.105
X_{15}	0.893	0.072	0.288	0.151	0.141	0.398	0.69	0.499	0.026	0.025
X_{16}	−0.075	0.866	−0.014	−0.122	0.094	0.825	−0.126	−0.061	0.037	0.094
X_{17}	0.398	0.506	0.499	0.209	−0.17	0.848	0.123	0.23	−0.049	−0.133

注：提取方法为主成分分析法。旋转法为具有 Kaiser 标准化的正交旋转法。旋转分别在 7 次和 9 次迭代后收敛

第二类企业的主因子 F_1 在 X_{17} 上的载荷较大，X_{17} 为建设用地出让土地成交价款；主因子 F_2 在 X_{12} 上的载荷较大，X_{12} 为城市物流仓储用地面积；主因子 F_3 在 X_7、X_{11} 上的载荷较大，X_7、X_{11} 分别为人均 GDP 和人均社会消费品总额；主因子 F_4 在 X_9 上的载荷较大，X_9 为第二产业占 GDP 比重；主因子 F_5 在 X_5 上的载荷较大，X_5 为铁路货运量。

对比分析发现，两类企业布局转运中心（场）布局所考虑因子的共同点：①都与铁路货运量、人均 GDP、人均社会消费品总额和第二产业占 GDP 比重这四个影响因素关系较大，且与第二产业占 GDP 比重都呈现严重的负相关；②与移动电话用户数以及互联网宽带接入用户数的载荷值均超过了 0.6，说明这两个变量虽没有第一个共同点的影响关系大，但作为这两类共同的影响因子影响着转运中心（场）的分布；③人口密度、第三产业占 GDP 比重和城市物流仓储用地面积的载荷值差别不大，说明人口密度、第三产业占 GDP 比重和城市物流仓储用地面积对两类转运中心（场）的分布影响性一样大。不同点：①第一类企业中，民用航空货邮运量和第三产业（交通运输、仓储和邮政业）从业人员以及批发和零售业商品销售额载荷值较大，分别为 0.944、0.889 和 0.893，而相对应在第二类中最大载荷值还不到 0.4，说明航空、第三产业与批发和零售业对第一类企业转运中心（场）的分布影响很大，而对第二类的影响却很小；②场地面积对第一类转运中心（场）的分布影响很大，地价则相对较小，而对第二类的影响却都很小，说明第一类在布局转运中心（场）时主要关注的是面积而非地价，第二类布局时面积和地价都是很重要的影响因素；③铁路里程在第一类中的载荷值比第二类大，相差超过 0.3，说明铁路里程对第一类布局转运中心（场）的影响比第二类大，其中铁路里程数的影响性更大。

根据主成分分析的结果，第一，顺丰速运和 EMS 转运中心（场）地级市布局数量在两类中的比例均接近于 50%，说明两家快递企业在全国的发展布局较为平衡，考虑也较为全面。第二，中通快递、申通快递、圆通速递、韵达速递和百世快递在转运中心（场）地级市布局时略微偏向于第一类地级市的影响因素，即注重民用航空货邮运量、第三产业（交通运输、仓储和邮政业）从业人员、批发和零售业商品销售额、公路里程数、建设用地出让土地面积、人均 GDP 和人均社会消费品总额、第二产业和第三产业占 GDP 比重、铁路货运量。第三，宅急送、天天快递和国通快递在转运中心（场）地级市布局时则严重偏向于第一类地级市的影响因素。

第 5 章　快递的运输方式：航空、公路与高铁

5.1　航空货流发展及其空间格局

5.1.1　航空货流发展及其空间变化

航空货物运输的安全、高效、方便、快捷、准时等品质是其他交通方式无法比拟的。进入 21 世纪以来，随着互联网的发展和应用，航空数据的可获得性不断提高，航空网络结构的复杂性、区域机场与航空网络的关系及其演变、航空系统的地域性等问题成为研究热点。

随着中国经济的不断增长，尤其是电子商务的迅猛发展，生产企业、流通企业和消费者对航空货流的要求不断提高，鲜活易腐、医药保健、时效产品等航空货流需求持续增加。我国各地政府为支持航空物流业快速发展也不断出台优惠政策鼓励航空物流发展。各省市通过将向国家争取政策与本地区域鼓励航空货流发展的扶持政策相结合，在航线补助、市场拓展、人才引进等方面形成多方位支持，进一步推动了航空物流发展。

近年来，中国民用航空局和各级政府积极推进航空货流基础设施建设，中国机场数量不断增加，机场规模不断扩张。至 2018 年底，我国共有颁证运输机场 235 个，比上年底增加 6 个，2018 年新增机场分别为甘肃陇南机场、新疆若羌机场、青海海北机场、河南信阳机场、湖南岳阳机场、新疆图木舒克机场。至 2018 年底，我国共有定期航班航线 4945 条，国内航线 4096 条，其中港澳台航线 100 条，国际航线 849 条。按重复距离计算的航线里程为 1219.06 万 km，按不重复距离计算的航线里程为 837.98 万 km。至 2018 年底，定期航班国内通航城市 230 个（不含香港、澳门、台湾）。我国航空公司国际定期航班通航 65 个国家的 165 个城市，国内定期航班从 32 个内地城市通航香港，从 14 个内地城市通航澳门，从 48 个大陆城市通航台湾地区。

2018 年，我国民航全行业完成货邮周转量 262.50 亿吨公里（中国民用航空局，2019），比上年增长 7.8%。国内航线完成货邮周转量 75.47 亿吨公里，比上年增长 3.4%，其中港澳台航线完成 3.01 亿吨公里，比上年下降 1.2%；国际航线完成货邮周转量 187.03 亿吨公里，比上年增长 9.6%。2018 年，我国民航全行业完成货邮运输量 738.51 万 t，比上年增长 4.6%。国内航线完成货邮运输量 495.79 万 t，比上年增长 2.5%，其中港澳台航线完成 23.48 万 t，比上年下降 2.8%；国际航线完成货邮运输量 242.72 万 t，比上年增长 9.3%（图 5.1、图 5.2）。

20 世纪 80 年代以来，我国航空运输的发展和货流的生成机制经过了显著的计划经济向市场经济转变，航空网络所体现的地域特征也与之相呼应，我国各地区的行政中心、经济中心、旅游中心均成为货流的主要发源地。

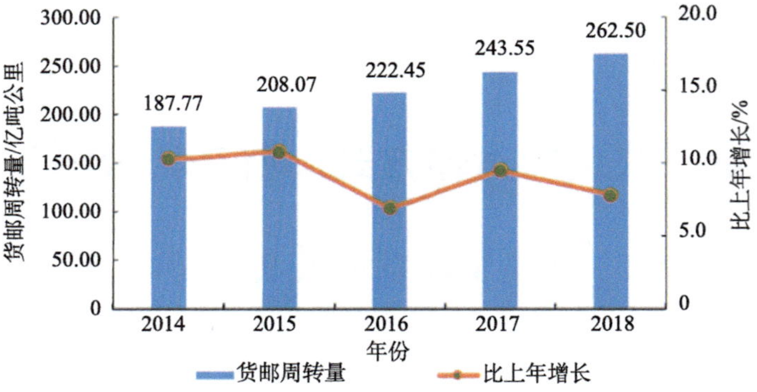

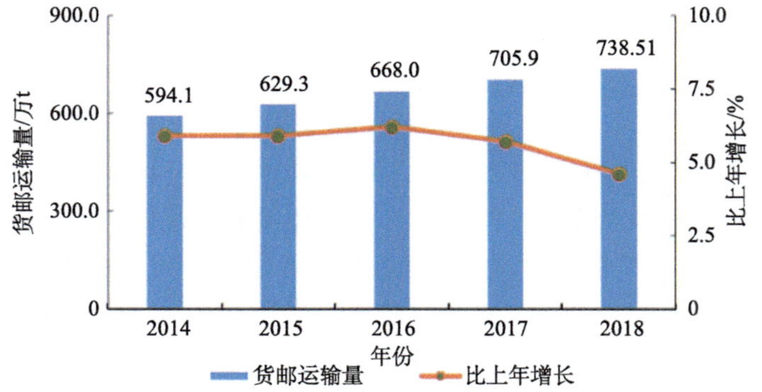

图 5.1　2014～2018 年中国民航货邮周转量和运输量（中国民用航空局，2019）

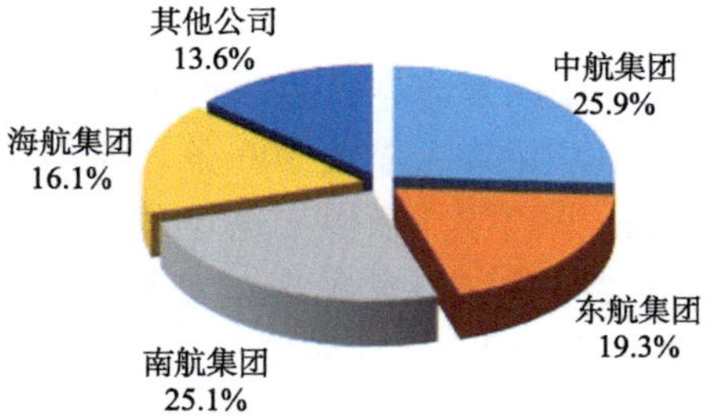

图 5.2　2018 年各航空（集团）公司运输总周转量比重（中国民用航空局，2019）

20 世纪 90 年代初，我国明确实施社会主义市场经济之后，航空货流增长因素发生了较大变化，经济合作、贸易交流和旅游因素对航空货流发展的影响力越来越大。经济中心城市航空货流吞吐量从 1996 年的 459281t 增长到 2016 年的 8726522t，20 年间增长了近 18 倍，占全国的总货邮吞吐量从 1996 年的 68.71%增长到 2016 年的 77.29%（中国民用航空局发展计划司，2017）。因此，经济发展越来越成为国家发展的重点，经济的发展与增长是发展民生的重中之重，其所引致的航空货流的规模和强度也持续加强。

以行政中心（省级行政中心）为起讫点的航空货邮吞吐量在 2000 年为 143292t，占总航空货邮吞吐量的 91.04%，2005 年为 583029t，占总航空货邮吞吐量的 88.55%，2010 年为 3292017t，占总航空货邮吞吐量的 82.26%，2015 年为 9384966t，占总航空货邮吞吐量的 83.13%。从数据中可以看出，超过 80%的货邮吞吐量均由行政中心（省会）产出，虽然后十年由于经济体制的转变，比重稍有下降，但行政中心（省会）依旧对航空货流发展的影响是非常显著的。随着人们生活水平的日益提高，旅游休闲成为大众的追求。旅游业的迅速发展也推动了航空货流的发展。2006～2016 年，短短的十年间，以旅游中心为起讫点的航空货流网络，承担的货流吞吐量由 3375266t 迅速增长到 11217632t，近 2.3 倍的增长率，体现出旅游对我国航空货流发展的显著影响。

城市职能（政治、经济和旅游中心）的差异在一定程度上能够反映出不同城市的“引力”与“推力”的大小，直接影响到航空货流的规模及其在网络上的分布。同时，城市规模大小直接左右着区域“引力”的增长，进而影响着航空货流的地区分布和网络体系的发展。根据我国 2014 年的城市规模划分标准，不同城市规模统计的航空货邮吞吐量比重见表 5.1。

表 5.1　不同城市规模统计的航空货邮吞吐量比重　（单位：%）

城市规模	1995 年	2000 年	2005 年	2010 年	2016 年
超大城市	13.81	12.50	13.74	16.85	19.76
大城市	6.16	3.70	8.41	15.02	13.50
中等城市	7.91	6.69	8.48	7.62	8.71
小城市	4.55	2.57	2.15	2.85	3.89
合计	32.43	25.46	32.78	42.34	45.86

资料来源：中国民用航空局发展计划司（2017）

显然，超大城市综合职能强，与各个方向的联系比较强，航空货流规模大，是货流网络的枢纽。1995～2016 年，超大城市航空货邮吞吐量占全国总的航空货邮的比重一直都趋于高位。

在国家政策的扶持下，随着经济的持续增长，在航空货运业的基础进一步夯实的同时，航空货运业务得到了快速发展。2013～2016 年，国际航线货邮吞吐量平均增长率高达 26.2%，航空货邮吞吐量三年间增长近 81%，尤其是我国进出口贸易增长率不断提高，航空货运利润率较其他运输方式高达 22%左右，国际航线货运比国内航线货运的利润率高出 50%，为国际航空货运提供了巨大商机。对于需要急运的生鲜产品，如鲜花、时鲜蔬果、海鲜等；需要安全性高的贵重商品，如珠宝、精密仪器设备等，航空货运显现出了自身的强大优势。此外，运输机场是国家综合交通基础设施的重要组成部分，是民航最重要的基础设施，国家对此又极为重视。中国民用航空局自“十二五”起便强调大力发展北方、华东、中南、西南、西北五大枢纽机场群建设，“十二五”期末的 2015 年，我国民航的货邮运输量达到 629.3 万 t。“十三五”开年的 2016 年，我国民航全行业完成货邮运输量 668.0 万 t，国内航线完成货邮运输量 474.8 万 t，其中港澳台航线完成 22.0 万 t，国际航线完成货邮运输量 193.2 万 t。2019 年，我国民航的货邮运输量达到 753.1 万 t，其中国内航线累计完成货邮运输量 511.2 万 t（含港澳台航线完成 22.2 万 t），占比 67.88%，国际航线完成货邮运输量 242 万 t（图 5.3）。

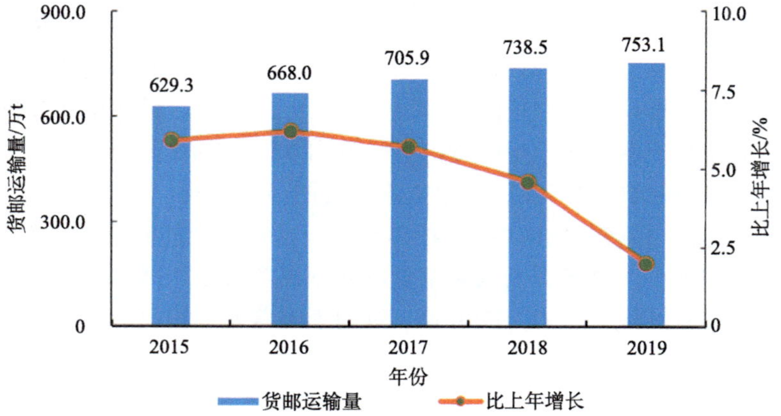

图 5.3　2015～2019 年民航货邮运输量（中国民用航空局，2020）

我国机场货邮业务量稳步增长，但东部地区机场货邮吞吐量仍占绝对主导地位。2012～2019 年，民航运输机场货邮吞吐量累计增长 36.5%。2019 年，全国民航运输机场完成货邮吞吐量 1709.6 万 t，其中我国东部地区货邮吞吐量为 1245.40 万 t，占比 72.85%，中部地区机场货邮吞吐量为 124.70 万 t，占比 7.29%，西部地区机场货邮吞吐量为 279.20 万 t，占比 16.33%，东北地区机场货邮吞吐量 60.3 万 t，占比 3.53%（图 5.4）。

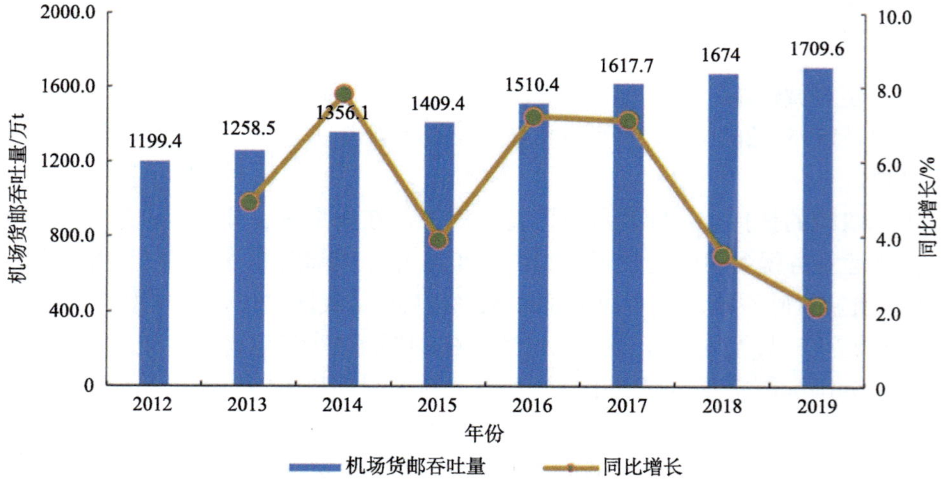

图 5.4　2012～2019 年民航运输机场货邮吞吐量（前瞻产业研究院，2020）

至 2016 年底，我国共有运输航空公司 59 家，其中国有控股公司 44 家，民营和民营控股公司 15 家；全部运输航空公司中：全货运航空公司 8 家，中外合资航空公司 11 家，上市公司 7 家。这些运输航空（集团）公司生产情况见表 5.2，其中中航、东航、南航三大公司的货邮运输量分别占据全行业的 29%、21%、24%，合计占据了全行业的七成以上。

表 5.2　2016 年我国的运输航空（集团）公司生产情况（中国民用航空局，2017）

企业	飞行时间/万小时	运输总周转量/(亿 t/km)	比上年增长/%	旅客运输量/亿人次	比上年增长/%	货邮运输量/万 t	比上年增长/%
中航	237.40	261.70	10.10	1.15	9.30	191.60	7.00
东航	197.30	197.30	10.60	1.02	8.60	139.50	0.30
南航	237.50	243.90	8.90	1.15	4.80	161.30	6.70
海航	139.50	142.10	22.90	0.83	22.40	78.40	0.80
其他	137.70	117.50	22.40	0.73	22.70	97.30	19.60
全行业	949.40	962.50	74.90	4.88	67.80	668.10	34.40

2019 年，国有四大航空集团手握 82.98%的货邮运输量份额，在航空货运流市场竞争中的地位无可撼动，其中又以中航遥遥领先，海航份额相对较小。截至 2019 年底，中国运营货机的航空公司有 13 家，货机总数达到 174 架，顺丰航空以 58 架货机的数量遥遥领先。2018 年，中航集团完成货邮运输量 209.11 万 t，东航集团完成 144.30 万 t，南航集团完成 173.23 万 t，海航集团完成 86.14 万 t，其他航空公司完成 125.73 万 t，占比分别为 28.32%、19.54%、23.46%、11.66%、17.02%。

2006 年以来，我国全民航每年新增全货机在 10 架左右，到 2013 年，全国航空货机配置已接近 100 架。至 2019 年 9 月，全国运营的全货机达到了 175 架，其中，邮政航空的货机 33 架，顺丰航空的货机 47 架，拥有 15 架及以上货机的航空公司还包括国泰航空、国货航和金鹏航空。此外，中航货运拥有 2 架，天津货航有 3 架。表 5.3 为根据相关的不完全统计，2019 年上半年我国部分航空公司全货机主要机型及拥有数量。

表 5.3　2019 年上半年我国部分航空公司全货机主要机型及拥有数量　（单位：架）

公司名称	B747 系列	B777 系列	B767 系列	A300 系列	A330 系列	B757 系列	B737 系列
国货航	3	8	0	0	0	4	0
中货航	3	6	0	0	0	0	0
南航货运	2	12	0	0	0	0	0
金鹏航空	4	0	0	0	0	0	11
友和道通	4	0	0	7	0	0	0
邮政航空	0	0	0	0	0	11	22
顺丰航空	2	0	5	0	0	23	17
圆通航空	0	0	0	0	0	7	5
龙浩航空	0	0	0	0	0	0	6
中航货运	0	0	0	0	0	2	0
天津货航	0	0	0	0	0	0	3
国泰航空	21	47	0	0	0	0	0
合计	39	73	5	7	0	47	64

资料来源：前瞻产业研究院（2020）

2008年，中国航空货流网络体现出明显的空间分异特征，航空货运空间距离衰减规律——85%的航空货运发生在1000～2000km的范围内；已经初步形成以北京、上海、广州3个全国性枢纽和昆明、成都、乌鲁木齐3个区域性枢纽为主导的初级枢纽轮辐式网络结构；超大城市控制航空货运网络，航空货流进一步向东西部少数城市集聚（张兵等，2010）。2018年前后，我国东部地区航空货运集聚特征仍然明显，超大城市、特大城市控制90%以上的航空货运，货运空间网络结构仍由北京、上海、广州等全国性货运枢纽和昆明、成都、乌鲁木齐、西安等区域性枢纽形成，城市群对航空网络控制日益增强；航空货运仍然以腹地经济为主导，航空公司建设货运枢纽、货运机场深度改变着货运空间格局（张恒博，2018）。

5.1.2　区域航空货运市场特征

区域航空货运市场是我国航空运输市场的重要组成部分，对促进航空运输业的发展具有重要的作用。目前，我国是仅次于美国的全球第二大航空运输大国，作为航空运输重要组成部分的货运市场也取得了极大的发展。2016年，我国民航全行业完成货邮运输量668.0万t，比2000年增长3.0%，随着航空货运市场的逐渐成熟，各区域航空货运市场特征也逐渐明显。

第一，市场区域差异性非常显著。货邮吞吐量能够在一定程度上反映各地区航空货运市场的发展情况，表5.4为全国的七个地区航空管理局——华北地区、华东地区、中南地区、东北地区、西南地区、西北地区和新疆地区在2000～2016年的货邮吞吐量情况。显然，华东地区保持了较高量级的货邮吞吐量，将居次的中南、华北地区远远甩在身后，第三为西南地区；居末位的东北、西北、新疆三地2016年货邮吞吐量分别不足50万t、30万t和20万t，充分反映出我国区域航空货运市场的发展与各地区的经济水平的紧密联系。

表5.4　我国区域航空货运市场货邮吞吐量统计表　（单位：t）

地区	2000年	2005年	2010年	2016年
东北地区	417641.8	432750.5	444566.9	453442.8
华北地区	1786853.3	1872878.3	2174121.9	2460529.0
华东地区	5156297.6	5076113.2	5000134.9	5136802.9
西北地区	224845.4	242678.8	267453.4	285543.5
新疆地区	101490.9	116363.8	143101.7	168828.8
西南地区	1014256.5	1114871.5	1163117.4	1243361.7
中南地区	2568787.2	2746121.5	2816574.8	3186566.4

资料来源：中国民用航空局发展计划司（2017）

第二，机场货邮吞吐量空间分布发生一定变化。2000～2016年，中国民用机场数量由129个增至198个，同期货邮吞吐量从339.9万t增至1187.8万t；2016年货邮吞吐量在万吨以上的机场有67个，较2000年增加了26个，其总吞吐量占全国总量的比例由98.71%提高到98.96%，说明航空货邮主要集中在万吨以上的大型机场；2000～2016年，前 20 位机场的吞吐量之和占全国总量的比重变化不大，在 90%左右，其中青岛、长沙和郑州取代福州、石家庄和太原进入前 20 名；20 个机场中货邮吞吐量年均增长率最高的是天津，为 17.41%，最低的是海口，为 6.74%。

第三，航空货邮运输主通道货邮运输量逐年向支线航段转移。2016 年，全国所有的通航城市所开通的航线航段中，以北京和天津（华北区）、上海和杭州（华东区）、深圳和广州（中南区）、成都和重庆（西南区）为起点或终点的航段数超过总航段数的半数，占航段总数的 65%以上；4 组机场之间的航段形成了华北、华东、中南和西南之间航空货邮运输的主通道。北京和天津—上海和杭州之间的货邮运输量以占据总货邮运输量的 7.68%居于首位，北京和天津—重庆和成都之间货邮运输量则居于末位。主通道上货邮运输量占比 2000～2016 年呈现逐步下降的趋势，这表明主通道上货邮运输量逐年向支线航段转移，支线航段承担了越来越多的航空货邮运输量。

第四，北京、上海、成都、广州在航空货运网络中继续保持全国性枢纽地位。航空货流的发展因素有经济、区位、资源、环境等，以至于其在空间上的集聚非常明显。自 1990 年以来的货流生成中，我国始终以北京、上海和广州为三个最大的中心，形成航空网络的三大地域系统。近些年来，随着经济的发展、人们生活水平的提高、消费观念的改变，单一机场枢纽逐步形成了京津、沪杭、广深和成渝 4 个组合枢纽，四大中心航空货流量所占的比例在中国航空运输体系中的地位突出。另外，我国所有的对外国际货流之中，90%以上是以上述四城市为起讫点的（表 5.5），可见四大组合枢纽的重要性。

表 5.5　我国四大航空枢纽的货流量占全国的比重　　（单位：%）

地区	1990 年	2000 年	2005 年	2010 年	2016 年
北京	19.6	24.53	15.75	16.12	16.23
上海	9.75	13.66	14.09	12.13	13.05
广州	20.36	20.98	16.87	11.53	12.75
成都	2.52	5.46	6.55	5.24	6.54

资料来源：中国民用航空局发展计划司（2017）

研究表明，2015 年，北京—上海航段航空货邮运输量最高，达 141713.9t，其次是北京—成都航段 131880.1t、北京—广州航段 128291.8t。北京—上海、北京—成都、北京—广州、上海—成都和上海—广州 5 个航段的航空货邮运输量为第一梯队，进一步验证了北京、上海、成都、广州在航空货运网络中的全国性枢纽地位，这在一定程度上体现了城市的经济发展水平。

5.1.3　三大航空公司的通航城市与航线网络

1. 三大航空公司的基本情况

中国南方航空股份有限公司，简称“南航”，总部设在广州，成立于 1995 年 3 月 25 日，是中国运输飞机最多、航线网络最发达、年客运量最大的航空公司。其拥有新疆、北方等 18 家分公司，在杭州、青岛等地设有 23 个国内营业部，在新加坡、纽约等地设有 69 个国外营业部。此外，南航股份还投资了雄安航空、厦门航空等 21 家全资、控股子公司，14 家联营参股公司，3 家合营公司。2018 年，南航旅客运输量达 1.4 亿人次，连续 40 年居中国各航空公司之首。截至 2019 年 10 月，南航运营包括波音 787、777、737 系列，空客 A380、A330、A320 系列等型号客货运输飞机超过 850 架，是全球首批运营空客 A380 的航空公司。根据国际航协（International Air Transport Association, IATA）资料，南航机队规模居亚洲第一、世界第三。

目前，南航每天有 3000 多个航班飞至全球 40 多个国家和地区、224 个目的地，航线网络 1000 多条，提供座位数超过 50 万个。通过与合作伙伴密切合作，航线网络延伸到全球更多目的地。近年来，南航持续新开和加密航班网络，强化中转功能，利用第六航权，全力打造“广州之路”国际航空枢纽，形成了以欧洲、大洋洲两个扇形为核心，以东南亚、南亚、东亚为腹地，全面辐射北美、中东、非洲的航线网络布局，其已成为中国至大洋洲、东南亚的第一门户枢纽。2018 年，南航在广州枢纽通航点达到 145 个，其中国际和地区通航点 51 个，广州枢纽全年共保障中转旅客 442 万余人次。南航积极响应国家倡议，为推动“一带一路”建设提供有力支撑。目前，南航在“一带一路”沿线 38 个国家和地区的 68 个城市开通了 172 条航线，年承运旅客 1500 多万人次。

目前，南航建有年货邮吞吐量 80 万 t 的超级货站。南航货运拥有 12 架波音 777 货机和 2 架波音 747 货机，货机机队规模达到 14 架；同时还可凭借 700 多架客机的腹舱资源，扩充货运的运力和网络优势。南航货运致力于建设广州、上海双枢纽，已开辟 12 条全货机航线，向客户提供从中国上海、广州始发，连接重庆、合肥，通往阿姆斯特丹、伦敦、法兰克福、洛杉矶、芝加哥、胡志明和河内的国际货运航线，并通过与 50 多家航空公司签订 SPA 协议，将航线网络进一步深入欧、美、亚、非、澳五大洲 300 多个城市。与此同时，南航货运可提供密集覆盖国内，全面辐射亚洲，连接欧、美、澳、非洲各主要城市的腹舱运输服务。

南航货运已在中国、欧洲、北美洲、大洋洲、日本地区建立卡车联运网络，在中国的广州、上海、深圳、北京、重庆等重要门户城市都开通了卡车航班。在欧洲地区，通过阿姆斯特丹、法兰克福、维也纳、伦敦、巴黎、罗马的卡车联运，可将货物送至西欧、北欧、东欧的 100 多个城市；在北美洲地区，通过芝加哥、洛杉矶、温哥华、多伦多、纽约、旧金山的卡车联运，可将货物送达包括美国波士顿、休斯敦、西雅图、波特兰及加拿大埃德蒙顿、蒙特利尔、卡尔加里在内的 100 多个主要城市；此外，还在大洋洲的 7 个城市、日本 5 个城市建立了卡车分拨网络。

南航货运目前投入使用的信息化系统包括唐翼系统、货运全流程跟踪管理系统、服务品质监控平台（CargoIQ）、货机载重平衡系统、数据管理中心（DMC）、电子数据交换平台、移动应用（如 PDA、微信）等。上述系统涵盖了货运生产操作、服务质量监控、经营数据分析、数据交换等环节。2011 年 8 月，南航货运是在中国航空公司中首家加入 CARGO2000 的航空公司，展现出卓越服务的信心和能力，是高品质、高水准航空货运服务商的体现和权威认证。同时，南航已建成以南航快运、温控、国际邮件以及特色整机销售为主的高端产品体系，专业整机运输线路遍布全球，活体动物运输位居世界前列，赢得客户高度赞誉。

中国东方航空股份有限公司，简称“东航”，总部位于上海，是我国三大国有骨干航空运输集团之一的中国东方航空集团有限公司（简称东航集团）的核心主业。东航于 1997 年成为首家在纽约、香港、上海三地上市的中国航企。借助天合联盟，东航构建起以上海为核心枢纽，通达全球 177 个国家 1074 个目的地的航线网络，年旅客运输量超过 1.1 亿人，位列全球第七。东航运营着超过 650 架、平均机龄 5.39 年的全球最年轻大型机队，拥有中国规模最大、商业和技术模式领先的 75 架互联网宽体机队。

物流业是东航集团的支柱产业之一。东方航空物流有限公司（简称“东航物流”）是中国东方航空集团有限公司旗下的现代综合物流服务企业。2017 年 6 月，作为国家民航领域混合所有制改革试点首家落地企业，东航物流率先实现股权多元化，东航集团、联想控股、普洛斯、德邦物流、绿地集团及核心员工分别持有公司 45%、25%、10%、5%、5%、10%的股份。东航物流旗下拥有中国货运航空、东航快递、东航运输等子公司及境内外近 200 个站点及分支机构，员工 6000 余人，是目前世界上独一无二的被航空公司拥有，同时又拥有航空公司的物流企业。东航物流拥有功能齐全、结构均衡的战略资本。东航 600 余架客机腹舱和 9 架全货机的航空运力及遍布全国、辐射全球的航线网络构成了东航物流得天独厚的资源优势。上海虹桥和浦东机场均设有运营基地，拥有六个近机坪货站（含海关监管仓库、跨境电商示范园区），总面积达 125 万 m^2，在昆明、西安、北京等东航主要枢纽机场还设有多个异地货站。

中国航空集团有限公司，简称“中航集团”，于 2002 年 10 月 11 日成立，是特大型国有航空运输集团公司。2017 年 12 月 29 日，按照公司制改制要求，中航集团改称为中国航空集团公司。中航集团经营业务涵盖航空客运、航空货运及物流两大核心产业，涉及飞机维修、航空配餐、航空货站、地面服务、机场服务、航空传媒等高相关产业，以及金融服务、航空旅游、工程建设、信息网络等延伸服务产业，在职员工总数达 10 万余人。其所属二级公司包括中国国际航空股份有限公司、中国航空（集团）有限公司等共 7 家。

中航集团搭建了以北京复合枢纽、成都区域枢纽、上海国际门户、深圳基地为主要节点的四角菱形航线网络，构建起广泛的国际航线和均衡的国内国际网络。至 2019 年 12 月 31 日，中航集团（含控股公司）共拥有以波音、空中客车为主的各型客机 699 架，平均机龄 6.96 年；经营客运航线达 770 条，其中国际（国际 65 个、地区 3 个、国内 119 个）。2003 年，中国国际航空股份有限公司（简称“中国国航”）与中信泰富有限公司、首都机场集团公司共同投资组建了“中国国际货运航空有限公司”（简称“国货航”）。2011 年，中国国航与香港国泰航空有限公司以国货航为平台完成货运合资项目。合资后，国货航中英文名称、企业标识保持不变。2019 年，国货航拥有 15 家货机，平均机龄 12.5 年，同时还独家经营中国国航全部客机腹舱。依托中航集团、中国国航的物流资源，以及与全球重要航空枢纽货站的紧密合作，国货航建立起了包括上海、北京、台北、法兰克福、阿姆斯特丹、洛杉矶、纽约、大阪等城市的全球货站保障体系。

到 2019 年 6 月，国货航共经营货运航线已达 19 条，其中国际航线 13 条、地区航线 1 条、国内航线 5 条；通航国家（地区）8 个，通航城市 21 个（其中国际 11 个、地区 1 个、国内 9 个）。同时，依托中国国航的全球航线网络，国货航在全球的空运航线达到

773 条，其中国际航线 139 条、地区航线 29 条、国内航线 605 条，全球通航国家（地区）41 个、通航城市 197 个（其中国际 74 个、地区 3 个、国内 120 个）。通过与星空联盟成员等航空公司的合作，将服务进一步拓展到 193 个国家的 1317 个目的地。另外，国货航在欧洲、美国、日本、亚太等全球各地还拥有 1400 余条全球地面卡车航线作为货机和客机腹舱网络的补充，使货物快速通达全球各地。

2. 三大航空公司的通航城市与航线网络

2016 年，南方航空的通航城市为 118 个（2018 年 145 个），东方航空的通航城市为 196 个，中航国际的通航城市为 137 个（2019 年 119 个）。南方航空在东部地区通航城市 49 个，占通航城市总数的 41.1%，为机场布局密集区。西部地区通航城市较多，达到 45 个，占 36.6%，西部地区土地面积宽广、人口密度较低、陆路交通不便等致使航空成为适宜的便捷运输方式。中部地区通航城市 26 个，占总量的 22.3%。东方航空在东部地区的通航城市占 57 个，占公司总通航区域的 27.97%，相比南方航空，所占比例有所不及，但从全局看，东方航空在全国境内的通航区域比其要均匀。中航国际在北东部地区虽为机场布局密集区，但分布不及东方航空的均匀。

航线网络是将国内直飞航线与经停机场的航线合并，对航线网络进行叠加和删除重复航线后，最后获得全国总的航线。根据三大航空公司的航线分布，南方航空的航线主要集中分布在华南地区、华北地区和西北地区三大区域，航线以广州为中心向全国扩张。2002 年，南方航空合并了北方航空（总部位于北京）和新疆航空（总部位于乌鲁木齐），因此在华北地区的部分市场和西北地区主要航空市场上有很大的占比。

根据南方航空通航城市前 10 位的城市通航航线，2016 年，南方航空作为始发点的城市中，广州发出航线最多，连接了 69 个城市，占南方航空通航城市的 61.8%，深圳位居第二位，显然以广州、深圳为枢纽（表 5.6）。

表 5.6　南方航空前 10 位城市的航线分布

排序	城市	航线/条	占南方航空通航城市比重/%
1	广州	69	61.8
2	深圳	40	36.9
3	长沙	32	29.4
4	北京	32	29.4
5	乌鲁木齐	30	28.7
6	郑州	28	26.9
7	武汉	26	25.1
8	上海	26	25.1
9	重庆	20	18.7
10	大连	20	18.7

东方航空通航城市前 10 位的城市通航航线见表 5.7。

表 5.7　东方航空前 10 位城市的航线分布

排序	城市	航线/条	占东方航空通航城市比重/%
1	上海	78	39.8
2	西安	46	24.8
3	广州	45	22.2
4	昆明	39	20.2
5	北京	39	19.6
6	南京	32	16.1
7	成都	27	11.9
8	武汉	24	11.3
9	杭州	23	10.8
10	青岛	22	10.8

2016 年，在中国国际航空作为始发点的城市中，北京发出航线最多，连接了 71 个城市，占中国国际航空通航城市的 53.3%。成都的航线居于第二位，与第三位城市的通航率差异不大（表 5.8）。前 10 位城市航线总数为 355 条，全国区域内分布较南方航空和东方航空较为均匀，以北京为中心，向周边延伸。

表 5.8　中国国际航空前 10 位城市的航线分布

排序	城市	航线/条	占中国国际航空通航城市比重/%
1	北京	71	53.3
2	成都	55	41.3
3	深圳	42	31.5
4	上海	32	24.1
5	重庆	32	24.1
6	杭州	29	21.8
7	昆明	26	19.5
8	南京	24	18.1
9	西安	22	16.5
10	厦门	22	16.5

5.2　航空快递的发展及其空间布局

5.2.1　航空快递业务发展

1979 年，快递业正式进入中国，我国的航空快递业务开始发展，彼时的业务都是国际快递。直到 1985 年，中国速递服务公司成立，全面开展快递业务，我国才开始有了航空快递业务活动。在1995年11月中国邮政航空公司组建运营之前，通航城市的邮件运输仍由民航运输企业承担，其主要业务仍是完成货物的空中运输，属于传统的货运航空公司的运作模式，缺乏从事快递的网络信息技术，仍以普货运输为主，没有或难以涉足快递服务，一直到2005年左右，我国国内航空快递业仍处于起步阶段——中国民航的航空快递公司没有自己的专营飞机或航位，依赖航空公司的航线网络完成快递运输，其只是航空运输业的简单的地面延伸服务，基本上是航空公司的“货运代理”。当然，还有众多其他的大小快递代理公司。2004年8月，中国邮政航空公司才开办全夜航，成为国内唯一一家夜航公司，推出一、二线城市次晨达、次日递业务。据统计，2009年，国际四大快递巨头（FedEx、UPS、DHL、TNT）占据了中国航空快递80%的市场份额。

2009年，中国民航局正式批复顺丰航空有限公司筹建。2010年1月1日，由顺丰航空有限公司执飞的深圳-杭州往返货运航线开通，标志着国内第一家拥有飞机的民营快递公司成功首航。到2017年，顺丰航空有限公司已有45架全货机投入运行，国内通航城市和地区增长至39个，2020年机队规模增长至60架。

2019年，湖北省发布《武汉城市圈航空港经济综合实验区总体发展规划（2019—2035年）》。根据该规划，鄂州民用机场2021年正式投用。近期到2025年建成2条远距跑道，1.5万m^2的航站楼，153个机位的站坪，以及普货货运、快件货运、转运中心货运三个功能区，建成快件仓库、冷链专用仓库和跨境电子商务专用设施等。远期目标（2026～2035年），鄂州民用机场建成三条跑道和T1、T2航站楼，转运中心和公共货运区完成扩建，年货邮吞吐量达到464万t，其中国际货邮吞吐量占比达到45%，鄂州民用机场建成为国际航空货运枢纽。

2020年9月4日，国家发展和改革委员会、中国民用航空局联合发布的《关于促进航空货运设施发展的意见》提出，在近期2025年，建成湖北鄂州专业性货运枢纽机场。鄂州机场规划占地11.8 km^2，建设内容包括机场、转运中心、顺丰航空基地、供油工程四大工程，总投资320.63亿元。作为全程参与机场选址、投资、建设和运营的股东，顺丰速运将其规划面积10km^2的航空物流产业园选址于城际铁路鄂州东站周边，计划投资38.9亿元。

2014年，圆通货运航空有限公司成立，是继顺丰速运、中国邮政后，国内第三家拥有航空公司的快递企业。2019年，圆通拥有自有全货机12架，已开通20条国际货运航线。2020年6月，圆通速递母公司——圆通蛟龙集团在浙江嘉兴投资的全球航空物流枢纽项目实质性投资落户，项目总投资66.1亿元，配套打造超级联运中心、物流科技研发中心和长三角商贸集散中心等配套项目，总投资额达到122亿元。

5.2.2 航空快递枢纽布局

我国的航空快递枢纽集中在我国经济发达的南方地区的重要城市，中西部和北方地区只有个别城市可辐射这些地区的腹地，这些城市是上海、香港、深圳、北京、广州、杭州（萧山）、南京、无锡、嘉兴、鄂州、成都、郑州、西安（表5.9）。上海浦东国际机场吸引UPS、DHL和FedEx设立国际快件转运中心，同时还聚集中货航、全日空等多家国内外知名货运航空公司；连续九年位于全球机场货邮吞吐量首位的香港国际机场有国泰航空、国泰港龙航空、香港快运航空、香港华民航空、香港货运航空等，同时香港国际机场还是 UPS 的亚太航空枢纽、DHL 的亚洲一级转运中心和 FedEx 的亚洲总部；此外，近期及今后一段时期，投资总额分别为 320.63 亿元、122 亿元、200 亿元的鄂州货运枢纽、嘉兴货运枢纽和南通货运枢纽与顺丰集团、圆通集团以及京东集团紧密相关，这表明引进重要的货运航企是打造货运枢纽机场的关键。

表 5.9 主要快递企业在中国的航空快递枢纽

企业	航空快递枢纽区位
中国邮政速递物流	南京（2013 年）、无锡（2017 年）、成都（2020 年）
顺丰速运	深圳、萧山、北京、鄂州（2021 年）
圆通快递	萧山、嘉兴、西安（跨境商贸及服务产业园）
京东快递	南通
申通快递	郑州（快递转运中心，2017 年），西安（快递洲际运营中心、西北地区转运中心）
FedEx	香港（快递分类中心，1998 年），上海（航空快递枢纽，1984 年；中国区总部，2004 年；上海国际快件和货运中心，2017 年）；北京（口岸操作中心，2013 年），萧山（转运中心，2005 年），广州（亚太区转运中心，2009 年）
UPS	上海（国际转运中心，2007 年；合同物流仓储中心，2013 年），深圳（亚太转运中心，2008 年），香港（亚太航空枢纽），成都（合同物流仓储中心，2013 年）
DHL	上海、香港（亚洲一级转运中心）

资料来源：根据各公司官网信息和其他网络信息搜索整理

5.3 公路运输效率与快递服务的区域效应：长三角地区案例

我国公路基础设施网络已基本完成了网络骨架构建和规模扩张，公路运输网络内部的优化配置成为满足未来经济社会发展需求的关键步骤。快递企业的运输使航空运输和公路运输结合，实现门对门服务，因此，公路的运输效率对快递服务至关重要。本节以长三角城市群的 26 个城市为研究对象，在对运输效率内涵及其测度方法筛选的基础上，对长三角公路运输效率进行测度和评价，进而测度公路运输效率对快递服务产生的区域效应。

5.3.1 公路运输效率的基本含义

运输效率是指在运输生产活动中实际产出与资源投入之间的比率。由于运输资源的稀缺性，人们必须合理配置和利用运输资源，才能最大限度地提高运输效率。从供应角度出发，运输效率反映了运输系统供应运输产品即价值的效率。从需求角度看，运输效率反映了运输系统所提供的运输产品转化为使用价值即被消费的效率。前者反映了运输系统供应运输产品即价值的效率，后者则反映了其所提供的运输产品转化为使用价值即被消费的效率。运输效率还可分为技术效率与经济效率，技术效率关注的是生产的可能性，对生产成本的考虑较少，指在一定的运输资源和技术水平条件下，单位产出的产品产量与实际所能达到的最佳值之间的比例关系，其实质是考虑现有生产条件的优化利用问题；经济效率则同时考虑生产成本与产出两方面，指的是以货币形式表现的运输资源投入与产出的比例。由于不同学科背景的学者所关注角度的差异，他们对运输效率的认识也各不相同，交通工程学者主要关注机动性与安全性，交通经济学者关注的是消费者剩余或效用，管理者主要关注生产率提高，而规划者关注的是可达性。

在众多的关于运输效率的定义、评价和应用研究中，其含义均与两个变量相关：①运输投入变量，指运输生产成本，包括操作成本、设施成本、能源成本以及劳动力成本等；②运输产出变量，指运输产品，包括货币化的经济直接收益和间接收益、可达性以及客货周转量等方面。围绕这两个变量的不同组合产生了不同的运输效率定义。

交通运输网络是由节点（城镇、港站、枢纽、道路交叉点）、线 （交通线、行车线路、客货流）相互衔接所组成的。从地理学角度出发，交通运输网络所提供的直接产品就是实现区域中具有互补性的地理事物的空间运输联系——可达性和机动性。相应地，交通运输网络效率是指交通运输网络形成与发育过程中所体现出的满足客货空间位移需求现实能力与其实际所能达到的最佳值之间的比例关系，具有空间性、时间性和社会经济性特征。需要注意的是，运输效率以运输企业、运输部门或地区为研究对象，以属性分析思路为主，寻求达到增加运输收益、提高运输服务水平的途径。而运输网络效率是从空间相互作用角度，表现节点间相互作用、节点与网络整体的协同耦合程度，然后才是有形实体（企业、部门）在空间中的运行状况，运输网络效率越高，在区域发展的过程中就越能够节省更多的运输成本，使得区位决策的灵活度增高，形成合理的地域空间结构，获得更高的投入产出效益。

公路运输效率的影响因素主要是所有制、运输规模、经营管理。总体上，放松管制在适当的控制范围内将有助于提高运输效率，反之，在微观层面上，先进的科学运输企业管理水平将对运输效率产生重大影响。

5.3.2　公路运输效率与快递区域效应的评价方法

1. 公路运输效率的评价方法

关于运输效率的空间格局的有关研究发现，在中国公路运输系统中，运输效率存在明显的地域差异，半数省份有效，2/3 的省份达到规模效益递减或不变，增加要素投入对提高综合效率不具有积极性；资源投入过度、要素使用效率低下是运输效率不高的主要影响因素。对江苏省的研究表明，各城市运输效率的地域差异也是明显的；中西部多数地区有较高的运输效率，但是经济效率较低，沿海地区多数有较高的经济效率，但是运输效率却较低；过多的车辆和无效率的燃油消耗是沿海地区运输效率较低的主要影响因素。总体上，关于城市地区的公路运输效率的研究相对较少，在公路效率影响因素指标的选择上尚无统一的指标体系，公路运输作为一种引致需求，其本身的需求特征和与之相适应的供给因素有待进一步分析。

效率测度的经济计量模型方法主要有数据包络分析（DEA）和随机前沿分析。DEA 是一种可用于具有多投入多产出属性决策单元（decision making unit, DMU）间相互比较的非参数技术效率分析方法。由于不受具体生产函数形式的限制，不需要构建生产函数的特点，DEA 广泛用于社会经济学的各个领域，同时该方法还能从多投入多产出的角度来测算效率，比较符合生产系统的现实状况。

DEA 由美国运筹学家 Charnes 等（1978）在《欧洲运筹学杂志》上首次提出，被称为 DEA-CCR 模型。DEA-CCR 模型的假设条件为规模收益不变，但规模收益不变的假设条件不符合现实中大部分被评价的 DMU。因此，Banker 等（1984）以规模收益可变为假设前提，提出了估计规模效率（scale efficiency, SE）的 DEA 模型，即 DEA-BCC 模型。DEA-BCC 模型测算出的技术效率排除了规模效率，得到的是“纯技术效率”（pure technical efficiency, PTE）。随后学者们基于这两个 DEA 模型，从不同的假设条件出发，引申了许多更符合现实意义的 DEA 模型。

DEA 模型一般基于投入与产出两个角度对决策单元进行测度。模型可设定为规模收益不变（CRS）和规模收益可变（VRS）。投入导向的 DEA 模型是在产出既定的情况下研究投入如何减少以达到前沿效率；产出导向的 DEA 模型是在投入既定的条件下研究产出应提高多少才能达到技术有效。公路运输需求是一种引致需求，其产出难以控制，而公路运输的投入则相对容易控制，因此，这里的 DEA 模型是基于投入角度的。DEA-CCR 和 DEA-BCC 模型是一种基于径向的计算方法，对无效率的测量只包含了投入或者产出等比例增加或者减少，而无法计算松弛改进的比例，其相关原理如图 5.5 所示。其所表示的是两个投入一个产出的生产系统，A 为无效率的 DMU，当完成比例改进后，移动到前沿上的 A'点，但是该前沿部分（EB 段）与坐标轴平行，是弱有效部分，显然可以继续完成松弛改进到达强有效的 B 点。

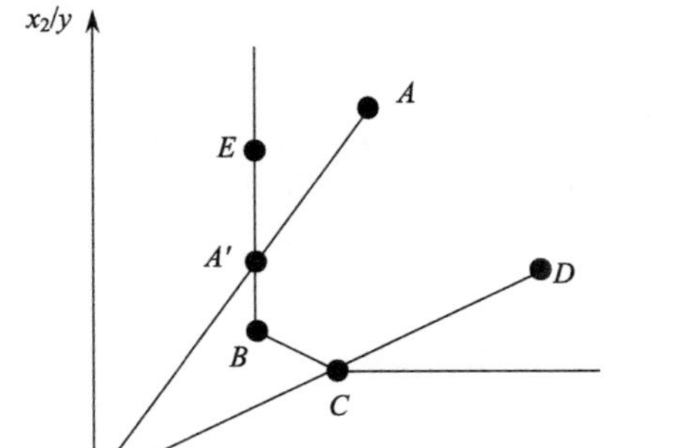

图 5.5　规模收益不变（CRS）形式的 DEA 模型中松弛问题图解

传统的 DEA 方法是基于径向的，要求产出或者投入同比例地增加或者减少。就公路运输而言，公路里程投入指标与从业人员投入指标和运输工具投入指标显然无法进行同比例的减少变化，因此，这里采用非径向的基于松弛变量方法（slack based measure，SBM）模型测算长三角各市的公路运输效率，进一步运用色关联模型分析运输效率与快递服务之间的关联度，以推断其可能形成的区域效应。公路运输系统中，我们不能要求如公路里程与劳动力或者运输工具等投入变量的变化呈等比例，为此，Tone（2001）提出了 DEA-SBM 模型，从非径向的角度测量效率，这里采用此模型，只取公式的分子部分，即投入导向的 SBM 模型。

分析数据来自《长三角年鉴 2016》、长三角城市群 26 个城市的统计年鉴以及交通年鉴，对长三角城市群的 26 个城市公路运输效率进行测算，分析不同城市的效率差异。

2. 公路运输效率评价的指标体系

运用 DEA 方法测算效率的关键是确定投入产出指标，投入产出指标选择的好坏直接影响效率测算的最终结果。投入产出指标选取的经验性原则一般有三条：一是投入和产出指标之间应为正相关性；二是投入指标和产出指标内部应该没有较强的线性关系；三是投入产出指标的数量总和不应大于样本数的 1/3。

公路运输效率测算指标的选择不能脱离公路运输本质。根据相关研究，产出指标一般选择“交通行业附加值”，但该指标数据的可获得性小，因此，可采用运量或者周转量指标作为替代。从运输提供人与货物的空间位移服务这个内涵出发，运输周转量（运量与运距的乘积）是一个更为有效的指标选择。在道路运输过程中，反映运输周转量的指标有“旅客周转量”和“货运周转量”，二者的生产技术及过程有所区别，无法直接进行比较。为此，得到学界认同的“综合周转量”可以用以衡量公路运输产出。综合周转量的计算，一般采用我国统计制度规定的客换货系数计算：

综合周转量=0.1×旅客周转量+货运周转量

可选取道路运输从业人员、公路通车里程、运营汽车拥有量作为投入指标，选择公路运输综合周转量作为产出指标。按照柯布-道格拉斯生产函数，将投入要素分为资本投入要素和劳动力投入要素，具体到公路运输业，就是道路运输劳动力投入以及资本形成总额，但是资本形成总额指标无法有效获得。实际上，公路运输业投入的资本主要反映在公路通车里程和运营汽车拥有量良两个方面，因而可以用这两个指标来表示资本存量。劳动力投入要素主要以道路运输业从业人员数量来表示。

据此，这里拟采用以下投入产出指标（表 5.10）。

表 5.10　公路运输效率测度指标体系

指标类型	具体指标	代表含义
投入指标	道路运输从业人员	反映公路运输劳动力投入数量
	运营汽车拥有量	反映公路运输投入，是资本投入的体现
	公路通车里程	反映公路运输基础设施建设，也是资本投入的体现
产出指标	公路运输综合周转量	综合公路客运和货运的生产技术

3. 公路运输效率与快递的区域效应关联测度

一定区域的公路运输效率与该区域的快递服务有什么样的关联，可以通过国家邮政局官方网站及主要快递企业官方网站的快递业务数据，运用灰色关联度分析法，对该区域的公路运输效率与快递服务业进行关联度测算。

灰色关联分析是根据因素之间发展态势的相似或相异程度来衡量因素间关联的程度，以揭示事物动态关联的特征与程度。应用灰色关联分析方法对受多种因素影响的事物和现象从整体上进行综合评价已是一个被广为接受的方法。为保证建模质量与系统分析结果正确，灰色关联分析中对收集来的原始数据必须进行数据变换和处理，使其消除量纲和具有可比性，具体计算步骤如下。

第一步确定反映系统行为特征的参考数列和影响系统行为的比较数列。反映系统行为特征的数据序列为参考数列，影响系统行为因素组成的数据序列为比较数列。

第二步对参考数列和比较数列进行无量纲化处理。

第三步求参考数列与比较数列的灰色关联系数 $\xi(X_i)$。对于一个参考数列 X_0，有若干个比较数列 $X_1, X_2,\cdots, X_n$，各比较数列与参考数列在各个时刻的关联系数 $\xi(X_i)$ 可由下列公式来计算：

$$\xi_{0i}=\frac{\Delta_{\min}+\rho\Delta_{\max}}{\Delta_k+\rho\Delta_{\max}}$$

式中，ρ 为分辨系数，一般为 0～1，通常取 0.5；最小差记为 $\Delta_{\min}$；最大差记为 $\Delta_{\max}$。

第四步求关联度 r_i。关联系数不止一个，信息过于分散不便于进行整体比较。因此，将各个时刻的关联系数集中为一个值，即求其平均值，作为比较数列与参考数列间关联程度的数量表示，其公式如下：

$$r_i=\frac{1}{N}\sum_{k=1}^{n}\xi(k)$$

式中，r_i 值越接近 1，说明相关性越好。

5.3.3　公路运输发展状况

1. 长三角地区的公路运输发展（2011～2015 年）

根据上文的指标体系，以公路客运量、公路货运量、公路旅客周转量和公路货运周转量四个指标考察 2011～2015 年长三角地区的公路运输能力。

2011～2012 年，长三角地区公路客运量和公路旅客周转量有所提高，2013 年后出现断崖式的减少并趋于稳定，各种缘由简单明了：从 2013 年开始，长三角地区的高铁密度不断增大，高铁班次不断增多，高铁的高时效性使得不少旅客选择铁路出行；同时，随着苏南硕放国际机场、常州奔牛国际机场等二三线城市航空业务的拓展，选择航空出行的旅客也有所增加，导致从这一时期开始，公路客运量和公路旅客周转量有所下降。而 2011～2015 年的公路货运量和公路货运周转量有升有降，总体上处于平稳状态（表 5.11）。

图 5.6 表明，长三角地区公路运输市场占有率处于绝对领先地位，但随着民航和铁路市场占有率的不断增长，公路运输市场份额正在下降，由 2011 年的 93.87%，降至 2015 年的 83.37%，民航客运的市场份额仅有微小的变化，铁路的市场份额处于小幅上升态势。

表 5.11 2011～2015 年长三角地区公路运输能力 （长三角联合研究中心，2016）

年份	公路客运量/亿人	公路旅客周转量/亿人公里	公路货运量/亿 t	公路货运周转量/亿吨公里
2011	63.70	6034.31	51.16	44962.42
2012	68.65	6345.52	56.95	47916.54
2013	37.99	5138.34	53.92	49689.80
2014	38.52	5505.66	58.96	52759.97
2015	32.18	5578.17	50.72	48712.26

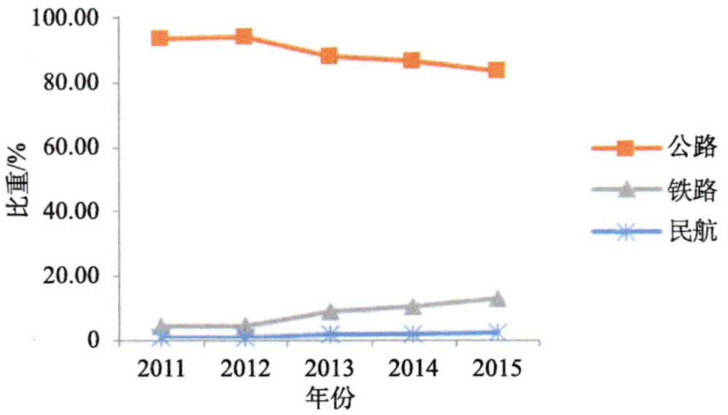

图 5.6 长三角公路、铁路和民航客运市场结构（长三角联合研究中心，2016）

铁路市场份额的上升主要有两方面的原因：一是长三角铁路基础设施不断完善，铁路运营里程从 2011 年的 7687km 增加到 2015 年的 9831km，为铁路运输提供了更加便捷的服务；二是随着和谐号动车组的开设，铁路运输服务逐渐满足了旅客出行时对舒适性和时效性的需求。

2011～2015 年，公路货运市场占有率呈现出逐渐波动下滑的趋势，与客运市场不同的是，虽然公路运输仍处于货运市场的主体地位，但明显不如客运市场地位高；且铁路运输在货运市场占有率中非但没有上升，反而有逐渐下降的趋势；同时，水运在客运市场中微乎其微，而在货运市场中却有一定的地位且稳中有升（图 5.7）。

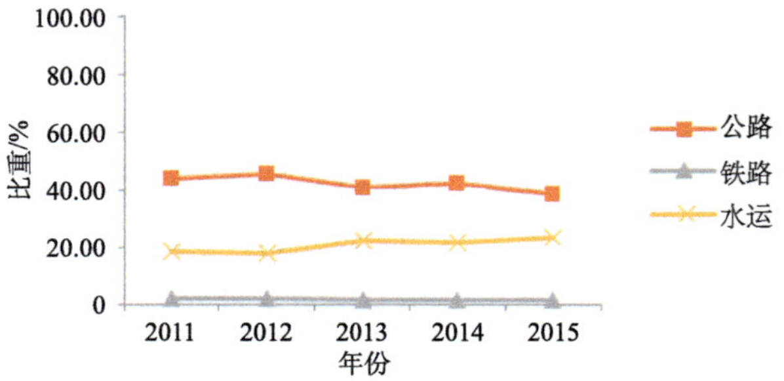

图 5.7 长三角公路、铁路和水运货运市场结构（长三角联合研究中心，2016）

2. 长三角公路运输的供给特征

公路运输的供给主要通过两个方面来反映：一是公路运输的基础设施供给特征；二是公路运输的组织供给特征。这里关注区域公路运输效率，因此要考虑公路运输基础设施供给特征，其可由高速公路里程或者等级公路里程表示。

2011～2015 年，长三角地区公路通车里程逐年增加，说明该地区公路运输供给通道能力呈现出逐年增强状态，同时公路运输的供给质量也在不断提高，但增长速度较为缓慢，有待进一步的提高（表 5.12）。

表 5.12　长三角公路基础设施建设状况（长三角联合研究中心，2016）

年份	公路通车里程/km	高速公路里程/km	里程比重/%
2011	425642	11437	2.69
2012	445366	12005	2.70
2013	457916	12566	2.74
2014	461206	12949	2.81
2015	476955	13530	2.84

3. 长三角地区公路运输的需求

由于公路运输需求方面数据的可获得性较低，下文仅对公路货运需求进行分析。根据长三角地区不同产业对 GDP 的贡献率来分析长三角地区公路运输需求的特征及其变化情况（图 5.8）。

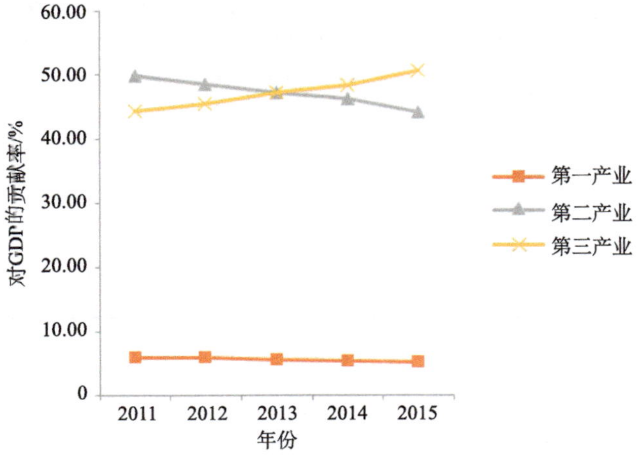

图 5.8　长三角 2011～2015 年三次产业对 GDP 的贡献率（长三角联合研究中心，2016）

长三角地区第一产业对 GDP 的贡献率一直处于低位状态，较为稳定；第二产业对 GDP 的贡献率占主导地位，但在 2013 年被第三产业追平，此后逐渐降低；第三产业对 GDP 的贡献率始终处于上升状态。三次产业贡献率的变化情况说明长三角地区正在经历一个产业结构调整过程。交通运输行业在第三产业中的地位很重要，长三角地区又是我国人口最集中、经济活动最频繁和最发达的地区，无论是客运还是货运的运输都很强劲。

5.3.4 公路运输效率测度与评价

1. 长三角地区公路运输效率测度

2011～2015 年长三角在公路运输效率方面的投入产出数据特征见表 5.13。

表 5.13 长三角公路运输效率投入产出数据特征（长三角联合研究中心，2016）

指标	单位	最大值	最小值	均值	标准差
货运汽车拥有量	辆	3010000	873940	1482614	55826
公路通车里程	千米	476955	425642	453417	17154
从业人员数量	人	14196	13658	13978	219
公路运输旅客周转量	亿人公里	6346	5138	5720	423
公路运输货运周转量	亿吨公里	52760	44962	48808	2529

投入指标中的货运汽车拥有量、公路通车里程以及产出指标中的公路运输货运周转量的标准差较大，说明这些指标的数据值在 2011～2015 年变动程度较大；另外，指标中的最小值和最大值差距也比较明显，因此，投入产出数据在长三角地区不同年份具有一定程度的差异性。

采用 DEA-SBM 模型，运用 MaxDEA 工具测度长三角 2011～2015 年公路运输的效率值，得到表 5.14，其散点图如图 5.9 所示。

表 5.14 长三角地区 2011～2015 年公路运输效率 DEA-SBM 模型测度结果

年份	纯技术效率	规模效率	综合效率
2011	1	1	1
2012	1	1	1
2013	1	0.9992	0.9992
2014	1	1	1
2015	0.9746	0.9689	0.9443
5 年平均	0.9949	0.9936	0.9887

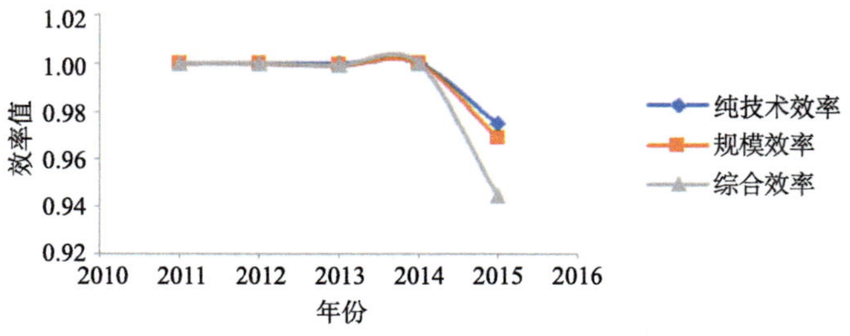

图 5.9 2011～2015 年长三角公路运输效率散点图

显然，长三角地区 2011～2015 年的公路运输系统在 2011 年、2012 年、2014 年三个年份综合效率、纯技术效率、规模效率都达到 DEA 有效。其中，综合效率呈现出一定的波动态势；衡量以既定投入资源提供相应产出或服务能力的纯技术效率平均值高于综合效率平均值，且在 2011～2014 年均达到效率值 1；规模效率逊于纯技术效率，进而影响了综合效率，但综合效率仍接近于 1，说明长三角地区公路运输效率相对较好。

由于 DEA 方法下的综合效率是纯技术效率与规模效率的乘积，因此 2011～2015 年长三角地区公路运输综合效率仍存在 1.13%的资源浪费；2013 年、2015 年处于边缘非效率年份（效率值介于 0.9～1 的年份为边缘非效率年份），只要在投入产出方面稍做调整就能达到效率值为 1 的水平。此外，有 3 个年份达到了综合效率有效，说明长三角地区公路运输整体综合效率虽然有小幅的波动，但总体上综合效率较高。纯技术效率可以反映公路运输系统的日常经营管理政策和水平，2011～2015 年，只有 2015 年长三角地区的公路运输效率没有达到技术有效，说明长三角地区公路运输资源组合总体达到最优，运输系统经营管理水平效率很高。规模效率是运输系统在最大产出下，综合效率的生产边界的投入量与最优规模下投入量的比值，可衡量在投入导向下，公路运输系统是否处于最优生产规模。2011～2015 年，2013 年、2015 年长三角地区公路运输系统规模效率没有达到最优，说明这两个年份本地区在公路运输方面投入的规模有所减少。

2. 长三角地区各城市公路运输效率测度

2015 年以前部分城市的数据难以获得，这里仅以 2015 年的数据对长三角城市群 26 个地级以上城市的公路运输效率进行测度。

2015 年，长三角地区这些城市的投入产出数据的统计特征见表 5.15。

表 5.15　长三角 26 个城市投入产出数据描述性统计

指标	单位	最大值	最小值	均值	标准差
货运汽车拥有量	辆	211801	5220	66899	55826
公路通车里程	千米	20025	1925	11518	4529
从业人员数量	人	882000	3271	121875	185919
公路运输旅客周转量	万人公里	1318903	77332	548764	350668
公路运输货运周转量	万吨公里	5412500	151611	1676183	1146445

资料来源：长三角地区各城市 2016 年统计年鉴、长三角地区各城市统计局

2015 年，各个城市投入产出指标的标准差很大，说明各个指标的数据值都很大，且各指标的变动程度也比较大；另外，最小值和最大值间的差值也很大，说明在投入产出方面，长三角各城市之间公路运输的投入产出数据存在较大差异，预示着区域之间的运输效率具有一定的差异。此外，各城市产出指标的数值大于投入指标的数值，符合 DEA 效率分析中产出大于投入的一般性要求。

采用 DEA-SBM 模型，运用 MaxDEA 方法对长三角各城市公路运输投入产出指标的原始数据进行公路运输效率的测度，结果见表 5.16。

表 5.16　2015 年长三角各城市 DEA-SBM 模型效率测度结果

城市	综合效率	纯技术效率	规模效率
安庆	0.909	1	0.909
常州	1	1	1
池州	1	1	1
滁州	1	1	1
杭州	0.778	1	0.778
合肥	1	1	1
湖州	1	1	1
嘉兴	0.624	1	0.624
金华	0.746	0.897	0.832
马鞍山	1	1	1
南京	1	1	1
南通	1	1	1
宁波	1	1	1
上海	1	1	1
绍兴	0.415	0.601	0.691
苏州	1	1	1
台州	1	1	1
泰州	0.869	1	0.869
铜陵	0.383	1	0.383
无锡	1	1	1
芜湖	1	1	1
宣城	1	1	1
盐城	1	1	1
扬州	0.89	0.941	0.946
镇江	0.965	1	0.965
舟山	1	1	1
平均	0.907	0.978	0.923

综合效率反映在最合适的规模下以给定的产出进行运营，最大限度地节约投入资源的能力。只有当决策单元处于纯技术有效（即以最节约的投入达到给定的产出）和规模有效（即以最合适的规模进行运营）时才为综合有效，即 DEA 有效。测度结果表明，2015 年，长三角地区 26 个城市的公路运输综合效率平均值为 0.907。杨良杰和吴威(2013)测度的全国平均值为 0.695，说明总体上长三角地区各城市的公路运输效率远远超过全国平均水平。整体上看，长三角 26 个城市中有 17 个城市综合效率值为 1，即 DEA 有效，占全部城市的 65.38%（图 5.10）。

规模效率反映的是公路网络是否在最合适的规模下运营，只有当规模效率为 1 时，决策单元才在最佳规模下运营，此时决策单元的规模收益不变，即规模有效。根据测度

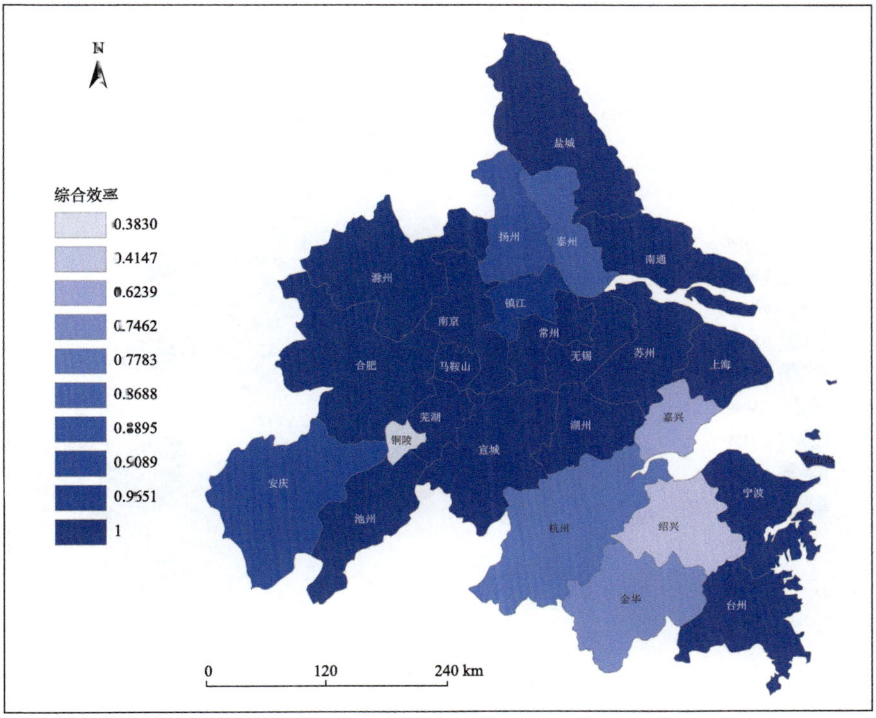

图 5.10　长三角地区城市公路运输综合效率分布

结果，长三角地区 DEA 综合效率有效的 17 个城市规模也是有效的。从规模效率的平均值来看，上海最高，规模效率为 1；其次是江苏，规模效率平均值为 0.976；随后是安徽和浙江，规模效率平均值分别为 0.912 和 0.866（图 5.11）。

纯技术效率反映在给定产出的前提下最大限度地节约投入的能力。在长三角 DEA 无效的 9 个城市中，泰州、镇江、杭州、嘉兴、安庆和铜陵这六个城市的纯技术效率为 1，说明这六个城市在 2015 年实现了投入产出的最优化，但并未实现规模的最优化。绍兴、金华和扬州这三个城市的纯技术效率偏低，表明这些城市存在一定程度的资源浪费（图 5.12）。

可以发现，DEA 无效的各城市规模效率差异较大，最高的为江苏镇江 0.965，最低的为安徽铜陵 0.383，而三个纯技术效率无效的城市最高值为江苏扬州 0.941，最低值为浙江绍兴 0.601，说明规模效率和纯技术效率都是影响综合效率的主要因素，且规模效率的影响更大。

3. 长三角地区公路运输效率的空间特征

第一，省域空间效率值分布不均。受区域经济以及政策等多种因素的影响，长三角地区各省份之间的公路运输效率呈现出明显的不平衡状态。对各省（直辖市）的公路运输效率进行测度的结果见表 5.17。

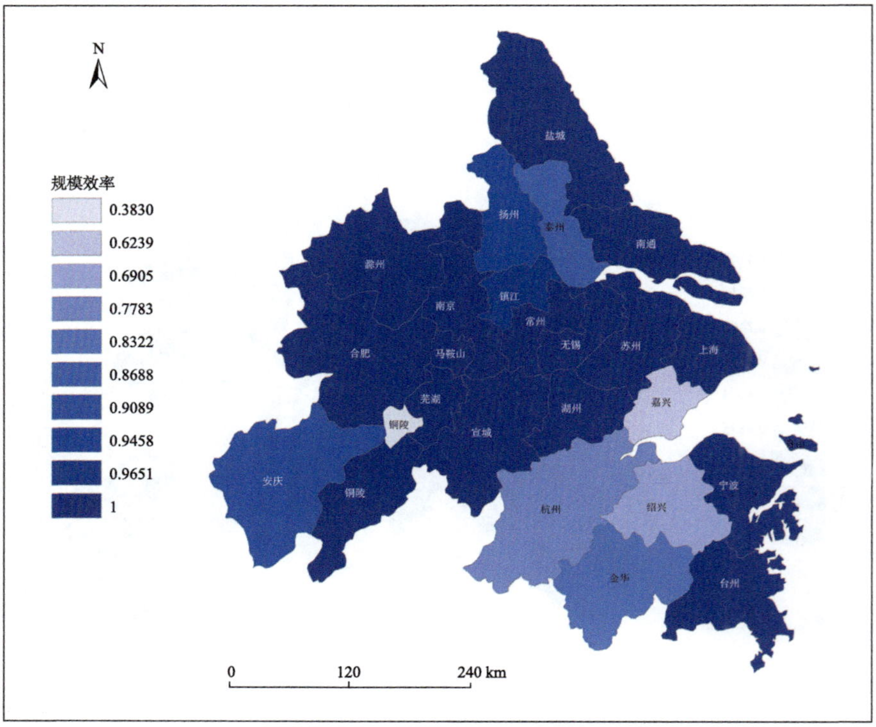

图 5.11　长三角地区城市公路运输规模效率分布

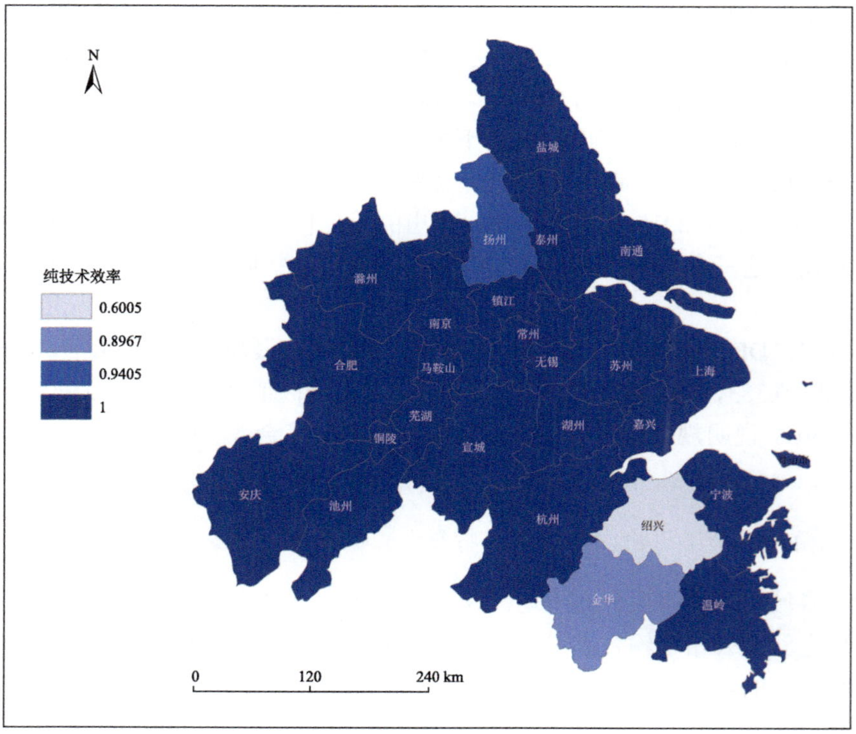

图 5.12　长三角地区城市公路运输纯技术效率分布

表 5.17　长三角地区各省份公路运输效率比较

省份	综合效率	纯技术效率	规模效率
上海	1	1	1
江苏	0.969	0.993	0.976
浙江	0.820	0.937	0.866
安徽	0.912	1	0.912

显然，在综合效率上，上海的效率值是最高的，其次为江苏，再次为安徽、浙江。其中，浙江与其他省市相比存在较大的差距。从纯技术效率来看，上海、安徽最高，其次是江苏，浙江在最后。无论是综合效率还是纯技术效率，上海都比其他省高很多，说明上海的公路运输系统在投入产出和经营管理方面比其他省做得更好。在规模效率上，上海效率值为 1 最高，其次为江苏、安徽，浙江仅为 0.866。可见，规模效率严重影响了浙江公路运输的综合效率。浙江应该进一步扩大公路运输规模，以提升公路运输系统的运行效率（图 5.13～图 5.15）。

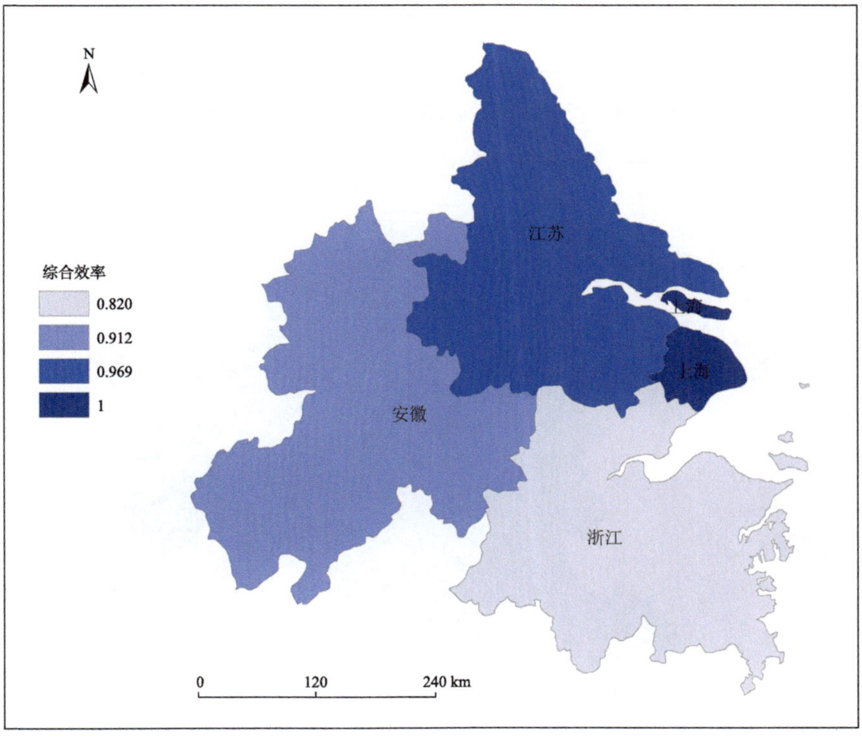

图 5.13　长三角地区公路运输综合效率省域分布

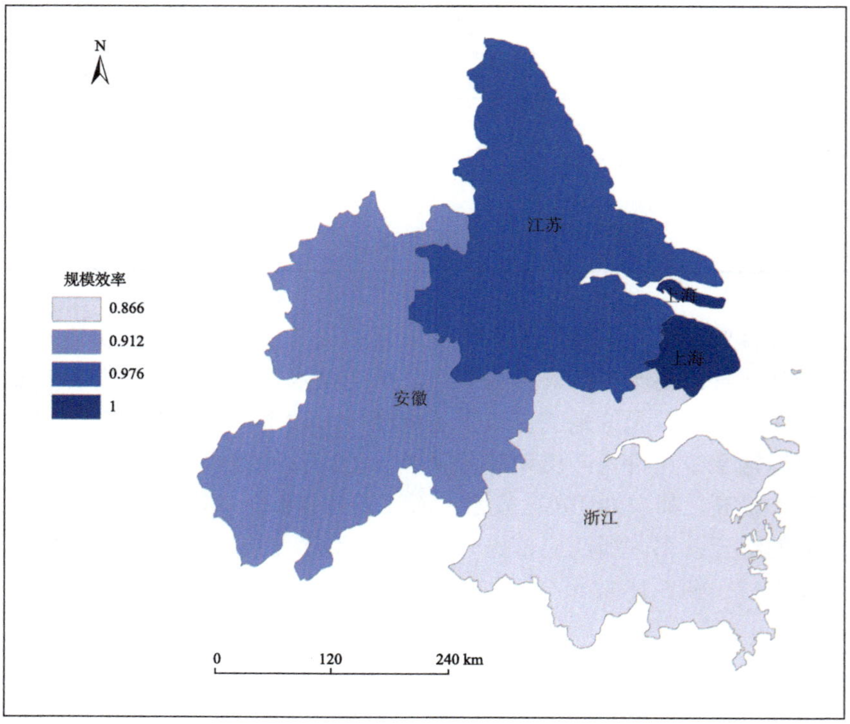

图 5.14　长三角地区公路运输规模效率省域分布

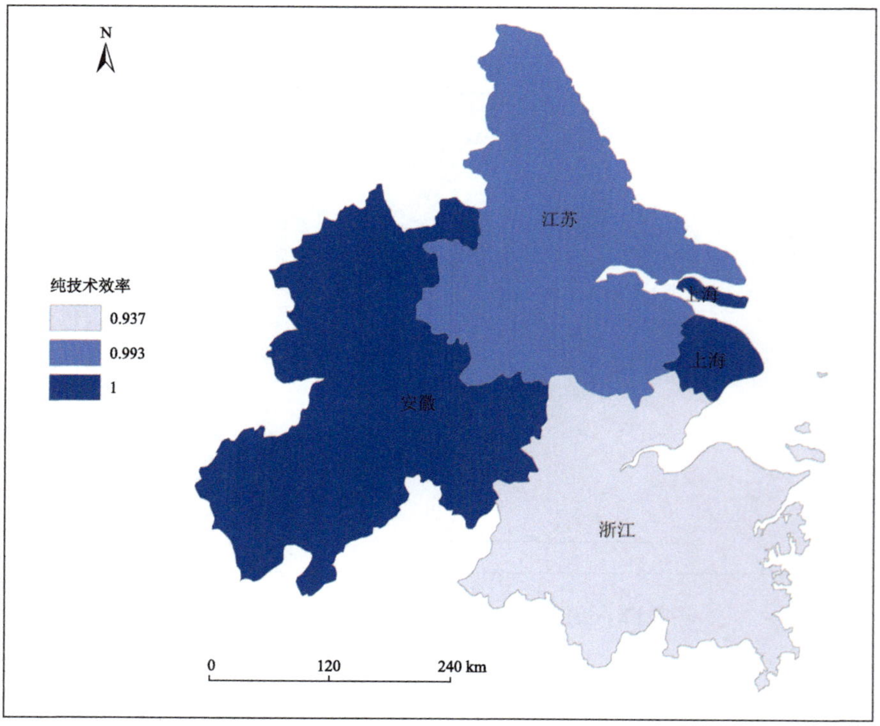

图 5.15　长三角地区公路运输纯技术效率省域分布

第二，苏浙皖各省内城市之间公路运输效率值分布不均。根据测度结果，江苏省内各城市的公路运输效率存在差异：南京、苏州、无锡、常州、南通和盐城公路运输综合效率、纯技术效率以及规模效率均为 1，效率较高；而镇江、扬州和泰州公路运输效率相对较低（图 5.16）。镇江和泰州公路运输效率的纯技术效率都为 1，说明其投入产出已达到较好的状态，而规模效率较低导致其综合效率较低；而扬州纯技术效率和规模效率都未达到最佳状态，致使其综合效率低于省内其他城市。

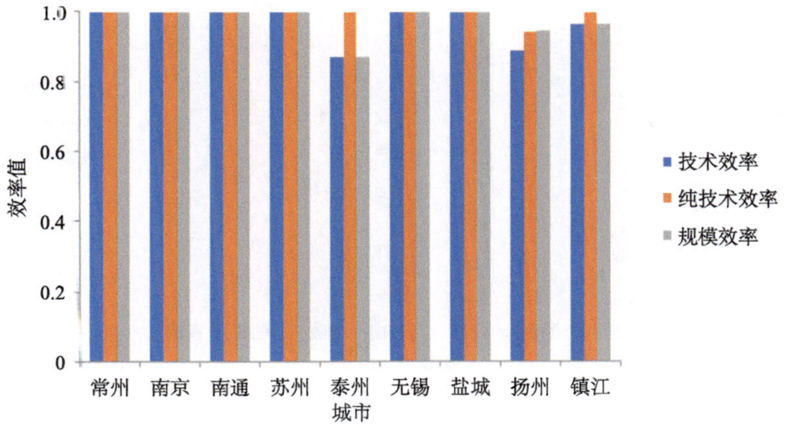

图 5.16　长三角地区江苏省内各城市公路运输效率

同样，浙江省内各城市的公路运输效率也存在差异，宁波、湖州、台州和舟山公路运输综合效率、纯技术效率以及规模效率均为 1，效率较高；而杭州、嘉兴、金华和绍兴公路运输效率相对较低（图 5.17）。杭州和嘉兴公路运输效率的纯技术效率都为 1，说明其投入产出已达到较好的状态，但规模效率较低导致其综合效率较低；而金华和绍兴的纯技术效率和规模效率都未达到最佳状态，致使其综合效率低于省内其他城市。

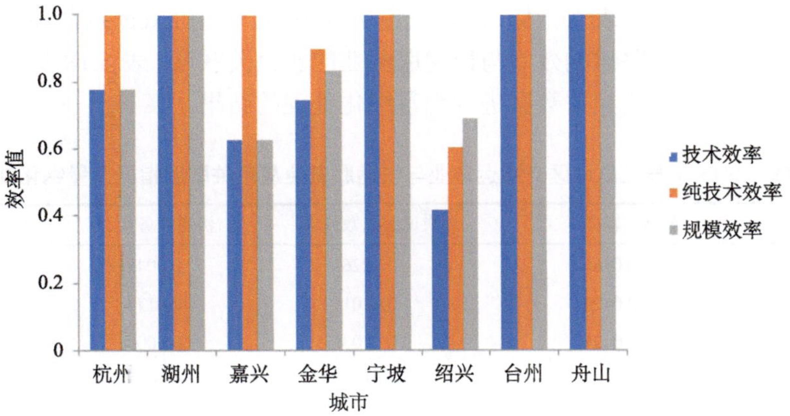

图 5.17　浙江省内各城市公路运输效率

安徽省内各城市的公路运输效率也存在一定差异，合肥、滁州、池州、芜湖、宣城和马鞍山公路运输综合效率、纯技术效率以及规模效率均为 1，效率较高；而安庆和铜陵公路运输效率相对较低（图 5.18）。安庆和铜陵公路运输效率的纯技术效率都为 1，说明其投入产出已达到较好的状态，但规模效率较低导致其综合效率较低。

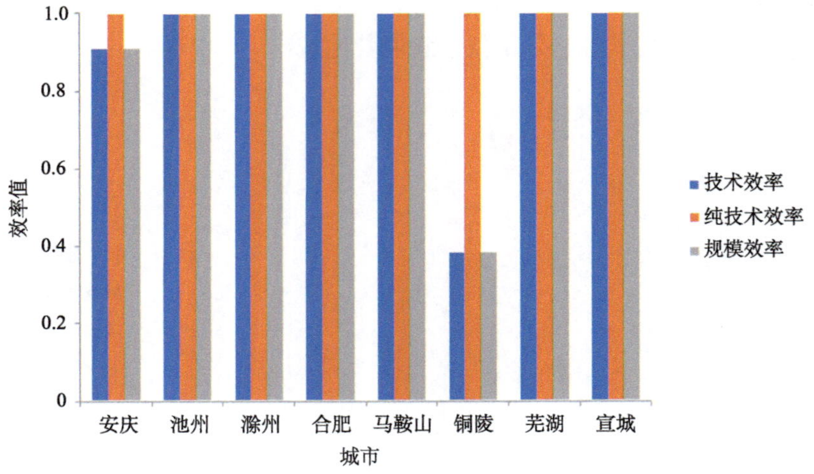

图 5.18　安徽省内各城市公路运输效率

5.3.5　公路运输效率与快递服务业的区域效应

快递企业以公路运输为主开展门对门的快递业务服务，减小公路运输空间摩擦，提高快递服务时效便成了这些快递企业的主要关注点。

1. 公路运输效率与快递服务业的灰色关联度测度

以公路运输效率为交通运输业的代表性指标，快递网点数量、快递业务量和快递业务收入为快递服务业的代表性指标，运用灰色关联模型，采用 Excel 函数模型，分析 2015 年长三角地区各城市公路运输效率与快递服务业的灰色关联度。表 5.18 是用均值法对交通运输业与快递服务业的相关数据进行无量纲化处理的结果。

表 5.18　2015 年长三角地区交通运输业与快递服务业灰色关联度指标无量纲化处理表

城市	公路运输效率 X_0	快递网点数量 X_1	快递业务量 X_2	快递业务收入 X_3
安庆	0.0386	0.0226	0.0048	0.0026
常州	0.0424	0.0401	0.0174	0.0144
池州	0.0424	0.0103	0.0009	0.0005
滁州	0.0424	0.0182	0.0045	0.0022
杭州	0.033	0.0994	0.2688	0.1622
合肥	0.0424	0.0568	0.0275	0.0182
湖州	0.0424	0.013	0.0278	0.0034
嘉兴	0.0265	0.0385	0.0495	0.0298

续表

城市	公路运输效率 X_0	快递网点数量 X_1	快递业务量 X_2	快递业务收入 X_3
金华	0.0317	0.0696	4.6598	3.2933
马鞍山	0.0424	0.0099	0.0022	0.0013
南京	0.0424	0.0872	0.0703	0.0502
南通	0.0424	0.0462	0.0183	0.0127
宁波	0.0424	0.0643	0.0755	0.0484
上海	0.0424	0.2299	0.3873	0.5879
绍兴	0.0176	0.0481	0.0364	0.0183
苏州	0.0424	0.1281	0.084	0.0734
台州	0.0424	0.0323	0.0734	0.0283
泰州	0.0368	0.0199	0.0098	0.0065
铜陵	0.0162	0.0077	0.0012	0.0008
无锡	0.0424	0.0891	0.0518	0.0371
芜湖	0.0424	0.0307	0.0127	0.0078
宣城	0.0424	0.0111	0.0035	0.0018
盐城	0.0424	0.0422	0.0128	0.0061
扬州	0.0377	0.0333	0.0116	0.0077
镇江	0.0409	0.0174	0.0103	0.0066
舟山	0.0424	0.0131	0.0017	0.0015

计算各比较数列每一个点与参考数列每一个点的绝对差值，得到最大差值和最小差值，取分辨系数 ξ 为 0.5，得到公路运输效率与快递网点数量（X_1）、快递业务量（X_2）、快递业务收入（X_3）灰色关联度数值（表 5.19）。

表 5.19　2015 年长三角地区城市公路运输效率与快递服务业相关指标灰色关联度

城市	关联系数 X_1	关联系数 X_2	关联系数 X_3
安庆	0.9381	0.8793	0.8743
常州	0.9864	0.9003	0.8961
池州	0.8857	0.8577	0.8569
滁州	0.9101	0.8667	0.8614
杭州	0.8003	0.5671	0.6837
合肥	0.9553	0.9285	0.9074
湖州	0.8939	0.9294	0.8647
嘉兴	0.9612	0.9463	0.9988
金华	0.8774	0.9746	0.9958
马鞍山	0.8843	0.8609	0.8590
南京	0.8587	0.9416	0.9880
南通	0.9943	0.9027	0.8910
宁波	0.9297	0.9265	0.9947
上海	0.5826	0.4713	0.3340

续表

城市	关联系数 X_1	关联系数 X_2	关联系数 X_3
绍兴	0.8982	0.9536	0.9986
苏州	0.7561	0.9028	0.9113
台州	0.9577	0.9327	0.9394
泰州	0.9350	0.8979	0.8909
铜陵	0.9676	0.9439	0.9428
无锡	0.8535	1.0000	0.9688
芜湖	0.9522	0.8877	0.8770
宣城	0.8879	0.8641	0.8602
盐城	0.9944	0.8878	0.8721
扬州	0.9791	0.8998	0.8915
镇江	0.9127	0.8861	0.8781
舟山	0.8942	0.8596	0.8596
灰色关联度	0.9003	0.8796	0.8809

将公路运输效率作为参考序列，选择快递服务业的相关指标作为对比数列，得到其灰色关联度排序，见表 5.20。

表 5.20　灰色关联度排序

相关指标	快递网点数量	快递业务量	快递业务收入
灰色关联度	0.9003	0.8796	0.8809
排序	1	3	2

由表 5.20 可知，快递网点数量灰色关联度达到了 0.9003，处于最高的水平；快递业务量和快递业务收入与公路运输效率的灰色关联度稍稍落后，分别为 0.8796 和 0.8809。总体而言，长三角地区的公路运输效率与快递服务业灰色关联度达到了 0.9 以上或接近 0.9，说明长三角地区公路运输效率与快递服务业的灰色关联度较高。

2. 公路运输效率与快递服务业灰色关联度空间特征

表 5.19 显示出城市之间公路运输效率与快递服务业灰色关联度存在着一定的差异。快递网点是快递企业为了接近客户、获得利润最大化而设立的，其反映了企业为获得固定客户实现公司盈利，以及扩大市场等目标。图 5.19 为长三角城市群 26 个城市公路运输效率与快递网点数量的灰色关联度柱状图。一个有趣的现象是，本地区经济最为发达的上海、苏州、杭州等的公路运输效率与快递网点数量的灰色关联度较低。

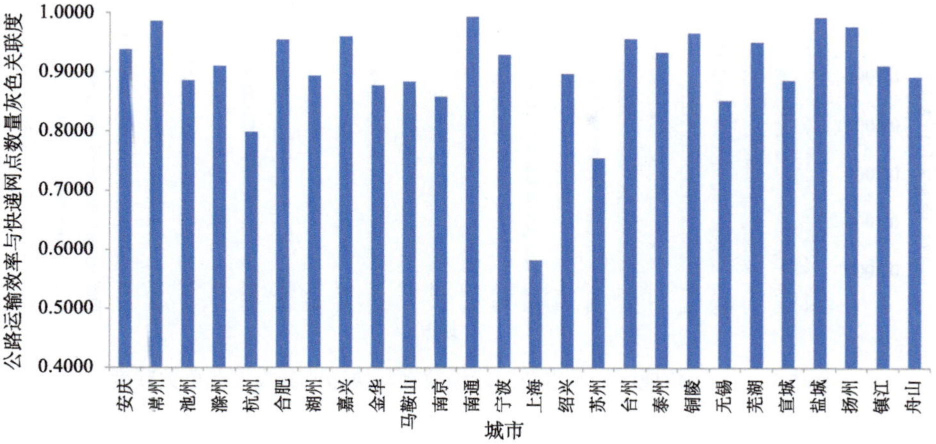

图 5.19　长三角地区各城市公路运输效率与快递网点数量灰色关联度

快递业务量反映了快递服务业在一个地区的发展。根据计算，长三角城市群 26 个城市公路运输效率与快递业务量的灰色关联度如图 5.20 所示。同样，仅上海、杭州公路运输效率与快递业务量灰色关联度较低，其他城市的灰色关联度均在 0.8 以上。

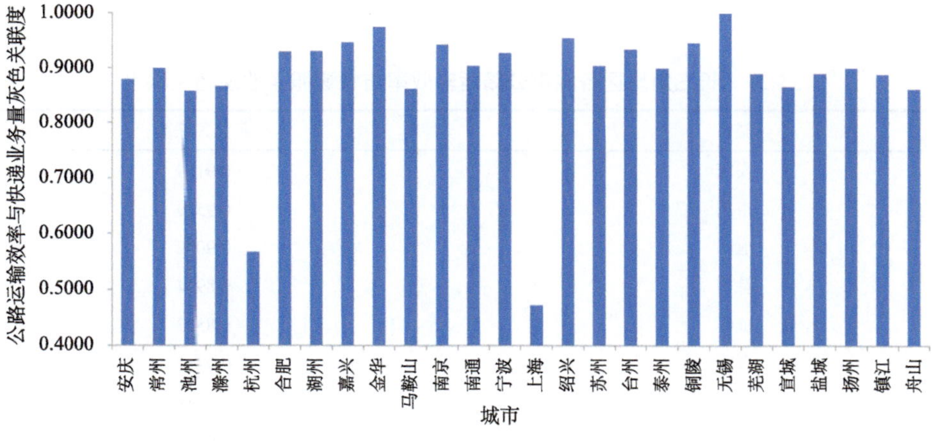

图 5.20　长三角地区各城市公路运输效率与快递业务量灰色关联度

快递业务收入从收入角度反映了一个地区的快递服务业发展状况。由计算所得，图 5.21 为长三角城市群 26 个城市公路运输效率与快递业务收入的灰色关联度，也仅上海、杭州公路运输效率与快递业务收入灰色关联度较低，其他城市的灰色关联度均在 0.8 以上。

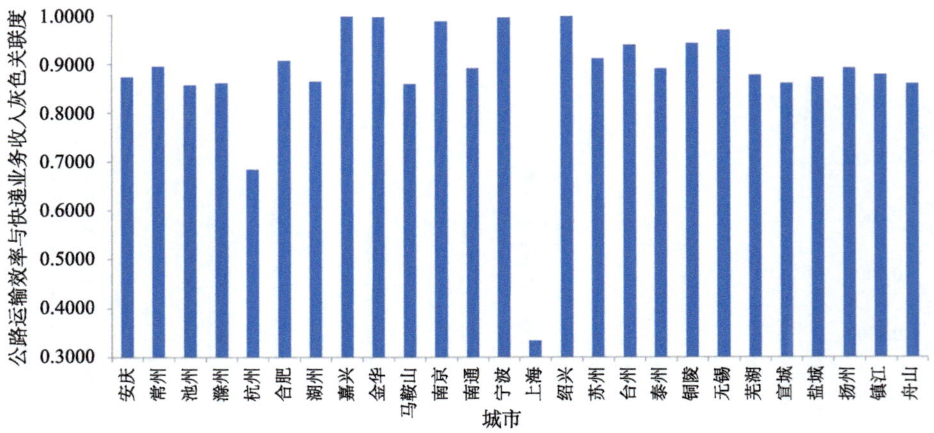

图 5.21　长三角地区各城市公路运输效率与快递业务收入灰色关联度

3. 公路运输效率与快递服务业灰色关联度

选择公路运输效率与快递网点数量、快递业务量和快递业务收入灰色关联度的平均值，得到长三角各城市公路运输效率与快递服务业的灰色关联度，见表 5.21，利用 ArcGIS 将长三角公路运输效率与快递服务业灰色关联度可视化（图 5.22），从而反映出本地区公路运输效率与快递服务业关联集中于南京、嘉兴、宁波、金华等城市，其次为泰州、无锡、台州等城市。

表 5.21　长三角地区各城市公路运输效率与快递服务业灰色关联度

城市	灰色关联度
安庆	0.9109
常州	0.9529
池州	0.9002
滁州	0.8994
杭州	0.8522
合肥	0.9467
湖州	0.9441
嘉兴	0.9646
金华	0.9819
马鞍山	0.9276
南京	0.9757
南通	0.9532
宁波	0.9849
上海	0.7573
绍兴	0.9354
苏州	0.9341

续表

城市	灰色关联度
台州	0.9611
泰州	0.9611
铜陵	0.9268
无锡	0.9633
芜湖	0.9306
宣城	0.9068
盐城	0.9215
扬州	0.9531
镇江	0.9436
舟山	0.9483

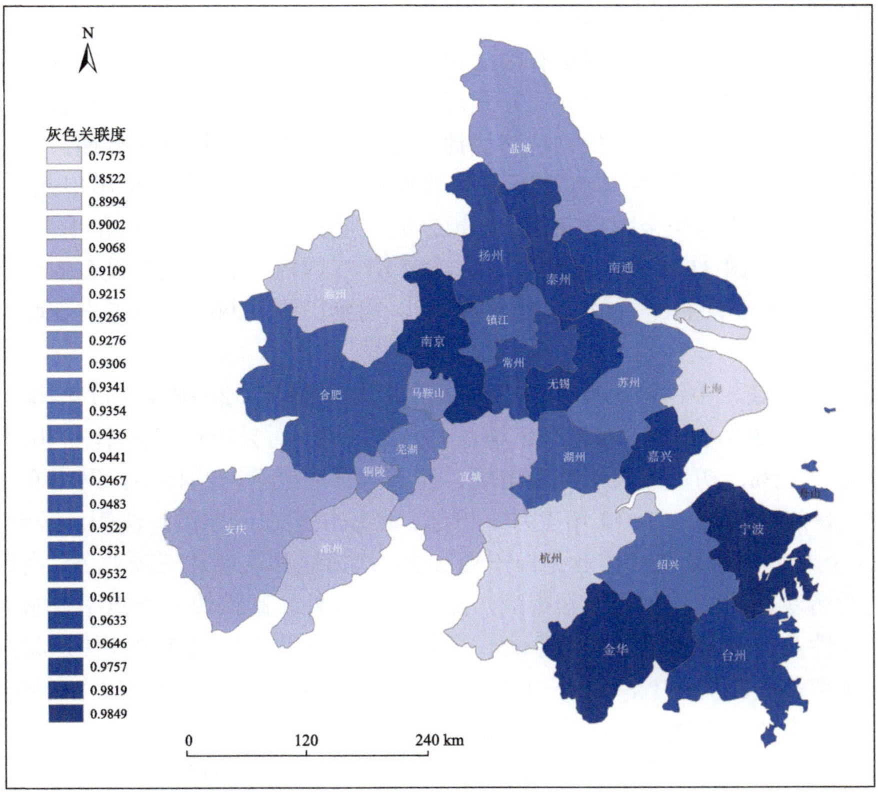

图 5.22　长三角地区公路运输效率与快递服务业灰色关联度等级分布

5.4 高铁运输与快递服务：中铁快运服务的空间组织

我国急速增长的快递业务量必然对快递运输的快捷、准时等要求进一步提高。高铁运输与公路、航空运输相比有着时效、价格、运量方面的优势，高铁比公路快，比航空价格低、准点率高，且运量更大。2016 年“双十一”期间，通过高铁运输 1525 万件快件，掀开了快递和高铁合作新的一页。虽然高铁快递起步时间较晚，但随着高铁网络的逐渐覆盖和国家相关政策、法律法规的完善，可以预见，高铁货运网络将会对整个运输行业产生颠覆性的影响。

5.4.1 中铁快运的基本情况

中铁快运是中国 AAAAA 级现代物流企业，全国铁路、高铁快运行包托运业务统一对外经营以及跨境电商物流业务的经营主体，全国铁路物流总包业务龙头企业，全国铁路零散、批量零散货物接取送达的主要力量。

中铁快运全称“中铁快运股份有限公司”，2006 年 1 月 1 日，由中铁行包和中铁快运合并重组的中铁快运股份有限公司正式运营，是中国铁路总公司直属控股企业。其经营行李、包裹、邮件、小件等货物铁路快捷运输；铁路小件货物特快专递；铁路票据特快专递；普通货物公路运输；航空货运销售代理业务和装卸、仓储、进出口业务等项目。合并重组后的中铁快运在全国设立 32 个分公司，拥有 9 个控股子公司和 1 个参股公司。其经营网络遍及全国 31 个省（自治区、直辖市），在国内 405 个城市设有 5 个基地、21 个分拨中心、235 个营业部、1402 个经营网点，门到门服务网络覆盖国内 590 多个大中城市。

2011 年 6 月底，中铁快运发送办理城市的总体覆盖率为 26.6%，门到门配送网络的总体覆盖率为 36.2%，其中，对地级市覆盖率为 87.8%，对县级市覆盖率为 46.7%，对县的覆盖率为 23.2%，初步形成了贴近市场、便于运营的经营网络体系，网络布局进一步优化（中铁快运，2012）。2014 年 4 月 1 日起，中铁快运在哈尔滨、沈阳、长春、北京、天津等 20 个城市开办高铁快递业务——当日达、次日达和次晨达三项业务。高铁运送快件不受交通堵塞、航空管制等因素影响，除极端天气外，高铁快递准点率非常高，高铁快递的时效性及成本具有很强的竞争力，高铁的巨大资源优势已使中铁快运将高铁快递作为战略转型踏板。实际上，2013 年起，中铁快运已在京广线、京沪线上与顺丰、UPS 等内外资快递企业合作试点高铁快递业务。

经过近 15 年发展，中铁快运已构建起以铁路运输为主，公路、航空多种运输方式组成的综合运力资源网络，形成铁路高铁动车组快递运输网、铁路行李车行包快运网、铁路特快班列和快速班列干线运输网、公路干支线运输网和航空运输网，网络资源协同优势突出。目前，中铁快运在中国设有 18 个区域分公司，13 个省市分公司（中心业务部），7 个控股子公司，在全国 1564 个县级以上城市设有 3200 多个营业机构，门对门服务网络覆盖 2906 个市县，覆盖所有县级市。中铁快运的服务网络在全国主要节点城市设立多个大型物流分拨中心，利用铁路物流中心货场、仓库、货物快运办理站等仓储资源，形成了覆盖全国主要城市的仓储网络，为企业大客户提供了快速便捷的网络化仓储服务。

5.4.2　服务网点布局

通过在中铁快运的官方网站服务网点查询，以及百度地图爬取，经过去重、纠偏与空间匹配等处理，再经过百度地图坐标拾取系统，将各网点确切地址转变为经纬度地理坐标，得到 2017 年底中铁快运共拥有 3258 个服务网点，覆盖全国 2906 个市县(表 5.22)。

表 5.22　中铁快运物流网点覆盖情况统计（至 2017 年）

区域	覆盖省级单位/个	省级单位合计/个	省级网络覆盖率/%	覆盖地级市/个	地级市合计/个	地级市网络覆盖率/%
东部	11	11	100	95	98	97
中部	8	8	100	105	105	100
西部	12	12	100	110	130	85
合计	31	31		310	333	

注：根据中铁快运的官方网站（www.cre.cn）查询。

统计地区不包括港澳台地区。东部地区总计 12 个省级行政单位，分别是北京、辽宁、河北、天津、山东、福建、江苏、江苏、上海、浙江、广东和海南；中部地区总计 8 个省级行政单位，分别是吉林、黑龙江、山西、河南、江西、安徽、湖北、湖南；西部地区总计 11 个省级行政单位，分别是陕西、青海、四川、重庆、内蒙古、宁夏、新疆、西藏、贵州、云南和广西

显然，中铁快运的服务网点在长三角、京津冀、珠三角、海峡西岸、成渝等地区较为集中。网点核密度分析表明，中铁快运服务网点在长三角地区形成了明显的最高等级的集聚区，其次为华北的京津冀地区和珠三角地区，其核心分别位于北京、广州。

5.4.3　服务网络空间结构

1. 中铁快运物流节点布局

中铁快运在铁路、公路干线交汇的城市布局区域转运中心可以实现货物的集中与分散等多种目的。目前，中铁快运物流网络中的区域转运中心共 27 个，它们分为两个等级。其中，一级区域转运中心有 8 个，分别为沈阳、北京、郑州、西安、无锡、成都、广州、武汉(表 5.23)，一级区域转运中心之间直接连接，且主导邻近区域的二级区域转运中心。

中铁快运在各分公司经营区域内主要城市设立了城市配送中心（中转场），以实现快运货品在区域转运中心和服务门店之间的转接。我国铁路不断提速，减短了火车的停站时间，同时舍弃行李车厢，致使短距离铁路运输成为短板，从而使货物堆积、运输延迟等问题出现。设立城市配送中心，结合公路运输线可以使货物中转的效率得以提高。目前，中铁快运物流网络中主要在合肥、福州、长春、西安、南京、天津、杭州、石家庄、长沙等城市设立了城市配送中心，此外，在哈尔滨、北京、广州和上海分布了规模较大的城市配送中心。

表 5.23　中铁快运的区域转运中心

一级区域转运中心	二级区域转运中心
沈阳	哈尔滨、长春
北京	呼和浩特、天津、石家庄
郑州	济南
西安	太原、兰州、西宁、乌鲁木齐
无锡	上海、合肥、福州、厦门
武汉	南昌、长沙
成都	昆明、贵阳
广州	海口

2. 中铁快运物流运输通道

铁路运输线路、公路运输干支线和航空运输线路组成了中铁快运现有的物流网络的运输线路。公路运输方式可以起到衔接铁路运输的重要作用，可以开拓铁路运输线路未触及的地区，实现铁路快运的门到门服务。

全国各个铁路局运行的 2200 多列多种类型的火车可直接为中铁快运所用，因而一个覆盖全国 1300 多个火车站，同时也覆盖我国主要大中城市的运输网络就基本形成了。区域转运中心之间主要依靠铁路运输方式，同时辅以公路运输方式来完成运输，而在城市配送中心之间主要依靠公路运输方式完成运输，将货物门到门地进行运送服务也是通过公路运输方式完成的。

2006 年，在中铁快运机构重组之后，共开行公路干线 19 条，公路支线 31 条，公路干支线网络共计覆盖城市达到 87 个，具体见表 5.24。

表 5.24　中铁快运公路运输线路（2006 年）（韩江平，2007）

序号	干线	序号	支线
1	北京—长春	1	长春—梅河口—通化
2	北京—无锡	2	长春—吉林—敦化—延吉
3	北京—太原	3	长春—四平
4	郑州—无锡	4	长春—松原—白城
5	郑州—武汉	5	沈阳—大连
6	长沙—西安	6	沈阳—凤城—丹东
7	武汉—上海	7	沈阳—本溪
8	南昌—武汉	8	沈阳—抚顺
9	南昌—长沙	9	呼和浩特—包头—鄂尔多斯
10	长沙—深圳	10	天津—唐山
11	太原—大同	11	天津—塘沽
12	太原—西安	12	济南—淄博—潍坊—青岛
13	合肥—郑州	13	无锡—南京

续表

序号	干线	序号	支线
14	合肥—济南	14	无锡—常州
15	北京—天津	15	宁波—杭州—无锡
16	无锡—福州	16	合肥—滁州—无锡
17	武汉—长沙	17	无锡—苏州
18	北京—郑州	18	上海—苏州
		19	长沙—娄底—邵东—邵阳
		20	长沙—株洲—湘潭
		21	长沙—张家界
		22	长沙—衡阳—郴州
		23	长沙—岳阳
		24	南昌—鹰潭—上饶
		25	南昌—樟树—吉安—赣州
		26	南昌—景德镇
		27	西安—兰州
		28	福州—厦门—漳州
		29	广州—深圳
		30	广州—东莞

2011 年，中铁快运增加了北京—武汉、石家庄—保定、石家庄—邢台—邯郸这 3 条运输干线；增加了包括南昌往返萍乡，赣州往返龙岩、福州往返漳州和广州往返武汉等运输支线。2014 年，中铁快运采用公路运输方式通行的线路包括 50 条干线和 114 条支线，因此连接全国 140 个城市的公路运输网络得以初步成形。2017 年，中铁快运拥有达到 412 条的铁路运输线路，共有 824 列可用列车；货运列车线路 33 条，共有 65 列可用列车；公路干线达到 27 条，共有干线运输可用的汽车 55 辆；公路支线达到 176 条，共有支线运输可用的汽车 350 辆。

5.4.4　快递业务及其网络的节点布局

基于中铁快运的快递业务数据获得性难度，这里仅讨论中铁快运高铁快递服务门店的空间布局特征。

1. 中铁快运的高铁快递业务发展

2011 年和 2013 年，广州铁路集团和沈阳铁路局分别试运营高铁快递业务。2013 年，中铁快运取得了快递业务的经营资质，尝试利用京沪高铁开展高铁快递业务，主营商务文件，同时也兼顾重量在 5kg 以下的快递货物。2014 年 4 月，中铁快运正式开通了共计 20 个城市之间的高铁快递业务，这些城市包括北京、郑州、哈尔滨、沈阳、上海、长沙、长春、天津、石家庄、太原、杭州、南京、合肥、南昌、福州、广州、武汉、西安、济南、深圳。中铁快运利用每天固定时刻通行的高铁列车开展包括“当日达”、“次日达”

和“次晨达”三种类型的快递业务。同年 9 月 2 日，第二批城市开通了高铁快递业务，包括宁波、温州、金华、义乌、青岛、大连、成都、重庆、厦门、珠海、常州、徐州、十堰、襄阳、宜昌、荆州、漯河、枣庄、漳州、龙岩、三明、九江 22 个城市。当年 12 月，中铁快运又在包括哈密、包头、威海、湘潭、东莞、汕头在内的共 50 个城市开通高铁快递业务的办理。至此，全国范围内共有 151 个高铁快递业务城市。中铁快运开展的第三次扩网行动的新增网点主要分布在高铁沿线的中小城市，让中小城市的居民体验到了安全高效率的高铁快递服务。2015 年，高铁快递运量达 303 万件，比前一年增长 3.24 倍。2016 年 10 月起，中铁快运开始全面发展、快速推广高铁快递业务，服务网络扩大到全国高铁列车停靠的城市，总计达 505 个城市，覆盖了几乎所有的直辖市、省会城市以及东部、中部地区的地级市和经济发达的县级市。

2. 中铁快运高铁快递服务门店布局

中铁快运办理高铁快递业务的服务门店布局在拥有高铁站点的城市，且主要是在高铁站内或车站临近地区。除台湾、香港和澳门外，全国范围内共有 530 个城市拥有高铁站点。2017 年底，中铁快运已在其中 505 个高铁站点的城市开通了高铁快递业务，共覆盖了我国 27 个省级行政单位，与高铁线路、站点布局一致。

3. 中铁快运的快递城市配送中心布局

城市配送中心在快递网络中介于最高级别的区域转运中心和最低级别的服务门店之间，其负责将服务范围内低级别的服务门店的快件在某一时间段统一集中起来，然后进行分拣交换，运输到更高一级别的区域转运中心；同时，从区域转运中心分拨到城市配送中心后，城市配送中心要负责分拣分配到服务门店。目前，中铁快运在全国范围内，包括吉林、天津、石家庄、合肥、杭州、福州等共 23 个城市设立城市配送中心。显然，中铁快运的城市配送中心与铁路网布局一致，集中在中、东部地区。

5.4.5 快递的运输通道

中铁快运高铁快递网络中连接各快递节点的主要通道就是覆盖我国的高铁线路，我国 2017 年发布的《铁路“十三五”发展规划》路网布局，基本反映了我国当前（2020 年）的路网布局状况。

2016 年 7 月，国家发展和改革委员会、交通运输部、中国铁路总公司联合发布《中长期铁路网规划》，到 2020 年，铁路网规模达到 15 万 km，其中高速铁路 3 万 km，覆盖 80%以上的大城市。到 2025 年，铁路网规模达到 17.5 万 km 左右，其中高速铁路 3.8 万 km 左右，网络覆盖进一步扩大，路网结构更加优化，骨干作用更加显著，更好地发挥了铁路对经济社会发展的保障作用。2030 年建成现代的高速铁路网，连接主要城市群，基本连接省会城市和其他 50 万人口以上大中城市，形成以特大城市为中心覆盖全国、以省会城市为支点覆盖周边的高速铁路网，实现相邻大中城市间 1～4h 交通圈、城市群内 0.5～2h 交通圈。

高铁快递要实现“门对门”服务必须衔接公路交通。因此，与高铁快递网点衔接的公路运输线路对高铁快递网络的空间服务范围有非常重要的影响。中铁快运高铁快递服务门店与主要公路分布关系密切。

2013 年 6 月，《国家公路网规划（2013～2030 年）》发布。2011 年底，全国公路总里程达到 410.64 万 km，其中普通国道 16.94 万 km，国家高速公路 6.36 万 km。2019 年末，全国铁路营业里程 13.9 万 km，其中高铁营业里程达到 3.5 万 km。全国铁路路网密度 145.5km/万 km^2，年末全国公路总里程 501.25 万 km，公路密度 52.21km/10^2km^2，高速公路里程 14.96 万 km，其中国家高速公路里程 10.86 万 km。根据规划目标，到 2030 年，国家公路网规划总规模 40.1 万 km，由普通国道和国家高速公路两个路网层次构成。普通国道全面连接县级及以上行政区、交通枢纽、边境口岸和国防设施，总规模约 26.5 万 km。国家高速公路全面连接地级行政中心、城镇人口超过 20 万人的中等及以上城市、重要交通枢纽和重要边境口岸，规模达到约 11.8 万 km，另规划远期展望线约 1.8 万 km。

5.4.6　中铁快运的快递服务比较优势

1. 2010～2016 年我国快递市场发展状况及竞争环境

中国快递发展指数（CEDI）以中国快递发展基本特性与规律为基础，是用以评价中国的快递业在某段限定时间内成长的一个量化评价标准，以 2010 年为基期，基期指数设为 100。其四个一级指标为发展普及程度、发展规模的大小、服务质量的好坏和发展趋势。2016 年 CEDI 达到 538.5，较 2015 年提高了 40.8%，显示出我国快递业保持了持续高速发展的状态。我国快递业务量规模达世界总量的约 40%，连续若干年位居世界第一，对世界快递业务增长的贡献率高达 60%。

单纯从四个一级指标看，高速增长是我国快递业的发展规模指数 2010～2016 年呈现出的特点。2016 年，我国快递发展规模指数达到 1104.6，快递业务量一次突破 300 亿件大关，达到 312.8 亿件，快递业务收入高达近 4000 亿元，同比增长分别为 49.5%、51.3%、43.5%（图 5.23～图 5.26），因此，快递业成为我国新经济的亮点。

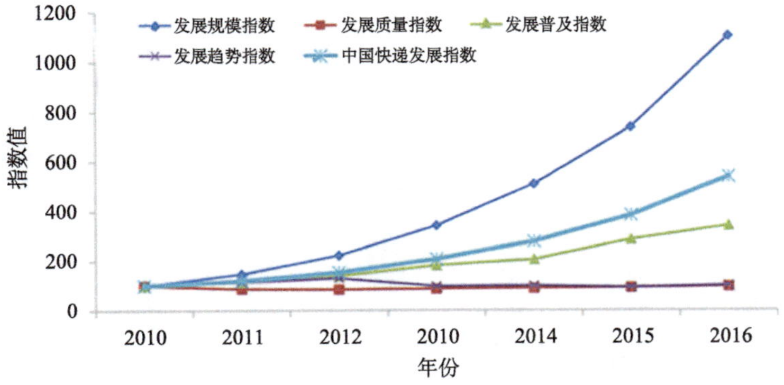

图 5.23　2010～2016 年中国快递发展指数

市场集中度（CR）是指某行业的某方面市场内，按规模排序排在前几位的企业所占市场份额之和，其可以用来衡量整个行业的市场结构集中程度，是市场实力的主要测度标准。

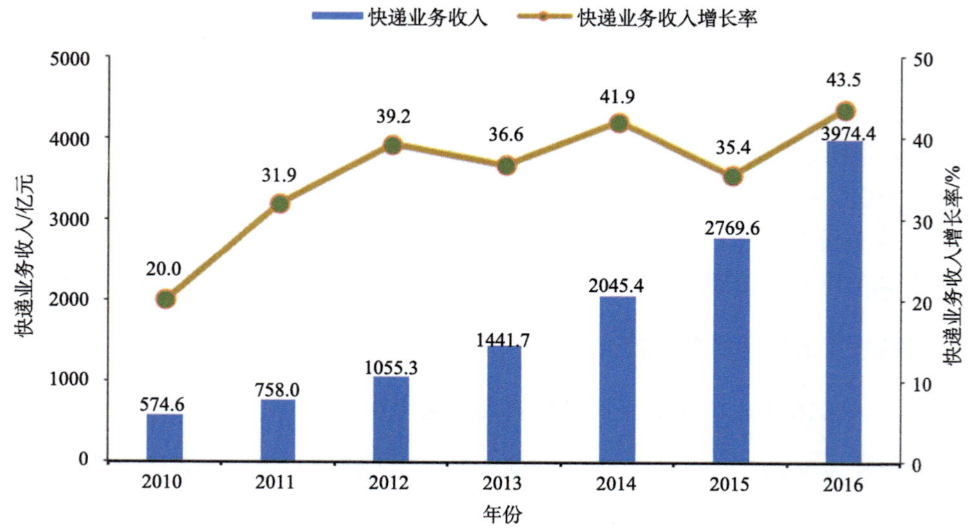

图 5.24　2010～2016 年我国快递业务收入增长情况

资料来源：根据国家邮政局历年邮政行业发展统计公报整理

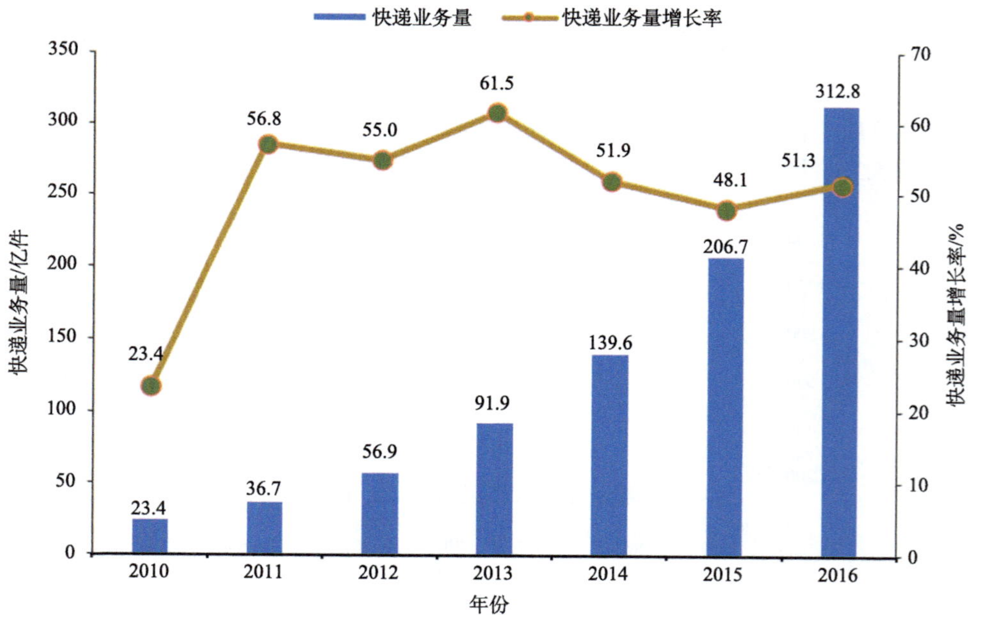

图 5.25　2010～2016 年我国快递业务量增长情况

资料来源：根据国家邮政局历年邮政行业发展统计公报整理

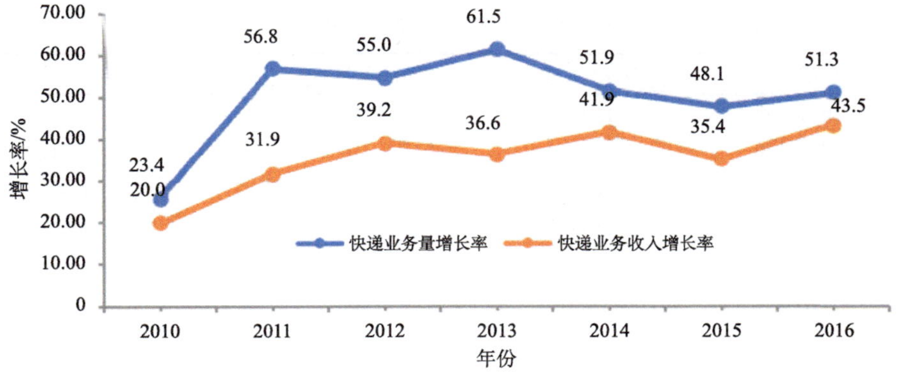

图 5.26　2010～2016 年我国快递业务量及业务收入增速比较

资料来源：根据国家邮政局历年邮政行业发展统计公报整理

根据我国快递业务统计数据，收入排行位于前八名的快递企业占全国的比重（CR8）从 2010 年的 81.5%下降至 2016 年的 77.7%，市场集中度持续下滑。收入排行位于前四名的快递企业占全国快递收入的比重（CR4）在 2010 年为 68.5%，至 2015 年时降幅近 20%（图 5.27），不断下降的快递行业市场集中度反映出我国快递市场竞争态势愈演愈烈。

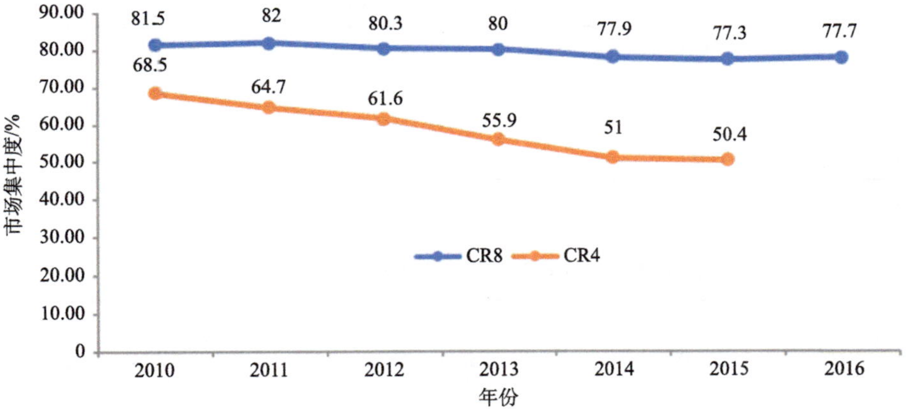

图 5.27　2010～2016 年我国快递行业市场集中度

资料来源：根据国家邮政局历年邮政行业发展统计公报整理

2. 中铁快运与其他快递企业的比较

服务网络的覆盖状况可以衡量快递企业实力，覆盖率越高，快递企业服务的地域范围越大（表 5.25）。2016 年，中铁快运的服务网点规模仅与宅急送大致相当，其他快递企业服务网点的数量规模远大于中铁快运的数量规模。

在产品价格方面，中铁快运不同省区之间的当日达费用首重仅为 130 元，续重 25 元/kg，民航快递的首重则要 190 元，顺丰速运当日达费用首重为 150 元，续重 30 元/kg。因此，中铁快运的“当日达时限产品”具有突出的比较优势（表 5.26）。其他快递企业时限快递产品价格见表 5.27。

表 5.25　2016 年排名前 10 的快递企业与中铁快运的基本情况

排名	快递企业名称	服务网点/个	员工数量/万人	车辆数量/辆
1	顺丰速运	12000	34	16000
2	邮政速递	45000	10	10000
3	圆通速递	24000	5	32000
4	中通快递	10000	10	40000
5	申通快递	35000	30	—
6	宅急送	4300	—	—
7	韵达速递	48000	10	—
8	天天快递	10000	10	30000
9	百世快递	22100	1	—
10	国通快递	—	5	10000
11	中铁快运	3258	—	3600

资料来源：根据各个快递企业官网和网络数据整理

表 5.26　中铁快运资费表

产品	资费首重/元	续重/(元/kg)		下单时间	送达时间
		1600km 内	超过 1600km		
当日达	130	25	—	10 点前	当日 22 点前
次晨达	30	15	—	13 点半前	次日 11 点前
次日达	17	10	14	17 点前	次日 18 点前
隔日达	15	6	10		第三日 18 点前

资料来源：根据中铁快运官网数据整理

表 5.27　2016 年各家快递企业服务价格（部分）

企业/快递产品	产品时效	首重/(元/kg)			续重/(元/kg)		
		800km 以内	1600km 内	超过 1600km	800km 内	1600km 内	超过 1600km
顺丰速运	次晨达	12～14	22～23	10～13	2	10～13	部分地区可实现
	隔日达	12～14	22～23	26	2	10～18	21
	多日达	—	18～20	18～20	—	4～9	21
邮政速递	特快	24～26	29	37	8～12	18	34
圆通速递	速递	10～12	18～20	22	1	6～16	20
	普快	10～12	15～18	20～22	1	12～15	18～20
中通快递	普快	10	12	12～25	2	2～6	3～8
申通快递	普快	10	12～15	18～20	8～10	10～12	15～18

资料来源：根据各家快递企业官网数据整理

通过比较发现，中铁快运次晨达产品价格首重与续重价格略高于顺丰速运，顺丰速运的次晨达业务目前也仅有部分地区可实现。就次晨达时限产品而言，中铁快运的快递业务存在优势，但优势不明显。而与中通快递和申通快递企业相比，中通快递和申通快递企业服务产品种类比较单一，仅能根据快件的距离来决定快件的运输时效，相比之下，中铁快运的时限产品种类显得更加丰富，这样客户的选择更多，并且快件运输也更加快捷。

同样，将中铁快运与同规模大小的宅急送进行服务产品种类和价格比较。宅急送提供的快递服务主要包括极速达和捷惠达两类，极速达运输时间短，价格更高，仅部分地区可实现，而捷惠达运输时间长，价格更低，但基本覆盖我国各地。时限产品包括次晨达、次日达和隔日达三类。其中，次晨达指的是针对特急运输需求，提供当日 16:00 前寄货，次日上午 9:00 前送达服务；次日达指的是针对紧急运输需求，提供当日 18:00 前收货，次日 20:00 前送达服务；而隔日达指的是针对较急运输需求，提供当日 18:00 前收货，隔日 12:00 前送达服务。

对于快递服务产品种类来说，中铁快运的快递服务产品比宅急送（表 5.28）多一类当日达时限产品，这是中铁快运快递业务的优势。宅急送中类似产品极速达覆盖范围较小，而捷惠达由快件运送距离决定其时效。从快递服务价格来看，宅急送的价格与中铁快运相差不大，在这点上中铁快运无明显优势。

表 5.28　宅急送价格表（2016 年）

快递产品	首重/(元/kg)			续重/(元/kg)		
	800km 内	1600km 内	超过 1600km	800km 内	1600km 内	超过 1600km
捷惠达	8～10	16～18	18～20	1～2	4～7	6
（部分地区可实现）		20			10～16	

资料来源：根据宅急送官网数据整理

3. 中铁快运快递业务的竞争优势

2016 年，我国排名前 50 的城市快递业务量高达 2646447.3 万件，占到了全部快递业务量的 84.6%，其中有 45 个城市设有高铁站点，覆盖城市的快递业务量为 2554260 万件。至 2016 年底，我国高速铁路的总里程已经高达 22980km，中东部地区的大中城市基本上都被高铁快递网络所触及（表 5.29）。

表 5.29　我国快递业务量排名前 50 的城市的高铁快递运输网络覆盖（2016 年）

城市	高铁运输线路	快递业务量/件	占比/%
北京、石家庄、保定、廊坊、郑州、武汉、长沙、广州、深圳	京广深港客运专线	869075.2	32.84
天津、徐州、南京、常州、苏州、无锡、扬州、上海	京沪客运专线	512905.2	19.38
杭州、绍兴、宁波、台州、温州、福州	杭甬客运专线	389892.6	14.73
厦门、泉州、惠州、东莞	厦深客运专线	198505.7	7.50

续表

城市	高铁运输线路	快递业务量/件	占比/%
重庆、成都、合肥、	宁蓉客运专线	120169.8	4.54
哈尔滨、沈阳	哈大客运专线	34817.3	1.32
昆明、金华（义乌）、嘉兴、南昌、	沪昆客运专线	231115.2	8.73
太原	石太客运专线	11422.6	0.43
西安、临沂	西宝客运专线	39911.5	1.51
济南、潍坊、青岛	胶济客运专线	62167.1	2.35
南宁	南广客运专线	11407.7	0.43
中山	广珠客运专线	24499.9	0.93
佛山	贵广客运专线	29688.2	1.12
揭阳、宿迁、汕头、南通、湖州	未开通高铁	110869.3	4.19

资料来源：根据中商情报网“2016 年 1～12 月全国快递业务量前 50 城市排名”整理

高铁快递运输方式在快递服务方面会显示出以下优势：①运输速度快。高铁运输速度一般允许在 200km/h 以上，最高速度可达 300km/h 以上，其以 3 倍速度超过了公路运输方式，比公路运输更加迅速，具备一定竞争优势。因此，国内的当日达和次日达的快递业务能够由高铁运输全面满足。②安全可靠。高铁运输几乎不受天气的影响，如航空管制、交通拥堵、天气不良等因素对快件运输的影响均很小甚至没有，准点率相对来说有保证。此外，高铁快递比航空快递辐射面广，分布网点相对来说要更多，而且高铁车站在市内，比航空快递地处偏远郊区要更加便利。③单位运输成本低。根据广东铁路局试运营高铁快件的测算：一个快件从广州运输到长沙，若采取航空运输方式，它需要的成本约为 2 元/kg，若采取公路运输方式，它需要的成本仅约为 0.3 元/kg，若采用高铁运输，它需要的成本约为 1.5 元/kg。虽然公路运输成本最低，但当日达和次日达对于公路运输方式而言很难实现，与航空运输相比，高铁运输成本仅为航空运输的 3/4。

4. 高铁快递网络的服务效率

快递业务要求速度与效率，我国高铁平均以 320～350km/h 的速度可以实现 8h 内多数城市之间的快件运输服务。以 2016 年快递业务量排名前 15 的城市，即广州、上海、深圳、北京、杭州、金华、东莞、苏州、南京、成都、温州、泉州、武汉、宁波和南京等为始发站，通过中国铁路 12306 网站（http://www.12306.cn）查询这些城市的高铁时刻表，得到基于高铁运输方式的 15 个城市的当日达范围。由于中铁快运当日达快递业务是收取当日截单时间前所承接的快件，同时承诺在当日 22：00 前送达的一项服务，因此，即以快递业务量排名前 15 的城市为始发站，高铁快递可实现快件当日达的各个城市如表 5.30 所示。

表 5.30　以高铁快递网点为中心的当日达范围

网点	当日达城市	数量/个
广州	深圳、韶关、衡阳、潮汕、桂林、青岛、南昌、北海、成都、南京、福田、郴州、长沙、永州、武汉、南宁、贵阳、郑州、黄冈、上海、蚌埠、北京、合肥、西安、太原、珠海、昆明、柳州、南宁	29
上海	苏州、无锡、杭州、常州、丹阳、南京、义乌	7
深圳	广州、潮汕、衡阳、汕尾、南宁、福田、桂林、武汉、柳州、漯河、合肥、石家庄、珠海、宜昌、长沙、佛山、岳阳	17
北京	天津、青岛、邯郸、齐齐哈尔、珲春、汉口、西安、大连、长沙、烟台、六安、宁波、太原、唐山、运城、黄山、哈尔滨、昆明、沈阳、保定、福州、宝鸡、杭州、绍兴、菏泽、上海、贵阳、丹东、商丘、石家庄、苍南、武汉、秦皇岛、温州、邯郸、临汾、安阳	37
杭州	江山、苍南、台州、金华、武汉、诸暨、丽水、温州、淮南、青岛、北京、兰州、重庆、赣州、宁波、郑州、厦门、长沙、上海、成都、龙岩、福州、南京、黄山、南昌、衢州、六安、徐州、宜兴、绍兴、怀化、汉口、天津、宜昌	34
金华	杭州、丽水、衢州、上海、温州、南昌、鹰潭、萍乡、福州、西安、阜阳、聊城	12
东莞	衡阳、广州、深圳、潮汕、常平、普宁、汕尾、惠州、陆丰	9
苏州	上海、无锡、昆山、合肥、南京、丹阳	6
成都	资中、内江、遂宁、南充、重庆、永川、广安、达州、广安	9
温州	杭州、上海、南昌、南京、合肥、长沙、武汉、郑州、安庆、贵阳、丽水、福州、合肥	13
泉州	福州、深圳	2
武汉	孝感、天门、麻城、荆州、漯河、长沙、随州、宜昌、襄阳、十堰、南京、广州、北京、深圳、上海、荣成、南通、天津、大连、长春、贵阳、利川、福州、杭州、厦门、成都、西安	27
宁波	杭州、上海、合肥、南京、南昌、徐州、郑州、长沙、天津、北京、贵阳、南宁	12
南京	湖州、蚌埠、杭州、徐州、上海、宁波、济南、丽水、鹰潭、温州、衢州、苍南、北京、南昌、长沙、福州、厦门、龙岩、贵阳、南宁、昆明	21

资料来源：根据中国铁路 12306 网站整理

第 6 章　快递企业运输线网：高速交通网络资源的空间组合

一个地区、一个城市的航空港、高速公路、高速铁路以及城市快速干道是快递企业开展快递服务最有力的支撑。这些资源在一个地区、一个城市的空间组合对本地区的快递业的发展无疑具有十分重要的直接影响。2008 年，高铁业务的开通为快递业发展提供了新的契机。2014 年 4 月 1 日，中铁快运公司在哈尔滨、沈阳、长春、北京、天津等 20 个城市开办高铁快递业务（云珠，2014）。中铁快运此次共开通了当日达、次日达和次晨达三项业务。这标志着高铁的巨大资源优势已被中铁快运认同。高铁运送快件不受交通堵塞、航空管制等因素影响，除极端天气外，高铁快递准点率非常高；从时效性及成本方面来看，高铁快递具有很强的竞争力。本章简要论述北京、上海、广州三大城市的高速交通网络资源及其空间组合状况。

6.1　高速交通网络资源的内涵及其空间组合

6.1.1　高速交通网络资源的内涵

1950 年以来，经过半个多世纪的建设和发展，全国交通路线规模性基础设施布局已基本完成，交通基础设施日臻完善。1988 年 10 月，我国第一条高速公路——沪嘉高速开通运营；1998 年 5 月，广深铁路电气化提速改造完成，设计最高时速为 200km，被视为中国由既有线改造踏入快速铁路和高速铁路的开端；2008 年 8 月 1 日，中国第一条具有完全自主知识产权、世界水平的时速 350km 的高速铁路——京津城际铁路通车运营。自此，高速铁路在中国迅猛发展。2017 年，我国高速公路里程 13.65 万 km，位居世界第一，拥有世界上规模最大的高速公路系统；2017 年，高铁营业里程 2.5 万 km，占世界 2/3；2017 年，在我国的航线网络中，共有定期航班航线 4418 条，按重复距离计算的航线里程为 1082.9 万 km，按不重复距离计算的航线里程为 748.3 万 km；共有定期航班通航机场 228 个，定期航班通航城市 224 个，年旅客吞吐量达到 100 万人次以上的通航机场有 84 个，年旅客吞吐量达到 1000 万人次以上的有 32 个，年货邮吞吐量达到 10000t 以上的有 52 个。

这些事实表明，21 世纪以来，铁路提速、航空公司重组和区域基础设施共享等都是对现有交通运输网络资源进行空间优化和配置的战略举措，社会经济基于时效性追求对交通运输网络的要求发生了巨大变化，城市之间、区域之间的通达性大大提高，时空收敛十分显著。我国交通基础设施日益完善，进入“普适化时期”，一定区域、城市的各种交通资源的空间组合对于区域、城市发展至关重要。我国交通基础设施从传统的基础设施建设发展为交通运输网络资源的有效组合。运输网络资源的重新组合、空间优化和运输服务网络的空间经济意义已经成为交通地理学研究的前沿和热点议题（王成金和金凤君，2005）。

我们认为，一个区域、一个城市的航空运输、高速公路、高速铁路等网络的节点、线路及其附属设施共同组成该区域、城市的高速交通网络资源。在特大和超大城市，连接高速公路网络线路、节点的城市快速路网也应纳入该地区的高速交通网络资源。这样，在一定区域内和城市内，由于空间尺度的局限，航空网络资源仅限于航空港及进出港航线，高速公路网、高速铁路网资源则由线路、节点及其附属设施构成。

航空港是位于航线上的、为保证航空运输和专业飞行作业用的机场及其有关建筑物和设施的总称，它包括飞行区、客货运输服务区和机务维修区三个部分。它的主要任务是完成客货运输服务，保养与维修飞机，保证旅客、货物和邮件正常运送以及飞机安全起降。

高速铁路在不同国家、不同时代以及不同的科研学术领域有不同的技术规定。国家铁路局将高速铁路定义为设计开行时速 250km 以上（含预留）、初期运营时速 200km 以上的客运列车专线铁路。国家发展和改革委员会在《中长期铁路网规划（2016—2025）》中关于高速铁路网规划方案明确：高速铁路主通道规划新增项目原则采用时速 250km 及以上标准，其中沿线地区人口城镇稠密、经济比较发达、贯通特大城市的铁路可采用时速 350km 标准。区域铁路连接线原则采用时速 250km 及以下标准。城际铁路原则上采用时速 200km 及以下标准。

高速公路指专供汽车分向、分车道行驶，全部控制出入的多车道公路。在建设和设计上，高速公路采取了限制出入、分隔行驶、汽车专用、全封闭、全立交等较高技术标准和完善的交通设施。按照交通运输部《公路工程技术标准》规定，其设计行车时速 80～120km，双向 4～8 车道。按管理和战略意义分类，我国高速公路主要分为国家高速公路、省级高速公路两大类。

城市道路指在城市范围内具有一定技术条件和设施的道路，根据在城市道路系统中的地位、作用、交通功能和对沿线建筑物的服务功能分为四个等级：快速路、主干路、次干路和支路，快速路属于最高等级，设计行车速度达到 60～80km/h，通常也被人称作“地面上的地铁系统”。其连接了城市不同区域和主要的对外交通，主要满足中长距离的运输。城市快速路是中央分隔、全部控制出入、控制出入口间距及形式，实现交通连续通行，单向设置不应少于两条车道，并设有配套的交通安全与管理设施，以排除沿线横向干扰，供汽车以较高速度行驶，为长距离交通服务的重要道路，设计车速 60～100km/h，主要联系市区各主要地区、主要近郊区、卫星城镇、主要对外公路，在我国城市道路网中的地位、交通功能以及对沿线的服务功能的等级划分中居首位。

关于高铁与航空港的空间组合研究，Robert（1993）提出了将铁路引进机场的概念；Janic（2003），López-Pita（2003）分析了机场航站楼与高铁站之间的布局关系；殷峻等（2012）通过对国内外已建成的铁路车站与机场航站楼的接驳方式分析，结合国内正在规划设计的项目，阐述了空铁联运的必要性和可行性，提出了几种空铁联运的接驳方式（一体式、紧邻式、近邻式），并对不同案例进行分析；朱晖和潘爱丰（2014）分析了空铁联运下高铁枢纽地区的主要特点，指出空铁组合的三种形式：垂直关系、平面关系以及异地组合关系，其中异地组合关系为中国当前实现空铁联运的一种普遍方式。

对于航空港、高铁站与高速公路、快速路的相关研究，由于西方高速铁路、飞机航站楼发展得较早，因而较早出现相关的交通衔接研究，也有比较成功的实践案例。这些交通衔接的研究主要集中在各种交通方式的换乘衔接上，即在高速铁路客运站的建设中，主要研究各种交通方式的合理换乘，方便乘客出行，节约乘客的体力、精神的损耗等。van Vuuren（2002）以美国旧金山港湾枢纽、法国巴黎拉德芳斯枢纽、德国柏林来哈特枢纽为例，分析了其枢纽与各种交通方式的衔接。

关于高速公路与城市快速路的相关研究，Lida 等（1986，1989）、Vance（1995）扩展了城市高速公路网络与城市之间多条通道的交通控制问题研究，提出了非线性双层规划方法，以保证通道的最优选择，使进入网络的流量最大化。Yang 等（1994）设计了求解问题的启发式算法，对 Lida 等（1986，1989）的研究成果进行了改进；杨忠臣和陆玉麟（2003）以山东为例，分析了高速公路与城镇体系间的相互影响，提出了高速公路与城市衔接的几种模式。

总体上，关于高速交通网络的空间组合研究还很不充分。已有机场航站楼与高铁站的空间组合相关，但对于快速路与高速公路以及高速公路、快速路与机场航站楼、高铁站的空间组合研究相对缺乏。

6.1.2　高速公路与快速路的空间组合

相关研究表明，高速公路与快速路的空间组合主要有以下几种方式。

（1）环状放射式与放射式。高速公路的空间布局是环状放射式，快速路的空间布局为放射式，射线分为单射线与多射线。根据是否与环状高速公路相交，又分为分离式（图 6.1）和相交式（图 6.2）。分离式，高速公路布局于城市周围呈现环状放射式，快速路布局于环状高速公路的内部，快速路与环状高速公路不相交，呈现分离式。快速路连接城市中心区域或者是城市内部环路，可缓解城区的压力。快速路与环状高速公路一般通过城市主干道进行连接。分离式组合的案例城市有大同、惠州、太原等。太原城市内部由两条快速路组成：滨河东路、滨河西路两条快速路沿着汾河两侧南北纵向分布，穿插城市核心区域，对于城市分流有着重要的作用。

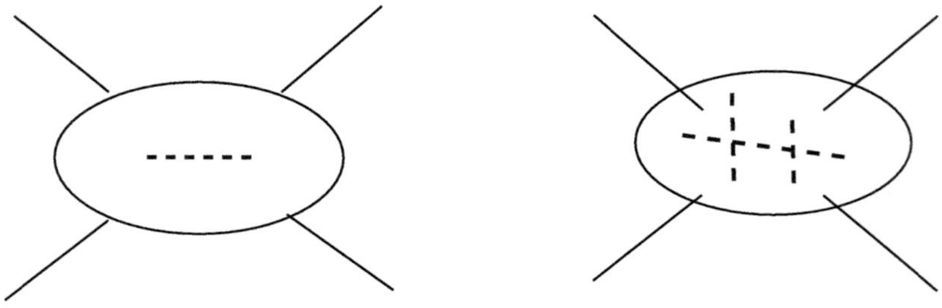

图 6.1　分离式

相交式，高速公路呈环状放射式分布在城市外围区域，快速路从市区中心呈射线状发散到高速公路外围区域，连接城市重要的节点，如机场或者卫星城镇。相交式组合的案例城市有合肥、温州、唐山、泉州、济南等。

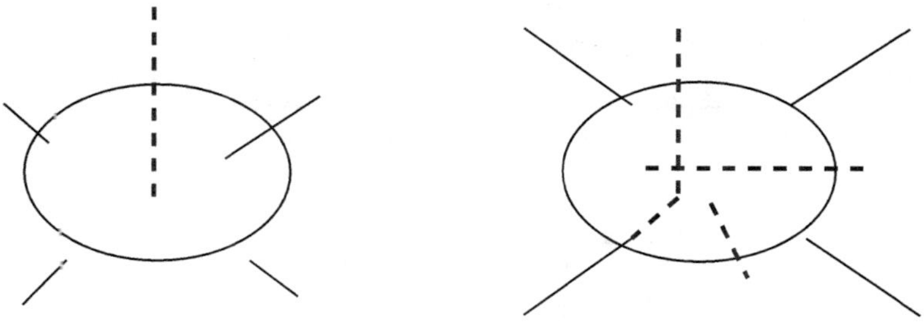

图 6.2　相交式

（2）环状放射式与环状放射式。高速公路与快速路都呈现了环状放射式的空间结构（图 6.3）。环状快速路位于环状高速公路内部，形成了多圈层结构，其中快速路、高速公路由于城市不同会有不同圈层数目。放射的快速路与放射的高速公路的射线相互衔接和融合，形成从市区中心放射的完整射线。这样两者之间就融合成多圈层多射线空间组合形式。环状放射式与环状放射式的组合案例主要为大型城市，如北京、上海、武汉等。

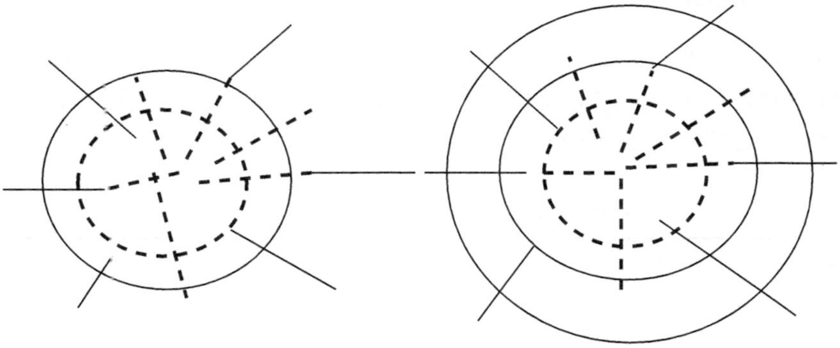

图 6.3　环状放射式与环状放射式空间组合

（3）放射式与放射式。高速公路与快速路都呈现放射形态（图 6.4）。高速公路延伸到城市的外围区域，快速路连接城市的重要区域，两者相互融合。这样的空间组合形态主要分布于沿江、沿海城市，如大连、南通、海口等。典型城市为大连，由于城市临海，城市受到海岸线的影响，城市相对分割，快速路连接城市重要区域并且连接高速公路最终达到两者之间的衔接。

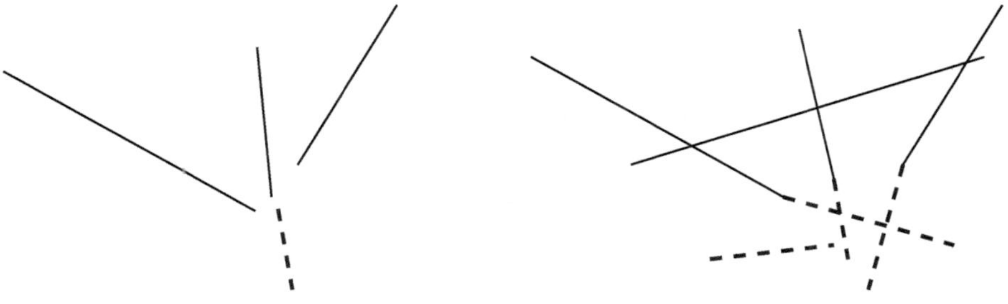

图 6.4　放射式与放射式空间组合

（4）放射式与环状放射式。高速公路分布于城市外围区域呈现放射式，快速路围绕城市中心区域呈现环状放射式，高速公路衔接环状快速路以及放射的快速路融合为一个整体（图 6.5）。这样的空间组合形态也一般位于沿江沿海区域，如南通、深圳。

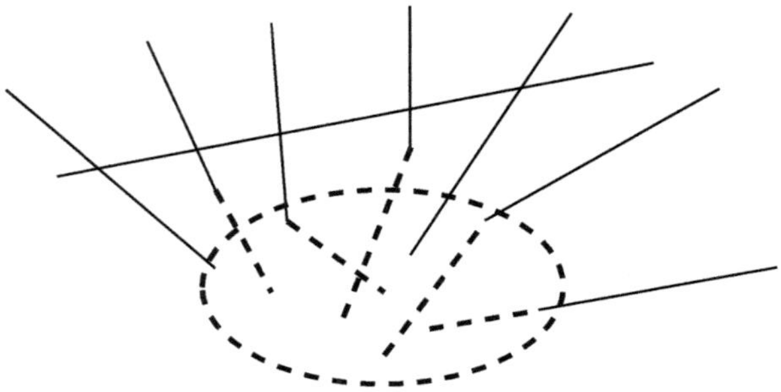

图 6.5　放射式与环状放射式空间组合

6.1.3　航空港与高铁站的空间组合

朱晖和潘爱丰（2014）通过国内外的案例研究，总结出航空港与高铁站的空间组合按照距离可以分为：垂直组合、平面组合和异地组合三种形式，平面组合按照距离远近又分为紧邻式、近邻式（表 6.1）。

表 6.1　航空港与高铁站的空间组合形式表　　（单位：m）

组合方式	垂直组合（一体式）	平面组合		异地组合
		紧邻式	近邻式	
换乘距离	0	0～100	100～500	大于 500

垂直组合。航空港与高铁站上下垂直分布（图 6.6），一般位于大型的综合交通枢纽，这样的案例在欧洲的发达国家和地区较为常见，如德国法兰克福综合交通枢纽、法国戴高乐综合枢纽，综合枢纽还包括地铁、高速公路以及各种地面交通。这样的组合方式比较符合“零距离”的设计理念，空间上距离最短，可以节约换乘时间。特别是对于有航空换乘高铁或者高铁换乘航空需求的旅客来说显得尤为方便。但是，过多的交通方式相对集中，容易造成标识混乱，需要有良好的指引标识、人工及智能服务。

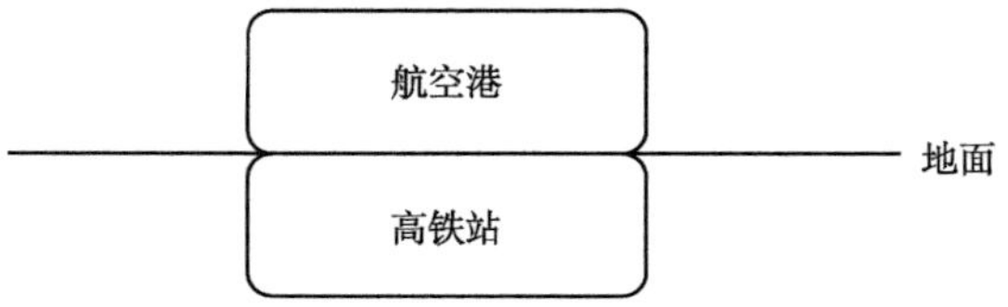

图 6.6　航空港与高铁站垂直组合

平面组合。航空港与高铁站平面分布在交通枢纽内部，通过连接通道进行衔接。根据两者距离的远近又分为紧邻式和近邻式（图 6.7、图 6.8）。平面组合与垂直组合的形式，虽然两者距离有差别，但是航空港、高铁站都集中在大型综合化立体客运枢纽内部，尽管占地面积很大，但综合来看，将多种运输方式立体化集中布局对于土地资源的集约利用具有显著效果。

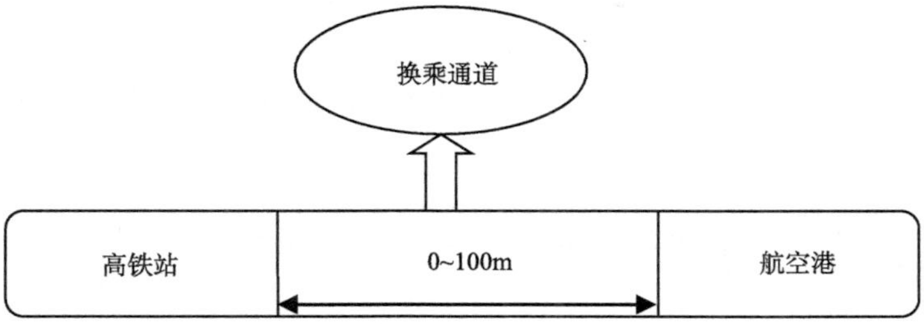

图 6.7　航空港与高铁站紧邻式组合

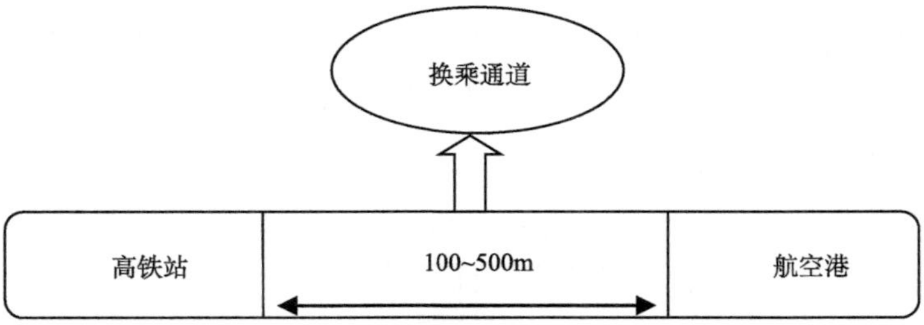

图 6.8　航空港与高铁站近邻式组合

紧邻式。这种组合方式在空间上比较靠近，航空港通过连接通道与高铁站衔接，换乘距离一般小于 100m，高铁站一般位于地下，典型的案例城市如成都双流国际机场枢纽。由于距离比较短，旅客换乘比较方便，但衔接的工作量比较大，难以协调。

近邻式。这种组合方式在空间上也是通过连接通道进行衔接，其空间距离相对于紧邻式组合远一点，为 100～500m。这种衔接方式空间距离相对较远，航空港和高铁站之间有的连接通道一般设置平行电梯，方便旅客换乘，但是由于相对距离较远，旅客会花费一定时间，有一定的局限性（图 6.8）。

异地组合。航空港和高铁站一般距离较远，空间距离大于 500m，中间一般是通过高速公路、公路、地铁连接航空港与高铁站（图 6.9）。这种组合方式空间距离较远，给旅客换乘带来了极大的不便。当前中国的高铁站与航空港的空间组合形式多属于这种异地组合形式。

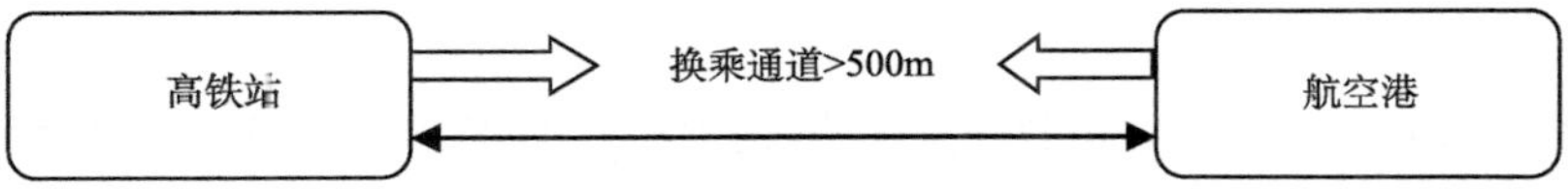

图 6.9　航空港与高铁站异地组合

6.1.4　航空港、高铁站与高速公路、快速路的空间组合

航空港、高铁站通过高速公路、快速路与城市市区的空间组合大体可呈现以下方式：

（1）哑铃式组合。高铁站、航空港一般通过一条高速公路或者一条快速路与市区进行连接，两者之间形成哑铃式组合状态，高速公路或快速路直达城市区域。这种组合方式在小城市比较常见，如拉萨、丽江。机场一般远离市区中心，选址在地势平坦区域。机场通过高速公路、快速路连接市区，为市区出入的旅客带来便捷（图 6.10）。

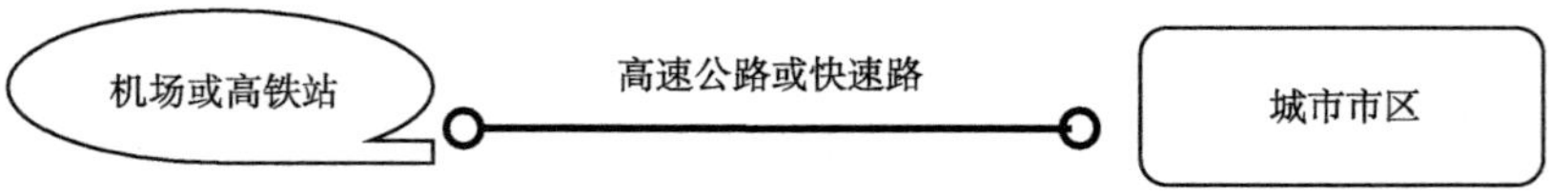

图 6.10　哑铃式组合

（2）天秤式组合。高铁站、航空港一般位于一条高速公路或者快速路中间，两端连接两个城市或者是城市的两个区域，在空间车上呈现出天秤式组合状态。这样的组合状态可以服务于两个区域，乘客可以从两端到达机场或高铁站。这样的组合一般也为中小城市所采用（图 6.11）。

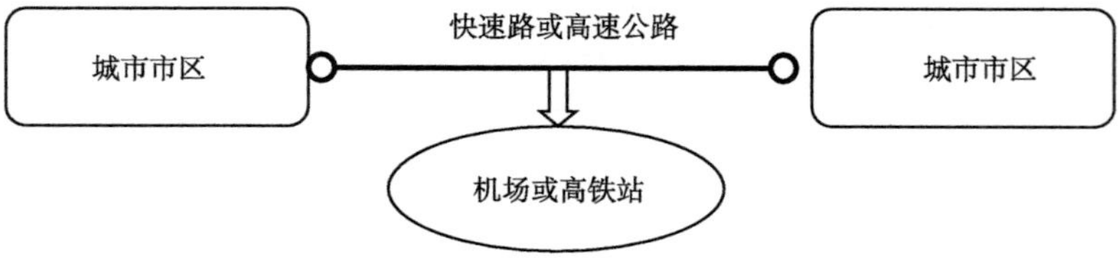

图 6.11　天秤式组合

（3）放射式组合。以高铁站、航空港为中心，高速公路或快速路由中心向周围发散（图 6.12）。放射式的组合状态可以连接多个方向和区域，提高机场和高铁的通达范围。

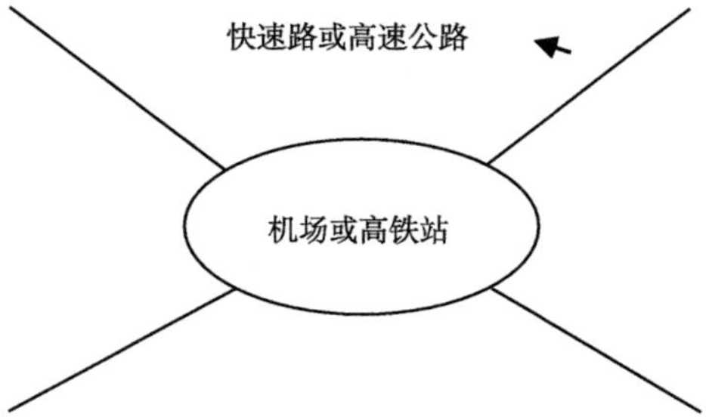

图 6.12　放射式组合

（4）蛛网式组合。一般以高铁或航空港为中心，有多条向外发散的快速路，同时含有横竖交错的快速路与高速公路，如此形成复杂的蛛网式结构（图 6.13）。这样的空间组合状态以机场或高铁为依托，道路交错分布，使机场、高铁站通达周边各个区域，利于

周围地区得到较大程度的开发与建设，相关产业得到相应的发展，从而促进形成临空经济圈或高铁相关经济区。

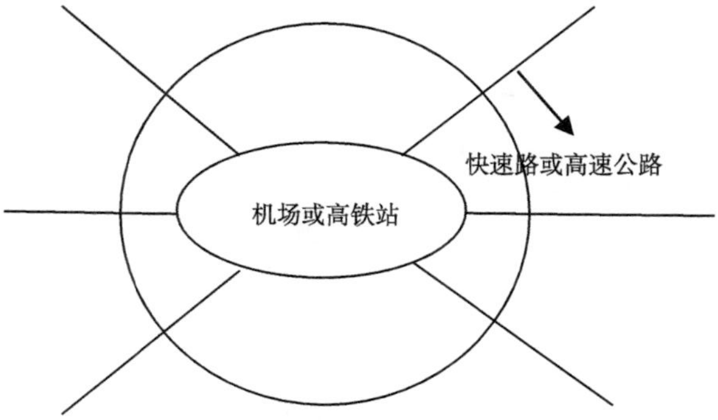

图 6.13　蛛网式组合

6.2　北京高速交通网络资源的空间组合

6.2.1　高速交通网络资源状况

自 20 世纪 90 年代开始，北京高速交通网络逐渐发展，并呈现出明显的阶段性。第一阶段：自 1986 年起，G4 京港澳高速公路（原京石高速公路）的动工标志着北京高速交通得以推动，此阶段高速交通网络建设呈“线性延伸”特点。第二阶段：20 世纪 90 年代到 21 世纪初为快速发展阶段，不论是高速交通的网络覆盖面积还是节点都有大幅度增加。1995 年，中国第一条高速铁路（京津城际）动工，环放形高速公路网初步形成，高速交通网络密度增加，这一时期的高速交通网络建设呈现出“网络型拓展”特征。第三阶段：2008 年举办奥运会以来，北京的高速铁路、高速公路、城市轨道交通进一步得到迅速发展。2008 年，城市轨道交通客运量增加 85.8%，高速公路里程增加 26%，2010 年航空运输跻身亚洲第一世界第二。至此，北京的高速交通已经相对完善，进入“网络内”调整的阶段。

1. 高速公路与城市快速道路

自 1986 年 G4 京港澳高速公路动工起，北京的高速公路建设快速推进，其建设分为三个阶段。第一阶段（1986～1998 年）为起步阶段：1986 年，G4 京港澳高速公路的动工标志着北京开始迈入高速公路建设的宏大历程，打破了原有的传统道路建设的方式与格局，到 1998 年，北京的高速公路总里程达到 190km。第二阶段（1999～2004 年）为快速发展阶段：该阶段建成京开高速、五环路、京藏高速三期、六环路、京承高速、G1 京哈高速（原京沈高速），初步形成环放相结合的高速公路交通网络布局。第三阶段（2005～2015 年）为协调发展阶段（图 6.14）。2004～2013 年间，北京快速路里程数增长了约 75%，整体上增长速度较为缓慢，2013 年开始有了迅速发展，仅 2014 年一年内就增加了 42.4%，这是社会的需求和政策决策的共同结果。

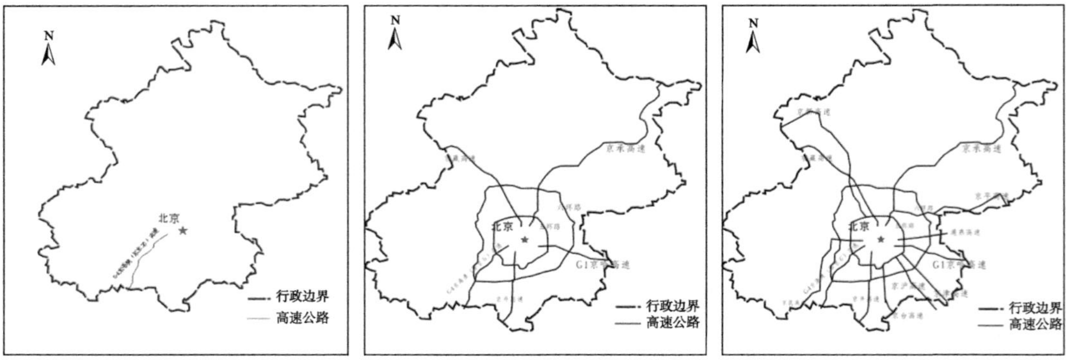

(a) 第一阶段　　(b) 第二阶段　　(c) 第三阶段

图 6.14　北京的高速公路网络建设的三个阶段示意图

2015 年，北京的公路里程达到 21885km，其中高速公路 982km。城市道路里程达到 6423km，其中快速路 383km。2015 年北京已建成通车的快速路有 12 条，有德贤路、阜石路、莲花池路—莲石路快速路、京通快速路、万泉河快速路、通惠河北路、丰台北路、首都机场高速公路和首都机场第二高速公路等。北京的快速路主要位于城市中心区，集中在二、三、四环，占全部交通路网的 8%，但却承担了将近 50%的车流量，是高速路网结构的重要组成部分。其中一部分与高速公路重合，整体上呈现出环状加放射的状态。这时的北京已经形成较为发达的高速公路网络资源布局，环状放射式的结构突出，交通密集度大幅度增加；基础设施建设相对完善，局部地区还需改造；注重与周边地区的联系交流和互动，区域合作紧密，服务功能明确。开工建设北京新机场，开通京沪高铁、京广客专，建成四惠、宋家庄综合交通枢纽，综合交通基础设施网络加快形成。城乡交通基础设施建设一体化步伐进一步加快。

北京的高速公路在 21 世纪以来的 15 年间得到了快速发展，通车总里程数增加近 28 倍，极大地促进了北京及其周边地区交通的拓展、联系度的增强和经济的发展。2019 年末，北京的公路里程 22350km，其中，高速公路里程 1167km，比上年增加 52.4km，城市道路里程 6162km。

2. 高速铁路

2008 年，我国第一条高速铁路——京津城际高铁的开通标志着我国正式进入高速铁路时代。自此，随着高铁的快速发展，北京及周边地区联系日益密切，区域空间结构也有所转变。北京站、北京西站、北京南站三大铁路枢纽均为大型综合性对外交通枢纽，包括铁路、地铁、普通公交、出租车、小汽车等多种接驳方式，均承担了高铁、动车运输（表 6.2）。

表 6.2 北京铁路枢纽基础设施对比（康浩等，2019）

类别	北京站	北京西站	北京南站
地铁线路	2 号线	7 号线、9 号线	4 号线、14 号线
普通公交/条	36	52	29
其他接驳方式	出租车、小汽车	出租车、小汽车	出租车、小汽车
停靠站台/个	14	10	13
到发列车	高铁、动车、普铁	高铁、动车、普铁	高铁、动车、城际

2015 年某工作日三大铁路枢纽的特征数据样本显示当日铁路旅客到发规模，北京西站日到发客流量最大，达到 19.1 万人次，北京站、北京南站日到发客流规模基本相当，铁路客运枢纽客流分类均约为北京西站的 67.5%（表 6.3）。

表 6.3 北京铁路枢纽某工作日到发旅客统计（康浩等，2019） （单位：万人次）

站名	上车客运量	下车客运量	合计
北京站	6.2	6.7	12.9
北京西站	10.5	8.6	19.1
北京南站	6.5	6.4	12.9

北京南站位于北京丰台区，是中国铁路北京局集团有限公司管辖的铁路车站，是北京的第二大火车站，也是北京面积最大、接发车次最多的火车站，还是中国最大的客运特等站。北京南站建筑面积 32 万 m^2，有 24 条股道、13 座站台，其中从北往南依次为：普速场设到发线 5 条、3 座站台；高速场设到发线 12 条、6 座站台；城际场设到发线 7 条、4 座站台。2019 年，北京南站年客运量超过 1.5 亿人次，日均发送旅客 11 万人次，单日旅客最高发送量达到 21 万人次，接发车次在北京居于首位，是北京铁路客运枢纽“四主两辅”中的主要客运站之一，承担着重要的运输任务（崔颂懿等，2019）。

北京西站位于北京丰台区，是中国铁路北京局集团有限公司管辖的特等站，是北京铁路枢纽的重要组成部分，占地 51 万 m^2，总建筑面积为约 70 万 m^2，1996 年 1 月 21 日开通运营，当时是亚洲规模最大的现代化铁道客运站之一。北京西站建成后，中国两大铁路干线——京广线及京九线和一条高速铁路干线——京广高速铁路的客运列车从此始发，北京到中国的中南、华南、西南与西北等地区的旅客列车大多数也都从北京西站始发终到，其缓解了北京站的客运压力。北京西站先后于 2003 年下半年、2005 年进行了扩建，并于 2015 年建成了连接北京站的北京地下直径线。北京西站现设有 10 个站台（18 个站台面），其中 1 站台、18 站台为侧式站台，其余为岛式站台，有 20 条站线，西侧引出西长联络线连接京广铁路和京西联络线连接京广高速铁路，东侧引出北京地下直径线和京九铁路。2012 年高铁开通后，北京西站日均到发旅客一度猛增至 25 万人。2015 年，北京西站日均旅客 20 万人，高峰期达到 40 万人。2017 年，车站日开行旅客列车 181 对，日均到发旅客 30 万人，远超出车站实际承载量。车站原有的管理模式及作业流程已无法满足大客流、高密度列车到发的需求（李海涛，2018）。

北京站位于北京东城区，是中国铁路北京局集团有限公司管辖的特等站。北京站建于 1901 年。目前，北京站占地面积 25 万 m^2，总建筑面积 8 万 m^2，设 16 条股道和 8 个站台，是京沪铁路、京哈铁路、京承铁路、丰沙铁路、京原铁路、京广铁路、京九铁路等多条客运专线及城际高速铁路的交汇节点。开往东北方向、华东地区的列车大部分在该站始发。

3. 航空港

2019 年 9 月 25 日之前，北京共有 3 个民用机场。

（1）北京首都国际机场。北京首都国际机场建成于 1958 年。北京首都国际机场的年旅客吞吐量从 1978 年的 103 万人次增长到 2018 年突破 1 亿人次，目前排名全球第 2 位。作为中国重要的空中门户和对外交流窗口，北京首都国际机场对区域经济的影响力与日俱增。2017 年，北京首都国际机场对北京的总体经济贡献达到 1828.35 亿元，占北京 GDP 总额的 6.53%。2017 年旅客吞吐量 9578.6296 万人次，货邮吞吐量 202.9584 万 t，起降架次 59.7259 万架次，分别位居中国第 1、第 2、第 1 位。

为满足旅客不断增长的需求，2008 年底，北京首都国际机场完成了目前世界上最大单体航站楼——3 号航站楼的建设工程。2009 年初，随着 3 号航站楼的成功接收和顺畅运营，硬件资源得以有效扩充，北京首都国际机场成为亚太地区首个也是唯一一家拥有 3 个航站楼、3 条跑道及双塔台同时运行的机场，跨入世界超大型机场行列。

作为亚洲核心节点，北京首都国际机场有着得天独厚的地理位置、方便快捷的中转流程、紧密高效的协同合作，其成为连接亚、欧、美三大航空市场最为便捷的航空枢纽。国际航空、东方航空、南方航空、海南航空等中国国内主要航空公司均在北京首都国际机场设立运营基地。星空联盟、天合联盟和寰宇一家世界三大航空联盟也将北京首都国际机场作为重要的中转枢纽。随着国际航线网络的日益完善，北京首都国际机场成为世界上最繁忙的机场之一，每天有 94 家航空公司的近 1700 个航班将北京与世界上 54 个国家的 244 个城市紧密连接，其是真正的“中国第一国门”。

2016 年底，北京首都国际机场拥有基地航空 6 家，分别为国际航空、东方航空、南方航空、海南航空、首都航空、顺丰航空，厦门航空在北京朝阳区设立分公司；有国内通航点 147 个、国际通航点 132 个；共开通国内航线 132 条、国际航线 120 条。

（2）北京南苑机场。北京南苑机场建于 1910 年，位于北京丰台区，是中国历史上第一座机场，为军民两用机场。2019 年 9 月之前，北京南苑机场只对中国联合航空公司和中国东方航空公司开放，同时也是中国联合航空公司的主运营基地。北京南苑机场距离市区（南四环）3km，距离天安门广场 13km，拥有一座年处理 120 万人次的航站楼，机场飞行区等级为 4D。

2015 年，北京南苑机场完成运输起降 4.2 万架次，旅客吞吐量 527 万人次，居中国第 40 位；货邮吞吐量 3.7 万 t，居中国第 38 位。2017 年，该机场旅客吞吐量 595.3883 万人次，货邮吞吐量 22.2049 万 t，完成运输起降 4.3140 万架次，分别居中国第 43、第 48、第 63 位。2019 年 1 月 3 日，北京市发展和改革委员会发布通告，北京大兴国际机场 9 月 30 日前正式通航，同时北京南苑机场关闭，民用航空功能转移到新机场。2019

年 9 月 25 日，北京大兴国际机场投运，北京南苑机场关闭。

（3）北京大兴国际机场。北京大兴国际机场即首都第二机场，是 2014 年 12 月国家发展和改革委员会批准建设的新机场项目，是“十二五”规划确定的重点工程，也是北京第三个客运机场。北京大兴国际机场位于永定河北岸，地跨北京大兴区礼贤镇、榆垡镇，以及河北廊坊广阳区。2014 年 12 月 26 日，北京大兴国际机场正式开工建设，2019 年 9 月 25 日投入运营。该机场拥有“三纵一横”4 条跑道系统，航站楼面积 70 万 m^2。北京大兴国际机场定位为大型国际枢纽机场，是国家发展一个新的动力源，是支撑雄安新区建设的京津冀区域综合交通枢纽。目前，北京大兴国际机场开通了 119 条航线，其中国内航线 104 条，国际及港澳台地区航线 15 条；覆盖全球 118 个航点，包括国内航点 103 个（直航航点 93 个），国际及港澳台航点 15 个（直航航点 13 个，其中欧洲 5 个、非洲 1 个、东南亚 4 个、南亚 2 个、港澳台地区 1 个，北美无航点）。

北京大兴国际机场规划用地面积 45km^2，采用分期建设模式。本期按 2025 年旅客吞吐量 7200 万人次、货邮吞吐量 200 万 t、飞机起降量 62 万架次的目标设计；建设“三纵一横”4 条跑道、70 万 m^2 航站楼等设施；本期用地面积 27 km^2，其中北京 15.6km^2、河北 11.4 km^2。远期年旅客吞吐量 1 亿人次以上，年货邮吞吐量 400 万 t，飞机起降 88 万架次；规划用地面积 45 km^2。

北京大兴国际机场的建设将带动北京南部地区以及河北环首都地区的经济发展，实现周边城市与新机场的顺畅衔接，加速京津冀地区的一体化协同发展和新机场区域临空产业经济的发展，增强我国航空的整体竞争力。

6.2.2 高速交通网络资源空间组合

1. 北京高速交通网络密度

现阶段的高速交通网络资源的组合状况整体上代表着交通完善程度和经济发展水平，交通网络密度可以简要地反映一个地区的交通网络资源的发达程度。其公式如下：

$$\mathrm{ND}=L/S$$

式中，L 为网络长度；S 为地域面积；ND 为网络密度；基本反映了某一地区网络的发达程度。

北京的地域面积为 16808km^2，根据表 6.4 及网络密度计算公式可得表 6.5。

表 6.4 2005～2014 年北京高速、快速交通里程表 （单位：km）

年份	高速铁路	高速公路	城市快速路
2005	966	548	239
2006	962	625	232
2007	962	628	236
2008	956	777	242
2009	956	884	242
2010	956	903	263
2011	1067	912	263

续表

年份	高速铁路	高速公路	城市快速路
2012	1115	923	263
2013	1116	923	269
2014	1124	982	383

资料来源：《北京市统计年鉴》（2005～2014 年）

表 6.5　2005～2014 年北京高速交通网络密度　　（单位：km/km^2）

年份	高速铁路	高速公路	快速路
2005	0.057	0.033	0.014
2006	0.057	0.037	0.014
2007	0.057	0.037	0.014
2008	0.057	0.046	0.014
2009	0.057	0.053	0.014
2010	0.057	0.054	0.016
2011	0.063	0.054	0.016
2012	0.066	0.055	0.016
2013	0.066	0.055	0.016
2014	0.067	0.058	0.023

可见，2010 年以来，北京的高速交通网络有了较快的发展，高速铁路网络密度不断提高；高速公路快速发展，城市快速路的建设使城市内交通网络更加密集，通达性和时效性也大幅度提高。

北京的交通基础设施建设相对比较完善，整体来说，高速交通网络资源处于调整阶段。其航空港和高铁站与高速公路、高速铁路的组合关系分为：放射式和环状放射式（蛛网式），其中又分为分离式和相交式。

2. 航空港之间的空间组合

北京首都国际机场和北京南苑机场处于六环以内市区的南北方向，北京大兴国际机场位于永定河北岸，地跨北京大兴区礼贤镇、榆垡镇，以及河北廊坊广阳区。北京首都国际机场和北京南苑机场两机场之间连成轴线分布，相距较远，全程 42.8km，呈异地组合方式，它们之间的周边沿线地区覆盖范围较大，贯穿北京人口较集聚的中南部。北京首都国际机场与位于市区的高铁站之间的空间距离相对较远，也呈异地组合模式，并通过高速公路和快速路相互衔接；航空港旁边都有高速公路通过，它们之间主要呈放射式结构，人们可以从市区直达航站楼，这样大大提高了出行的效率。

3. 高铁站之间及与高速公路、快速路的空间组合

北京最大和最重要的高铁站当属北京南站，其次是北京西站，它们分别位于市区的南部和西部的三环以内，它们之间距离较近，最短路径仅 6km，呈近邻式分布于市区的

边缘地带，衔接交通方式多样。两个高铁站与高速公路、快速路相接，可以直接或短途转车到达北京各个地区甚至北京周边地区，其辐射范围广，呈放射式组合。北京高速公路的整体布局主要呈环状放射式或蛛网式结构，以北京城区为中心，五环路和六环路与多条向外放射式高速公路相交发散延伸至北京市域各地，是北京市内部及连接城市外部最重要的交通线，相对于东南部线网更加密集，交通环境更加复杂。北京的快速路发展还不够完善，大多路段未实现连续性，呈现出分离式空间结构，它们间断地分布于高速公路之中，相互衔接与融合相对提高了高速公路的连接度，部分区域路段呈相交式结构，但规模范围不大。交错立体的高速公路和“四纵两横”快速路规划建设结构形成环状放射的组合模式，辐射大部分地区。

总之，北京的高速交通网络资源在宏观上主要呈现环状放射式的空间组合，微观上以高速公路为主体，各个高速交通网络资源相互之间呈现各不相同的组合状态，以放射式为主，以相交、环状式为辅，整体构成北京较为完善的高速交通网络结构。

6.3　上海高速交通网络资源的空间组合

6.3.1　高速交通网络资源状况

2002 年，首次颁布的《上海市城市交通白皮书》确立了上海交通发展的总体战略。经过十余年的持续快速推进，上海交通发展取得了前所未有的突破和举世瞩目的成就，服务管理水平显著提升，为支撑全市经济社会发展、保障世界博览会成功举办发挥了重要作用。2013 年，上海颁布了新一轮《上海市城市交通白皮书》，其继承了一体化交通的基本理念，明确了未来十年上海交通发展的目标、战略和行动。在高速交通网络资源方面，虹桥、浦东两机场建成 4 个航站楼、5 条跑道。京沪高铁、沪宁、沪杭城际铁路相继开通，形成上海站、上海南站、虹桥站三个铁路主客运站。2012 年高速公路通车里程超过 800km，比 2002 年增长 3 倍。城市道路承载能力不断提高，城市快速路约 200km，增长 2 倍。2019 年，上海浦东、虹桥两大国际机场全年共起降航班 78.5 万架次，增长 1.7%；进出港旅客达到 12179.14 万人次，增长 3.5%。其中，国内航线进出港旅客 7985.70 万人次，增长 4.2%；国际及地区航线进出港旅客 4193.44 万人次，增长 2.3%。公路运输通车里程 13106km，其中高速公路 836km（2010 年 775km，2017 年 829km），城市快速路 207km（2015 年，197km）。

1. 高速公路与城市快速路

1988 年 10 月 31 日，上海第一条高速公路，即中国第一条高速公路——沪嘉高速公路（沪高速 S5）通车，标志着中国进入高速公路时代。如今，上海高速公路已基本形成“二环、九射、一纵、一横、两联”的网络布局，高速公路使市内快速到达，市外快速连接，市内交通压力得到有效缓解，上海交通更加便利。2019 年，上海高速公路通车里程达到 836km，有效覆盖市区同时衔接国内交通枢纽。在上海高速公路网中，有 7 条国家级高速公路，分别是 G2 京沪高速公路、G15 沈海高速公路、G40 沪陕高速公路、G42

沪蓉高速公路、G50 沪渝高速公路、G60 沪昆高速公路、G1503 上海绕城高速公路和 14 条市级高速公路。

快速路是城市道路交通的主动脉，承担快速、连续、大容量交通。2009 年 12 月上海市政府批复《上海市骨干道路网深化规划研究》，该规划提出了市域与中心城骨干道路网规划布局策略与方案（彭庆艳，2017）。

（1）上海市域高速干线公路形成“一环”“十二射”“一纵”“一横”“多联”的布局形态，规划总里程 1061km，其中包括 925km 高速公路和 136km 快速路；市域其他国省干线公路呈相对均匀的网络化布局形态，规划总里程 2462km。

（2）中心城快速路系统将形成“一横三环+十字九射”的布局形态，总规模达到 354km，路网密度为 0.53km/km^2。中心城主干路的主要形态为“环+射线+方格网”格局。内环以内为方格网（浦西）和变形方格网（浦东），内外环之间以环+射线为主和一部分环线平行线。

上海市中心城区内“三环十射”的快速路网框架为城市的中长距离车辆服务，缩短了中心城区机动车出行的时空距离，提供了路网之间有效交通联系以及出入城的便捷程度，保障了路网行车速度及运行可靠性等。在结构和功能上，内环及“申”形高架是中心区的交通保护壳，以客运为主，对货运进行严格控制；外环是中心城区外围的交通保护壳，承担大部分的过境交通和对外交通，客货运均可通行；中环具有分流内外环、减轻中心城区路网交通压力、均衡路网流量的交通功能，以客运为主，兼有轻型货运。“十射”将“三环”连接成网，发挥网络效益；通过外环衔接市域高速公路、一级公路，通过内环衔接中心区骨干道路，特别要关注的是中环北段和外环西段的两条重要切向线和南北高架连线。

2016 年底，中心城快速路基本建成“三环十字七射”的城市快速路网络（包含外环线及高速公路入城段），快速路总里程从 2009 年的 213km 增加到 2016 年的 296.1km，主干路已实施总里程 528.09km，次干路已实施总里程 643.47km，中心城越江桥隧已建成 17 座，共 96 根车道，分别完成规划目标的 84%、91.6%、87%、71%。郊区高快速路网基本建成“一环、九射、一纵、一横、多联”网络格局（不包含外环线）。高快速公路通车里程已从 2009 年的 560km（其中高速公路 556km、快速路 4km）增加到 2016 年的 868.7km（其中高速公路 825.5km、快速路 43.2km），主要干线公路网已实施总里程 730km，次要干线已实施总里程 1111.83km，分别完成规划目标的 83%、84.9%、69.9%。

2017 年，上海开展了新一轮骨干路网发展规划，并提出了规划方案，即①中心城区骨干路网布局规划：中心城快速路形成“三环”“十字”“多联”的环+射线状布局形态，规划里程 365km，路网密度 0.55km/km^2；骨架性主干路形成“六横”“九纵”的方格网布局形态，规划里程 221km，路网密度 0.33km/km^2；区域性主干路形成“两环”“六横”“七纵”“十七射”的环+射线+方格网布局形态，规划里程 386km，路网密度 0.58km/km^2；次干路的形态基本平行于相邻的环线或射线主干路，在局部区域形成方格状路网，起到从主干路系统到支路系统的过渡作用，规划里程 775km，路网密度 1.17km/km^2。②郊区骨干路网布局规划：高快速干线公路为“一环、二十二射、二纵、二横、多联、多新城环”布局，共 38 条，约 1370.2km ，其中高速干线公路 953.3km、快速路 416.9km，主要干线公路为“十一纵、十一横”布局，共 22 条，约 987km，次要干线公路为方格网布局，约 1610.4km。

2. 高速铁路

中国铁路上海局集团有限公司的管辖地区、线路分布在上海、江苏、浙江、安徽等地区。2017 年底，中国铁路上海局集团有限公司营业里程达 9996.6km，其中，高铁 3357.4km；区域内三省一市铁路营业里程 9900.4km，其中，上海境内铁路营业里程 465.1km，江苏境内铁路营业里程 2770.9km，浙江境内铁路营业里程 2540.0km，安徽境内铁路营业里程 4124.4km。三省一市高铁里程 3343.5km，其中，上海境内高铁里程 146.9km，江苏境内高铁里程 855.1km，浙江境内高铁里程 987.4km，安徽境内高铁里程 1354.1km。

上海虹桥站。上海虹桥站位于上海闵行区，2010 年 7 月 1 日投入使用。上海虹桥站处于京沪、沪昆两大铁路干线交汇处，北端引接京沪高速铁路、沪汉蓉快速客车通道，南端与沪昆高速铁路、沪杭甬客运专线接轨，是上海虹桥综合交通枢纽的组成部分，也是华东地区重要的铁路客运枢纽之一。上海虹桥站总建筑面积约 44 万 m^2，站房总建筑面积约 24 万 m^2，总投资超过 150 亿元，无站台柱雨棚面积 6.9 万 m^2，候车大厅面积约 11340m^2，最高可同时容纳 1 万人候车。上海虹桥站设高速和城际普速两个车场，规模为 16 台 30 线，站台为 2 个侧式站台和 14 个岛式站台、共 30 站台面，股道全部为到发线。其中，高速场 10 台 19 线，城际普速场 6 台 11 线，速场和综合场均拥有侧式站台 1 个。上海虹桥站每个站台的宽度超过 15m，采用无柱雨篷技术，增加旅客上下车空间。

至 2017 年 7 月 16 日，上海虹桥站旅客发送量日均 15.7 万人次，单日最高 28.2 万人次，节假日达 20 万人次以上。2017 年 4 月 2 日，上海虹桥站发送旅客 29.5 万人次。2018 年 2 月 13 日，上海虹桥站发送旅客 29.28 万人次。列车运行高峰期，平均 1.4min 就有一趟列车驶离或到达上海虹桥站。上海虹桥站具有近期（2020 年）办理旅客列车到发 260 对、年发送旅客 5272 万人次，远期（2030 年）办理旅客列车到发 335 对、年发送旅客 7838 万人次的客运能力。如今，每天有超过 900 趟高铁列车在上海铁路线上穿梭，超过 60 万的旅客从全国各地往来于这个国际大都市。

上海东站（规划建设中）。2020 年 2 月中旬，《上海浦东综合交通枢纽专项规划》在上海市建设交通委和上海市规划国土资源局网站联合公示。根据公示信息，浦东国际机场与未来的铁路上海东站将共同构成上海浦东综合交通枢纽，浦东机场将新增 T3 航站楼，上海东站将研究预留航空服务功能。浦东综合交通枢纽将统筹航空、铁路、轨道交通、道路交通、常规公交等各类综合交通要素，建成辐射全球的亚太航空门户、国家沿海运输大通道的重要功能节点、服务长三角区域的核心门户枢纽和上海市域综合交通体系的重要锚固点。

其中，选址位于浦东新区祝桥镇（浦东国际机场保税区地块）的铁路上海东站被明确为上海的四大铁路主客站之一，主要接入沪通铁路和沪乍杭铁路，并可引入沪苏湖铁路、南/北沿江铁路等，整个上海东站将达到 14 台 30 线的规模，规模仅次于上海虹桥站，该站也将是上海轨道交通机场联络线（在建）的终点站。规划中，浦东国际机场与上海东站之间将依托浦东枢纽的内部捷运联系，结合在上海东站研究的预留航空服务功能，形成“空铁一体化组织”。

根据规划，浦东国际机场接入的城市轨道交通被细分为“市域线”和“市区线”两大类：①“市域线”规划共计 4 条，规划了 2 条连接虹桥、浦东两大综合交通枢纽的线路，分别是已经开工的“机场联络线”和在此次公示中新提出的“机场快线”构想。第三条，中国（上海）自由贸易试验区临港新片区与浦东枢纽之间，规划建设“两港快线”。第四条，从上海西南角的重要火车站松江南站到浦东枢纽，将规划铁路“东西联络线”，同时兼具连接铁路干线与服务市域轨道交通的功能。②“市区线”规划将在目前 2 号线的基础上，新增 21 号线。与此同时，浦东枢纽范围内也将进一步完善道路建设，打造“五纵三横”的快速路网。

2020 年 3 月 18 日，浦东新区明确，到 2025 年，浦东新区将基本建成浦东枢纽和沪通铁路二期，新增轨交线网超 100km，运营里程超过 350km，新增高快速路、主干路里程 150km。

2020 年 7 月下旬，《上海浦东综合交通枢纽专项规划》正式获得上海市人民政府批复。批复意见的第三条明确：浦东综合交通枢纽要规划构建“快速、便捷、畅达、绿色”的综合交通集疏运体系。轨道交通规划形成“5 条市域线+2 条市区线+多条局域线”的布局方案。道路系统规划形成“三纵五横”的对外快速集散路网，“十二横十三纵”的区域干路系统。货运系统要按照“东西分解、南北分离”的原则，加强浦东综合交通枢纽区域内的货运交通组织。区域内形成“三纵五横”的快速路网，其中：“三纵”分别为绕城高速（G1503）、浦东国际机场南北进场路-两港大道和滨海快速路（规划）；“五横”分别为龙东快速路（在建）、华夏高架路、迎宾高速（S1）、闸居快速路（规划）、申嘉湖高速（S32）。

建成后的上海东站站房面积将达 60000m^2，有 10 座站台、22 条线，主要办理沪通、沿江、沪乍杭方向的始发终到车，预计每日开行 120 对以上。上海东站还将与机场快线无缝并站，旅客能快速到达浦东国际机场、迪士尼乐园、中心城区及虹桥枢纽，成为可与虹桥比肩的浦东综合交通枢纽，届时共同构成上海两大国际（国家）级客运枢纽。

上海南站。上海南站位于上海徐汇区，是上海铁路客运的南大门、上海铁路枢纽的重要组成部分。上海南站建筑面积 5 万多平方米，站台线路为 6 台 13 线，包括 1 个基本站台和 5 个岛式月台，共有 11 个站台面，途经线路有沪杭铁路、京沪铁路和金山铁路。2013 年 1 月 24 日，上海南站发送旅客 4.52 万人次。2018 年 2 月 13 日，上海南站发送旅客 6.2 万人次。

上海站。上海站即上海新客站，位于上海静安区，毗邻上海长途客运总站，是上海铁路枢纽的重要组成部分。上海站站房总面积为 9.7 万 m^2，南广场面积为 67000m^2，北广场面积为 30000m^2。上海站的站台为岛式侧式混合站台，共设有 7 座站台，包括 1 个侧式站台和 6 个岛式站台，共 13 站台面，14 股道，包括 13 条到发线和 1 条机走线，途经线路有京沪铁路、沪昆铁路、沪宁城际铁路，其站台上方为无廊柱式雨棚和高架候车室。2007 年，上海站全年旅客发送量达 4600 万人次。2017 年 12 月 4 日，上海三大火车站年客运量突破 2 亿人次。

3. 航空港

上海是我国同时拥有两座大型机场的城市，目前上海国际机场股份有限公司（简称上海机场）运营管理浦东国际机场，上海国际机场股份有限公司控股股东机场集团运营管理虹桥国际机场。根据《上海航空枢纽战略规划》对两机场功能的布局定位，两机场以浦东国际机场为主，构建枢纽航线网络，虹桥国际机场在枢纽结构中发挥辅助作用，以点对点运营为主，因此，双方的客户基本上是区别化的。浦东国际机场作为航空枢纽战略的核心载体，将被打造成为品质领先的世界级航空枢纽。

上海是我国最大的经济中心城市，位于亚洲、欧洲和北美洲大三角航线的端点，飞往欧洲和北美洲西海岸的航行时间约为 10h，飞往亚洲主要城市的时间为 2～5h，航程适中。上海地处中国东部沿海经济发展带与长江经济带的交汇处，是长三角地区的核心城市，直接服务于长三角地区——中国目前经济发展速度最快、经济总量规模最大、最具有发展潜力的经济区域；间接服务区 2h 飞行圈涵盖了中国 80%的前 100 个大城市、54%的国土资源和 90%的人口、93%的 GDP 产出地，以及日本、韩国的大部分地区。作为世界第六大城市群，长三角地区集聚了财富 500 强的 400 多家企业投资于此，机场半径 300km 腹地内覆盖了长三角地区的国家的 8 个主要工业、科技园区，相关产业与航空关联度高，主要产业为电子信息、汽车、石化、成套设备、精品钢材和生物医药等。

浦东国际机场。浦东国际机场位于中国上海浦东新区，距上海市中心约 30km，为 4F 级民用机场，浦东国际机场属于一类 1 级机场，是中国三大门户复合枢纽之一、华东区域第一大枢纽机场、门户机场。浦东国际机场有两座航站楼和三个货运区，总面积 82.4 万 m^2，有 218 个机位，其中有 135 个客机位。其拥有跑道四条，分别为 3800m 2 条、3400m 1 条、4000m 1 条。至 2016 年底，浦东国际机场已吸引了 37 家航空公司在此运营全货机业务，全货机通航 31 个国家、112 个通航点，每周全货机起降近 1000 架次。至 2017 年底，已有 110 家航空公司开通了飞往上海两大机场的定期航班，浦东国际机场连通全球 47 个国家和地区的 297 个通航点。

2019 年，浦东国际机场旅客吞吐量在全国排名第二，航空运量继续跻身世界超大型枢纽机场“俱乐部”，其中国际和地区旅客量继续保持全国第一。2019 年，目前世界上最大单体卫星厅建成并投入使用，可满足年旅客吞吐量 8000 万人次的运行需求，实现上海航空枢纽建设新的里程碑。浦东国际机场积极推进枢纽建设，持续优化航线网络结构，努力提升国际航线网络通达性，重点发展国际远程航线。2019 年浦东国际机场出入境旅客吞吐量超过全国的 50%，继续巩固了我国最大空中口岸地位，生产指标总体向好。2019 年浦东国际机场共保障飞机起降 51.18 万架次，旅客吞吐量 7615.35 万人次，同比增长 2.9%，货邮吞吐量 363.42 万 t。

虹桥国际机场。虹桥国际机场位于上海长宁区，距市中心 13km，为 4E 级民用国际机场，是中国三大门户复合枢纽之一，也是国际定期航班机场、对外开放的一类航空口岸和国际航班备降机场。虹桥国际机场建筑面积 51 万 m^2；航站楼面积 44.46 万 m^2，拥有跑道两条，分别长 3400m、3300m；停机坪约 48.6 万 m^2，共有 89 个机位。2017 年，虹桥国际机场旅客吞吐量 4188.41 万人次，货邮吞吐量 40.75 万 t，起降架次 26.36 万架次，分别位居中国第 7、第 9、第 10 位。2019 年虹桥国际机场旅客吞吐量在全国排名第八。2020 年 3 月 24 日，上海市新闻发言人尹欣宣布，自 3 月 25 日零时起，虹桥国际机场暂停所有国际、港澳台的进出港航班业务，并将虹桥国际机场此前所有国际、港澳台航班转场至浦东国际机场运营，保留虹桥国际机场国际、港澳台航班备降功能。

6.3.2 航空港与高铁站的空间组合

虹桥国际机场与虹桥火车站空间组合。虹桥国际机场有两个航站楼，T1 航站楼和 T2 航站楼，其中 T2 航站楼与虹桥火车站位于同一换乘综合枢纽内部，两者的平行距离约为 300m，属于平面组合模式的近邻式，交通枢纽地下有两条换乘通道连接彼此。而虹桥国际机场的 T1 航站楼位于虹桥火车站东部，直线距离约 2.5km 左右，属于异地组合模式，两者之间的交通工具有免费摆渡车，其在机场的内部运行，高峰时期 5min 一班，花费时间大约 15min；另外地铁 10 号线把三者串联为一个整体，花费时间较少。

浦东国际机场与虹桥国际机场、虹桥高铁站的空间组合。浦东国际机场与虹桥高铁站之间相距 60km 左右，属于组合模式中典型的异地组合模式。空间上的长距离对于两者之间的快速换乘、便捷性产生了巨大的影响。德国汉莎航空的一项研究得出，航空与高铁之间的换乘时间应该控制在 45min 之内，这是乘客所能接受的时间范围。根据上海地区的实际情况调查，从浦东机场到虹桥火车站的道路交通至少需要 1h，如果遇到堵车，则耗时更多。选择地铁 2 号线或高速磁浮的耗时为 70～90min，另外这两种方式均需换乘，这给携带行李的旅客带来极大的不便。所以说，缩短两者之间换乘的时间，建设新的快速交通形式显得尤为重要。为此，2018 年 12 月 27 日，上海市城市轨道交通机场联络线（越江段隧道）工程获得批准。2019 年 6 月 28 日，上海轨道交通市域线机场联络线开工建设，标志着上海轨道交通市域线网络建设进入新阶段。该线路全长 68.6km，设 9 个车站，设计速度每小时 160km，计划 2024 年建成投运。届时，虹桥和浦东两大综合交通枢纽间的运行时间将控制在 40min 以内，实现空铁快速联运。

6.3.3 航空港、高铁站与高速公路、快速路的空间组合

浦东国际机场与高速公路、快速路的空间组合。浦东国际机场于 1999 年竣工，当时机场连接市区的高速公路只有一条，为上海迎宾大道，总长度约 12km，所以这个阶段在空间上的组合形态为哑铃式组合。连通机场的上海绕城高速公路于 2004 年通车（其中利用嘉浏高速公路一期的 4.6km 于 2000 年先期建成）。2009 年 12 月 31 日申嘉湖高速公路通车，它连接了浦东国际机场，穿越上海市区南部，经沪浙省界后向西南转向，终于浙江湖州鹿山枢纽与宁杭高速公路相连。2009 年底，城市快速路上海华夏高架路开通，其又称为浦东机场北通道，全长 15.6km，起于申江路，终于浦东国际机场主进场路。至今以浦东国际机场为中心，从北至南依次为机场绕城高速公路北段，连接了外环高速，通达市区，北至崇明岛和江苏南通的沪陕高速；迎宾高速连接机场与外环高速；申嘉湖高速连接南市郊，连通浙江；机场绕城高速公路南段连通上海南部地区。由于浦东国际机场临海，浦东国际机场与高速公路、城市快速路在空间上形成了非典型的放射式空间组合形态。

虹桥国际机场、虹桥火车站与高速公路、快速路的空间组合。虹桥火车站与虹桥国际机场都位于虹桥枢纽内部，两者在空间上呈现平面组合的状态。虹桥枢纽内部密集分布了多条快速路，横向的有北翟高架路、崧泽高架路、扬虹路、建虹路以及规划中的漕宝高架路，纵向的有嘉闵高架路、虹渝高架路、虹翟高架路。航站楼和高铁站的外部，也就是虹桥枢纽的外部区域分布着环状的高速公路，西部为沈海高速、东部为外环高速、北部为京沪高速、南部为沪渝高速，从而形成了圈式结构，在圈层的外部，多条高速公路以及快速路与此相连接。虹桥国际机场、虹桥火车站与快速路、高速公路最终在空间上形成了典型的蛛网组合。

6.3.4　高速公路与快速路的空间组合

上海快速路呈环状放射式，同样高速公路空间布局也呈环状放射式。上海核心区域分布着两个圈层的主要快速路，以及从市区中心发射的快速路呈现环状放射式；上海高速公路主要的圈层为上海绕城高速连接郊区重要区域以及外环高速公路连接市区外围区域，在空间上呈现明显的环状，另外，各条纵横的高速公路呈现放射状连接彼此，在空间布局上呈现网状的多环放射状。

高速公路与快速路的空间组合，有的组合形式属于分离式，这种形式组合的高速公路与快速路并没有在空间上形成完整的融合，一般需要通过城市主干道建设进行连接。为使高速公路的车流与快速路的车流完整、顺畅地衔接，可以对连接处的主干道进行改造或延伸建设，达到两种组合的完全对接，以此保证车辆行驶的稳定性。例如，上海罗山路高架的修建使内环、中环和外环与规划建设中的沪奉高速相衔接；中环浦西部分高速公路继续完善成为整体环状结构，同时连接外环，华夏高架路进一步连接迎宾高速（S1）至浦东国际机场，同时，中环的西环线向西修建放射状虹梅路高架，将闵行工业区、紫竹国家高新技术产业开发区连接起来。

虹桥枢纽的配套快速路与高速公路的衔接需要进一步优化。新建及改建的一纵三横道路系统中，嘉闵高架路、北翟高架路、崧泽高架路已经建成，应该加快建设嘉闵高架路连接外环线，以连接漕宝路，进一步将虹桥枢纽与周边快速路、高速公路融合。

6.3.5　高速交通网络设施的区域共享

上海的高速交通网络资源有特别之处：首先，虹桥枢纽的“空铁联运”，高铁可延伸航空港的服务范围，以及至长三角核心区域，为区域所共享。其次，上海的两个航空港通过分工合作，进一步扩大了区域共享功能。

上海虹桥枢纽“空铁联运”的区域共享。2012 年 5 月，东方航空公司和上海铁路局第一个在上海地区推行了“空铁通”产品；东方航空公司在上海推出“空铁通”产品后，2012 年 11 月，中国国际航空也在上海地区推出空铁联运相关产品服务；2013 年 8 月，春秋航空与上海铁路局合作加入华东区域的“空铁联运”。到 2014 年，三家航空公司根据市场需求，结合自身航线、班次和铁路运行班车变化对空铁联运产品先后多次优化，昆山南、苏州、无锡、常州、丹阳等 20 个车站、166 趟经上海虹桥火车站出发或到达的高铁动车实现了与虹桥国际机场、浦东国际机场内三家航空公司航班的双向联运。

上海虹桥枢纽“空铁联运”区域共享范围究竟有多大？对于到达上海的旅客来说，选择高铁和航空，取决的因素有很多，如个人的经济收入水平、航班的班次、乘车的舒适度等。一般而言，旅客乘坐不同交通方式所花费的时间由三方面构成：从出发地到出发地车站或机场的时间 $T1$、乘坐交通工具所花的时间 $T2$、目的地车站或机场到最终目的地的时间 $T3$。那么，

乘坐高铁的时间为

$$T_{\mathrm{t}}=T_{\mathrm{t}}1+T_{\mathrm{t}}2+T_{\mathrm{t}}3$$

乘坐飞机的时间为

$$T_{\mathrm{a}}=T_{\mathrm{a}}1+T_{\mathrm{a}}2+T_{\mathrm{a}}3$$

$$\Delta T=\left(T_{\mathrm{a}}1-T_{\mathrm{t}}1\right)+\left(T_{\mathrm{a}}3-T_{\mathrm{t}}3\right)$$

一般来说，一个乘客从始发地出发到始发地高铁站的距离会小于到机场的距离，另外加上在飞机场会有各种手续：登机、托运行李等会消耗一定的时间，所以 $T_{\mathrm{a}}1$ 大于 $T_{\mathrm{t}}1$，同样 $T_{\mathrm{a}}3$ 大于 $T_{\mathrm{t}}3$。

一般来说，ΔT 是固定常数，$\Delta T=2$，其中 $T_{\mathrm{a}}1-T_{\mathrm{t}}1=1.5\mathrm{h}$，$T_{\mathrm{a}}3-T_{\mathrm{t}}3=0.5\ \mathrm{h}$。$T_{\mathrm{a}}-T_{\mathrm{t}}=$（$T_{\mathrm{a}}1-T_{\mathrm{t}}1$）+（$T_{\mathrm{a}}2-T_{\mathrm{t}}2$）+（$T_{\mathrm{a}}3-T_{\mathrm{t}}3$）。假设在 S 距离内，乘坐飞机总共花的时间等于乘坐高铁总共所花的时间，以 V_{t} 代表高铁的平均速度，以 V_{a} 代表飞机的平均速度，那么可以得到公式：

$$S=\frac{\Delta T}{1/V_{\mathrm{t}}-1/V_{\mathrm{a}}}$$

表 6.6 为上海到达重要城市的基本信息，包含花费时间、距离和平均速度，最后得出在实际中高铁平均速度为 184km/h，飞机在实际中平均速度为 590km/h。如此，得到

$$S=2/（1/184-1/590）=534.78\mathrm{km}$$

那么，相同城市铁路所跨越的距离是飞机距离的 1.16 倍，即 620.34km，在此计为 620km。

表 6.6　上海与各城市高铁平均速度比较

出发城市	到达城市	花费时间（高铁/动车）	距离/km	平均速度/(km/h)
上海	苏州	30min	84	168
上海	南京	1h40min	301	181
上海	合肥	3h20min	465	140
上海	台州	3h10min	466	147
上海	南昌	3h40min	741	202
上海	武汉	5h30min	827	150
上海	福州	5h30min	883	161
上海	济南	3h40min	915	250
上海	郑州	7h	998	142
上海	长沙	5h	1083	217
上海	北京	5h	1318	264

通过以上公式计算，当距离在 620km 之内时，在同等距离内高铁在时间上比飞机占优势。而超过 620km 时，选择飞机还是高铁取决于乘客的个人收入、个人偏好以及航空公司或者是铁路公司提供的各种服务及政策。

三家航空公司合作的城市中，离上海最远的西部城市为合肥，距离上海 465km，南部为台州，距离上海 466km，它们都处于高铁的最优服务范围 620km 之内。这样，以上海为中心形成半径为 620km 的区域，虹桥高铁与虹桥国际机场以及浦东国际机场这样的“空铁联运”资源组合服务于整个区域，为区域所共享的地理范围。目前规划连接上海的有沿江铁路、沪通铁路、通苏嘉城际铁路，这些铁路将连接太仓、张家港、常熟、南通以及苏北线路城市，同公路网一道形成城市网络。节点上的城市在地理空间上接近上海，均可以作为“空铁联运”节点城市，随着铁路网络的完善，上海虹桥、浦东枢纽的区域共享将会得到充分发挥。

法国、德国等发达国家的空铁联运有多年的发展历史，空铁联运在中国还处于起步阶段。为了更好地服务于区域，提高资源共享的效率，需要构建由各省市政府主导、各方分工合作的空铁联运系统。

上海航空港的区域共享。当前上海两个机场的航空公司的航线分布为：虹桥国际机场多为国内航空公司的国内航线，位于 T2 航站楼，同时有少量航线往来港澳台及韩日，位于 T1 航站楼，虹桥国际机场通达的国际、地区航班仅往来东亚国家以及港澳台地区，同时主要为国内的大中小城市服务。浦东国际机场分布了海外各个国家的大型航空公司以及国内主要的航空公司，主要经营国际航线，多位于 T2 航站楼，T1 亦有部分国内航线。浦东国际机场出发的航班连接了世界主要大城市以及国内的主要城市。

长三角地区主要城市的机场的国际、国内航线比较有限。南京机场通达国内主要城市、港澳台、泰国曼谷普吉岛、澳大利亚悉尼以及德国法兰克福等城市；杭州机场通达国内主要城市、港澳台、韩日、东南亚新加坡、南亚新德里以及欧洲的法兰克福、阿姆斯特丹和非洲的亚的斯亚贝巴，合肥机场通达国内主要省会城市以及港澳台地区；此外，华东地区的南昌机场通达国内主要省会城市、港澳台以及东南亚曼谷；显然，这些城市的机场主要服务于国内航线，对于国际旅行需求来说有限的。因此，通过区域高铁网络连接上海航空港，能够充分发挥上海丰富的国际航班资源的共享效果，这些城市的旅客可以通过高铁、高速公路等交通方式到达上海，通过上海虹桥、浦东国际机场到达目的地。为此，上海还需加大力度建设国际枢纽航空港，提高其在国际航空运输中的地位。在国际上，美国的休斯敦航空港、芝加哥航空港、达拉斯航空港等，利用城市多个机场的合作与分工，充分发挥了其枢纽港的作用。

6.4　广州高速交通网络资源的空间组合

6.4.1　高速交通网络资源状况

航空港。广州白云国际机场地处广州白云区人和镇和花都区新华街道交界处，距离广州市中心海珠广场的直线距离约 28km。广州是华南地区最大的进出口岸和重要的交通枢纽，其凭借得天独厚的地理位置及海陆空层次分明的交通体系，具有覆盖东南亚、连接欧美澳、辐射我国各主要城市的天然网络优势。广州白云国际机场是国内三大航空枢纽之一，2004 年 8 月 5 日由于原机场场址转场，当年旅客吞吐量就超过了 2000 万人次，2010 年成功跻身国际机场协会（ACI）全球机场旅客满意度测评“世界十佳服务机场”。2019 年旅客吞吐量突破 7300 万人次、航班起降近 50 万架次、货邮吞吐量超 190 万 t。其中，国际及地区旅客吞吐量超 1850 万人次。

2012 年 8 月，白云国际机场扩建工程动工，建设第三条跑道及滑行系统、T2 航站楼、站坪及空管、供油等配套设施。2015 年 2 月 5 日，第三跑道投入运营；2018 年 4 月 26 日，二号航站楼投入使用。现拥有两座航站楼、三条跑道的白云国际机场，飞行区等级为 4F 标准，可满足 A380 等大型宽体客机起降及停放需要，也可满足年起降 62 万架次、8000 万旅客量和 250 万 t 货邮量的运营需求，未来还将加快第四和第五跑道、东四西四指廊、三号航站楼扩建，加快推进货运设施建设，进一步满足珠三角及华南地区日益增长的航空运输需求，加快推进世界级航空枢纽建设步伐。目前，白云国际机场航线网络已覆盖全球 230 多个通航点，其中国际及地区航点超过 90 个，已有近 80 家中外航空公司在此运营。2019 年 5 月 1 日起，正式实施 144h 过境免签政策。

到“十三五”期末，通过搭建以广州为起点的“空中丝路”，与国内东南亚主要城市形成“4h 航空交通圈”，与全球主要城市形成“12h 航空交通圈”，白云国际机场年旅客吞吐量将超过 8000 万人次，国际航线 150 条，货物吞吐量将达到 250 万 t，客货运输量进入全球前 10 位。未来，白云国际机场将打造集航空运输、高铁、地铁、城际轨道和高速公路多种交通方式于一体的综合交通中心和换乘枢纽，实现泛珠三角、珠三角地区城市与白云国际机场之间的有效衔接，与广州港、南沙自贸区一道在国家“一带一路”倡议、粤港澳大湾区建设、新一轮对外开放大格局中发挥更大的作用。

高速铁路。广州铁路枢纽是全国四大铁路客运枢纽之一和华南地区最大的铁路枢纽，在“十二五”完成的 2015 年，已接入京广、广深、广茂等九条干线铁路，运营里程 1674km，形成了客货列车基本分线运行的“双人”形格局，以及广州火车站、广州南站、广州东站、广州北站“三主一辅”枢纽的格局，四个高铁站分布在市区的相对东南西北处，呈环形分布，有效分流了客流。铁路客运量从 2010 年的 9362 人次增长至 2015 年的 13657 人次。2019 年，铁路客运量达到 14531 人次。到“十三五”期末（2020 年）形成“‘双人’形+三横”，总规模超过 1800km 的铁路网格局巩固了广州作为全国四大铁路客运中心的地位，使其成为辐射湖南、广西、贵州等泛珠三角地区的南方铁路主枢纽，广州铁路枢纽地位和作用进一步提升，年客运量 15800 万人次，货运量 6500 万 t，城际轨道交通网络初步形成，打造了以广州为中心的珠三角 1h 城际交通圈。

广州东站位于广州天河区，是中国铁路广州局集团有限公司管辖的特等站，是广州接驳功能较齐全的交通枢纽，为广州铁路枢纽的重要组成部分以及中国大型铁路枢纽站之一。其站房总建筑面积为 11.4 万 m^2，车场规模达 7 台 14 线；候车室面积 1.6 万多平方米，可容纳 2 万名旅客。其主要承担广深线、广九线、广梅汕以及华东地区经京铁路分流进入广州地区的旅客列车始发终到。

广州南站位于广州番禺区，为特等站，是连接京广高速铁路、广深港高速铁路、贵广高速铁路、南广铁路、广珠城轨和粤西沿海铁路的重要枢纽，是粤港澳大湾区、泛珠三角地区的铁路核心车站，是广州铁路客运枢纽的站点之一。广州南站总建筑面积 61.5 万 m^2，站房总面积 48.6 万 m^2，设 15 站台、28 站台面、28 股道，自下至上分为 B1 层（地铁站、停车场）、1F 层（进出站层、购票层）、2F 层（高架站台层、东落客平台）和 3F 层（高架候车层、西落客平台）共四层。2019 年春运期间，广州南站到发旅客 2126.37 万人次，日均到发 53.16 万人次，单日最高到发量为 67.14 万人次。2019 年"五一"期间，广州南站到发旅客 335.8 万人次，日均到发 67.2 万人次，单日最高到发量为 75.29 万人次。2019 年 10 月 1 日，广州南站单日发送旅客人数达到 42 万人，再创历史新高。广州南站北端引入京广高速铁路、贵广高速铁路、南广铁路，南端引入广深港高速铁路、广珠城际铁路，是广佛肇城际铁路、广佛环线和广惠城际铁路的交汇点，是各线路的列车始发站、终到站，并通过三眼桥联络线连接广州站、广州东站及广州西站。广州南高架站（服务区际干线铁路）：京广高速铁路、贵广高速铁路、南广铁路、广珠城际铁路。广州南地下站（服务城际支线铁路）：珠三角城际快速轨道交通，如广佛环线、广惠城际铁路。广州南站是中国铁路广州局集团有限公司所辖站点中列车开行密度最大的车站，在客流高峰时段平均每分钟发出 1.2 列动车组列车，是华南地区最繁忙的铁路客运站。广州南站还是全国停靠动车组数量最多的铁路车站，2017 年春运期间，单日始发终到列车 319 对，2018 年春运期间满图开行动车组列车 441.5 对。中国铁路客户服务中心官网显示，广州南站经停车次数量（含始发、终到、过路）位列全国第一，超越上海虹桥站及北京南站等其他特大型车站。

广州北站位于广州花都区，距离广州站 27km，是中国铁路广州局集团有限公司广州车务段属下三等站，是京广铁路、京广高速铁路的中间站，是广清城际铁路一期的到发站（在建）。2018 年 9 月 21 日，广州北站综合交通枢纽工程开工。2009 年 12 月 26 日，广州北站开通高速铁路业务；广州北站建筑面积为 42000m^2，其中广清城轨站房面积为 30657m^2；广州北站场站规模已启用 4 台 10 线，包括在建的广清城轨在内达 8 台 16 线。

广州站位于广州越秀区，是中国铁路广州局集团有限公司管辖的一座特等站，是广深铁路、京广铁路、广茂铁路、广佛肇城际轨道及广州地铁 2 号、5 号线交汇的车站，是广州市内最主要的铁路客运站之一，同时也是中国主要铁路枢纽站之一。广州站站场总面积 12 万 m^2，候车室面积 8504m^2，售票处面积 1108m^2，行包仓面积 3823m^2，站台规模为 4 台 7 线，途经的线路有广深铁路、京广铁路、广茂铁路、广佛肇城际轨道。广州站未来将增加至 10 个站台、20 条到发线，车站可日发送旅客 3 万人次。现有的主站厅的设计标准已经远远不能满足当下的实际客流量，2018 年广州站改造正式启动，改造后可承受日均 12 万人次的客流量，其主要运营高铁和城际动车，逐步形成现代化特大型枢纽，将现有的货运功能剥离，新建货运外绕线，保留少量普速列车，其他普速列车的运营则由新建的棠溪站负责。广州站改造主要建广清、广佛肇、广佛江珠等城际轨道引入广州站线路及站场，预留接入南广、贵广高铁，站台规模由 4 台 7 线扩建为 10 台 20 线。

高速公路、快速路。"十二五"期末（2015 年）广州新开通 8 条高速公路，高速公路总里程为 97.2km，占广东高速公路 702.1km（2015 年）的 13.8%，居全省第一。广州开工建设凤凰山隧道、广中江高速、虎门二桥等项目，加强广州与粤西、粤北的快速联系，打通了国家高速公路网的南北大通道。2015 年，全市公路通车总里程 9320km，全市已基本形成“二环+十五线”高速公路的主骨架网络（图 6.15），城市道路总里程为 7220km，中心城区干道网络工作日晚高峰平均车速为 25.8km/h。2019 年，市域高速公路通车里程达到 1030km，2020 年，广州力促花莞高速、机场第二高速北段等 4 个高速公路项目建成通车，新开工南中高速、增佛高速（增天段），抓紧推进增佛高速、花莞高速西延线等高速公路和车陂路—新滘东路隧道二期、鱼琶隧道、化龙—开发区西区过江通道、珠江新城过江隧道等重点市政路桥项目前期工作，推动莲花山、狮子洋过江通道建设；力促白云五线（机场高速至 106 国道）、南大干线（市新路至新化快速路）、南大干线（新化快速至莲花大道）、新广从路快速化南段等 7 个城市道路项目建成通车，力争开工建设城市快捷路二期（东沙—石岗隧道）、车陂路—新滘东路隧道二期、广汕路快捷化和广州铁路大田站、白云（棠溪）站周边道路等城市道路项目，大力推进市域高、快速网络建设。

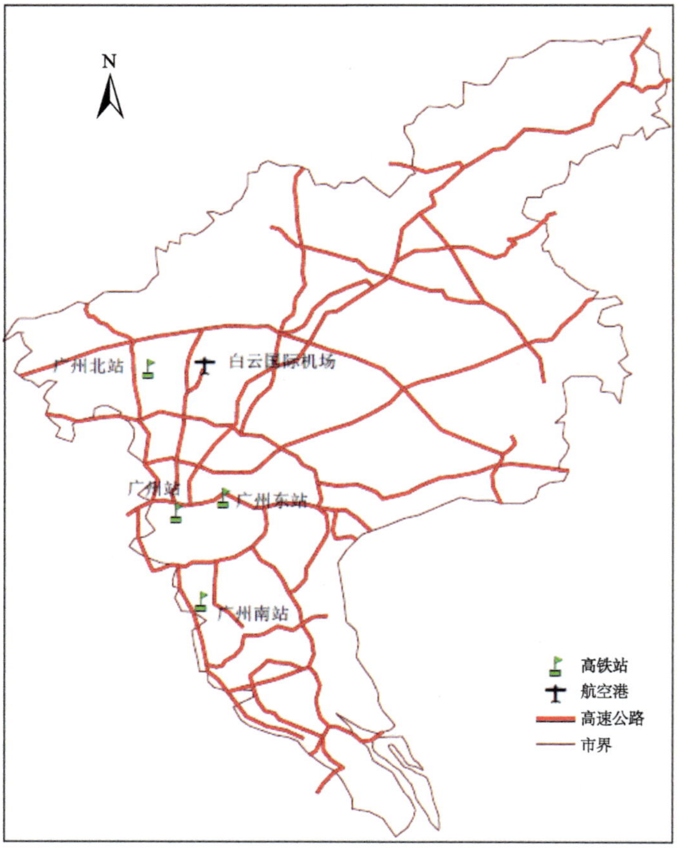

图 6.15　广州市高速公路空间布局示意

到“十三五”期末（2020 年），初步形成了以广州为中心的三环 15 线，总规模超过 1206km 的区域高速公路网络格局。构建泛珠三角高速公路网络中心，实现广州至泛珠三角所有省会城市及泛珠三角地区所有地级市均有高速公路直达，两小时机动车，空间范围覆盖珠三角及清远、韶关等周边主要城市，公路运输年客运量超过 10 亿人次，货运量 9 亿 t。

广州市中心白云区、天河区、荔湾区和海珠区等外围有第一圈层高速公路包围，第二圈层高速公路包围了黄埔区、番禺区等，其他距离市中心较远的区域则通过放射式的高速公路连接。环状高速有广州绕城高速；横线高速有广乐高速、广河高速、广明高速、派街高速等；纵线高速有从莞深高速、东新高速、广珠西线高速、广州机场高速等，这种布局形态可以快速分离区域过境交通，有效转换内外交通，使得城市区域范围内各个组团联系便捷，大大提高了运输效益和运行质量。

广州已建成通车的快速路、高架路总长约 263.63km，总共有 11 条快速路，其空间分布主要是围绕核心区呈环状放射式，于内环路附近纵横交错。纵线主要有人民路高架，其北起人民北路，南接人民桥与内环路相通，是全国第一条城市高架道路和快速路；东濠涌高架路，位于内环路之间，以高架道路和地面道路结合为主；科韵路，北起华观路，南至仑头立交，以地面道路为主；天河东路—猎德大道—江海大道，北起天河东路，南至新光快速路；华南快速干线，总长 50.6km，分为三期工程；南沙港快速路，北起仑头立交，南至南部地区南沙港，全长 72.36km，出城段可视为高速公路；新光快速路，北起花城大道，南至番禺区光明北路；机场高速路，南起三元里，北至花都区北兴地区。横线主要有：东风东路—黄埔大道快速路，西起东风东路，东至科韵路东；新滘路，西起工业大道，东至科韵路；广园快速路，西起内环路，东至东莞市中堂镇，跨越两个地级市，全长约 47km，以地面道路和高架道路为主。快速路网分布于核心市区，减轻了核心区交通压力，提高了交通运行的高效性。

6.4.2　高速交通资源的空间组合

短距离日常通勤公交和地铁的结合即能满足居民出行需求，但在远距离出行并且时间相对不充裕的情况下，高速交通资源的优化组合就会显得尤为重要。2015 年，广州高速交通网络资源空间布局状况如图 6.16 所示，该图反映了当时广州高速交通网络资源的空间组合的基本情况。

航空港与高铁站的空间组合。广州市内的 4 个高铁站与白云国际机场形成异地组合。从广州南站出发到白云国际机场的专线短程动车组，途中连接广州东站、广州站。广州站与广州东站按照此方式亦可到达机场，因为距离比广州南站到机场近，所耗时间应该会更少。

高速公路、快速路、地铁的空间组合。广州市高速公路呈环状放射式形态，中心区有广州环城高速，内环路将中心区域包围，南北射线有广清高速、东新高速、广珠西线高速、机场高速等，东西射线有沈海高速、广州绕城高速、广深高速、广乐高速等；快速路主要分布在市中心区域，快速路的发展趋势也呈现环状放射式形态。目前，在中心一环的基础上其余快速路纵横放射分布，南北射线有机场快速路、南沙港快速路、华南快速路等，东西射线有广园快速路等。高速公路与快速路纵横交错，目前已有相互衔接的道路，如华南快速路与广清高速、沈海高速、广深高速衔接，广州绕城高速、广珠西线高速、东新高速与南沙港快速路衔接，广园快速路与广清高速衔接。

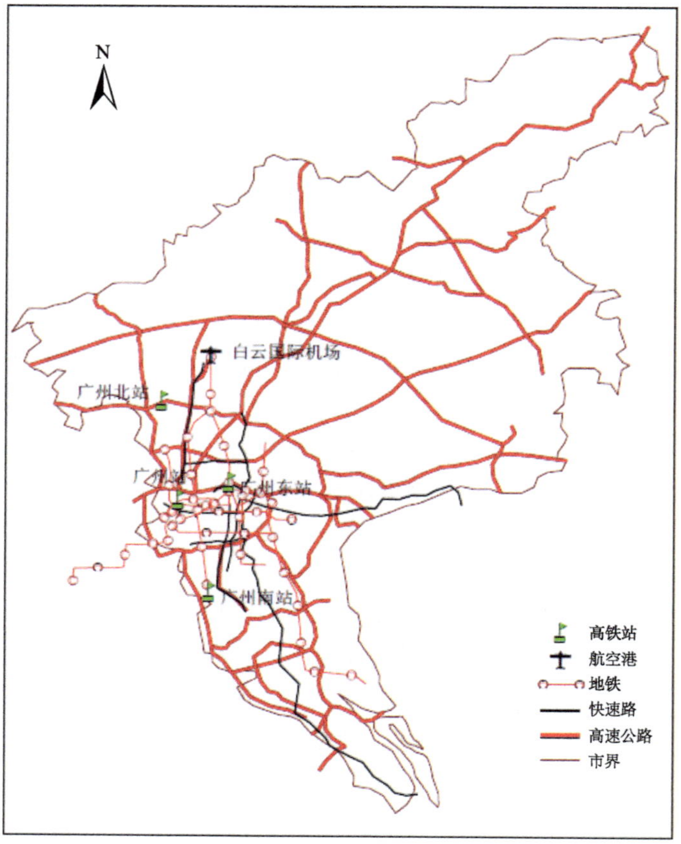

图 6.16　广州高速交通网络资源空间布局状况

航空港、高铁站与高快速路、地铁的空间组合。白云国际机场与广州东站、广州南站、广州北站、广州站的直线距离分别为 26.4km、44.6km、10.1km、26.7km，从距离角度来看，航站楼与高铁站的空间组合均属于异地组合。由于广州市机场与高铁站之间除了机场大巴以外，没有直达的磁悬浮列车或其他高速交通方式，那么航站楼与高铁站之间的衔接必须要借助高快路或者地铁。

广州航站楼、高铁站与高快路及地铁之间属于蛛网式形态，以高铁或者航站楼为中心，高快速路与地铁在其周围呈现多条发散的射线，形成复杂的蛛网式形态。航空港、高铁站与高快速路之间，一可以通过快速路衔接，或者其他快速路如南沙港快速路到达广州东站等；二可以通过高速公路衔接。白云国际机场、高铁站均可以通过附近纵横交错的国道或省道，如沈海高速、东新高速等高速公路最终到达机场。德国汉莎航空的一项研究得出，航空与高铁之间的换乘时间应该控制在 45min 之内，这是乘客所能接受的时间范围的限度。目前，白云国际机场航站楼与高铁站之间的换乘时间几乎都超过 45min。因此，航空港、高铁站与高快速路、地铁之间复杂的蛛网式结构仍然需要进一步优化，减少实际过程中的时间摩擦。

根据《广州综合交通枢纽总体规划（2018—2035 年）》的发展目标，广州 2020 年基本建成国际性综合交通枢纽。着力解决白云国际机场的空域问题，加快航空枢纽基础设施和集疏运系统建设，拓展欧美非国际航线，完善航线网络，建成国家面向亚太地区的航空门户枢纽；优化完善广州港，积极推动邮轮母港建设，建成南沙港铁路，实现海铁联运，建设广州国际航运中心；建设高铁东西向通道和铁路主枢纽站场，开通国际铁路班列，基本实现距广州 1000km 范围主要城市 3h 内直接通达；基本建成以广州为核心的粤港澳大湾区城际铁路网和城际铁路枢纽体系，实现“1 小时交通圈”；完善珠江口高速公路网，强化对粤港澳大湾区城市群的辐射力。到 2035 年，广州建成全球交通枢纽，适应广州建设中国特色社会主义引领型全球城市的要求，应用新技术，创建新模式，探寻中国特色的国际化发展道路，完善面向全球的航空航运网络、面向亚欧大陆的铁路班列，建成自由贸易港，持续提升服务全球的国际运输能力和影响世界的国际交通网络，实现“12 小时航空交通圈”，构建支撑人和商品国际交流持续发展的现代化枢纽城市，聚集掌控资本流动和文化话语权的雄厚实力。

其中，客运枢纽布局形成 “双芯两极”空间结构：①航空芯——以广州白云国际机场为核心，构建航空枢纽网络，连接广州北站、广州机场站、知识城站，打造世界级空港和空铁联运枢纽；主城芯——在人口高度集聚的主城区，依托广州中心火车站（广州站—广州东站）、广州南站、白云站等，建设广州枢纽中心，合理布局汽车客运站和水巴码头，高密度布局旅客换乘枢纽，优化提升主城区服务能级。②两极：南沙极——以南沙邮轮母港、南沙站为主，打造粤港澳大湾区世界高品质服务枢纽；东部极——以新塘站、增城站为主，打造东部门户枢纽。规划形成“双核一带”货运枢纽布局，支撑国家“一带一路”建设的重要支点，即①南沙核：以广州港南沙港区为核心，打造丝绸之路经济带和海上丝绸之路的战略支点，建设自由贸易港，促进粤港澳大湾区发展；②机场核：围绕广州白云国际机场，推动空铁融合发展，打造高端货运经济区；③环城带：在广州主城区外围，围绕铁路货运通道和二环高速公路，布局广州集装箱中心站、增城西物流基地、白云货站等铁路、公路货运枢纽站场，与产业聚集区形成紧密互动格局，实现交通物流融合发展战略。

交通网络主骨架方面：①客运网络架构以主城区为核心，构建“十字＋四环”客运主骨架。十字：以广州中心火车站（广州站—广州东站）、广州南站、白云站为主，完善“十字”形高铁骨架，“纵轴”以京广—广深港高铁、广中珠澳高铁、广清永高铁和京广铁路为主，“横轴”以贵广铁路、南广铁路、广汕铁路、深茂铁路、赣深高铁、广湛高铁、广河高铁为主。四环：广佛环城际—珠三角城际新塘经白云机场至广州北站段—佛莞城际、广佛环城际、地铁 11 号线、环城高速公路。②货运网络架构。围绕海港、空港枢纽和产业园区，构建“三环＋九射”的货运主骨架。三环：二环高速公路—广明高速公路、南沙港铁路—广珠铁路—广州铁路枢纽东北外绕线—广深铁路、珠三角环线高速公路。九射：北向通道以京广铁路、京珠（G4）和大广（G45）高速公路为主，东向通道以广梅汕铁路、沈海（G15）和济广（G35）高速公路为主，西向通道以柳广铁路—广茂铁路、二广（G55）和广昆（G80）高速公路为主，形成 9 条对外货运放射线格局。

对外通道网络方面：①铁路对外战略通道。规划形成衔接长沙、南昌、汕尾、深圳、珠海、茂名、南宁、贵阳、梅州、永州等辐射全国 10 个方向“四面八方、四通八达”的对外战略通道格局。②城际铁路。规划以广州为中心，与粤港澳大湾区主要城市间 1h

互通的城际铁路交通圈。③高速公路。构筑以广州为中心，“三环十十九射”的珠三角区域高速公路格局，使其成为华南地区高速公路网络中心、公路客货运枢纽。规划建设花莞高速、虎门二桥、南沙至中山高速、广连高速、白云机场第二高速、从埔高速、增佛高速等项目，规划研究花莞西延线，完善高速公路网络。④航道、锚地。加强航道建设，提升超大型集装箱船和大型邮轮的通行能力。推进珠江高等级航道建设，扩大西江航运干线通航能力。提高锚地适用能力，满足广州港及周边港口大型船舶靠泊、防台、应急等要求。

第 7 章　快递网络的空间组织：不同规模城市及区域尺度透视

不同规模的城市以及区域尺度的经济活动显然是有差异的，城市规模越大，经济活动、社会活动、居民生活活动越复杂，相应地，快递活动在地理空间上的组织也会有所不同。在区域层面，经济活动等依赖于城市之间的联系。本章根据研究的实际工作，选择长三角地区的规模、地位、尺度不同的合肥市、上海市，南京都市圈，以及长三角地区、珠三角地区作为研究案例，试图阐明快递网络在不同规模城市及区域尺度下的空间组织状况。

7.1　合肥市域快递网络的空间组织与效率

7.1.1　市情及其快递业发展

合肥是安徽省省会，全省政治、经济、文化、信息、交通、金融和商贸中心，全国重要的科研教育基地（表 7.1），长三角城市经济协调会会员城市。合肥市地处江淮之间、环抱巢湖。全市总面积 11445.1km^2（含巢湖水面 770km^2），其中合肥市区城市建成区面积 403km^2。2011 年 8 月，安徽省行政区划调整，撤销原地级巢湖市，原居巢区改设县级巢湖市，由安徽省直辖、合肥市代管，庐江县划入合肥市。合肥市现辖四县（肥东、肥西、长丰、庐江）、一市（县级巢湖市）、四区（瑶海、庐阳、蜀山、包河），并拥有四大开发区（合肥高新技术产业开发区、合肥经济技术开发区、合肥新站高新技术产业开发区、合肥巢湖经济开发区）（图 7.1）。

表 7.1　合肥市域国民经济基本情况

年份	常住人口/万人	地区 GDP/亿元	三次产业结构	人均 GDP/元	财政收入/亿元	固定资产投资/亿元	人均可支配收入/元	
							城镇	农村
2015	778.95	5660.27	4.7∶54.7∶40.6	73102	1000.5	6153.35	31989	15733
2016	786.90	6274.38	4.3∶50.8∶44.9	80136	1114.11	6501.17	34852	17059
2017	796.53	7003.05	3.8∶50.5∶45.7	91113	1251.15	6351.43	37972	18594
2018	808.74	7822.91	3.5∶46.2∶50.3	97470	1378.33	6802.38	41484	20389
2019	818.90	9409.40	3.1∶36.3∶60.6	115623	1432.38	7414.59	45404	22462

注：根据安徽省 2015～2019 年国民经济统计公报整理。

2019 年，全国实行地区生产总值（GDP）统一核算改革，经全省初步核算，合肥市域 GDP 为 9409.4 亿元（按第四次全国经济普查结果修订，2018 年全市 GDP 为 8605.1 亿元）；2018 年和 2019 年的固定资产投资是根据增长百分比计算所得的合肥市的城市精神是“开明开放，求是创新”。合肥市拥有众多引以为自豪的城市名片：全国文明城市，全国首批园林城市，全国优秀生态旅游城市，国家森林城市，国家级大蜀山森林公园和国家级滨湖湿地森林公园，“绿色中国·2014 环保成就奖”，国家创新型试点城市，全国首个也是唯一一个科技创新型试点市，全国首个节约集约用地试点市，世界科技城市联盟（WTA）会员城市，中国服务外包示范城市，国家动漫产业基地，国家级汽车及零部件出口基地城市，全国十大经商成本最低城市，跨国公司眼中最具投资价值的中国城市，基础科研实力中国前三位城市，国家知识产权示范城市，国家级信息化和工业化融合试验区，电子信息国家高技术产业基地，国家新型工业化产业示范基地，国家电子商务示范基地，国家文化和科技整合示范基地，全国“智慧城市”试点示范城市，连续九年获全国社会治安综合治理“长安杯”，中国十佳宜居城市，中国十大美丽城市，中国十大最具幸福感城市，等等。合肥市域围绕“新跨越，进十强”的奋斗目标，全力打造“大湖名城，创新高地”，努力建设现代化新兴中心城市和长三角世界级城市群副中心城市，并朝着在全国有较大影响力的区域性特大城市方向迈进。

2014 年，合肥市被国家明确为长三角城市群地区的副中心，《国务院关于依托黄金水道推动长江经济带发展的指导意见》（国发〔2014〕39 号）明确要求加快合肥市作为铁路、公路、航空重要节点的建设，发挥合芜蚌（合肥、芜湖、蚌埠）自主创新综合试验区的引领示范作用，提升合肥都市区的国际化水平，加快合肥等中心城市内陆经济开放高地建设。在“建设综合立体交通走廊”中，明确“建设上海经南京、合肥、武汉、重庆至成都的沿江高速铁路和上海经杭州、南昌、长沙、贵阳至昆明的沪昆高速铁路，连通南北高速铁路和快速铁路，形成覆盖 50 万人口以上城市的快速铁路网”“发挥南昌、合肥、宁波、温州、无锡、丽江、西双版纳等干线机场作用，完善支线机场布局，形成长江上、中、下游机场群”。在“加快城市群交通网络建设”中，明确“建设以上海为中心，南京、杭州、合肥、宁波、南通为节点的‘多三角’城际交通网”，并“建设以合肥为中心，连通芜湖、马鞍山、宣城、铜陵、池州、安庆、淮南、蚌埠、滁州等城市的放射状城际交通网，实现城市群内中心城市之间以及中心城市与周边城市之间 1～2 小时通达”。因此，以合肥市为案例地区，探讨合肥市域快递物流网络的效率具有重要的现实意义。

合肥市域基础设施完善，由公路、铁路、水运、民航和轨道交通构成的交通网络较为完善。京台高速、沪陕高速、沪蓉高速在合肥市境内穿城而过，京福高铁和沪汉蓉高铁形成“十”形枢纽，2020 年 6 月全线开通的商合杭高铁与 2020 年 12 月开通的合安高铁进一步推进合肥的 “米”形的铁路枢纽格局。合肥新桥国际机场是我国 4E 级枢纽干线机场，拥有国内国际航线 60 余条。位于合肥市，地处长江与淮河之间的合肥港是全国 28 个主要内河港口之一，其通过南淝河通江达海。合肥轨道交通目前已规划了市区和市域共 12 条轨道交通线。逐步完善的交通网络为合肥市域快递业的发展提供了基本保障。

图 7.1 合肥市域简图

合肥市是国家级流通节点城市，这意味着合肥市在国家财政、金融和土地上享有优惠政策的支持，这对合肥快递业的发展无疑具有重大意义。伴随着电商的崛起，合肥市快递业发展迅猛。2014 年，合肥市域共有各类型快递企业 76 家，快递业务量占据全省的 41.4%，快递业务收入占安徽省的“半壁江山”。表 7.2 为 2015～2019 年安徽省快递业发展基本情况。

表 7.2 2015～2019 年安徽省快递业发展基本情况

年份	快递业务量/亿件	同比增长/%	快递业务收入/亿元	同比增长/%	快递业务收入占比/%			快递业务量占比/%		
					皖北	皖中	皖南	皖北	皖中	皖南
2015	3.99	67.38	46.11	58.20	18.78	59.32	21.90	20.12	58.73	21.15
2016	6.89	72.68	70.56	53.03	20.13	56.84	23.03	20.66	56.76	22.58
2017	8.63	25.25	89.57	26.94	20.17	56.47	23.36	20.13	57.89	21.98
2018	11.23	30.13	111.01	23.94	22.97	55.09	21.94	21.88	56.15	21.97
2019	15.45	37.58	138.38	24.66	23.43	56.27	20.30	23.00	56.01	20.99

注：根据 2015～2019 年安徽省邮政行业发展统计公报整理

电子商务及市民强大的购买力促进了快递业务量的大增，2015 年上半年，快递业务量达 8758 万件，同比增长 113.1%，增长速度领跑全国 50 个大中城市。截至 2015 年 7 月 24 日，合肥市域快递业务量突破 1 亿件，业务收入超过 10 亿元，已超过 2014 年总量。近年来，合肥市域快递行业持续健康发展，年均增长幅度超过了 80%，位居全国城市前列，展现了强大的发展潜力。表 7.3 为合肥市域快递企业数量和分布。

表 7.3　合肥市域快递企业数量和分布一览表

快递企业所在地	快递企业品牌	快递企业数量/个
合肥市域区	EMS、顺丰、申通、圆通、韵达、宅急送、中通、汇通、FedEx、UPS、全一、优速、汇文、全峰、德邦、快捷、速尔、佳吉、中铁快运晟邦、增益、嘉里大通、小毛驴等	49
巢湖市	申通、圆通、中通、韵达、汇通、天天、速尔、宅急送	8
肥东县	圆通、韵达、中通、汇通、国通	5
肥西县	韵达、中通、圆通	3
长丰县	圆通、申通、韵达、中通、汇通	5
庐江县	申通、圆通、韵达、中通、国通、汇通	6

注：根据合肥市邮政管理局网站信息整理

2015 年，合肥市域的快递企业主要集中在肥东县、包河区、高新技术产业开发区、经济技术开发区等的外围和边缘，我国民营快递企业巨头，如顺丰、EMS、申通、圆通、韵达等快递公司均在合肥设立了分公司，FedEx、DHL、TNT、UPS 等国际快递巨头也在合肥市设有办事处。目前，合肥市无论在快递规模还是在营业收入方面都高居全省第一，合肥市邮政管理局计划将合肥市打造成“全省快递示范城市”，发挥综合性交通枢纽的优势，规划和建设快递产业园，促成快递产业集聚，形成规模经济。

在宏观层面，政府主管部门出台政策，制定和颁布了《合肥市域现代服务业发展规划（2014—2020）》，积极培育和扶植快递企业和快递行业的发展，支持建设现代化的物流园区和配送基地，鼓励物联网技术的发展，支持电商和快递企业、社区网点建立公共配送网络，解决快递配送“最后一公里”问题。

7.1.2　快递网络的空间特征

1. 合肥市域快递节点分布

合肥市域 10 家样本快递企业节点分布呈现出中心城区和区县政府驻地密集、外围相对稀疏的格局（图 7.2）。按照快递节点的密集程度由高到低为：包河区、蜀山区、庐阳区、瑶海区、肥西县、肥东县、长丰县、庐江县；合肥市辖区的密集程度要显著高于其下辖县，同时 4 个市辖区之间的疏密程度有差异但差别较小，快递节点主要集中于 4 个市辖区交界处，并向周围以不规则的形状逐渐衰减；南部庐江县快递节点的分布相对分散。

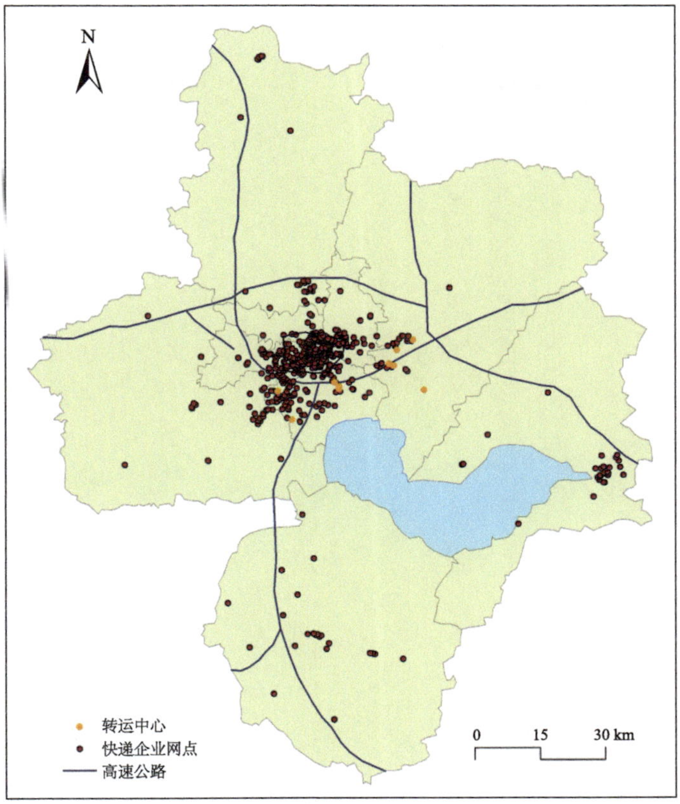

图 7.2　合肥市域快递节点空间布局

城市内部的快递节点的空间分布与快递业务的需求量密切相关，通常情况下市区经济较为发达，人口集中度高，商务活动频繁，商旅人士较多，因而产生的快递需求量也较大，快递节点在此布局非常密集。市区外围和郊区一般以农业和制造业为主，人口稀疏，商品的交换大部分通过物流企业的卡车、集装箱等大宗物流形式运输，而对小、快、灵为特点的快递形式需求并不是很大，于是密集程度呈现出市中心向外围递减的规律。

各大快递企业转运中心（分拨中心）的选址大多数位于合肥市东郊的肥东经济开发区，目前已经初步形成快递物流园。该地区交通便捷，紧邻合肥绕城高速入口，并且地租较低。

2. 合肥市域快递节点的集聚特征

对合肥市域快递物流网络中的快递节点的集聚程度进行核密度估计，得到合肥市域内的快递节点的集聚程度，并将其分为 9 个等级（图 7.3）。显然，合肥市域的快递节点在整体上呈现出一个核心区域——合肥市域主城区，三个外围极点——北、东和东南三个方向的长丰县、肥东县、巢湖市三县市，分别形成 3 个快递节点集聚程度不高的极点的空间格局；合肥市的四个市辖区的集聚程度最高，其中庐阳区南部、包河区北部、瑶海区西部、蜀山区东部的集聚程度等级均达到了最高的 9 级，从最高核密度的核心区向外围和西南部的肥西县境内逐渐减弱，在庐江县快递节点没有表现出集聚的状态。

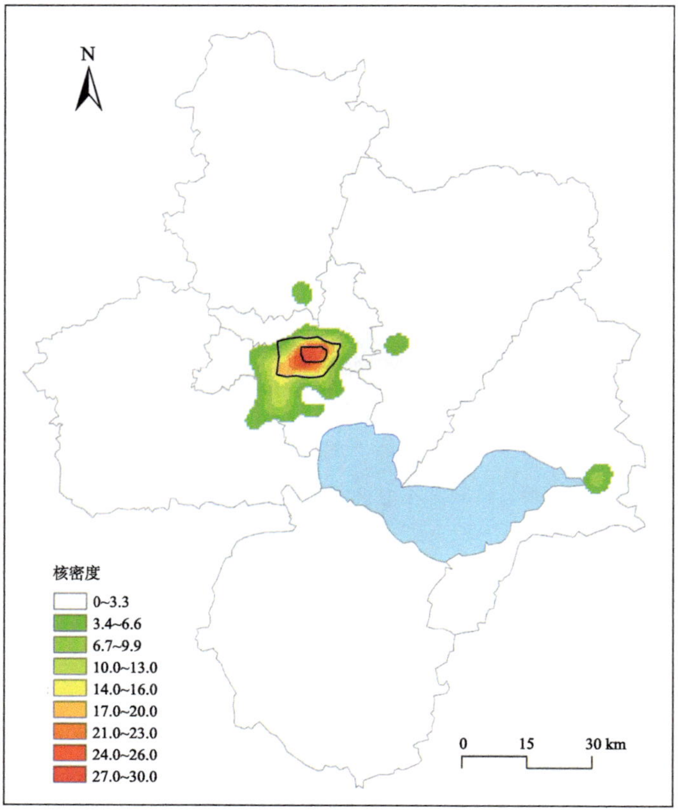

图 7.3　合肥市域快递节点的集聚特征——核密度估计

快递节点的空间集聚特征是多种因素共同作用的结果，一般来说，其与人口密度、经济发展水平、政府规划导向以及区位等因素都有直接关系。快递节点在一环和二环之间分布最为密集。而二环之内的中心城区正是合肥市域人口最为密集的区域。肥东县、长丰县分别形成了各自的集聚极点，但是等级较低，而 2011 年行政区划调整后才并入合肥市域的庐江县，之前属于巢湖市（地级）管辖，也远离合肥市域区；巢湖市虽然距离合肥市域也比较远，但因巢湖市（县级）在区划调整之前是地级行政单位的原巢湖市政府所在地，其人口集聚、城市化水平显著高于其他县市。

另外，合肥市域的发展重心开始偏往南部的滨湖新区和西南部，经过若干年的发展，蜀山区已与肥西县建成区连为一体，且已经成为合肥市域的高教园区和高新技术园区，其经济基础雄厚，人流、物流、资金流汇集，因此，快递企业节点布设趋之若鹜，肥西县的快递节点集聚区域没有单独形成核心而是包含在合肥中心城区的内部。

3. 合肥市域快递网络结构

各大快递公司在合肥市域的网点基本上分为转运中心和服务门店，每个快递公司基本上只设置一个二级转运中心（城市配送中心），其多布设于城市的西南部和东部郊区。当快递到达合肥综合转运中心，配送给分部或直接派送服务门店之后，再由服务门店派送至所服务地区的客户手中。因此，在合肥市域，快递物流网络呈“轴-辐”式结构（图 7.4）。

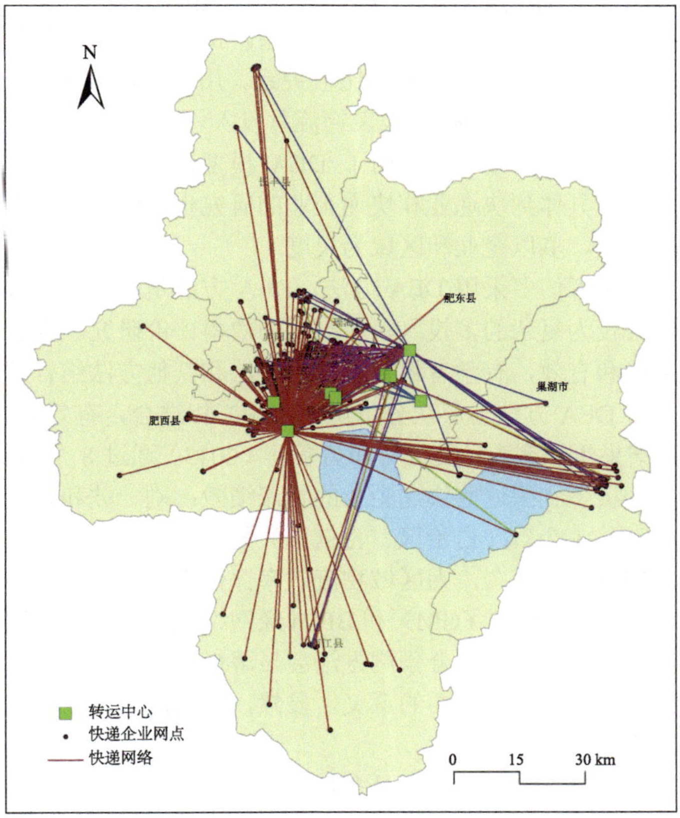

图 7.4 合肥市域快递物流网络的空间结构

7.1.3 快递物流效率的评价

1. 关于快递物流效率的研究

“效率”的含义为消耗的劳动量与所获得的劳动成果的比率，或者是一种机械（原动机或工作机等）在工作时的输出能量与输入能量之间的比值。经济学中理解的效率则是指资源配置的效率，即在有限的资源和条件下最大限度地满足人们需求的运行状态，以获得最大的投入产出比率。在某种资源配置状态下，不存在任何一种方案使得现有的一个人的状况变好同时使另一个人的状况变坏，这种状态就达到了帕累托均衡，即帕累托效率。效率就是在不减少一种物品产出的状态下，另一种物品的生产就不会增加，如此状态就认为它的运行是有效率的。

一般而言，物流效率的衡量可以分为经济性指标、技术性指标、社会性指标。其中，经济性指标包括成本、效益两方面，以体现通过第三方物流表现出来的经济性和集约性；技术性指标包括快捷性、直达性、便利性、舒适性、安全性等诸多指标，目的是衡量第三方物流实施以后各项指标的表现；社会性指标包含社会节约程度、社会综合发展程度、物流的综合服务水平等指标，目的是衡量物流企业对整个社会产生的影响、对社会的贡献程度和服务业的提升程度。

因此，物流效率就是物流业投入和产出的关系，快递物流效率就是快递网络的投入和产出之间的关系，即投入和产出之间的比值关系。用公式可表示为 $E=Y/X$，其中，E 代表物流效率；Y 代表物流总产出；X 代表物流总投入。

关于物流效率的研究，多数学者采用了 DEA 模型进行求解。近年来，国内物流效率是一个热点话题，但具体到快递业和快递企业的研究也比较少。现有研究主要是针对物流行业的效率评价上，多以企业和区域为尺度。

在研究方法上，学者们多采用 DEA 方法。DEA 方法是一种非参数估计方法，不需预先估计参数，适合较为复杂的多投入、多产出的效率评价研究。为了使 DEA 评价的方法更为客观、准确和有效，有学者将数据包络方法和其他方法结合起来。例如，林珊和温惠英（2014）将 DEA 方法与层次分析法（AHP）相结合，有效地避免了 AHP 方法的主观性，使评价结果更加客观；吴贵文和黄敬前（2013）通过 8 个主要民营企业样本，采用 DEA 方法，分析了我国这些快递企业的物流绩效；刘一波和陈灵明（2014）同样采用 DEA 模型对我国 31 个省（自治区、直辖市）的物流效率进行评价，构建了区域经济物流效率有效性的雁行形态图，为区域物流效率评价提供了可资借鉴的框架；另外，李程（2013）通过应用灰色模型（GM）和 BP 神经网络模型等两种预测方法对上海的货运量进行了预测，随之得出使用组合预测方法会显著提高预测精度，这对于明确物流需求和有效制定未来战略规划具有重要的意义。显然，对物流效率的研究已屡见不鲜，但对快递物流效率的研究却凤毛麟角。

综上，这些研究评价指标不统一，且多数基于复杂的数学模型，对于企业实际管理运营而言实践性有限。因此，物流、快递效率评价的研究需要更贴近实际，以裨益快递、物流行业的发展。近年来，快递物流网络的研究渐成热点，但却集中于管理学和运筹学等学科领域，地理学的研究成果并不多见；本节试图从地理学的视角，探讨城市尺度下的快递物流网络的空间特征及其运营效率和影响因素。

2. 数据来源与研究方法

本节根据 2011～2015 年的合肥市域快递物流网络相关投入、产出指标的数据，对合肥市域快递物流效率进行实证评价。采用 DEA 模型筛选和甄别快递物流评价指标，以 Tobit 回归模型分析快递物流效率的影响因子，计算出各个因子对快递物流效率的相关程度，通过观察排序得出主要影响因子，据此对合肥市域快递物流网络的优化和效率提出改进策略。

按照 2014 年“双十一”业务量由高到低排列的申通、圆通、中通、韵达、百世、天天、全峰、宅急送、国通、优速十家快递企业为样本企业（表 7.4），通过十家快递企业的官网，获得这些企业服务网点地理位置数据，包括总部、一级分拨中心、二级网点和社区派送点的地址数据，然后将这些地址数据在坐标拾取系统中转换为经纬度信息；企业的快递业务量、快递业务收入数据来自国家邮政局网站发布的相关统计数据；快递企业的运营里程、快递行业从业人数、快递业固定资产投资额等数据从合肥市统计局、安徽省统计局、《合肥统计年鉴》等获取。以合肥市域行政区划图、合肥市域道路交通图作为基础底图。

表 7.4　2014 年十家快递企业基本情况及“双十一”业务量

业务量排名	快递企业名称	员工数量/万	网点/个	业务量/万件
1	申通	20	10000+	3050
2	圆通	20	15500	2533
3	中通	25	10000+	2420
4	韵达	4	40000	2058
5	百世	3	14000	900
6	天天	10	10000+	530
7	全峰	4	4800	293
8	宅急送	2	2440	100
9	国通	5	5544	104
10	优速	5	4000	80

注：根据各快递企业官方网站整理；+表示大于

快递物流效率评价可参照物流效率的评价方法——投入要素与产出报酬之比来衡量。学者们通常采用以下方法对物流效率进行评价。

（1）作业基础成本法。这种方法早期多运用于会计学中的作业成本核算，后来被用以确定和控制物流成本，但是传统的成本核算方法往往会疏漏物流真实成本，而且它是一种单因素投入的评价方法，不利于多因素物流效率的评价。

（2）指标树法。这种方法需要设计一系列指标来评价物流效率。例如，用 E 表示综合物流效率，那么 E 下面可以设置 i 个子指标，记作 E_i。综合效率可以通过子指标加权求和得出。衡量指标 E_i 包括运输、仓储、库存和服务水平等，但是指标树法将系统分解为各个单元，适用于某个物流环节的效率评价，因而更多地用在企业战术运作上，无法运用到企业战略层面上。

（3）前沿效率分析法。这种方法可以从投入和产出导向分析决策单元的效率：分别建立投入和产出角度的生产无差异曲线，曲线内的任意一点到曲线的距离便是该点的效率值。前沿效率分析法根据效率前沿形状、随机误差的处理等不同可以具体分为两种方法：非参数前沿分析方法和参数前沿分析方法。非参数前沿分析方法主要有 DEA 和自由处置包（FDH）方法，它们不需要对生产函数做出明确的构造。参数前沿分析方法以随机前沿分析方法（SFA）为主，需要建立在构造投入和产出函数的基础之上。

（4）层次分析法（AHP）。这种方法把复杂的问题按照相互联系的原则进行分组，形成按顺序排列的阶梯层次结构，其本质就是把一个复杂的目标分解成多个比较简单的、具体的层次关系。它的基本逻辑步骤就是分解、判断、综合，其有利于人们将复杂的活动系统化、层次化：首先通过各层次内部的比较方法确定某一层次中某个因素的相对重要性，再在阶梯层次内进行合成，得到对总目标产生影响的决策因素的次序。AHP 法改进了指标树法，因此，它常常在指标树法的基础上，进一步计算物流效率指数。虽然 AHP 法是一种综合性的物流效率评价的手段，但在构造判断矩阵时依赖人们的主观经验，缺乏客观性，因此，其评价结果的真实性可能会受到影响。

综上，作业基础成本法只用于评价单个要素对物流行为的影响，如果要素过多则不适用；指标树法将快递物流系统划分成各个部分，再用加权求和的方法进行综合比较；AHP 法弥补了指标树法的不足。但是判断矩阵的构建缺乏客观性，最终可能会影响评价结果的真实性。SFA 法将所有的样本数据进行平均化，得到一个平均生产函数，但结果并不一定符合生产函数的最优性的定义，而且它要通过具体的函数来确定生产可能性前沿边界，因此，SFA 一般只适用于多投入、单产出的物流效率评价模式；DEA 方法是一种非参数评价方法，评价过程受主观因素影响小，具有客观性的优点。

1978 年，A. Charnes、W. W. Cooper 和 E. Rhodes 三人共同创立了 DEA 方法。DEA 方法最早用于评价部门间的相对有效性。它基于投入和产出指标，用数学方法将决策单元投影到 DEA 前沿面上，通过比较决策单元偏离前沿面的程度来判断效率的有效性。DEA 模型不假设输入和输出指标之间具体的函数关系，其适合进行有多个输入输出指标的系统评价；该模型在评价之前不需要设定权重，避免了权重确定的主观性对结果的影响，同时还避免了指标的量纲化处理。在 DEA 的 BCC 模型中，还会给出效率无效的具体原因，从而有利于决策者在定量上解决提升效率的问题。

1）DEA 中的 CCR 模型

Charnes 等（1978）提出 DEA 方法后，用三个人名字的首字母命名了 DEA 的第一个模型——CCR 模型。该模型认为效率评价的对象为决策单元（DMU）。DMU 可以指任何可以度量的投入、产出部门和单位——学校、医院，也可以是教师、工人等，模型构建基于规模收益不变，计算出的结果包含规模效率，故也称为综合技术效率模型。

由于 CCR 模型基于规模效益不变的前提，即假设只要在相同的比例条件下增加或者减少投入，就不会对最终的效率产生影响。但是，这种情况在实际的生产中是不存在的，任何企业不会一直保持一定的规模进行生产，因此，CCR 模型计算结果得出的是决策单元的总技术效率，不能反映规模效率是怎样影响总效率的变化情况的。

2）DEA 中的 BCC 模型

鉴于 CCR 模型的缺憾，Banker 等（1984）提出了 BCC 模型。该模型假设决策单元规模效率可变，计算总效率的时候可以消除规模效率的影响，所以得到的计算结果为纯技术效率。由于总体效率是纯技术效率和规模效率的乘积，因此，通过简单换算可以得出相应决策单元的规模效率，经过投入产出分析还可以找出效率无效或者效率低下的具体原因。

综上所述，我们可以得到以下四种情况：

第一，如果得到 DEA 结果有效而且规模效率不变，那么此时的投入产出达到了最优状态。

第二，如果规模效益呈现递减趋势，而且技术效率无效，则表明技术致使产出比例小于投入比例，要想达到 DEA 结果有效必须从技术上加强改进。

第三，如果规模效益递增，并且技术效率无效，说明产出比例大于投入比例，此时

DEA 结果无效的原因是投入比例不够和技术不足，所以改进这两方面才能达到 DEA 结果有效。

第四，如果规模效益递增，且技术效率有效，技术因素不是导致总体效率无效的原因，此时应通过加大投入解决效率问题。

在筛选投入、产出指标的基础之上，这里选用 BCC 模型，对合肥市域 2009～2015 年的快递物流效率进行评价。

BBC 模型又分为投入导向型和产出导向型两种模型，前者是在产出一定的情况下确定如何使得投入达到最小，后者是在投入一定的情况下如何使得产出达到最大。对于快递物流效率而言，投入指标相对容易获取，数据也容易处理，故采用投入导向型 BBC 模型分析评判合肥市域快递物流的效率。

综合考虑各方面的因素，选择表 7.5 所示的投入和产出指标。投入指标主要考虑快递物流网络的构成，选取的公路线路运营里程、快递行业从业人数、快递节点规模、快递运营车数量、快递业固定资产投资总额 5 个指标反映了经济学中关于资本输入的人力、物力、资本三个方面。产出指标的选取主要考虑数据的可获取性。快递业务量是指一定时期内快递企业所完成的所有快件的数量，包括收件和发件的总量；快递业务收入是指计算周期内快递企业的盈利情况。

表 7.5　快递物流网络投入与产出指标

指标类型	指标内容	指标代码
投入指标	公路线路运输里程/万 km	X_1
	快递行业从业人数/万人	X_2
	快递节点规模/个	X_3
	快递运营车辆数量/辆	X_4
	快递业固定资产投资总额/亿元	X_5
产出指标	快递业务量/万件	Y_1
	快递业务收入/万元	Y_2

以合肥市域 2009～2015 年有关快递物流效率的指标为评价数据，将 2009～2015 年每一年作为一个决策单元（DMU1，DMU2，…，DMU7），根据时间递推的纵向效率评价方法对合肥市域快递物流网络进行评价。经数据整理，合肥市域 2009～2015 年快递物流网络的投入和产出数据见表 7.6。

据此数据，采用 MaxDEA 软件，运用规模效益可变的 BCC 模型对合肥市域快递物流效率进行计算。通过以下几个指标反映快递效率：总体效率 θ^*、纯技术效率 σ^*、规模效率 S^*。其中，纯技术效率体现了在一定的投入下，快递网络产生最大产出的能力；规模效率体现了合肥市域快递业发展的规模。当某一产业发展到一定规模之后就会产生规模效应，从而使企业达到节省成本的目的，并从中获得方便和效益的提升，评价结果见表 7.7。

表 7.6　合肥市域 2009～2015 年快递网络投入和产出统计表

年份	产出要素		投入要素				
	快递业务量/万件	快递业务收入/万元	公路线路运输里程/万 km	快递行业从业人数/万人	快递节点规模/个	快递运营车辆数量/辆	快递业固定资产投资总额/亿元
2015	18475.20	219307.30	2.60	2.10	512.00	6322.00	619.27
2014	10189.60	126552.50	2.56	1.80	410.00	5065.00	538.51
2013	5606.70	87030.70	2.41	1.50	329.00	4052.00	470.79
2012	3030.27	48350.30	2.32	1.30	262.00	3241.00	380.30
2011	1954.88	26861.32	2.21	1.10	209.00	2593.00	337.69
2010	839.40	14992.96	2.11	0.90	167.00	2074.00	306.69
2009	441.80	8290.53	1.76	0.80	134.00	1659.00	246.82

表 7.7　合肥市域 2009～2015 年快递物流效率评价结果

决策单元	年份	总体效率 θ^*	纯技术效率 σ^*	规模效率 S^*	规模效益
DMU1	2015	1	1	1	不变
DMU2	2014	0.68	0.86	0.79	递增
DMU3	2013	0.58	0.85	0.69	递增
DMU4	2012	0.41	0.82	0.49	递增
DMU5	2011	0.28	0.82	0.34	递增
DMU6	2010	0.19	0.93	0.21	递增
DMU7	2009	0.13	1	0.13	递增
总体均值		0.47	0.90	0.52	

根据表 7.7，在考察年份期间，合肥市域快递物流效率偏低，平均纯技术效率为 0.90，平均规模效率为 0.52，平均总体效率为 0.47。2009～2015 年，只有 2015 年的纯技术效率、规模效率、总体效率都达到 1。说明在考察年份期间，合肥市域快递物流网络只在 2015 年的投入中获得了最大的产出，在其余年份总体效率小于 1，一些年份还呈现出较低的水平，尤其是 2009～2012 年，说明在考察年份，2009～2014 年合肥市域快递网络的资源投入并没有得到最大限度的利用，产出较低，虽然 2009～2014 年总体效率在增长，但 2014 年的总体效率也仅为 0.68。

由于总体效率是由纯技术效率和规模效率的乘积得到的，所以要么是规模效率有效、纯技术效率无效导致总体效率值无效，要么是纯技术效率有效、规模效率无效导致总体效率值无效。前者可以通过加强技术改进来调节总体效率，后者可增加快递业固定资产投资，扩大快递企业的生产规模，但是这不可能一蹴而就，是一个逐步增加的过程。因此，2009 年合肥市域快递网络的纯技术效率值为 1，说明当年技术投入和管理水平是有效的，但是规模效率过低，值仅为 0.13，从而导致总体效率无效。这种情况反映了 2009 年合肥市域在快递固定资产投资上的不足。

2009～2014 年，合肥市域快递物流效率低下的主要原因是规模效率不足，尤其在

2009～2012 年更为严重。这可能说明，这些年份合肥市域快递业规模过小，规模效率处于上升期。随着市场需求增加，快递物流设施改善，快递企业投入增多，到 2015 年，合肥市域快递网络的总体效率有了显著改善。

为了找出合肥市域快递物流网络总效率无效的原因，采用投入产出分析可以发现研究对象的投入冗余和产出不足，结果见表 7.8。

表 7.8　合肥市域 2009～2015 年快递物流效率投入产出分析

决策单元	年份	投入冗余					产出不足	
		公路线路运输里程/万 km	快递行业从业人数/万人	快递节点规模/个	快递运营车辆数量/辆	快递业固定资产投资总额/亿元	快递业务量/万件	快递业务收入/万元
1	2015	0	0	0	0	0	0	0
2	2014	0.35	0.19	38.27	472.87	55.02	599.42	0
3	2013	0.35	0.20	35.18	444.67	45.68	1724.39	0
4	2012	0.40	0.19	31.53	389.05	66.28	916.52	0
5	2011	0.37	0.18	28.44	347.12	56.33	111.75	0
6	2010	–0.04	0.06	0.96	5.79	–7.22	188.82	0
7	2009	0	0	0	0	0	0	0

显然，2011～2014 年，合肥市域在这 5 个投入指标上投入过量，造成了合肥市域快递物流效率无效。在产出方面，2010～2014 年快递业务量指标产出不足，但快递业务收入指标上并没有出现产出不足的现象，说明这五年合肥市域快递物流网络资源投入没有得到最大化利用，投入的资源没有转化为相应的快递业务量产出。快递业务收入产出指标充足说明快递物流活动有效节约了成本，实现了理想的盈利状态。

7.1.4　快递物流效率的影响因子测度

1. 快递物流效率的影响因子

根据已有相关研究，这里拟从经济发展水平、市场化程度、物流设施利用率、快递物流人才储备、区位条件 5 个方面分析其对快递物流效率产生的影响。

经济发展水平。一个地区的经济发展水平在一定程度上决定了该地区快递物流业的发展水平及其潜力。快递业作为一种新兴的产业，受到政府鼓励，它能吸引投资，推动当地经济发展。经济发展水平通常采用国内生产总值（GDP）和国内生产总值增长率（GDP 增长率）来度量，这里选取 GDP 增长率作为衡量合肥市域经济发展水平的指标。

市场化程度。市场化程度是指市场在资源配置中起基础性作用的程度。较高的市场化程度有利于企业充分竞争，促使快递企业向更高的服务水平发展。市场化程度究可采用消费品市场化、生产领域市场化、劳动力市场化三组指标体系判断一个地区的市场化程度。这里采取市场化指数进行测度，在所筛选的指标体系的基础之上，结合主成分分析法计算权重，最终得出市场化指数。

物流设施利用率。只有不断改进和加强快递的基础设施，才能提高快递网络的运营效率，提高服务水平，降低物流成本。快递物流效率反映的就是快递活动中投入资源和产出资源的比例情况。在整个快递网络中，快递节点和运输线路组成的网络是快递网络的基本组成部分，可以说快递网络运行的高效与否很大程度上与快递行业相关的基础设施密切相关。鉴于数据的可获得性，同时快件绝大多数依靠公路和汽车运输，所以本书选取合肥市域每年的公路货运量与工业增加值的比值来表示快递物流设施的利用率。

快递物流人才储备。一直以来，快递行业一线从业人员一直处于低端的劳动密集型状态，而快递管理水平的提升需要专业的快递物流人才支撑。此外，网点设置、货物调度、数据统计等信息管理更对快递人员的技术素质提出了更高的要求。在快递网络中，虽然基本的快递派送活动只是单纯的短途运输，但是快递网络涉及快件的分拨调度、转运，快递作业流程管理人员的专业素质在整个快递网络中起到关键的协调作用，对整个快递网络的正常运行至关重要。可选取快递物流专业人才作为快递物流人才储备的衡量指标，如高校物流管理专业毕业生人数等，但此数据难以获得，所以本书选择每年的普通高校毕业生数量作为快递物流人才储备的衡量指标。

区位条件。合肥市作为安徽省省会，长三角城市群副中心城市，建设中的全国性交通枢纽，人流、物流、资金流汇聚于此，在我国中部地区扮演着重要的角色，也是长三角衔接内陆地区的第一站，显现出明显的区位优势。快递企业大型快递分拨中心选择具有良好大型物流园区、电子商务产业园的城市可以大大提高快递服务的效率。通常可采用区位熵来度量一个地区的区位优势。这里以合肥市域快递所在的邮政行业的总产值占合肥市域地区生产总值的比重与全国邮政业产值在全国国内生产总值的比率作为区位熵，其表达式为

$$\mathrm{LQ}_{ij}=\frac{L_{ij}\Big/\sum\limits_{i=1}^{n}L_{ij}}{\sum\limits_{i=1}^{m}L_{ij}\Big/\sum\limits_{i=1}^{n}\sum\limits_{i=1}^{m}L_{ij}} \tag{7.1}$$

式中，i 表示第 i 个地区；j 表示第 j 个行业；L_{ij} 表示第 i 个地区、第 j 个行业的产出值；LQ_{ij} 表示第 i 个地区、第 j 个行业的区位熵数值。LQ_{ij} 区位熵值越大，意味着快递行业在合肥市域产业中的优势越大。

2. 快递物流效率影响因子的度量

要想知道每个影响因子是怎样影响快递物流效率的，则需要建立合理的 Tobit 回归模型，对这些因子进行测度。经典的 Tobit 模型是周华林和李雪松（2012）在分析家庭耐用品的支出情况时对概率单位（probit）回归进行的一种推广，研究被解释变量有上限、下限或者存在极值等问题，这类研究受到学者们的广泛关注后又被扩展成多种情况。人们为了纪念 Tobit 对这类模型的贡献，把被解释变量取值有限制、存在选择行为的这类模型称为 Tobit 模型。这类模型实际上包含两种方程：一种是反映选择问题的离散数据模型，另一种是受限制的连续变量模型，后者是人们更感兴趣的。因此，Tobit 模型也被称为样本选择模型、受限因变数模型（周华林和李雪松，2012）。由于 DEA 模型估算的

效率值是离散的，数据范围为 0～1，为了避免采用最小二乘法回归分析出现参数估计值有偏且不一致的情况，采用 Tobit 提出的遵循极大似然法截取回归模型——Tobit 模型可以避免这种情况（山红梅等，2019）。因此，Tobit 模型分析快递网络综合技术效率因素符合这里的对象——合肥市域快递物流网络的效率，其值变化范围为 0～1，具有明显的离散型，采用该模型分析快递物流效率和影响因素之间的关联性是可行性的。Tobit 回归模型的基本表达式为

$$Y_i^* = \alpha_1 + \alpha_2 X_i + \varepsilon_i \tag{7.2}$$

如果 $Y_i^* > 0$，$Y_i = Y_i^*$；如果 $Y_i^* \leqslant 0$，$Y_i = 0$。式中，Y_i^* 为潜在因变量向量；X_i 为自变量向量；α 为系数向量；ε_i 为误差项，$\varepsilon_i \sim N(0, \sigma^2)$。

建立如下 Tobit 回归模型：

$$E_i = \beta_0 + \beta_1 + \text{GDP\%} + \beta_2 \text{EU}_i + \beta_3 \text{market}_i + \beta_4 \text{people}_i + \beta_5 \text{LQ}_i + \mu \tag{7.3}$$

式中，E_i 为快递物流效率；β_0 为常数项；β_1、β_2、β_3、β_4、β_5 为每个变量的回归系数；i 代表年份，即一个统计区间，其中 i=2009，2010，…，2015；μ 为回归模型的误差项；GDP%为经济发展水平，其数值为合肥市域每年的经济增长速度；EU_i 为快递物流设施利用率，其数值为通过主成分分析提取出的资源利用率；market_i 为市场化程度，用计算得出的市场化指数衡量；people_i 为合肥市域快递物流人才储备，由于人才的流动性和难以统计，其数值采用合肥市域统计样本年份的高校毕业生数量度量；LQ_i 为区位熵（表 7.9）。

表 7.9　合肥市域快递效率影响因子的数值

年份	经济发展水平（GDP%）	快递物流设施利用率（EU_i）	市场化程度（market_i）	快递物流人才储备（people_i）	区位熵（LQ_i）
2009	17.3	3.39	4.26	9.15	0.71
2010	17.5	4.41	4.82	9.69	0.57
2011	15.4	5.75	4.71	10.55	0.71
2012	13.6	6.13	5.76	11.37	0.68
2013	11.5	7.52	5.54	11.84	0.62
2014	10.0	8.57	6.51	12.69	0.57
2015	9.5	9.34	7.01	13.12	0.51

Tobit 模型回归分析的具体计算采用 EViews9.0，结果见表 7.10，说明如下：

（1）经济发展水平指标为负值（–0.0491），表明经济发展水平与快递物流效率并不呈正相关的关系，经济发展速度越快、活跃度越高，并不能一定带来快递物流效率的提升。快递业是一个与经济发展密切相关的行业，随着经济的快速发展，我国各地之间的人员、货物往来越来越密切，同时物流、资金流也加速流动，经济的发展带来了快递业务量的猛增，同时也加剧了快递物流通道的拥堵程度，给快递活动的时效性和快捷性造成了一定的影响，过多的快件数量和道路拥挤状况造成了快递服务满意度的降低和快递网络整体运营效率的不足。

表 7.10　Tobit 模型回归结果

变量	系数	标准差	Z 统计量	显著性水平
经济发展水平（GDP%）	–0.0491	0.0379	–1.2948	0.1954
快递物流设施利用率（EU_i）	0.1470	0.1658	0.8865	0.3753
市场化程度（$market_i$）	0.3166	0.1626	1.9469	0.0515
快递物流人才储备（$people_i$）	–0.3237	0.3210	–1.0083	0.3133
区位熵（LQ_i）	0.1641	0.7993	0.2053	0.8373

（2）快递物流设施利用率与快递物流效率呈正相关，显著程度为 0.3753，表示快递物流资源利用率每增加一个单位，合肥市域快递物流效率就会提高 0.1470 个单位，这意味着快递物流基础设施利用率的提高促进了快递物流效率的提升。

（3）市场化程度指标与快递物流效率也呈正相关，且显著性明显高于其他指标，说明市场化程度和快递物流效率的相关程度很高，市场化程度每升高一个单位，快递物流效率将提高 0.3166 个单位。市场化程度体现在市场在资源配置中起基础性作用的程度，具体表现为合肥市域快递行业市场与政府之间的关系、行业内的竞争情况等。

（4）快递物流人才储备指标系数为负值（–0.3237），说明快递物流人才储备与快递物流效率呈负相关，物流人才的增加并未提高合肥市域的整体快递效率。合肥市域是全国著名的四大科教基地之一，全市的高等院校共有 50 余所，每年毕业的高校学生数量在全国来说也是非常可观的，受高等教育的人数较多。我国快递业目前还处于发展的初期，处于粗放型尚未向精细化管理的发展阶段，从业人员大多处于较低的文化教育层次，这种低端形象对快递行业吸引人才形成了一定的障碍，而且相对于一线快递运输人员来说，快起企业的管理人员需求数量有限。

（5）合肥市域的区位熵和快递物流效率呈现正相关，系数为 0.1641，显著程度为 0.8373，说明区位熵对合肥市域快递物流效率具有非常重要的影响，该指数的提高能带来物流效率的同向提升。合肥市域作为安徽省的省会和政治、经济、文化中心，同时也是长三角地区的副中心城市，其优越的区位优势能承东启西、沟通南北。随着交通条件的进一步改善，合肥市作为国家重要的区域性交通枢纽和长三角地区进入我国的门户城市，将进一步加速物流、人才、资金的集聚。同时，政策的支持使合肥市域在快递业务方面的区位优势将进一步提升，该地区的快递物流效率也会进一步得到提高。

7.2　南京都市圈快递企业的空间集聚特征

7.2.1　南京都市圈空间范围

根据 2003 年 1 月江苏省政府批准的《南京都市圈规划（2002—2020）》，南京都市圈规划范围包括南京市、镇江市、扬州市、马鞍山市、滁州市、芜湖市的全部行政区域，淮安市的盱眙县、金湖县和巢湖市的市区、和县、含山县，涉及 8 个城市。2010 年 5 月 24 日，国务院颁布《长江三角洲地区区域规划》，规划明确提出要加快南京都市圈建设。2011 年 8 月，安徽省宣布撤销地级巢湖市，并对原地级巢湖市所辖的一区四县行政区划进行相应调整，分别划归合肥、芜湖、马鞍山三市管辖；撤销原地级巢湖市居巢区，设立县级巢湖市。以原居巢区的行政区域作为新设的县级巢湖市的行政区域。新设的县级巢湖市由安徽省直辖，合肥市代管。原地级巢湖市管辖的庐江县划归合肥市管辖。无为县划归芜湖市管辖；和县的沈巷镇划归芜湖市鸠江区管辖。含山县、和县（不含沈巷镇）划归马鞍山市管辖。这样，自 2011 年 8 月起，南京都市圈范围成为南京市、镇江市、扬州市、马鞍山市、滁州市、芜湖市的全部行政区域，淮安市的盱眙县、金湖县和合肥市域的巢湖市（县级），仍涉及 8 个城市。2018 年 12 月，南京都市圈党政领导联席会议成员共同商议，初步同意将常州市的溧阳吸纳为南京都市圈成员地区。2019 年 6 月，蚌埠市拟以蚌埠市整体加入南京都市圈。

南京都市圈是以南京为中心、我国唯一跨省级行政区规划的区域经济发展单元，地跨苏皖两省。南京都市圈包括 8 个地级市的 31 个市辖区、8 个县级市以及 20 个县，总面积达到 6.3 万 km^2，其面积在江苏省和安徽省总面积中的占比为 25.5%。在研究工作时段的 2014 年，都市圈地区生产总值为 23986.51 亿元，其中南京市 8820.75 亿元。

本章以《南京都市圈规划（2002—2020）》文本规划的范围为研究区域（图 7.5）。

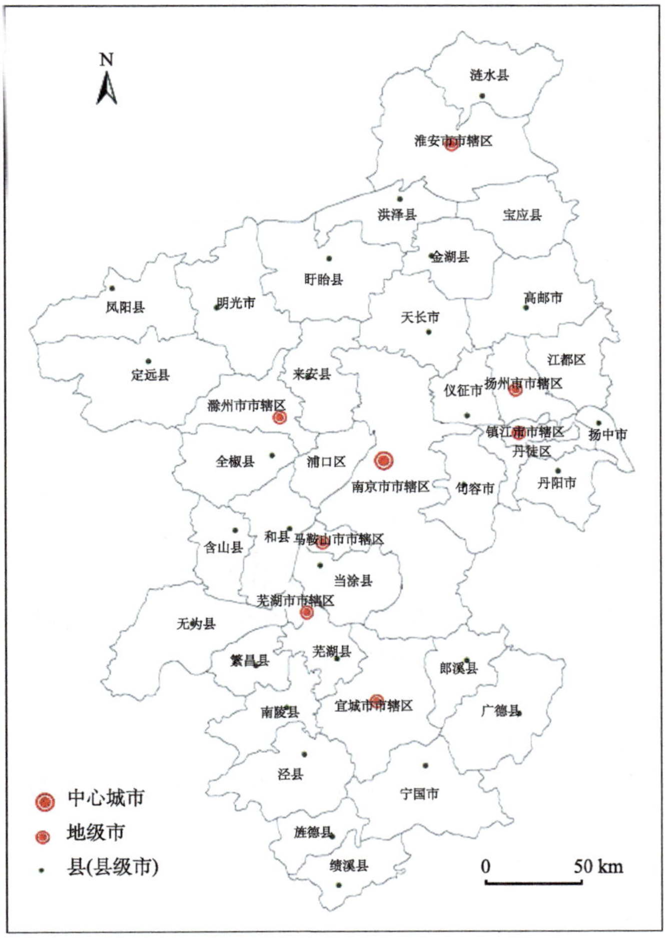

图 7.5　南京都市圈区域范围（2016 年）

根据国家邮政局的《2014 年快递市场监管报告》，本节选取在南京都市圈快递量排名前六位的快递企业——韵达速递、天天快递、中通快递、申通快递、百世汇通和圆通速递作为研究样本，涉及这些企业在各个城市的集散中心及其服务门店（三级网点）。

这 6 家企业，除了天天快递的总部设在杭州之外，其余 5 家企业总部均位于上海。这些企业在南京都市圈的业务开展得较早，市场运营成熟。韵达速递、中通快递、申通快递、百世汇通和圆通速递 5 家企业均于 21 世纪初创立。随着电子商务的迅猛发展，这 5 家快递企业的规模与运营网络飞速扩张。天天快递初创于 1994 年，现有员工 70000 余人，在全国范围内拥有 10000 多个网点数量，自成立以来，天天快递积极开拓市场信息获取、快件运输以及收发、扩展领域、多维方向发展部门，构建出较大的快递服务网络，与此同时，这些都无疑极大地满足了顾客们相应的需求。其服务地区涵盖了我国近 2800 多个县级（含县级市、区）以及 300 个地级市，辐射到全国大部分地级市，全国相关工作人数有 10 万余人，基本形成以珠三角地区、环渤海、长三角为主要地区的快递网络格局，江浙沪地区完全实现无盲区派送。

2015 年底，除中通快递以外，其他 5 家快递企业在全国的网点数量均超过 10000 家，除天天快递以外，其余 5 家企业员工均不少于 10 万人。2015 年“双十一”当日，主要电商企业全天共产生快递物流订单 4.6 亿件，同比增长 65%，这 6 家快递企业日快件处理量均不少于 1500 万件，几乎达“双十一”全国网购物流订单量的一半，占比为 45.8%，其中圆通速递达到了 5300 万件（表 7.11）。

表 7.11　2015 年 6 家快递企业概况

快递企业	创立年份	网点数/个	员工数/万人	“双十一”日快件处理量/万件
圆通速递	2000	20 000	22	5300
申通快递	1993	10 000	20	3900
中通快递	2002	8 000	14	4000
百世汇通	2003	16 000	13	2200
韵达速递	1999	50 000	10	4160
天天快递	1994	10 000	7	1500

资料来源：根据各快递企业官方网站统计数据整理

在圆通速递、申通快递、中通快递、百世汇通（2016 年百世汇通改为百世快递）、韵达速递、天天快递 6 家企业官网获取其在南京都市圈内的所有二级、三级网点的地址，通过拾取坐标系统将这些地址转换为地理坐标；南京都市圈的人口、经济（交通、货运量等）数据来自江苏省统计局、安徽省统计局和国家统计局官方网站发布的统计数据。南京都市圈各城市快递业务量来自江苏省邮政管理局和安徽省邮政管理局官方网站；分析底图来自中国科学院资源环境科学与数据中心的“中国行政区划数据”。

7.2.2　快递企业空间组织特征

1. 快递企业网点的空间布局

天天快递、中通快递、申通快递、百世汇通、圆通速递、韵达速递 6 家快递企业网点在南京都市圈的空间布局如图 7.6 所示。6 家快递企业在南京市的网点数量最多，达到 191 个，占南京都市圈快递企业网点总数的 36%，居次的是扬州市，拥有快递企业网点 66 个，第三位是芜湖市，62 个网点，第四是淮安市，51 个网点。因此，南京都市圈快递企业网点主要集聚于南京、扬州、芜湖三个城市（图 7.7）。

根据 6 家快递企业网点区域分布统计（图 7.8），快递网点集中于南京市、扬州市、芜湖市 3 个城市。

2. 快递企业网点的空间集聚特征

对 6 家快递企业网点在南京都市圈的空间分布进行核密度分析，得到图 7.9。根据周围邻域的核密度大小，将集聚程度划分为 9 个等级。显然，南京都市圈快递企业网点空间分布呈现“一核多极”的空间格局：南京市的快递企业网点最为密集，芜湖市、镇江市、扬州市也是高密度集聚区，但是核密度等级下降到 5、6 级，反映出南京市作为都市圈的核心地位。

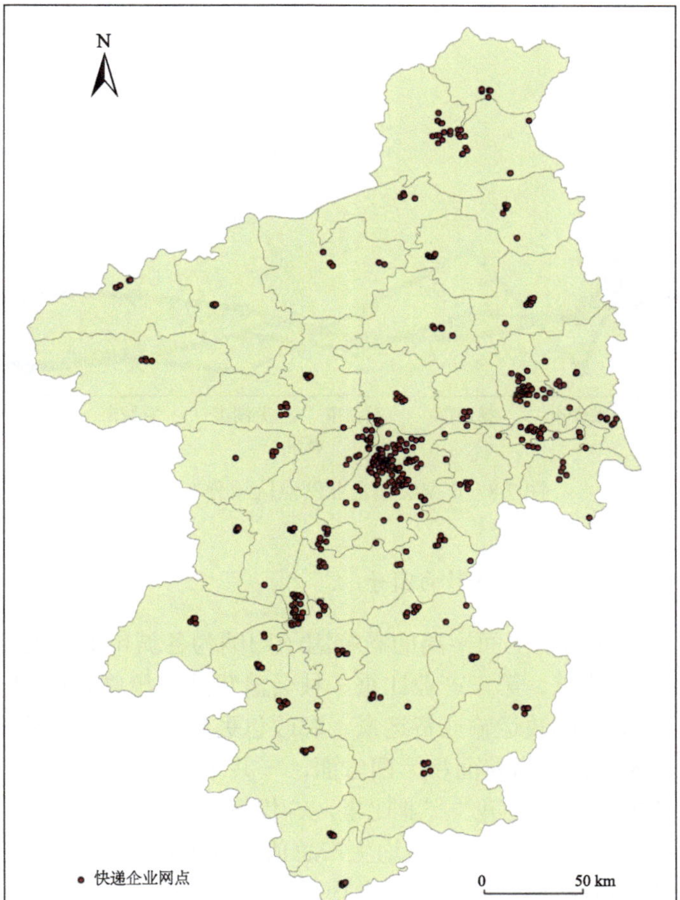

图 7.6 南京都市圈快递企业网点空间分布

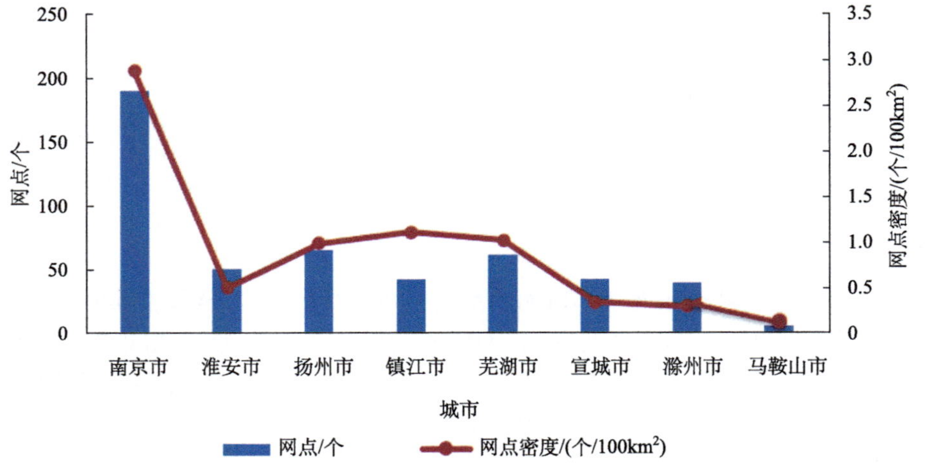

图 7.7　6 家快递企业网点数量统计

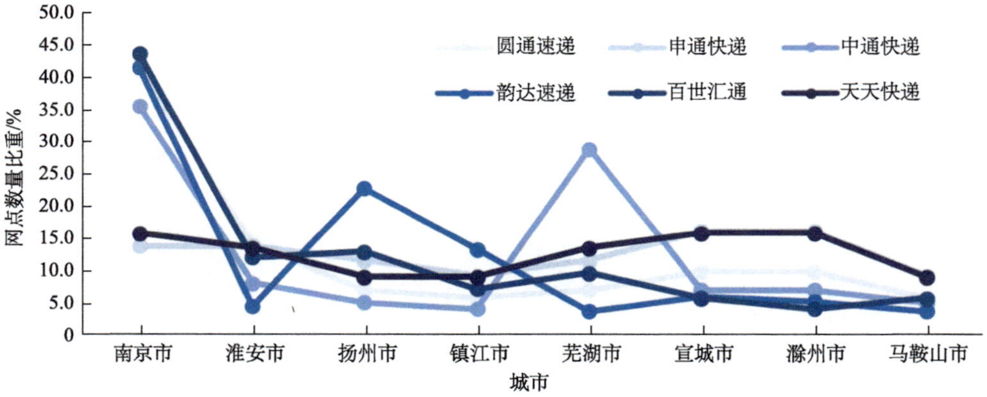

图 7.8　6 家快递企业网点区域分布统计

3. 快递企业网点空间特征的影响因子

将南京都市圈快递网络空间格局的影响因子归纳为各城市的综合经济[地区生产总值（GDP）、第二产业比重、第三产业比重、社会消费品零售总额]、人口（人口总数、人均生产总值）、交通与邮政运输（货运量、邮政包裹量）、城市道路交通条件（年末实有铺装道路面积、人均铺装道路面积）四方面，一共 10 个具体指标（表 7.12）。表中，X_1 代表地区生产总值，X_2 代表第二产业比重，X_3 代表第三产业比重，X_4 代表社会消费品零售总额，X_5 代表人口总数，X_6 代表人均生产总值，X_7 代表货运量，X_8 代表邮政包裹量，X_9 代表年末实有铺装道路面积，X_{10} 代表人均铺装道路面积。

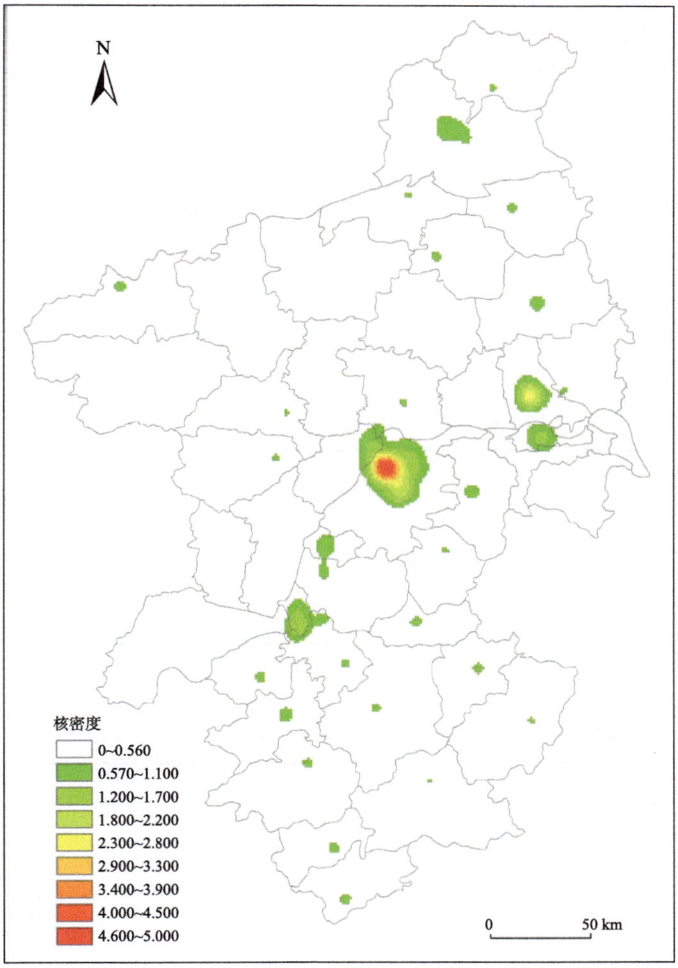

图 7.9　南京都市圈快递企业网点空间集聚特征

表 7.12　南京都市圈快递网络影响因子指标

城市	X_1	X_2	X_3	X_4	X_5	X_6	X_7	X_8	X_9	X_{10}
南京市	8820.75	41.10	56.50	4167.19	821.61	107545	333558	54.57	13495	22.20
扬州市	3697.91	51.00	42.90	1128.10	447.79	82654	8215	15.74	2367	21.70
镇江市	3252.44	50.20	46.10	1003.80	317.14	102652	16389	10.46	2148	24.20
淮安市	2455.39	44.20	44.10	864.80	485.21	50736	14764	5.78	2910	20.90
芜湖市	2309.55	63.90	35.70	653.62	361.70	64039	12078	7.00	3337	25.94
宣城市	917.63	51.40	31.00	375.39	257.40	35726	10903	4.00	969	27.37
马鞍山市	1333.12	62.30	31.90	373.53	222.90	60091	8414	3.00	1248	17.67
滁州市	1214.39	53.60	28.80	406.40	398.50	30506	25446	3.00	1798	44.53

资料来源：《安徽统计年鉴 2014》和《江苏统计年鉴 2014》

首先，选取各城市地区生产总值、社会消费品零售总额、人口总数、货运量、邮政包裹量、年末实有铺装道路面积分别与各城市快递量进行二元相关分析，得到如下结果。

（1）快递业务量（表 7.13）与地区生产总值（表 7.14）的相关性（表 7.15、图 7.10）。

表 7.13　南京都市圈快递业务量　（单位：万件）

年份	南京市	扬州市	镇江市	淮安市	芜湖市	宣城市	马鞍山市	滁州市
2013	19728.9	3470.3	2805.6	1398.9	1554.22	533.73	366.09	797.95
2014	28391.4	7290.2	3638.7	3291.7	3145.50	872.42	459.90	1200.70

资料来源：根据江苏省邮政管理局和安徽省邮政管理局官方网站统计信息整理

表 7.14　南京都市圈地区生产总值　（单位：亿元）

城市	2013 年	2014 年	城市	2013 年	2014 年
南京市	8011.78	8820.75	芜湖市	2099.53	2309.55
扬州市	3252.01	3697.91	宣城市	842.80	917.63
镇江市	2927.28	3252.44	马鞍山市	1293.02	1333.12
淮安市	2155.86	2455.39	滁州市	1086.14	1214.39

资料来源：根据 2013～2014 年《江苏统计年鉴》和《安徽统计年鉴》整理

表 7.15　南京都市圈快递业务量与地区生产总值相关性

项目	指标	快递业务量	地区生产总值
快递业务量	Pearson 相关性	1	0.968**
	显著性（双侧）		0
	N	16	16
地区生产总值	Pearson 相关性	0.968**	1
	显著性（双侧）	0	
	N	16	16

**表示在 0.01 水平（双侧）上显著相关

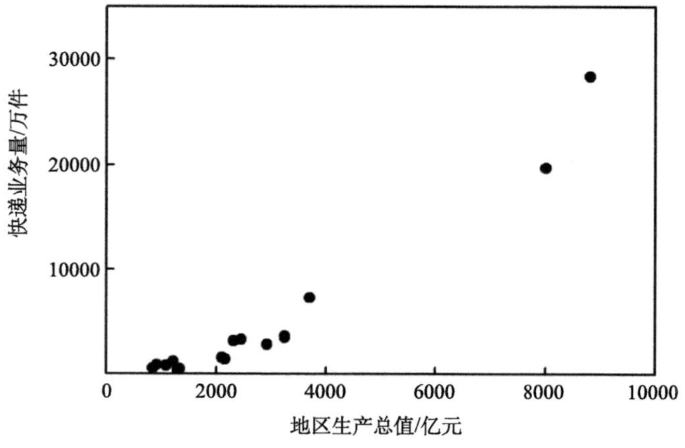

图 7.10　南京都市圈快递业务量与地区生产总值散点图

对南京都市圈快递业务量与地区生产总值进行相关性检验表明，快递业务量与地区生产总值的相关系数为 0.968，两者显著相关；双侧检验两变量间的相关取向——快递业务量与地区生产总值呈正相关。

（2）快递业务量（表 7.13）与社会消费品零售总额（表 7.16）的相关性（表 7.17、图 7.11）。

表 7.16　南京都市圈社会消费品零售总额　　（单位：亿元）

城市	2013 年	2014 年	城市	2013 年	2014 年
南京市	3531.73	4167.19	芜湖市	559.95	653.62
扬州市	1106.88	1128.10	宣城市	303.57	375.39
镇江市	872.13	1003.80	马鞍山市	301.34	373.53
淮安市	721.22	864.80	滁州市	338.48	406.40

资料来源：根据 2013～2014 年《江苏统计年鉴》和《安徽统计年鉴》整理

表 7.17　南京都市圈快递业务量与社会消费品零售总额相关性

项目	指标	快递业务量	社会消费品零售总额
快递业务量	Pearson 相关性	1	0.988**
	显著性（双侧）		0
	N	16	16
社会消费品零售总额	Pearson 相关性	0.988**	1
	显著性（双侧）	0	
	N	16	16

**表示在 0.01 水平（双侧）上显著相关

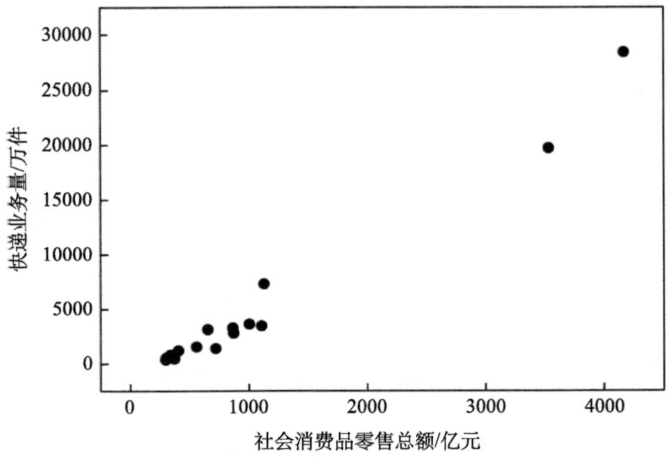

图 7.11　南京都市圈快递业务量与社会消费品零售总额散点图

南京都市圈快递业务量与社会消费品零售总额相关系数达 0.988，显著性概率水平为 0.01，两者显著相关。

（3）快递业务量（表 7.13）与人口总数（表 7.18）的相关性（表 7.19、图 7.12）。

表 7.18　南京都市圈人口总数　（单位：万人）

城市	2013 年	2014 年	城市	2013 年	2014 年
南京市	818.78	821.61	芜湖市	359.56	361.70
扬州市	447.00	447.79	宣城市	256.31	257.40
镇江市	316.54	317.14	马鞍山市	220.80	222.90
淮安市	482.69	485.21	滁州市	396.18	398.50

资料来源：根据历年《江苏统计年鉴》和《安徽统计年鉴》整理

表 7.19　南京都市圈快递业务量与人口总数相关性

项目	指标	快递业务量	人口总数
快递业务量	Pearson 相关性	1	0.896**
	显著性（双侧）		0
	N	16	16
人口总数	Pearson 相关性	0.896**	1
	显著性（双侧）	0	
	N	16	16

**表示在 0.01 水平（双侧）上显著相关

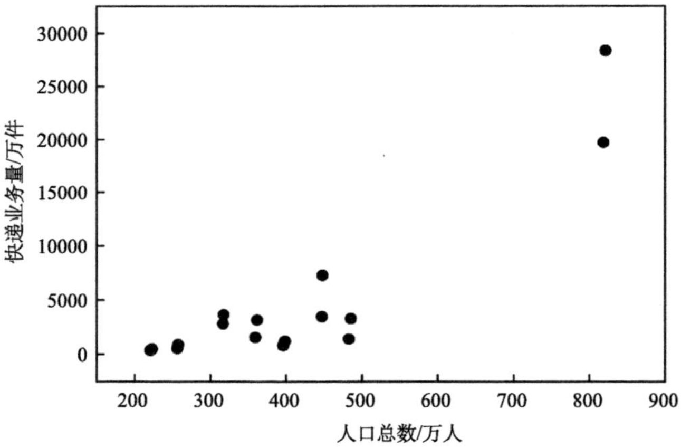

图 7.12　南京都市圈快递业务量与人口总数散点图

南京都市圈快递业务量与人口总数的相关系数为 0.896，显著性概率水平为 0.01，说明两者具有较高的相关性。

（4）快递业务量（表 7.13）与货运量（表 7.20）、邮政包裹量（表 7.21）的相关性（表 7.22、表 7.23、图 7.13、图 7.14）。

表 7.20　南京都市圈货运量　（单位：万 t）

城市	2013 年	2014 年	城市	2013 年	2014 年
南京市	283159	333558	芜湖市	16382	12078
扬州市	13604	8215	宣城市	12900	10903
镇江市	7542	16389	马鞍山市	16747	8414
淮安市	12823	14764	滁州市	15893	25446

资料来源：根据 2013～2014 年《江苏统计年鉴》和《安徽统计年鉴》整理

表 7.21　南京都市圈邮政包裹量　（单位：万件）

城市	2013 年	2014 年	城市	2013 年	2014 年
南京市	64.85	54.57	芜湖市	9.96	7.0
扬州市	19.08	15.74	宣城市	5.50	4.0
镇江市	11.55	10.46	马鞍山市	3.16	3.0
淮安市	5.79	5.78	滁州市	3.56	3.0

资料来源：根据 2013～2014 年《江苏统计年鉴》和《安徽统计年鉴》整理

表 7.22　南京都市圈快递业务量与货运量相关性

项目	指标	快递业务量	货运量
快递业务量	Pearson 相关性	1	0.964**
	显著性（双侧）		0
	N	16	16
货运量	Pearson 相关性	0.964**	1
	显著性（双侧）	0	
	N	16	16

**表示在 0.01 水平（双侧）上显著相关

表 7.23　南京都市圈快递业务量与邮政包裹量相关性

项目	指标	快递业务量	邮政包裹量
快递业务量	Pearson 相关性	1	0.940**
	显著性（双侧）		0
	N	16	16
邮政包裹量	Pearson 相关性	0.940**	1
	显著性（双侧）	0	
	N	16	16

**表示在 0.01 水平（双侧）上显著相关

由表 7.22 可见，快递业务量与货运量二者的相关系数为 0.964，显著性概率水平为 0.01，说明快递业务量与货运量显著相关；由表 7.23 可以发现，快递业务量与邮政包裹量二者的相关系数为 0.940，显著性概率水平为 0.01，说明快递业务量与邮政包裹量显著相关。

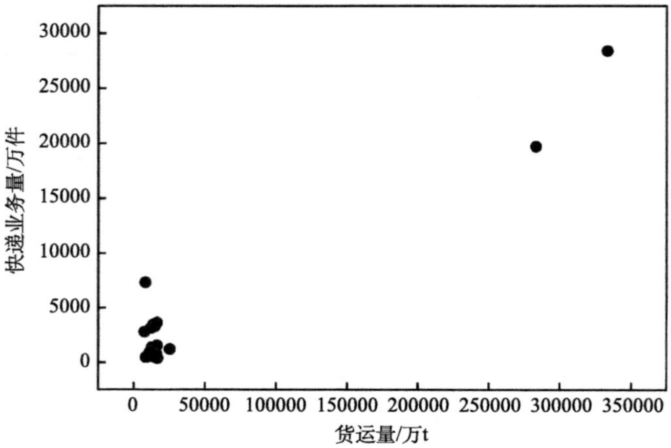

图 7.13　南京都市圈快递业务量与货运量散点图

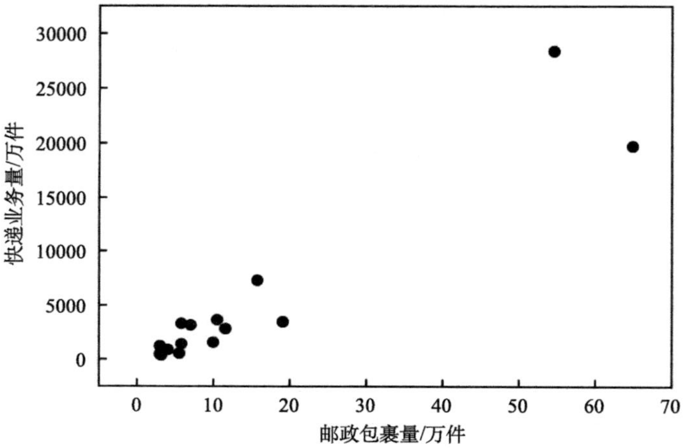

图 7.14　南京都市圈快递业务量与邮政包裹量散点图

（5）快递业务量（表 7.13）与年末实有铺装道路面积（表 7.24）的相关性（表 7.25、图 7.15）。

表 7.24　南京都市圈年末实有铺装道路面积　　（单位：万 m^2）

城市	2013 年	2014 年	城市	2013 年	2014 年
南京市	12761	13495	芜湖市	3204	3337
扬州市	2329	2367	宣城市	871	969
镇江市	2114	2148	马鞍山市	1206	1248
淮安市	2810	2910	滁州市	1510	1798

资料来源：根据 2013～2014 年《江苏统计年鉴》和《安徽统计年鉴》整理

表 7.25　南京都市圈快递业务量与年末实有铺装道路面积相关性

项目	指标	快递业务量	年末实有铺装道路面积
快递业务量	Pearson 相关性	1	0.963**
	显著性（双侧）		0
	N	16	16
年末实有铺装道路面积	Pearson 相关性	0.963**	1
	显著性（双侧）	0	
	N	16	16

**表示在 0.01 水平（双侧）上显著相关

快递业通常追求高时效性，因而交通条件会影响区域转运中心到达下级城市配送中心、服务门店（网点）的道路通达性。南京都市圈的城市道路交通主要有人均铺装道路面积和年末实有铺装道路面积两个指标，此以年末实有铺装道路面积测算。

由表 7.25 可见，南京都市圈快递业务量与年末实有铺装道路面积二者的相关系数为 0.963，显著性概率水平为 0.01，说明两者显著相关。

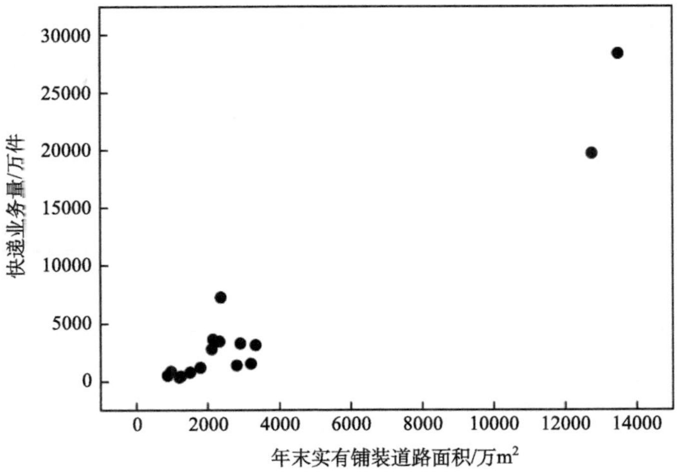

图 7.15　南京都市圈快递业务量与年末实有铺装道路面积散点图

进一步，采用因子分析对上述 10 个指标进行简化处理，以确定哪些指标对南京都市圈快递业务量具有关键影响。为此，得到上述 10 个指标之间的相关系数矩阵。显然，地区生产总值与第三产业比重、社会消费品零售总额、人口总数、货运量、邮政包裹量、年末实有铺装道路面积存在显著的相关关系，说明这几个指标存在信息重叠情况。

根据因子变量的方差贡献、方差贡献率及累计方差贡献率结果（表 7.26），前 3 个因子的累计方差贡献率为 94.916%，说明提取这 3 个因子变量可解释绝大部分的原始信息。

表 7.26　因子变量的方差贡献、方差贡献率及累计方差贡献率

因子	初始解			因子提取		
	方差贡献	方差贡献率	累计方差贡献率	方差贡献	方差贡献率	累计方差贡献率
1	7.542	75.416	75.416	5.792	57.919	57.919
2	1.307	13.072	88.488	1.984	19.844	77.763
3	0.643	6.428	94.916	1.715	17.153	94.916
4	0.359	3.592	98.508			
5	0.115	1.155	99.663			
6	0.030	0.299	99.962			
7	0.004	0.038	100			
8	1.34×10^{-16}	1.34×10^{-15}	100			
9	4.19×10^{-17}	4.19×10^{-16}	100			
10	-1.21×10^{-16}	-1.21×10^{-15}	100			

从载荷矩阵可见（表 7.27），社会消费品零售总额、货运量、邮政包裹量、年末实有铺装道路面积在第一因子变量上具有较高的载荷，说明第一因子变量基本反映了这些指标信息；人均铺装道路面积在第二因子变量的载荷最大，但值为负数，说明该指标与第二因子变量存在负相关关系；第二产业比重在第三因子变量上的载荷最大，且值为负数，说明该指标与第三因子变量存在负相关关系。提取这 3 个因子变量基本上可以代表绝大部分的指标信息来分析南京都市圈快递网络空间特征。

表 7.27　三大因子变量载荷矩阵

指标	因子		
	1	2	3
地区生产总值	0.880	0.350	0.310
第二产业比重	–0.366	0.070	–0.921
第三产业比重	0.613	0.565	0.518
社会消费品零售总额	0.913	0.249	0.315
人口总数	0.846	–0.154	0.465
人均生产总值	0.550	0.720	0.116
货运量	0.949	–0.143	0.226
邮政包裹量	0.923	0.249	0.266
年末实有铺装道路面积	0.951	0.155	0.225
人均铺装道路面积	0.194	–0.930	0.018

3 个因子变量的得分表达式为

$$F_1 = 0.880X_1 - 0.366X_2 + 0.613X_3 + 0.913X_4 + 0.846X_5 + 0.550X_6 + 0.949X_7 + 0.923X_8 + 0.951X_9 + 0.194X_{10}$$

$$
\begin{aligned}
F_2 &= 0.350X_1 + 0.070X_2 + 0.565X_3 + 0.249X_4 - 0.154X_5 + 0.720X_6 \\
&\quad -0.143X_7 + 0.249X_8 + 0.155X_9 - 0.930X_{10} \\
F_3 &= 0.310X_1 - 0.921X_2 + 0.518X_3 + 0.315X_4 + 0.465X_5 + 0.116X_6 \\
&\quad +0.226X_7 + 0.226X_8 + 0.225X_9 + 0.018X_{10}
\end{aligned}
\tag{7.4}
$$

根据累计方差贡献率，计算得到综合得分表达式为

$$F = 0.05919F_1 + 0.19844F_2 + 0.17153F_3 \tag{7.5}$$

根据因子分析综合得分模型，即可计算南京都市圈各城市的相应分值，并根据综合得分情况对城市进行排序，即得出南京都市圈各城市得分排序（表 7.28）。

表 7.28　南京都市圈各大城市综合得分情况

城市	第一因子变量	第二因子变量	第三因子变量	综合得分	排序
南京市	2.339	0.288	0.529	1.505	1
扬州市	−0.248	0.664	0.306	0.042	2
镇江市	−0.428	0.916	0.358	−0.003	3
淮安市	−0.775	0.206	1.521	−0.142	4
芜湖市	0.189	0.032	−1.503	−0.147	5
宣城市	−0.430	0.669	−1.372	−0.357	6
马鞍山市	−0.679	−0.583	0.199	−0.474	8
滁州市	0.032	−2.192	−0.038	−0.423	7

7.3　上海市域快递网络的空间格局

7.3.1　样本企业与研究方法

1. 样本企业选择

本节以上海市域为研究范围，以 2015 年 5 月的行政区划单位为准，包括 16 个市辖区和 1 个崇明县[①]，即①中心城区（黄浦区、浦东新区、徐汇区、长宁区、静安区、普陀区、虹口区、杨浦区、闸北区）；②郊区（闵行区、宝山区、嘉定区、金山区、松江区、青浦区、奉贤区）；③郊县（崇明县）（图 7.16）。

上海市是全国拥有快递企业最多的城市（表 7.29）。根据上海工商企业名录统计，截至 2014 年底，上海拥有 24 家国有、民营、外资快递企业总部和 1950 家经过许可、备案的快递企业，在全市分布了 4477 个快递营业网点。UPS、FedEx、TNT、OCS、雅玛多等全球知名快递品牌在上海市设立了中国区总部，申通、圆通、韵达、中通、百世、国通、增益、优速、港中能达、德邦、全一等国内知名快递品牌在上海市设立了全国总部，另有 DHL、邮政 EMS、顺丰、天天、速尔、快捷、宅急送、亚风等快递品牌在上海市

① 2016 年 7 月，崇明县改为崇明区

设立了分公司，上海市快递企业总部数量约占全国快递品牌总数的 70%。

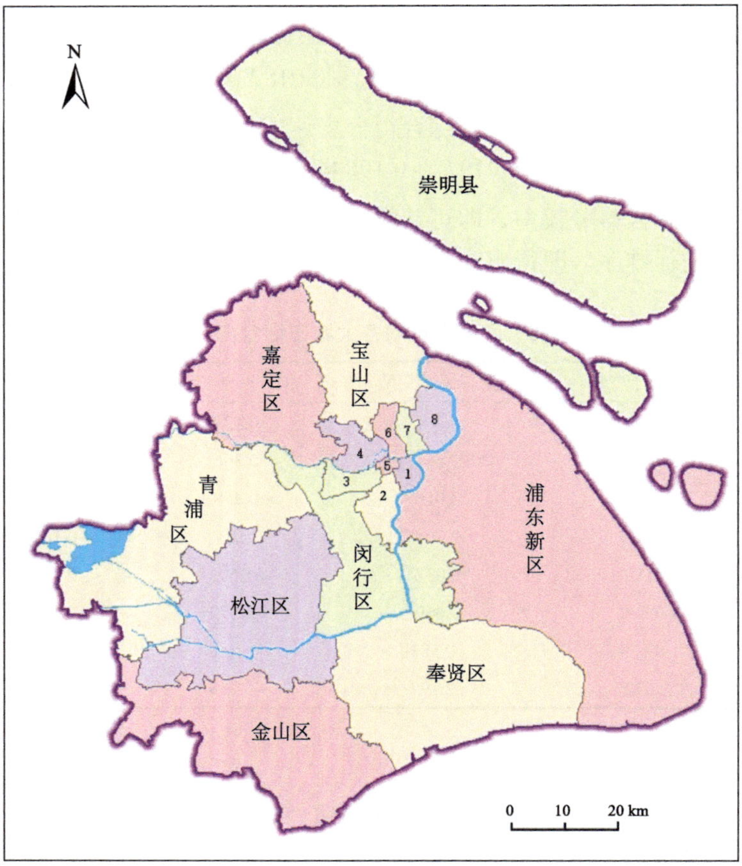

图 7.16　上海市域

1. 黄浦区；2. 徐汇区；3. 长宁区；4. 普陀区；5. 静安区；6. 闸北区；7. 虹口区；8. 杨浦区
以 2015 年 5 月时的行政区划单位为准；本节下同

表 7.29　上海市主要总部企业基本情况一览表

企业名称	单位性质	总部所在地	上海战略定位	航空枢纽（中国）	经营模式
圆通速递	民营	上海	全国总部	杭州萧山国际机场	加盟
中通快递	民营	上海	全国总部	—	加盟
申通快递	民营	上海	全国总部	—	加盟
韵达速递	民营	上海	全国总部	—	加盟
百世汇通	民营	上海	全国总部	—	加盟
顺丰速运	民营	深圳	华东区总部	深圳宝安国际机场	直营
EMS	国有	北京	重要节点	南京禄口国际机场	直营
DHL	外资	布鲁塞尔	北亚枢纽	上海浦东国际机场	直营
TNT	外资	阿姆斯特丹	中国区总部	上海浦东国际机场	直营
FedEx	外资	田纳西州	中国区总部	上海浦东国际机场	直营
UPS	外资	佐治亚州	中国区总部	上海浦东国际机场	直营

快递总部企业在上海市的分布大体形成了“外资在东、国有在中、民营在西”的格局。外资快递企业的运营中心，主要集中在面向国际业务有速度优势的浦东国际机场附近，地区管理办公中心则在中心商务区，如美国 UPS 公司，其快件运营处理中心在浦东国际机场，上海公司总部在陆家嘴金融区；民营快递企业总部主要集中在陆路运输便捷、土地价格相对较低、政府配套服务较好的青浦区。总部兼有企业管理运营、快件分拨处理和转运等功能，且总部占地空间特点以快递企业基础生产活动为主，土地开发强度不高，但符合快递企业运营生产方式的特点。

民营快递企业是上海快递业市场的主体。2014 年底，圆通速递、韵达速递、顺丰速运、中通快递、申通快递、百世汇通六大民营企业快递服务占全市快递业务量的 82.7%，占全市快递业务收入的 74.3%。

这里以研究时段 2014 年上海市民营快递企业业务收入前十位的顺丰速运、申通快递、圆通速递、中通快递、韵达速递、百世汇通、国通快递、天天快递、全一快递、快捷快递为研究样本，共计 1141 个网络节点，通过对样本企业访谈、企业官方网站数据获取、网络节点空间数据采集等来获得数据，利用 ArcGIS 的几何中心、空间定向、最优距离、最邻近指数、标准差椭圆等分析工具，对上海市快递网络结构特征进行判识，同时基于路网交通状态变化的快递通道的流通动态性，探索快递企业变换快递通道路径，深入挖掘城市快速路拥堵状况对快递网络产生的空间影响。

快递网点的布局选址是快递网络设计的关键，合理的网点布局是后续运输班次与配送方案优化的基础，其能减少快递网络的运营成本，提高服务水平。网点布局主要包括枢纽数量的确定、位置的选取、网点与枢纽如何连接等问题。现有快递网络特征的研究主要分为两类：一是采用实证手段研究快递企业的网络地理空间（物理）结构；二是采用复杂网络方法研究快递网络拓扑特征，后者并非基于交通运输网络。

根据 10 家样本企业的官网数据，上海市共有快递区域转运中心 24 个、城市配送中心 1115 个。

2. *分析方法*

（1）几何中心分析方法。几何中心是研究区域中所有要素的平均 X 坐标和 Y 坐标，可用于分析追踪分布的变化以及比较不同类型要素的分布，其计算公式如下：

$$\begin{aligned}\bar{x} &= \sum_{i=1}^{N} x_i / N \\ \bar{y} &= \sum_{i=1}^{N} y_i / N\end{aligned} \tag{7.6}$$

式中，(x_i, y_i)为快递节点 i 的坐标；N 为快递节点设施数量；$(\bar{x}, \bar{y})$ 为快递节点中心坐标。

（2）标准差椭圆分析方法。标准差椭圆分析方法主要用于分析区域点状地理事物的扩散程度和方向性差异，通过计算两个差异最大的正交方向的标准差来判断椭圆的形状，椭圆的形状由长轴长度、短轴长度和旋转角度决定。椭圆的中心表示空间分布重心，X、Y 分别为标准差椭圆的长轴和短轴，分别刻画点状地理事物分布在长、短轴上偏离重心的程度。

（3）最优路径分析方法。这是根据要求解的阻抗查找最快、最短甚至是最优路径的技术方法。对于快递配送而言，阻抗是时间，则最佳路径即最快路径。因此，可将最佳路径定义为阻抗最低或成本最低的路径。

（4）最近设施点分析方法。最邻近指数法用于分析特定空间里大量点不规则分布的情形。它主要计算每个要素与其最邻近要素之间的距离，然后计算所有这些最邻近距离的平均值。其模型如下所示：

$$R_n = d_0 / d_r \tag{7.7}$$

式中，R_n为最邻近指数；d_0为点状地理要素之间的平均距离；d_r为每一个点到最邻近点的距离；当R_n＞1时，点状要素呈现均匀分布；当R_n=1时，点状要素呈现随机或均匀分布；当0＜R_n＜1时，点状要素呈现集聚分布；当R_n=0时，点状要素在空间分布上达到彻底的集聚状态。

理论上d_r值（即泊松分布时的理想距离）可定义为式（7.8）：

$$d_r = 0.5\sqrt{a/n} \tag{7.8}$$

式中，a为研究区域的面积；n为研究区域内点状要素的数量。

于是根据式（7.8）可得出最邻近指数分析的模型为

$$R_n = \frac{d_0}{d_r} = \frac{\sum_{i=1}^{n}\left[\min\left(d_i\right)\right]/n}{0.5\sqrt{q/n}} \tag{7.9}$$

式中，$\min(d_i)$为该研究区域内某个点到其距离最近点之间的距离。

7.3.2　城市尺度快递网络空间结构模式

1. 城市地区快递空间结构及其模式

1）城市内部物流空间结构

城市内部空间结构（urban internal spatial structure），是各类自然和社会经济因素长期综合作用的结果，是地理学、建筑学、城市规划学、社会学等多个学科的研究对象。城市内部空间结构是指城市要素（如建筑、土地利用、社会群体、经济活动、公众机构等）的空间分布模式和相互作用的内在机制，以一套组织规则连接城市形态和子系统内部的行为及相互作用，并将这些子系统连接成一个城市系统。

一般认为，经济空间和社会空间组成了城市内部空间。城市经济空间是城市为各经济要素的流动、配置、整合所提供的载体和场所，同时也是从事各项经济活动的前提条件。城市社会空间是社会集团所占有的地理空间。那么，城市内部物流空间结构属于城市内部经济空间结构的范畴，它是按照经济关系组成，由物流系统要素所构成的一种空间秩序，反映了物流活动的空间组织关系，包括要素间的相互作用和空间分布规律，体现了物流系统的空间属性。

广义上的物流空间包括物流需求空间和物流供给空间，狭义上的物流空间专指物流供给空间。快递企业属于物流服务供给主体的第四级要素，是第三方物流企业（二级要素）中的通用服务型物流企业（三级要素）（表 7.30）。为方便研究，这里所讨论的城市内部快递空间结构系指城市内部快递供给空间结构。

表 7.30　物流服务供给主体（贺登才和刘伟华，2011）

一级要素	二级要素	三级要素	四级要素
物流服务供给主体	企业物流	完全自营型企业物流	工业企业、流通企业等
		部分外包型企业物流	工业企业、流通企业等
	第三方物流企业	通用服务型物流企业	运输企业、仓储企业、快递企业、货物代理等
		专业配套型物流企业	汽车物流、电子物流等
		基础平台型物流企业	港口、货场、物流园区、物流信息服务等

2）城市内部快递空间结构

城市内部快递空间结构是城市快递活动在地理空间上的投影，是城市快递存在和发展的空间形式，表现了城市各种快递要素在空间范围内的分布特征和组合关系。它不仅承载快递活动的城市地域单元的空间分异与组织关系，而且在城市内部形成某种规模的等级体系。

认识城市内部快递空间结构有助于理解城市内部快递服务系统是如何运行的。在城市内部空间中为什么会产生快递活动的空间分异？在不同的城市内部空间，为什么不同的快递企业会出现配送中心、中转枢纽等相似的快递空间形态，并且同样面临着城市交通的巨大影响？探讨这些问题对理解城市快递网络系统，乃至城市经济系统具有重要意义。

2. 城市内部快递网络要素构成

城市内部快递网络要素由节点、线路构成。不同等级规模快递“节点”是城市快递系统结构形成、演化的动力源。线路是连接各“节点”的线状交通基础设施（快速路、主干道、次干道、支路）形成的不同级别的快递通道。

城市快递节点根据其性质可以分为三类：第一类是具有集散、分拨、中转功能的区域转运中心；第二类是区（县）收派件的城市配送中心；第三类是面向快递终端用户的快递服务门店。这三类节点实际上也是快递企业运营的节点等级体系。

区域转运中心也被称为分拨中心或区域集散中心，其在快递网络中起着分拣操作、仓储的作用。城市配送中心隶属于区域转运中心，可接受来自区域转运中心分拨来的快件，同时集中各区县收揽来的快件，并向上递送至区域转运中心；快递服务门店以收揽、配送快件为主，运输、储存快件为辅。

由快递节点连接起来的是线路，即快递通道，如公路、铁路、航空等交通运输线路。快递通道是快递服务实现的基础。在城市内，快递通道就是由连接城市快递节点的城市运输线路所组成的，以实现城市快递服务功能。

与城市快递服务功能相对应，城市快递通道划分为城市内部快递通道和城市对外快递通道。城市对外快递通道与重要的区域交通运输干线相联系，城市内部的铁路、公路货运场站、港口、机场，抑或综合交通枢纽都是城市对外快递通道在城市中的节点，它们起到联系城市内外的作用。城市内部快递通道主要满足城市内快递流动，包括深入城市各个区域的城市配送活动和城市不同分区间的快递联系。

城市道路按照国家标准《城市道路交通规划设计规范（GB50220—95）》分为快速路、主干路、次干路和支路，共四个级别。城市快速路和主干路承担城市出入境、过境和城市组团间的远距离交通，属于交通性道路，具有承担城市货运的功能。城市次干路兼具通过性交通和集散性交通，两者功能并重，以城市客运为主，承担城市组团内部交通。城市支路是集散性极强的道路，主要是以到达和出入为服务目的的生活性道路，其同时满足非机动车的交通需要，通常只承担城市客运功能。

一般情况下，城市快递通道由城市快速路和货运性主干道组成，连接着区域转运中心和城市配送中心，城市次干路及支路主要用于快递服务门店进行快件的收揽和配送。

为了降低货运通道对城市交通状况的影响，国内外的许多城市对货运交通都实行了一定程度的管制，在允许通行车辆的类型、路段和通行时间等方面对各级道路进行了不同级别的限制。为了适应城市内的交通管制，城市快递节点布局通常是和对应的城市道路系统相适应的，这对城市内部快递网络的空间结构产生重要的影响。根据城市道路的等级和城市快递节点类型，城市内部快递通道可以划分为以下 4 个层次类型：

（1）城市对外快递通道，承担城市对外快递服务功能。由连接城市之间的区域公路运输干线、航空运输线路构成。

（2）城市快速快递通道，承担城市大运量的出入境、过境和城市不同组团间的快递服务功能，由城市快速路或主干路连接城市各个枢纽节点。

（3）城市快递配送通道，承担城市组团内部的快递集散功能。由城市主干路或次干路连接城市内较低级别的快递节点，以及快递节点与市区主要枢纽节点。

（4）城市末端配送通道，承担城市末端配送功能。由城市支路连接城市配送中心或第三方加盟网点和用户。

从城市对外快递节点开始，快件的集中和分散功能通过城市内部快递通道的各个层次实现。城市内部快递通道是一个混合结构。快件从对外交通干线进入城市，通过城市快速快递通道运往枢纽节点，然后通过城市快递配送通道送往城市配送中心，最后经过城市末端配送通道到达用户手中。以上快递运输过程的每一环节都是可逆的，但节点之间不可以越级。

7.3.3　快递网络节点的空间布局

1. 总体布局

从 10 家样本快递企业网络节点在上海 17 个区/县的分布数量统计（表 7.31、图 7.17、图 7.18）来看，浦东新区的快递节点数量最多，为 216 个，占节点总数量的 19%，其次是闵行区（132 个）、松江区（90 个）、宝山区（76 个）、徐汇区（73 个），除此以外，嘉定区、青浦区、普陀区、奉贤区、黄浦区、闸北区、长宁区、杨浦区的总数也比较多，均在 40 以上。仅崇明县最少，为 22 个。

表 7.31　上海市快递企业网络节点数量　（单位：个）

快递企业	黄浦区	徐汇区	长宁区	静安区	闸北区	普陀区	虹口区	杨浦区	宝山区	闵行区	嘉定区	浦东新区	松江区	金山区	青浦区	奉贤区	崇明县	小计
顺丰速运	7	10	5	2	5	7	6	5	10	15	9	26	11	5	9	6	4	142
申通快递	2	4	0	0	1	3	0	2	3	5	2	9	5	2	5	2	2	47
圆通速递	4	7	5	2	5	8	3	4	8	13	10	23	9	4	5	2	3	115
中通快递	4	7	6	3	6	5	8	6	8	16	7	23	8	3	10	2	2	124
韵达速递	10	15	9	4	2	11	5	2	15	22	8	37	12	15	12	22	1	202
百世汇通	5	11	9	8	9	9	7	8	14	20	12	33	12	2	8	7	3	177
国通快递	4	2	1	1	7	6	3	1	6	11	7	22	13	1	3	1	2	91
天天快递	6	8	4	1	4	3	1	10	8	11	4	17	8	1	4	1	3	94
全一快递	1	2	1	0	2	1	1	1	1	4	2	7	2	1	1	1	0	28
快捷快递	5	7	2	3	3	4	2	2	3	15	6	19	10	1	8	3	2	95
小计	48	73	42	24	44	57	36	41	76	132	67	216	90	35	65	47	22	1115

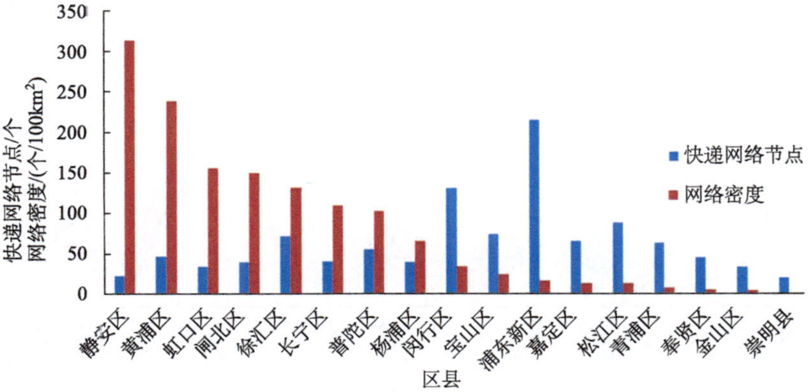

图 7.17　10 家样本快递企业快递网络节点分区数量、网络密度统计

资料根据 10 家样本快递企业官方网站信息整理

2. 各区布局

10 家样本快递企业中除了申通快递、全一快递以外，其他 8 家在各区县均有布局（图 7.19）。浦东新区是所有 10 家样本快递企业网络节点数目占比最多的区域，占比均在 18%及以上，其中，全一快递设在浦东新区的网络节点占比最大，为 25%；圆通速递、国通快递的节点分布在浦东新区的占比超过两成。闵行区也是各家快递企业网络节点布局较多的区域，10 家快递企业均将其 10%以上的网络节点布局在闵行区。韵达速递是奉贤区快递网络节点占比最多的快递企业，占比为 10.89%，远远超过其他 9 家快递企业 5%以上的快递网络节点数目，韵达速递主导了奉贤区的快递服务市场。10 家快递企业在崇明

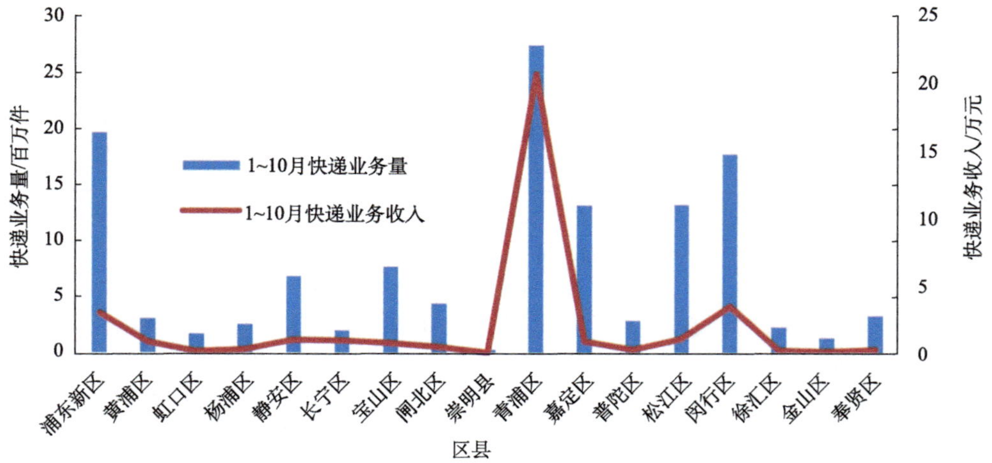

图 7.18　上海市 2015 年 1～10 月快递业务量、业务收入

资料来源：根据上海市邮政管理局网站“行业统计”整理

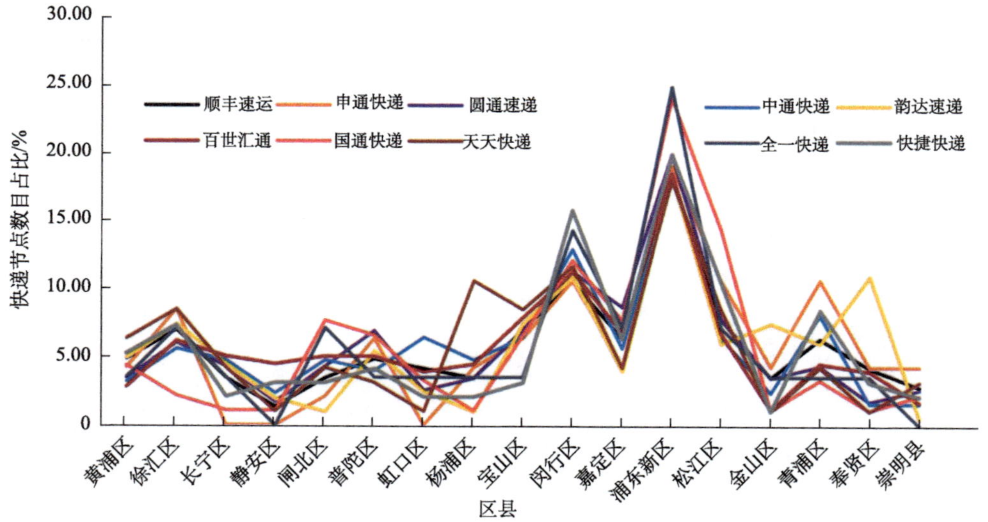

图 7.19　上海 10 家样本快递企业网络节点区域分布统计图

县布局网络节点数目最少，一般是 1～2 个，顺丰速运最多，为 4 个，说明人口总数较多的浦东新区、闵行区、宝山区，快递企业总部所设的青浦区以及大学城所在的松江区皆是快递企业的主要市场。

3. 快递网络节点的空间结构

1）总体特征

由图 7.20 可见，10 家样本快递企业网络节点在上海地区呈现中心城区密集、外围相对较稀疏的空间格局特征。网络节点分布密度在各市辖区形成明显的空间差异：静安区密度超过 314 个/10^2m^2，为核心区，随后分别是黄浦区（240 个/10^2m^2）、虹口区（156 个/10^2m^2）、闸北区（150 个/10^2m^2）、徐汇区（132 个/10^2m^2）、长宁区（110 个/10^2m^2）、

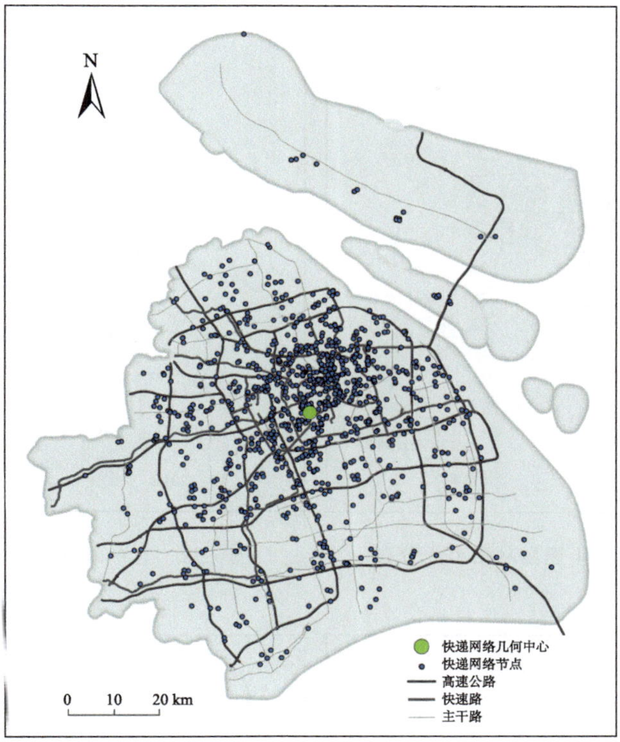

图 7.20　上海市快递网络节点空间布局

普陀区（103 个/10^2m^2）、杨浦区（67 个/10^2m^2）。显然，由静安区、黄浦区、虹口区、闸北区、徐汇区、长宁区、普陀区、杨浦区等组成的中心城区是快递网络节点高密集区域，而外围的闵行区、宝山区（20～30 个）是较高密集区域，浦东新区、嘉定区、松江区、青浦区、奉贤区、金山区、崇明县等区域密度在 10 个/10^2m^2 以下，为低密集区域。

2）各样本快递企业网络节点空间结构特征

10 家样本快递企业网络节点在上海市的空间分布集中在中心城区，郊区呈离散分布状态、密度低（图 7.21～图 7.30）。

7.3.4　快递网络的空间结构

通过 ArcGIS 10.3 Network Analyst 扩展模块开展样本快递企业快件配送在地理空间上的最优运输路径分析，并为样本快递企业服务门店查找最邻近城市配送中心，最终得到样本快递企业网络空间格局（图 7.31～图 7.40）。因基础道路网数据有限，网络分析过程对单向和转向限制、道路限高、道路分时限行、道路交叉口延误、问题路段不作考虑。

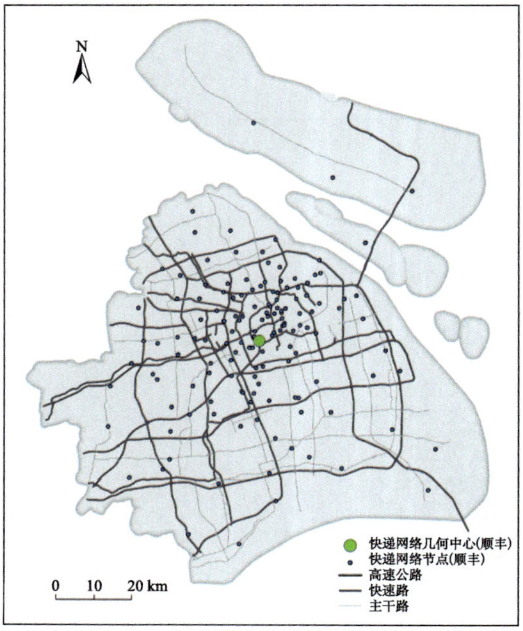

图 7.21　上海市顺丰速运网络节点分布

图 7.22　上海市申通快递网络节点分布

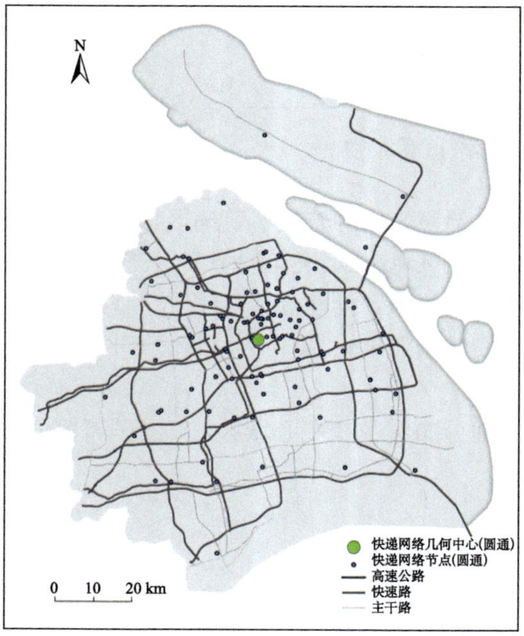

图 7.23　上海市圆通速递网络节点分布

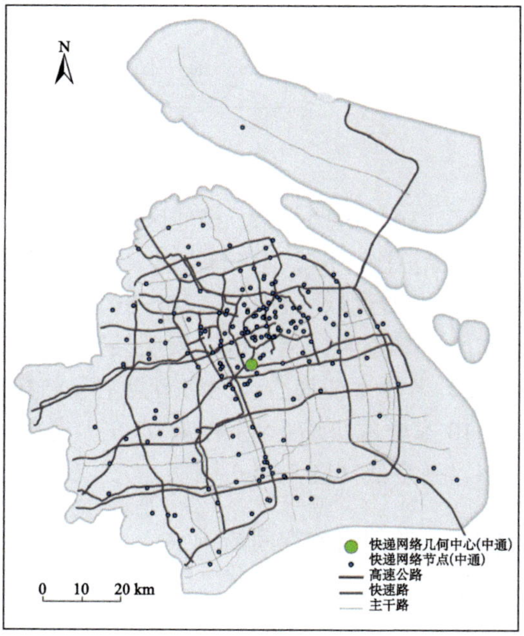

图 7.24　上海市中通快递网络节点分布

图 7.25　上海市韵达速递网络节点分布

图 7.26　上海市百世汇通网络节点分布

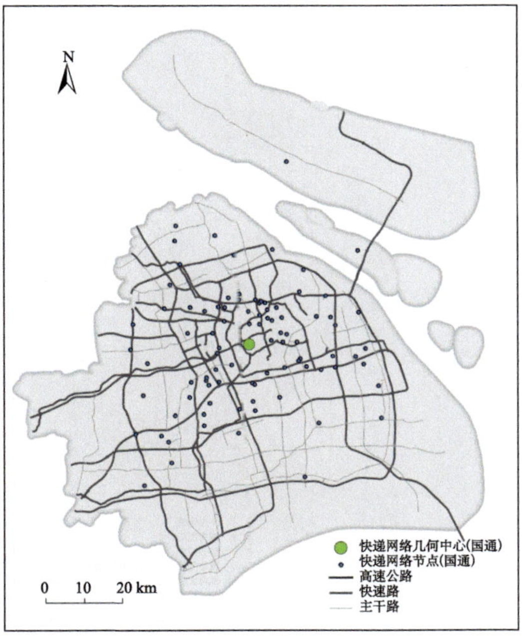

图 7.27　上海市国通快递网络节点分布

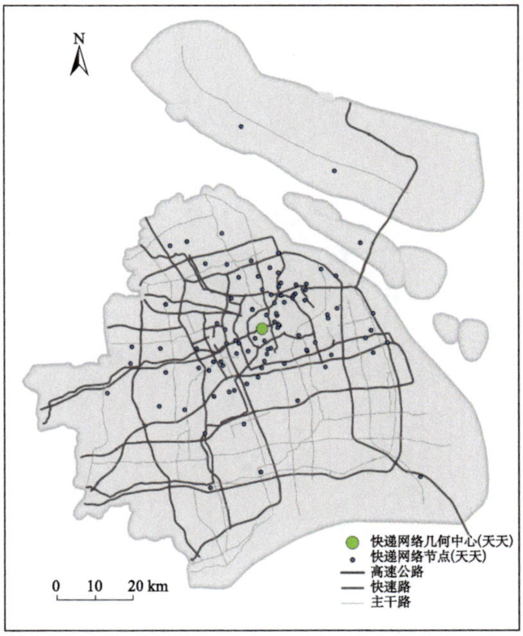

图 7.28　上海市天天快递网络节点分布

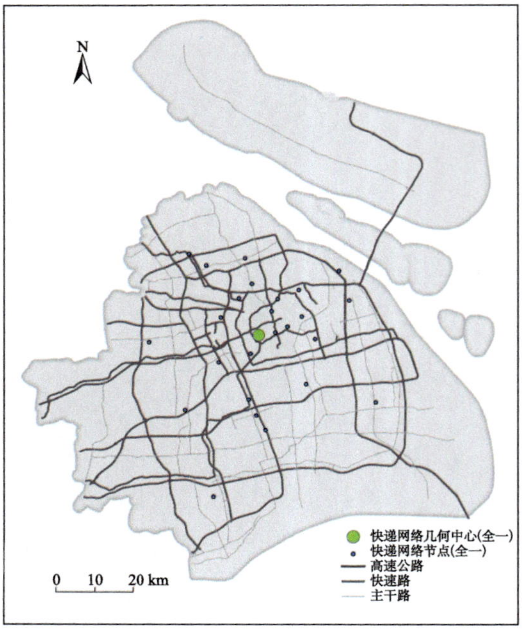

图 7.29　上海市全一快递网络节点分布

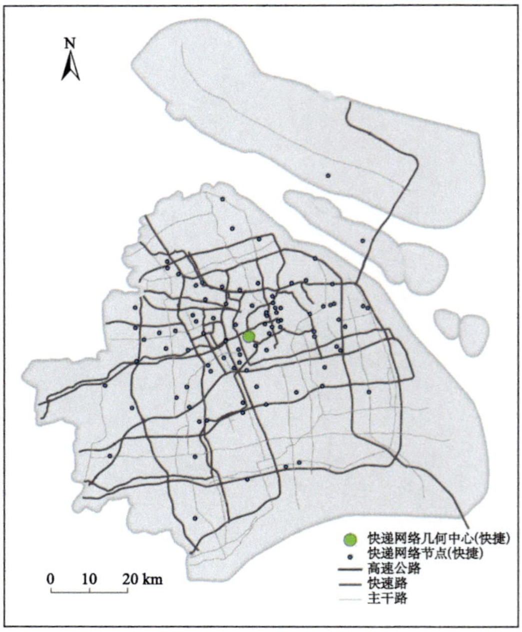

图 7.30　上海市快捷快递网络节点分布

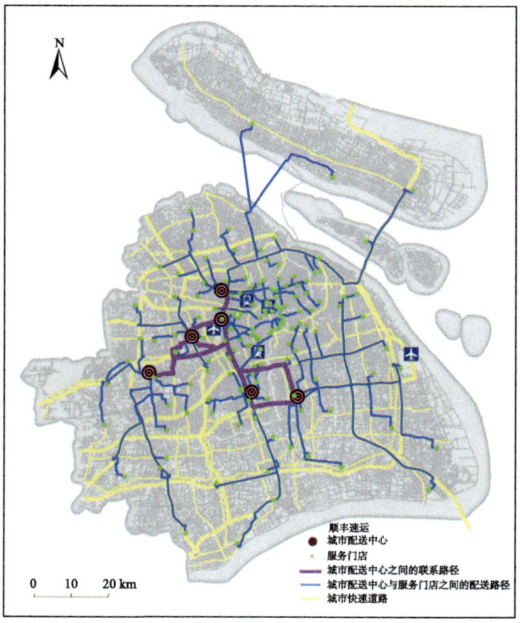

图 7.31　上海市顺丰速运运输网络

图 7.32　上海市申通快递运输网络

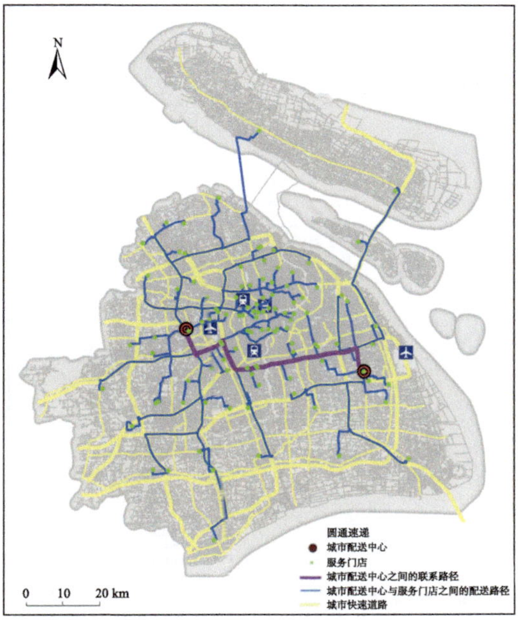

图 7.33　上海市圆通速递运输网络

图 7.34　上海市中通快递运输网络

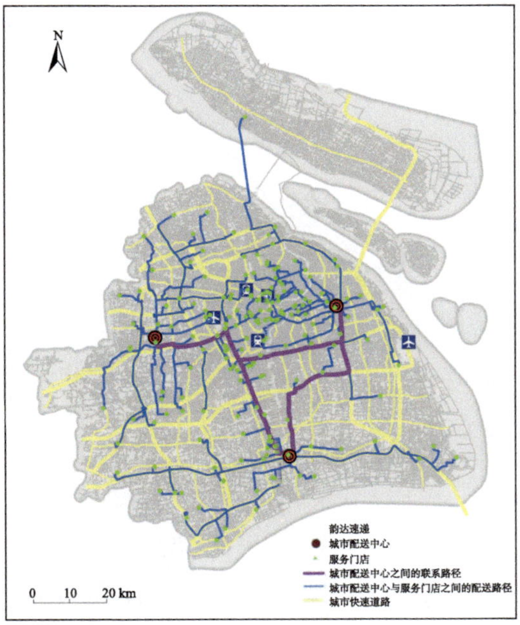

图 7.35　上海市韵达速递运输网络

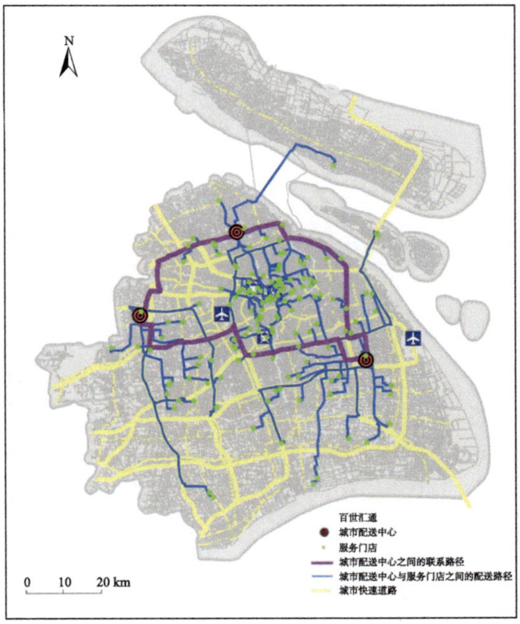

图 7.36　上海市百世汇通运输网络

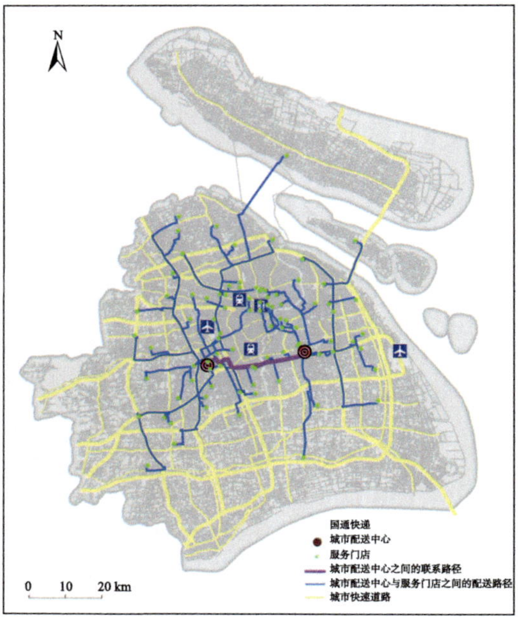

图 7.37　上海市国通快递运输网络

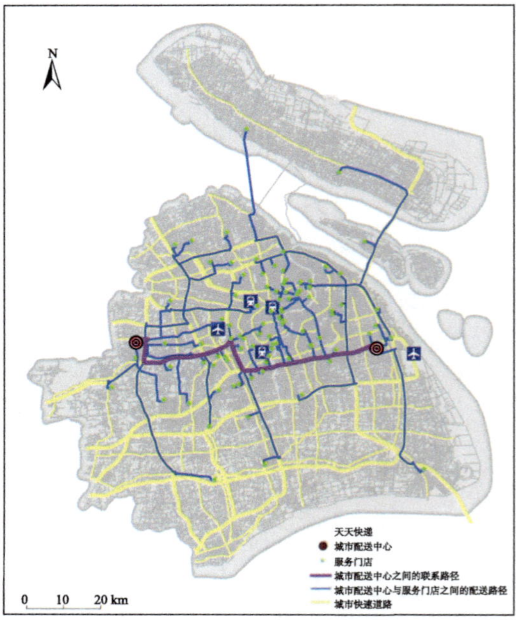

图 7.38　上海市天天快递运输网络

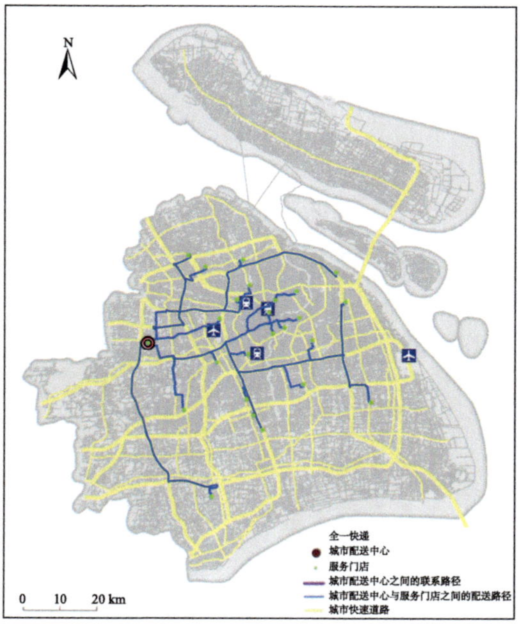

图 7.39　上海市全一快递运输网络

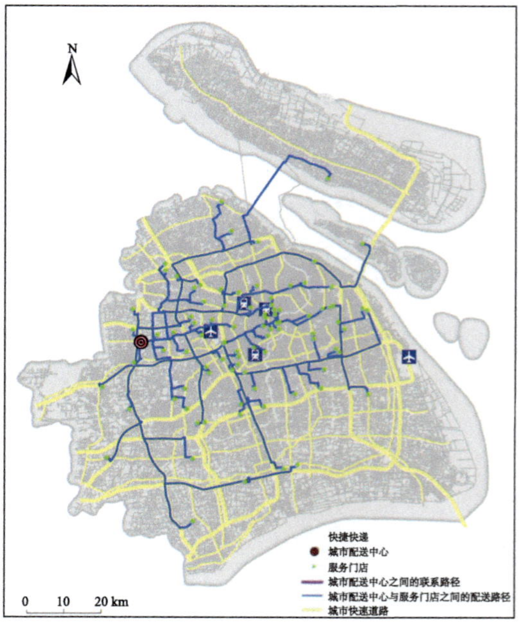

图 7.40　上海市快捷快递运输网络

顺丰速运。2015 年，顺丰速运在上海地区拥有 6 个城市转运中心，分别位于青浦区、浦东新区、闵行区（2 个）、普陀区、松江区，在民营快递企业中数量最多，城市配送中心（服务门店）共 142 个，网点密度黄浦区最高，为 35 个/10^2km^2，崇明县最低，为 0.34

个/10^2km^2。其在空间结构上形成一个核心、两个圈层的形态，为多中心等级分层网络结构形态。相比其他快递企业网络空间格局，顺丰速运特征明显：①城市转运中心与城市外部快递运输联系紧密，特别是在经济协作、机场、铁路等方面建立了城市分拨中心。②在交通方面已形成“放射环状”区域快递网络结构。

百世汇通。2015 年，百世汇通在上海地区拥有 3 个城市转运中心，分别位于青浦区、浦东新区、嘉定区，城市配送中心（服务门店）共 177 个，在静安区网点密度最高，为 104.99 个/10^2km^2，其位列 10 家样本企业之首，超过其他企业一倍有余，在崇明县网点密度最低，为 0.25 个/10^2km^2。该企业在空间结构上形成单圈层环状网络形态。百世汇通的快递网络空间特征：①城市分拨中心在空间上形成三足鼎立的形态，较好地平均了全城快递配送的压力。②在交通方面已形成“环状”区域快递网络结构。

申通快递。2015 年，申通快递在上海地区拥有 2 个城市转运中心，分别位于青浦区、浦东新区，城市配送中心（服务门店）共 47 个，长宁区、静安区、虹口区都未设有城市配送中心。在黄浦区的网点密度最高，为 10 个/10^2km^2。该企业的空间结构呈现以“上海总部分拨中心”“浦东分拨中心”点-轴系统网络结构形态。申通快递网络结构特征：①轴线以上节点与通道较为丰富。②在交通方面已形成“一”形区域快递网络结构。

圆通速递。2015 年，圆通速递在上海地区拥有 2 个城市转运中心，分别位于青浦区、浦东新区。城市配送中心（服务门店）共 115 个，在静安区网点密度最高，为 26.25 个/10^2km^2，在崇明县网点密度最低，为 0.25 个/10^2km^2。该企业的空间结构呈现以“上海总部分拨中心”“浦东分拨中心”点-轴系统网络结构形态。圆通速递网络结构特征：①上海总部与外部快递运输联系紧密，有效连接航空、铁路枢纽。②轴线南北节点发展较为均衡，全城覆盖范围广，中心城区节点密集度高。③在交通方面已形成“一”形区域快递网络结构。

中通快递。2015 年，中通快递在上海地区目前 2 个城市转运中心，分别位于青浦区、浦东新区。城市配送中心（服务门店）共 124 个，在虹口区网点密度最高，为 34.78 个/10^2km^2，列 10 家样本企业之首，在崇明县的网点密度最低，为 0.17 个/10^2km^2。该企业的空间结构呈现以“上海总部分拨中心”“浦东分拨中心”点-轴系统网络结构形态。中通快递网络结构特征：①轴线南北节点发展较为均衡，中心城区节点密集度极高，但全城节点覆盖范围小于圆通速递。②在交通方面已形成“一”形区域快递网络结构。

国通快递。2015 年，国通快递在上海地区拥有 2 个城市转运中心，分别位于松江区、浦东新区。城市配送中心（服务门店）共 91 个，在闸北区网络密度最高，为 23.92 个/10^2km^2，在崇明县网点密度最低，为 0.17 个/10^2km^2。不同于早期成立的民营快递企业，国通快递的总部设在上海松江区久富经济开发区，国通快递在松江区的城市配送中心节点数量在该企业全网络是最多的，占 14.29%。该企业的空间结构呈现以“上海总部分拨中心”“浦东分拨中心”点-轴系统网络结构形态。国通快递网络结构特征：①轴线北部节点覆盖范围较小，节点向几何中心聚集度高。②在交通方面已形成“一”形区域快递网络结构。

天天快递。2015 年，天天快递在上海地区拥有 2 个城市转运中心，分别位于青浦区、浦东新区。城市配送中心（服务门店）共 94 个，在黄浦区网点密度最高，为 30 个/10^2km^2，在奉贤区网点密度最低，为 0.15 个/10^2km^2。该企业的空间结构呈现以“上海总部分拨中心”“浦东分拨中心”点-轴系统网络结构形态。天天快递网络结构特征：①轴线北部节点覆盖范围较小，物流网络整体具有向几何中心聚拢趋势。②在交通方面已形成“一”形区域快递网络结构。

韵达速递。2015 年，韵达速递在上海地区目前拥有 3 个城市转运中心，分别位于青浦区、浦东新区、奉贤区。城市配送中心（服务门店）共 202 个，为 10 家样本企业之最，在黄浦区网点密度最高，为 50 个/10^2km^2，在崇明县网点密度最低，为 0.08 个/10^2km^2。韵达快递是奉贤区快递节点占比最多的快递企业，占比为 10.89%，远远超过其他 9 家快递企业 5%以上的快递节点数目。该企业的空间结构呈现以“上海总部分拨中心”“浦东分拨中心”“奉贤分拨中心”为点、上海外环高速公路-沪渝高速上海段为轴的点-轴系统网络结构形态。韵达速递网络结构特征：①轴线带状区域节点和通道密集，奉贤区节点集聚明显，全城节点分布范围广。②在交通方面已形成“轴带”状区域快递网络结构。

全一快递。2015 年，全一快递在上海地区拥有 1 个城市转运中心，位于青浦区。城市配送中心（服务门店）28 个，为 10 家样本企业中最少，在静安区和崇明县都未设有城市配送中心。在闸北区网点密度最高，为 6.84 个/10^2km^2。该企业的空间结构呈现以“上海总部分拨中心”为点的点-轴系统网络结构形态。全一快递网络结构特征：①以“上海分拨中心”为点向东，以扇形覆盖服务区域。沪渝高速上海段-延安高架路为轴以南节点覆盖范围小，中心城区节点集聚。②在交通方面已形成“扇形网络”区域快递网络结构。

快捷快递。2015 年，快捷快递在上海地区拥有 1 个城市转运中心，位于青浦区。城市配送中心（服务门店）95 个，在黄浦区网点密度最高，为 25 个/10^2km^2，在金山区、崇明县网点密度最低，为 0.17 个/10^2km^2。该企业的空间结构呈现以“上海总部分拨中心”为点的点-轴系统网络结构形态。快捷快递网络结构特征：①以“上海分拨中心”为点向东，以扇形覆盖服务区域。西北部通道密集，中心城区节点集聚。沪渝高速上海段-延安高架路为轴以南节点覆盖范围小。②在交通方面已形成“扇形网络”区域快递网络结构。

7.4　长三角地区快递网络的空间特征

对于地理学而言，一切研究对象之间都是有联系的，只是具有邻近性的事物之间联系更密切，频率更高，可进入性更大，受到的干扰机会相对于不邻近的事物更小，这是地理空间分析的核心问题之一。现代地理学在之前的空间邻近性基础之上，又加入了时间邻近性的概念，二者结合起来可称为“时空邻近性”，其契合了现代地理学空间分析的主题——研究时间和空间上的分布和变化规律，再结合系统论，只要是开放的系统条件，系统内部各事物之间，以及系统内部各事物与系统外部各事物之间都存在一定联系。

本节基于高速交通网络可靠性对长三角地区的快递网络结构特征进行分析。已有关于交通网络可靠性的研究，其指标体系是基于通信网络及其可靠性的，基本上都假定网络单元的故障在统计上是独立的，这是从网络部件状态的简单组合角度出发没有考虑某些子网络状态可能是功能等价的情况；另外，现有研究考虑网络单元可靠性的指标不够全面，部分指标的运算也不完全适合于快递网络。除网络连通性指标外，大多数指标并不适用于快递网络的研究，并且现有的连通性指标也不能够全面反映快递网络对于连通性的要求。

上海市、江苏省和浙江省区域面积共 21.07 万 km^2，其中上海市和江苏省的南京市、苏州市、无锡市、常州市、镇江市、扬州市、泰州市、南通市，浙江省的杭州市、宁波市、湖州市、嘉兴市、绍兴市、舟山市、台州市 15 个城市为核心区。本节将上海市、江苏省的 13 个城市（南京市、苏州市、无锡市、常州市、镇江市、扬州市、泰州市、南通市、徐州市、盐城市、淮安市、连云港市、宿迁市）、浙江省 11 个城市（杭州市、宁波市、温州市、湖州市、嘉兴市、绍兴市、金华市、衢州市、舟山市、台州市、丽水市）共 24 个城市作为研究范围。本地区是我国人口最稠密的地区之一，也是我国各大三角洲乃至全国客货运量中最具活力的区域，因而也是快递业发展最活跃的地区，其拥有巨大的消费市场。

据国家邮政局统计，2015 年上半年快递业务量排名前十的城市中长三角地区有 5 个，分别是上海市 72179.1 件，排名第二；杭州市 50370.1 件，排名第五；金华市 34568.2 件，排名第六；苏州市 22732.3 件，排名第八；南京市 19270.0 件，排名第九。可以看出，长三角地区是我国快递业发展的主力，快递业起步早、发展快，在我国快递业发展中具有一定的代表性意义。

7.4.1　交通可靠性及其测度方法

1. 关于交通可靠性的研究

可靠性最早由 Robert Luster 于 1952 年提出，是系统可靠性工程中的概念，系统可靠性工程是工程学科中一个比较成熟的领域。随着城市化的快速发展，交通问题不断涌现，交通运行状况与人们的期望值之间出现较大的偏差，在此背景下，国内外学者从不同的角度积极寻找相关的理论解释并付诸实践，其中将可靠性的概念应用于交通进行相应的研究便是重要的应用创新。交通可靠性的研究始于 20 世纪 80 年代，它指的是在规定条件和时间内，路网所提供的各种服务能够满足出行需求的能力，是衡量路网质量、评估路网运营状态的重要指标之一。其实质上就是交通供给与需求之间随时间、空间的变化呈现出的不均衡状况的动态化表现形式，是二者之间博弈的结果。

1999 年，交通网络可靠性国际研讨会首次在悉尼召开（王殿海和祁宏生，2010），到 2015 年，一共举办了 6 次国际会议。其所涉及的交通网络可靠性的内涵、研究内容、实践价值有力地推动了交通网络可靠性研究的发展。人们逐渐认识到交通供给和需求会不断地受到外界随机因素的干扰，使用行为的不确定性也会致使系统内部存在一定的波动，使得交通网络的功能更加复杂化、随机化。一些学者在传统的确定型系统模型的基础上提出了随机退化系统的概念，并建立了一体化的均衡可靠性分析框架，在随机因素影响的基础上，形成最终的交通运行状态。也就是说，在交通供给和交通需求之间，受交通随机性的影响，可能会出现交通供给大于交通需求的状况，这时表现为交通闲置，道路上车辆比较稀少，甚至没有；也可能出现交通需求大于交通供给的情况，这时表现为交通拥堵。这种分析框架已经被广泛采用。交通可靠性可以用来评价整个系统中交通运行的状况。Brilon 等（2005）通过交通需求来定义高速公路的通行能力，当流量低于通行能力时交通正常运行，当流量高于通行能力时将产生交通拥堵等问题，包括缓慢通行、时走时停和彻底拥堵等状况。因此，交通网络通行状况表现为一种重要的连续型随机变量的概率分布。通过交通事件数据拟合，也可以得出城市内部早高峰和午高峰时期行程时间服从正态分布，而晚高峰时期行程时间服从 Beta 分布，而城市之间的交通状况则更多地倾向于随机分布。总体来看，交通可靠性的研究主要包括三个方面：交通运行可靠性及其指标定义、可靠性对交通流的影响、路网交通的可靠性优化。

2. 交通可靠性指标体系

交通可靠性定义及指标量化方法有很多种。最初的测度指标是联通可靠性，它在给定时刻指路网中任意的交通起止点（origin destination，OD）对子路网联通的概率。联通可靠性在路网中有两种状态：某一时刻，只要 OD 与子路网之间至少还存在一条路径可连通，则该 OD 与子路网是联通的，反之，则不联通。在这种假设下，联通路段的通行能力可以满足出行需求；不联通的情况，则适合分析极端情况，如自然灾害、道路建设、整修等情况下的交通网络运行状况。

随着行程时间可靠性和路网容量可靠性的提出，交通可靠性开始形成三种基本的可靠性指标。行程时间可靠性指的是出行者在给定时间内到达目的地的概率，其又可以分为缓冲时间、统计型指标、概率型指标等。一般来说，缓冲时间基于出行者期望到达的时间内需要预留出来的备用时间，从而可以应对不可预测的波动事件的发生。由此可以推测，缓冲时间越大，出行行为发生的过程中，需要预留的时间就越多，其路网交通运行状况的可靠性就越低。统计型指标是针对出行者的实时出行行为的实际状况进行调查统计和结果分析。这种对出行行为的研究方式类似于目前大数据统计分析，需要有大量完整、可靠的数据作支撑。概率型指标则研究出行过程中实际出行事件所花费的时间值与理想状态下出行事件所需付出的时间值之间的比，其表现出一个概率数值，可以定义这个概率下的行程时间可靠性为

[行程时间可靠性概率型指标]=[实际出行时间值]/[理想出行时间值]

由上式可以推测，行程时间可靠性的概率型指标值可以用值 1 作为参考阈值，当概率值小于 1 时，说明交通网的畅通状况非常理想，也就是其路网交通运行状况的可靠性非常好；当概率值等于 1 时，说明交通网的通行情况基本可以满足出行的需求，也可以认为其路网交通运行状况是可靠的；当概率值大于 1 时，则实际出行时间值低于理想的时间值，就会产生供需不平衡的状况，甚至激发供需矛盾的产生，这时的交通状况就会趋于复杂化。

就出行者主体而言，可以分为时间敏感型和一般型，显然，快递服务业总体上属于对交通出行事件的时间要求比较敏感的类型。另外，上班出行事件也应该属于时间敏感型事件；按出行者的敏感性的程度，又可分为两种情况：高度敏感型和一般敏感型，如快递行业中的限时达、当日达应该属于时间高度敏感型事件，而普通快递则属于一般敏感型事件，如一周内送达，关于行程时间可靠性的概率型指标可以用路径行程时间、OD

对行程时间（可以用所有路径行程时间的均值表示）和路网行程时间等具体要素数值代入测算，还可以借助 Delphi 法和实地调查法进一步确定敏感性指数。

路网容量可靠性指以一定的服务水平承担一定的交通需求（也可以用 OD 对路网的运行状况表示）的能力。“道路服务水平可靠性”的提出进一步深化了交通网络服务水平与交通需求之间的博弈状况（况爱武和黄中祥，2007）。这里，服务水平是指交通流中车辆运行的服务质量、驾驶员的服务质量和乘客所感受到的服务质量的量度。将交通可靠性的研究细化到具体特定事项的层面，可以是道路的建设条件等不可变条件，也可以是道路的控制条件、环境条件等波动条件。这些条件进而影响甚至决定路网内交通主体的流量、流向和运行模式，最终影响交通服务水平的动态变化。特别是在实时交通运行状况下，这些条件并不是单一的、单向的而是综合、不对称地表现出特定的实时函数。

目前，对于道路服务水平等级的划分各国不一，按照我国的划分方式可以分为四级，分别是自由流、稳定流上限、稳定流下限和饱和流。其中，自由流级别大约对应于美国划分方式的前两级，中间两级分别类似于美国式分类的第三级和第四级；饱和流级别则对应于美国式分类的第五级和第六级。我国国家级公路和高速路通常以密度指标划分等级；双车道公路通常以车辆的延误率指标作为划分等级的依据。对于我国的大中城市而言，“自由流”级的道路服务水平饱和度一般小于 0.6；而“饱和流”级的饱和度一般达 0.9 甚至 1 以上。

道路服务水平的变化必然涉及交通需求的动态变化，根据出行主体的不同交通需求形成客流和货物流。客流包括常旅客流（如上班）、定期客流（如商务洽谈、会议）和偶然客流（如一次旅游）；货物流包括周期型货物流通（如定时货运班列）和随机货物流通（如搬家），以上主体对道路服务水平的要求显然不同。需求主体对出行事件时效性与行程时间可靠性中的概率期望比较类似。其中，对时间敏感性较高的事件对道路服务水平的要求也较高，反之，出行事件的需求主体则会相应地降低对其的要求。因此，路网容量可靠性可以看作是道路服务水平和出行事件需求水平的函数，是对出行事件相对不确定性和道路运行状态动态化影响下的随机分布状况的相对确定性事件的发生概率的测度，可以通过其维持在某一水平的能力来表达。假设 θ 表示建成道路的服务水平，f 表示道路服务水平的函数，则路网容量可靠性的概念可以表示为

$$[\text{路网容量可靠性}]=f(\theta-\text{出行事件需求})\geqslant f(\theta)$$

这表明，当建成道路的服务水平大于出行事件的需求时，则函数值所表示的路网容量可靠性水平可以满足出行事件的需求，此时该路网系统是可靠的；当出行事件对道路服务水平的需求无穷小时，则该路网系统绝对可靠；当出行事件对道路服务水平的需求无限大时，则路网绝对不可靠。

从目前来看，以上三个指标均是从特定的角度（用户或管理者）出发来反映路网的性能，比较适合分析某些特定的出行事件。这里对快递这个特定要素在交通基础上的运行状况进行研究，分析其在特定区域的交通运行可靠性水平的综合能力，进而评价其对区域快递网络空间格局的影响。

7.4.2 研究数据与方法

这里的快递网络数据源自国家邮政局、上海市邮政管理局、江苏省邮政管理局、浙江省邮政管理局、中国快递协会、百度地图坐标拾取系统、阿里研究院、中国电子商务研究中心等。人口、行政区划、城市体系、高速交通网络等数据来自《中国统计年鉴》、沪苏浙统计年鉴、沪苏浙交通地图册以及各省市官方网站。

1. 引力模型和潜力模型

城市之间不断地进行物质、能量、人员和信息的交换和流动，也即城市之间的空间相互作用，其使这些不同等级规模层次和不同职能性质的城市之间产生密切的联系，形成具有一定结构功能的有机整体，即城市体系。长三角地区是世界第六大大都市带，其必然在结构和功能上存在着内部和外部的联系。其内部可以包括由一个特大城市和卫星城组成的大城市地区、由规模相近的城市组成的多中心城市集群、以行政中心为依托的次级城市体系。这些城市之间的各种形式——物质的流动、信息的流动、资金的流通、人的空间流动等形式的联系可以用空间相互作用的理论来解释。如果城市之间的关系能够满足发生相互作用的可能性——城市之间的互补性、城市之间的可运输性或者可达性，城市之间受到的干扰机会比较小，那么它们就会在不受外界干扰的情况下产生空间相互联系，从而产生空间上的相互作用。地理学现有理论对这些空间相互作用是可以测度的，通常用引力模型、潜力模型作为最基本的测算模式。

引力模型是指在一般情况下，两个城市间相互作用量的大小与两城市的规模成正比，与城市间的距离成反比，可以用式（7.10）来表示：

$$I_{ij} = KM_iM_j / D_{ij}b \tag{7.10}$$

式中，I_{ij}为城市 i 和城市 j 间的相互作用量；M_i和 M_j为城市的质量规模，通常用城市的人口规模或经济规模（如国民生产总值等）等指标表示，也可以用反映城市实力的其他综合指标表示；D_{ij}为两个城市间的距离，可直接用空间距离表示，也可以用时间距离表示；K 为经验确定的质量权重；b 为反映距离摩擦作用的指数。理论上，b 指数越大时，随着距离的增加，相互作用量衰减的效果越明显（图 7.41 中 L_2和 L_3）。在 L_3的 b 指数大于 L_2的 b 指数的条件下，L_3随着距离的增加，城市之间相互作用量衰减的效果明显比 L_2的显著。

类似地，Reilly 在实地调查的基础上，将引力模型的相互作用量中的因子进一步修正为零售额的比率，形成适用于零售业的引力法则，即当两城市之间存在着一个等级相对较低的 C 城市时，两城市对 C 城市吸引的零售额的比率与两城市的人口成正比，与到 C 城市的距离比的平方成反比。但是，如果两个城市之间的规模差距太大时，其零售业的规模也相应地会形成较大差距，这时，Reilly 通过改变其指数的方式达到改变其权重的目的，亦即对规模差距较大的城市相互作用时，C 城市的零售引力与其离两城市的距离比的 3 次方成反比。这在理论上为测定城市之间的相互作用量提供了可能（李小建，2006）。

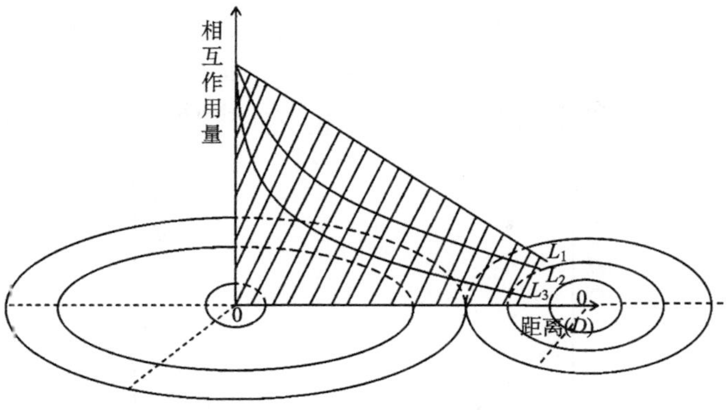

图 7.41　城市间相互作用量与距离的关系

为探究城市体系内所有城市之间相互作用的强度，本书拟根据引力模型计算出来的城市要素对象的引力，反映该城市对周围城市产生的引能，从而绘出引力等值线平面图。

$$V_i = \sum_{j=1}^{n} \frac{M_j}{D_{ij} b} \tag{7.11}$$

式中，V_i 为城市 i 与城市体系内所有城市的相互作用量，也就是城市 i 的潜力；M_j、D_{ij}、b 的含义同式（7.10）。

2. 零售业引力模型

赫夫（Huff）在大城市内消费者购买行为空间选择的随机性背景下，通过实证分析提出了城市之间消费者的购买行为受距离和商店规模影响的概率引力模型式（7.12）：

$$P_{ij} = \frac{A_j / d_{ij}^b}{\sum_{j=1}^{n} \left(A_j / d_{ij}^b \right)} \tag{7.12}$$

式中，P_{ij} 为在 i 地区居住的消费者选择 j 消费中心的概率；A_j 为 j 消费中心的吸引力，一般用商店的规模来表示；d_{ij} 为 i 地区到 j 消费中心的距离；b 为距离指数（是经验测定的指数）；n 为消费中心的数量。该模型只考虑两个要素，即消费中心的规模和到消费中心的距离，对地区的人口收入和消费偏好等要素没有考虑（Hanink，1997）。依据相关理论，假定 A 和 B 两地的规模大小不同（正如现实中没有规模完全相同的两个城市一样），且 A 和 B 分别为两地的中心点，那么在两地之间消费者的购买行为受距离的影响，从城市中心点 A 和中心点 B 向周围购买概率逐渐下降，由于两地的规模不一样，其下降的速率也不一样，最终在概率相等的点相交。将从中心点向周围变化过程中概率相等的点连成线，会形成一系列闭合的曲线，即概率等值线（圈）。那么，概率相等的线（圈）相交的点即无差别等概率线的交点。图 7.42 中，A、B 两地之间的概率等值线从中心向外围逐渐下降的过程中，最终相交于点 O 处，此时这两条概率等值线的概率值均为 0.5。理论上，概率等值线的无差别交点代表的是一个临界值（门槛值），在两个城市之间代表的是一个地点。如果超过了这条等值线所代表的地点，消费者的购买行为就有可能向另外一个地区转移。在消费者购买行为具有随机性的情况下，这种情况有可能发生。现实中，一个城市之间往往与多个地区发生相互联系，不可能存在只有两个城市孤立相连的情况。

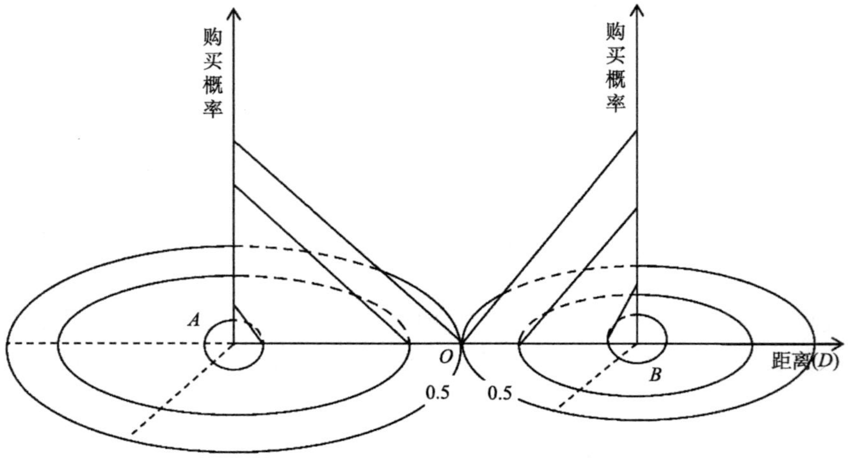

图 7.42　消费者在两地间购买概率变化

因此，在消费者购买行为的空间随机性前提下，上述的消费者购买模型可以更进一步地扩展到更大的范围，以更接近于实际。如图 7.43 所示，一个城市可能同时与两个、三个或者更多的城市相连，因此，其空间相互作用的引力会呈现出更为复杂的情况，消费者的购买行为也相应地更复杂。如果只考虑其商店的规模和交通的影响，购买概率等比例下降的可能性还是很大的。特别是在现代化交通和通信设施高速发展的时代，消费者可以通过网上购物和快递的形式来满足购买行为，这种随机性则更大。此时，交通则成为其购买时效性和商家配送并建立信誉的一个关键环节。在主要考虑交通状况和时效性的影响下，消费者购买行为可能更倾向于表现为一个中心地系统——克里斯泰勒的中

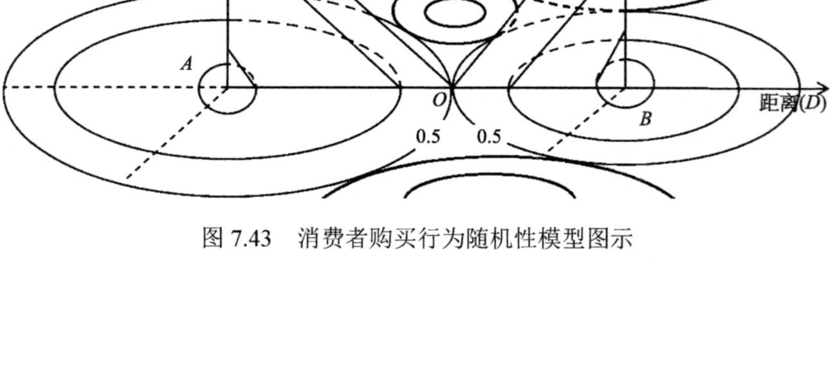

图 7.43　消费者购买行为随机性模型图示

心地三原则中的市场原则支配下的中心地系统。相同等级的中心地会在竞争中逐渐形成竞争均衡，最终达到稳定，呈现出正六边形的最优结构，不同等级的中心地会在函数的调节下呈现出等级递减的规律性分布。

假定 i 地区的消费者数量为 C_i，那么去 j 中心购买的消费者的期望值（E_{ij}）为式(7.13)：

$$E_{ij} = P_{ij}C_i \tag{7.13}$$

进一步，再假定 i 地区的消费者对 g 商品年平均支出额为（B_{ig}），那么 i 地区的消费者一年在 j 中心的消费额的期望值（A_{ij}）为

$$A_{ij} = E_{ij}B_{ig} \tag{7.14}$$

根据上述分析，采用赫夫零售业引力模型，分析城市之间的相互关系更符合长三角地区快递网络节点空间相互作用的实际。可以根据一个地区的消费者数量和消费额，计算出不同地区之间的消费期望值，以揭示不同地区在消费行为上的相互作用关系量。该模型是在实地考察的基础上得到的，符合消费者购买行为随机性的特点，具有较强的实践价值。式中的“商店规模”可以对应于长三角地区的快递网络节点的规模。

7.4.3　高速公路网络的可靠性

在现代快递业的发展过程中，网点数量逐渐增加，网络结构逐渐完善，并形成稳定的系统，这些固定的网点之间是通过快递网络通道相互连接的。快递网络的通道是兼具运输和转运功能的，最终结果是需要递送的物品可以实现在空间上的位移，空间位移是需要通过一定的承载媒介完成的，物品不可能自行移动到目的地，这个承载的媒介可以是交通工具。因此，快递网络的通道实际上依附于交通运输通道。交通线路相当于快递网络的通道，货（客）流站点相当于快递企业的网点，快递企业的网络节点更加注重面向顾客的直接服务，强调服务的便利性、快捷性、门对门，而货（客）流站点更强调统一性、稳定性、综合性、规划性，因此，其网点布局数量远远少于快递服务网点。

对长三角地区快递网络节点的空间相互作用的研究可以以长三角 25 个地级以上城市市为单位，快件快速递送基本上是通过高速公路通道实现的。以 25 个城市之间的公路里程数据为各城市之间快递网络通道的距离，表 7.32 中为长三角地区 25 个城市之间的公路里程数据，形成一个 25×25 的矩阵数据列表。

1. 联通可靠性

按照联通可靠性的概念，只要两个节点之间有交通通道相连，并且这个通道未被破坏，可以正常使用，则这两个节点之间就可以视为“联通”，即两点之间具备联通可靠性，可判断其可靠性为“真”。显然，基于正常情况下的平均状况（重大灾害、交通事故或春节放假高峰期的破坏性情况除外），长三角地区内部各城市之间均有公路通道相连，所以可以判断其联通可靠性为“真”，高速公路网络具备联通可靠性。

表 7.32 长三角地区的 25 个城市之间的公路里程表

城市	苏州	无锡	常州	镇江	南通	泰州	扬州	盐城	淮安	宿迁	连云港	徐州	南京	杭州	湖州	嘉兴	舟山	宁波	绍兴	衢州	金华	台州	温州	丽水	上海
苏州	0																								
无锡	50	0																							
常州	96	73	0																						
镇江	165	142	79	0																					
南通	109	123	152	217	0																				
泰州	125	102	99	105	101	0																			
扬州	195	171	114	38	171	84	0																		
盐城	251	228	224	200	187	165	166	0																	
淮安	334	311	286	210	307	216	176	134	0																
宿迁	419	396	361	296	393	301	267	219	95	0															
连云港	434	411	386	312	360	317	278	206	132	147	0														
徐州	510	486	452	385	482	390	351	309	185	109	205	0													
南京	217	192	129	82	270	176	105	274	194	253	326	342	0												
杭州	162	205	209	265	250	316	295	407	462	521	568	611	280	0											
湖州	106	149	136	192	194	248	222	339	389	448	495	538	208	82	0										
嘉兴	84	126	173	242	171	237	272	328	411	497	511	587	292	88	105	0									
舟山	295	338	385	454	379	448	483	540	623	708	723	798	504	230	310	222	0								
宁波	221	265	311	380	306	375	410	466	550	635	650	725	430	156	235	147	89	0							
绍兴	192	236	282	325	280	346	355	437	521	581	621	671	340	62	141	119	190	115	0						
衢州	380	423	430	486	468	534	516	625	670	728	789	763	482	230	302	319	403	327	251	0					
金华	313	356	403	445	401	467	476	558	641	701	741	791	461	183	262	240	324	248	172	93	0				
台州	400	443	490	539	485	554	569	645	728	795	828	885	554	275	355	326	266	180	225	311	217	0			
温州	458	501	547	590	546	611	620	703	786	846	886	936	604	326	406	383	354	268	292	289	234	132	0		
丽水	417	460	507	549	505	571	580	662	745	806	845	895	566	287	367	345	426	339	277	190	121	218	126	0	
上海	103	131	178	247	126	197	267	305	406	492	479	582	296	178	148	102	290	216	210	410	331	394	474	436	0

2. 行程时间可靠性

行程时间可靠性可以用缓冲时间可靠性指标或者概率型指标来描述。缓冲时间可靠性的概念包含了出行事件中需要预留的、用以应对意外延误情况的额外时间。这里我们以“72h 准时率”来表达上述的缓冲时间。根据我国《2014 年快递市场监管报告》，我国快递企业的 72h 准时率全年平均值为 73.7%。沪苏浙地区的准时率居全国首位，以沪宁杭为中心的 1h 经济圈已经完全覆盖。因此，可以判断该地区于缓冲时间可靠性为“真”。

根据《2014 年快递市场监管报告》，我国在 1000km 以下的快递业务平均递送时限均值是 42.85h。长三角地区城市之间最远的距离为 936km，因此，除了极端情形，长三角地区内部各城市之间的快递业务平均时间低于全国平均值，说明基于 OD 对的行程时间对于概率型指标而言是可靠的，概率型指标表现出的可靠性为“真”。

由此判断，该地区快递行程时间可靠性评价结果为“真”。

3. 路网容量可靠性

路网容量可靠性是道路服务水平和出行事件需求水平的函数，是在出行事件相对不确定和道路运行状态动态化的影响下对随机分布状况的相对确定性事件的发生概率的测度。根据[路网容量可靠性]=$f(\theta$–出行事件需求$)\geqslant f(\theta)$，建成道路的服务水平 θ 决定出行事件的容量和服务水平，当 θ 大于出行事件的需求量时，该路网容量的评价结果是可靠的，则可判断该事件结果表现为“真”。

长三角地区公路网络总长度为 286833km，单位面积上密度大约是全国平均水平的 2 倍，区域的货运周转量占全国的比例达 20.83%。按照我国的服务水平分类，长三角地区公路网络容量可以达到稳定流的上限。此外，在全国快递延误现象普遍发生的情况下，江浙沪地区迄今没有发生过快递被严重延误的案例。因此，可以判断其路网容量可靠性为“真”。

7.4.4　快递网络的结构

1. 区域快递企业样本

根据国家邮政局发布的快递企业名录，截至 2015 年 10 月 8 日，我国境内获得《快递业务经营许可证》的快递企业（集团）共有 584 家，其中跨省（区、市）经营国内快递业务同时也经营国际快递业务的企业有 14 家，主要跨省（区、市）经营国内快递业务的企业有 58 家，重点从事与其他国家之间快递业务往来的企业有 512 家。这些快递企业的总部有 184 家位于长三角地区，占总数的 31.5%，有 983 家分公司（或子公司）分布在本地区。

根据长三角地区“两省一市”地方邮政管理局批准经营的快递企业名录，上海市有快递企业共计 1521 家，江苏省有 822 家，浙江省有 1251 家，长三角地区共有 3594 家快递企业。

2016 年，我国快递服务品牌集中度指数 CR8 为 76.7%，EMS、顺丰、圆通、中通、申通、韵达、百世 7 家快递企业快递业务量均超过 20 亿件，业务收入超过 200 亿元，占比总体超过 70%，这 7 家快递企业的快递业务量和营业收入占快递市场总份额的年均水平应在 80%以上。根据实际情况，选择 EMS、顺丰、圆通、中通、申通、韵达、百世、民航 8 家快递企业进行分析，可以较为有效地反映该区域快递市场的整体情况。

2. 区域快递网络节点

这里所选取的 8 家样本快递企业在长三角地区共布局有网点 6704 处，其中浙江省 2128 处、江苏省 3252 处、上海市 1324 处。将 6704 处网点坐标值导入 ArcMap 中可以看出其空间分布（图 7.44）。

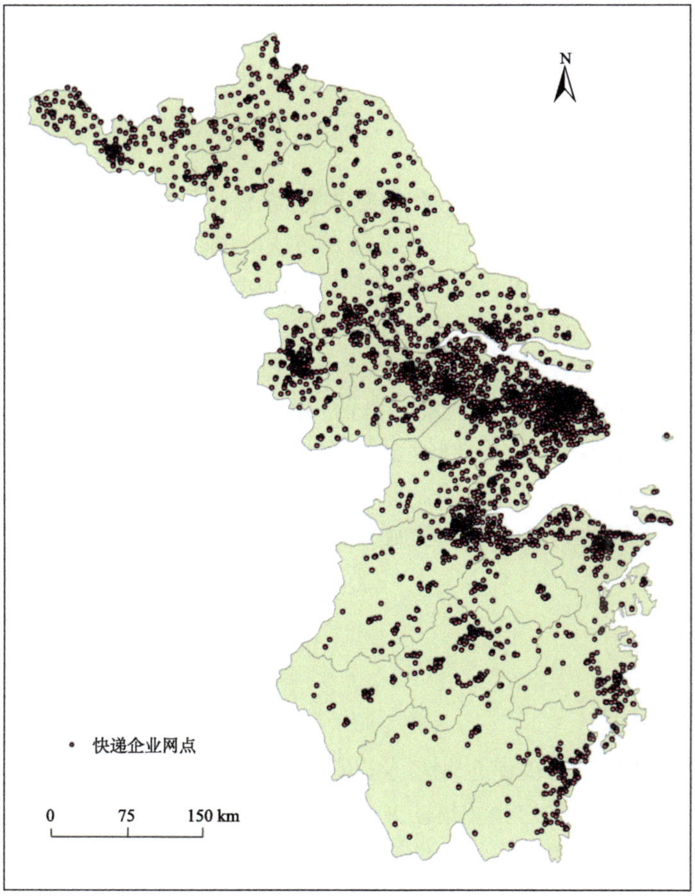

图 7.44　8 家样本快递企业网点布局汇总图

显然，8 家样本快递企业网点主要集中在长江南岸地区，并集聚于上海市及其周边地区、杭州湾及其西部的沿岸区域，浙江省北部的嘉兴市、杭州市的东北部、宁波市的北部等部分区域；江苏省南部的苏州市、常州市的东北部、无锡市、扬州市和南京市等，特别是市区范围；另外还有长江以北的扬州市，主要涉及的地级市共 11 个。

EMS 的网点在南京—上海—杭州—宁波 4 个城市间直线连接的走廊上分布比较集中，另外，在浙江省的金华市和温州市也有局部小规模集聚，这并不影响其呈“Z”形的整体格局，民航快递的网络节点布局规律是单个网点的规模都较大，网点总数较少，分布也比较稀疏；顺丰速运起家于南方，由南向北逐渐扩展范围，在长三角南部的网点数量较北部偏多，比较明显地集聚在四个城市连成的“Z”形走廊上；申通快递网点分布覆盖全区，无盲区，但在南京市至上海市一线偏多，杭州市至宁波市也相对较多；圆通速递网点明显分布在南京市、上海市、杭州市沿线上；韵达速递的网点集聚于长江南岸，尤其是上海市及其周边地区、杭州湾的西部和南部相关城市；中通快递在“Z”形走廊通道区域的集聚程度比较高；百世快递的网点分布则比较少，其实力也偏弱，网点分布也相对比较少，主要集中在南京市、上海市、杭州市和宁波市。

3. 区域快递网点核密度分析

在对上述快递网点分布分析的基础上，采用核密度分析方法，进一步测度 8 家样本快递企业的点要素在空间上的集中趋势和离散趋势，以确定这些点事件的发生密度及其空间分布模式。

核密度估计法是指对那些发生在空间任意位置上的概率不同的事件进行空间点模式的表达。对于快递网点，网点分布密集代表该事件发生的概率高；反之，发生的概率低。在 ArcGIS 中用 Kernel Density 分别计算其核密度，将核密度指标分为 9 个等级，由于民航快递网点过少，所以无法做出核密度估计示意图。因此，得到 7 家样本快递企业网点的核密度图。结果表明，EMS 和韵达快递的核密度估计值最高，分别达到 0.240 和 0.242。EMS 核密度高的区域集中在南京市、常州市、无锡市、苏州市、上海市、杭州市和宁波市的城区，以城区形成网点集聚极值，其他区域呈现出极低集聚（白色），基本连成“Z”形空间格局；韵达速递网点在空间上的“Z”形格局更明显，另外还出现了扬州市和徐州市的极小值区域，其总体上也是以城区为核心的分布区；顺丰速运网点覆盖全区，形成了明显的点状走廊分布特征，最高值和最低值之间的过渡较前两个更平稳，当然其网点的“Z”形格局模式也更明显，只是其坐拥南方的主场优势，比前两家多了台州市和温州市的集聚中心；申通快递网点的核密度分布类似于韵达速递，只是整体集聚程度稍低，最高只有 0.155，最大值分布在南京市—上海市—杭州市—宁波市“Z”形走廊沿线的城市中心上；圆通速递的网点核密度估计类似于申通快递的“Z”形通道空间布局模式，只是其核密度分布在南京市和上海市的范围相对于申通快递小一点，核密度也小一点，最大只有 0.135，而在杭州市的分布范围和核密度稍大；中通快递网点的核密度分布最大，达 0.184，出现在上海市域范围内，显然在网点核密度分布上仅次于 EMS 及韵达速递，从其布局规律来看，上海市的极大值跟周围其他区域相比，等级差相对较大，另外还出现了徐州市和温州市两个小的峰值，但整体上还与其他几家的大趋势相一致；天天快递网点分布值明显出现以上海市、无锡市、南京市和杭州市为代表的四个城市的核心区域，宁波市则核密度更小。

综合来看（图 4.45），8 家样本快递企业网点核密度估计最大值出现在上海市中心区及其附近，值为 1.364，并在南京、苏州、无锡、常州、杭州和宁波等地级市的市区范围及其附近高度集中，在苏北的徐州市和浙东南的温州市域范围内呈孤岛集中分布。总体上，8 家样本快递企业网点在宁沪、沪杭、杭甬一线相连的呈“Z”形的走廊区域，网点的核密度较高，其他地区则较低。

4. 区域快递网点标准差椭圆分析

为进一步证明图 7.45 说明的 8 家样本快递企业网点的空间分布合理性与可靠性，可以对这 8 家样本快递企业的网点布局模式进行标准差椭圆分析。标准差椭圆分析是用来度量一组数据的方向和分布的，分析的结果可以生成的一个椭圆。这个输出的椭圆可以同时描述点事件的方向性和分布特征。当然，这个椭圆是经过数据拟合得出的，不同的标准差所包含的数据比例不同，其所覆盖的数据范围也不一样。理论上，椭圆的长轴和短轴的差越大，椭圆的扁率就越大，表示数据的方向性越明显，向心力越强。因此，点数据输出的椭圆范围内长轴和短轴一般不会相等，否则就不能展示数据事件偏离的方向性特征。

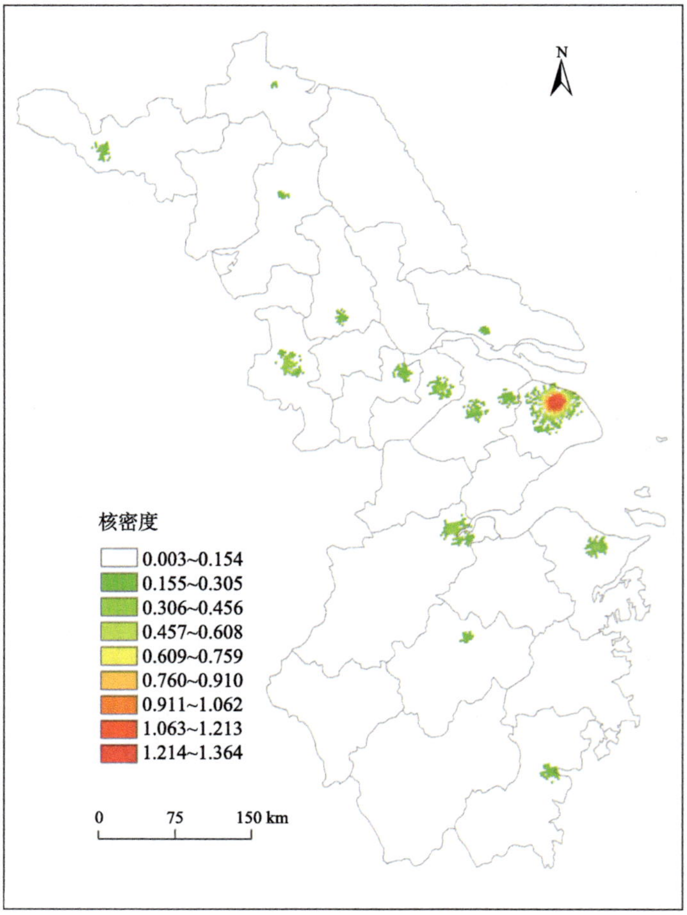

图 7.45　8 家样本快递企业综合核密度估计

采用 ArcGIS 中标准差椭圆（standard deviational ellipse）测算 8 家样本快递企业网点的空间格局及其方向性特征。由标准差椭圆模拟出的椭圆形覆盖的区域可见，8 家样本快递企业的标准差椭圆的走向比较一致，大致为“西北-东南”走向，中心区域在宁、沪、杭、甬沿线及其核心城市。

利用 ArcGIS 将 8 家样本快递企业的网络节点合在同一个图层，用标准差椭圆进一步测算得到图 7.46，椭圆呈“西北-东南”走向，中心区域依然如上述。因此，8 家样本快递企业的网络节点总体布局在空间上的方向偏离特征是一致的，这与前文分析的各项结果是相一致的——快递网络节点主要集聚分布在长江以南沿岸南京、上海、杭州、宁波等核心城市及其周边，呈“Z”形走廊分布，城市中心区明显形成核密度集聚点。

7.4.5 城市之间快递事件发生概率与消费期望

1. 各城市的快递规模

2013 年和 2014 年长三角地区 25 个地级市全年的快递业务完成量（万件）和快递业务实现的收入（亿元）数据如图 7.47、图 7.48 所示。2014 年，杭州市快递业务完成量居

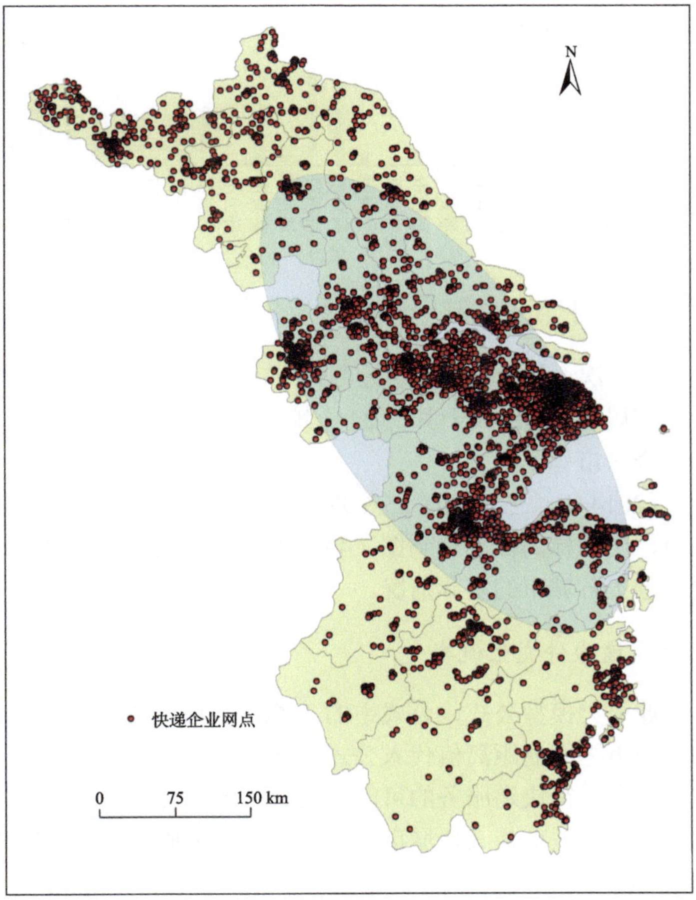

图 7.46　8 家快递企业网点综合标准差椭圆

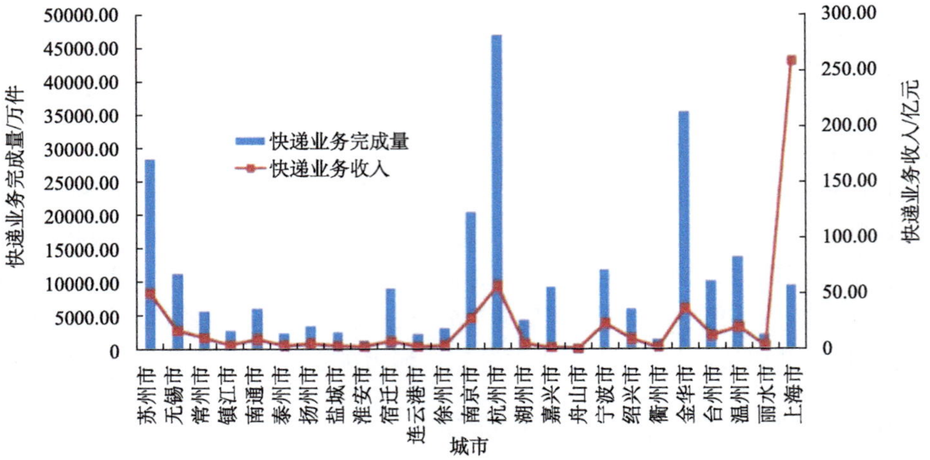

图 7.47　2013 年长三角地区各城市快递业务完成量和快递业务收入

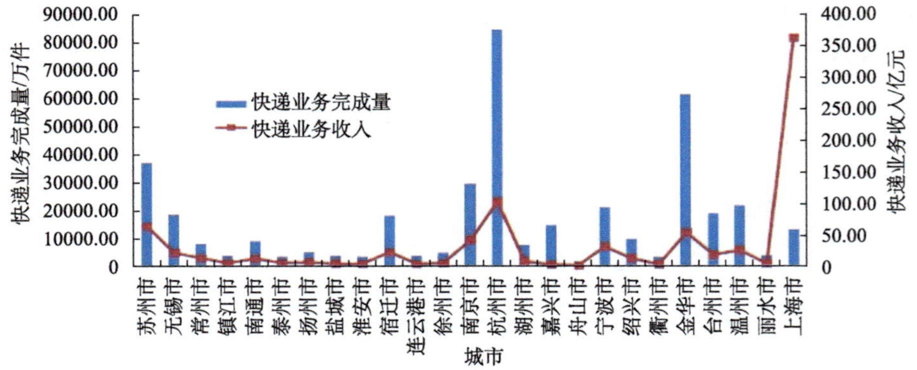

图 7.48　2014 年长三角地区各城市快递业务完成量和快递业务收入

各城市之首，金华市居次，其他城市依次为苏州市、南京市、宁波市、温州市、无锡市；快递业务收入上海市居首，远远高于其他 24 个地级市的收入，杭州市居次，其他依次为苏州市、南京市、金华市等。

采用 2013 年和 2014 年长三角地区 25 个地级市快递业务量的加权平均值和快递业务收入的加权平均值，用同样的标准得到图 7.49，以有效降低部分城市数据异常波动的可能性，使数据更接近于各城市的实际情况。

2. 各城市之间快递事件发生概率

根据前述零售业引力模型公式，公式中的 b 指数一般取 2。将上述分析得出的快递业务完成量值和各城市之间的距离值代入公式中，则可以计算出长三角地区 25 个城市之间的居民选择其他城市获得快递服务的可能性列表（表 7.33）。

根据表 7.33，每一个城市与其他城市之间的快递发生概率大致可以分为 6 类：

表 7.33　长三角地区 25 个城市的消费者选择其他城市快递服务的概率表

城市	苏州	无锡	常州	镇江	南通	泰州	扬州	盐城	淮安	宿迁	连云港	徐州	南京	杭州	湖州	嘉兴	舟山	宁波	绍兴	衢州	金华	台州	温州	丽水	上海
苏州	0																								
无锡	26.11	0																							
常州	7.08	5.59	0																						
镇江	2.40	1.48	2.19	0																					
南通	5.49	1.97	0.59	0.14	0																				
泰州	4.18	2.86	1.40	0.58	1.47	0																			
扬州	1.72	1.02	1.05	4.46	0.51	0.83	0																		
盐城	1.04	0.57	0.27	0.16	0.43	0.21	0.31	0																	
淮安	0.59	0.31	0.17	0.15	0.16	0.13	0.28	0.35	0																
宿迁	0.37	0.19	0.11	0.07	0.10	0.06	0.12	0.13	0.52	0															
连云港	0.35	0.18	0.09	0.07	0.12	0.06	0.11	0.15	0.27	1.26	0														
徐州	0.25	0.13	0.07	0.04	0.06	0.04	0.07	0.07	0.14	2.29	0.14	0													
南京	1.39	0.81	0.82	0.96	0.21	0.19	0.77	0.08	0.12	0.42	0.05	0.07	0												
杭州	2.49	0.71	0.31	0.09	0.24	0.06	0.10	0.04	0.02	0.10	0.02	0.02	0.64	0											
湖州	5.81	1.34	0.74	0.17	0.4	0.10	0.17	0.06	0.03	0.14	0.02	0.03	1.15	1.95	0										
嘉兴	9.25	1.88	0.46	0.11	0.51	0.10	0.12	0.06	0.03	0.11	0.02	0.02	0.58	1.7	1.08	0									
舟山	0.75	0.26	0.09	0.03	0.10	0.03	0.04	0.02	0.01	0.05	0.01	0.01	0.2	0.25	0.12	0.48	0								
宁波	1.34	0.42	0.14	0.04	0.16	0.04	0.05	0.03	0.02	0.07	0.01	0.02	0.27	0.54	0.21	1.1	0.15	0							
绍兴	1.77	0.54	0.17	0.06	0.19	0.05	0.07	0.03	0.02	0.08	0.02	0.02	0.43	3.42	0.60	1.68	0.03	2.49	0						
衢州	0.45	0.17	0.07	0.03	0.07	0.02	0.03	0.02	0.01	0.05	0.01	0.01	0.21	0.25	0.13	0.23	0.01	0.31	0.25	0					
金华	0.67	0.24	0.08	0.03	0.09	0.03	0.04	0.02	0.01	0.06	0.01	0.01	0.23	0.39	0.17	0.41	0.01	0.53	0.52	0.53	0				
台州	0.41	0.15	0.06	0.02	0.06	0.02	0.03	0.02	0.01	0.04	0.01	0.01	0.16	0.17	0.09	0.22	0.02	1.01	0.31	0.05	2.05	0			
温州	0.31	0.12	0.05	0.02	0.05	0.02	0.02	0.01	0.01	0.04	0.01	0.01	0.14	0.12	0.07	0.16	0.01	0.46	0.18	0.06	1.77	1.65	0		
丽水	0.38	0.14	0.05	0.02	0.06	0.02	0.03	0.01	0.01	0.04	0.01	0.01	0.16	0.16	0.09	0.20	0.01	0.29	0.20	0.13	6.60	0.61	2.23	0	
上海	6.15	1.74	0.43	0.11	0.94	0.15	0.12	0.07	0.03	0.11	0.03	0.02	0.57	0.41	0.54	2.28	0.01	0.70	0.35	0.03	0.88	0.19	0.16	0.03	0

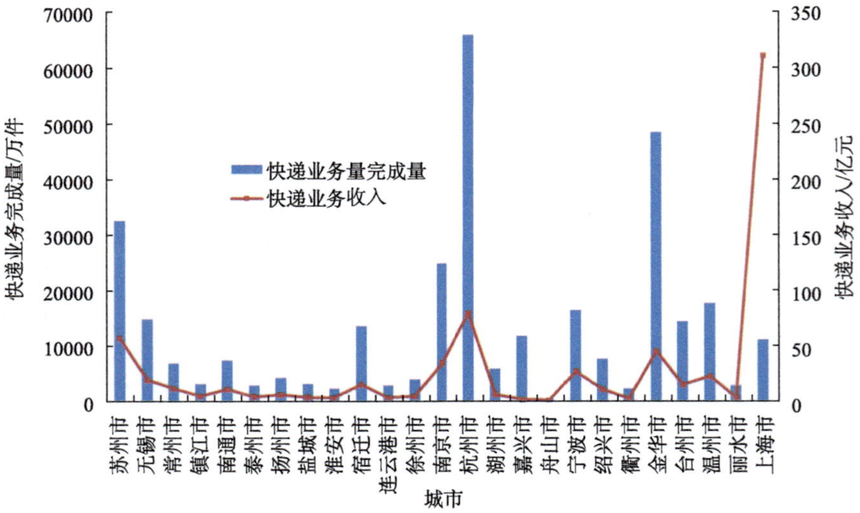

图 7.49　长三角地区快递业务完成量及快递业务收入加权

（1）概率≥10，苏州-无锡为一类；

（2）概率 5～10，涉及 7 组城市对——苏州-常州、苏州-南通、无锡-常州、苏州-湖州、苏州-嘉兴、苏州-上海、金华-丽水；

（3）概率 1～5，涉及 36 组城市对；

（4）概率 0.5～1，共有 28 组城市对；

（5）概率 0.1～0.5，共有 107 组城市对；

（6）概率<0.1，所有城市组为一类，共有 121 组城市对。

为了更直观地表示城市之间的快递发生相关关系，将这六大类城市之间的数据对制成图 7.50，将 1、2 级城市对划为一类，3、4 级城市对划为一类，分别代表城市之间快递发生的较高概率与较低概率。这样，长三角地区的消费者在不同城市之间发生快递服务购买行为的可能性以南京、扬州、无锡、苏州、上海、嘉兴、杭州和宁波一线居多，大致沿“Z”形交通走廊展布，线条多为粗线，并且线条密度大，说明这一带消费者选择在不同城市之间购买快递服务的可能性最大。进一步发现，苏州、无锡两个城市对外联系的概率最高，在地理位置上也位于长三角的中心区域，且位于宁沪杭甬交通走廊的枢纽位置，未来可以考虑发展成为更高层次的快递转运中心。

3. 区域各城市之间消费者期望值

结合各城市的人口数量，根据以下公式可推算一个城市选择到其他城市获得快递服务的期望消费人次：

$$E_{ij}=P_{ij}\,C_i$$

式中，C_i 为 i 地区的消费者数量；E_{ij} 为去 j 中心购买的消费者的期望值；P_{ij} 为在 i 地区居住的消费者选择 j 消费中心的概率。如果一个消费者在同一时间到一个城市购买了 1 次或多次物品，则产生的相应快递服务按具体的发货件数计算次数。如此，生成一个

25×25 的矩阵（表 7.34），代表消费者选择长三角地区各个城市进行快递消费的消费者人次期望值。

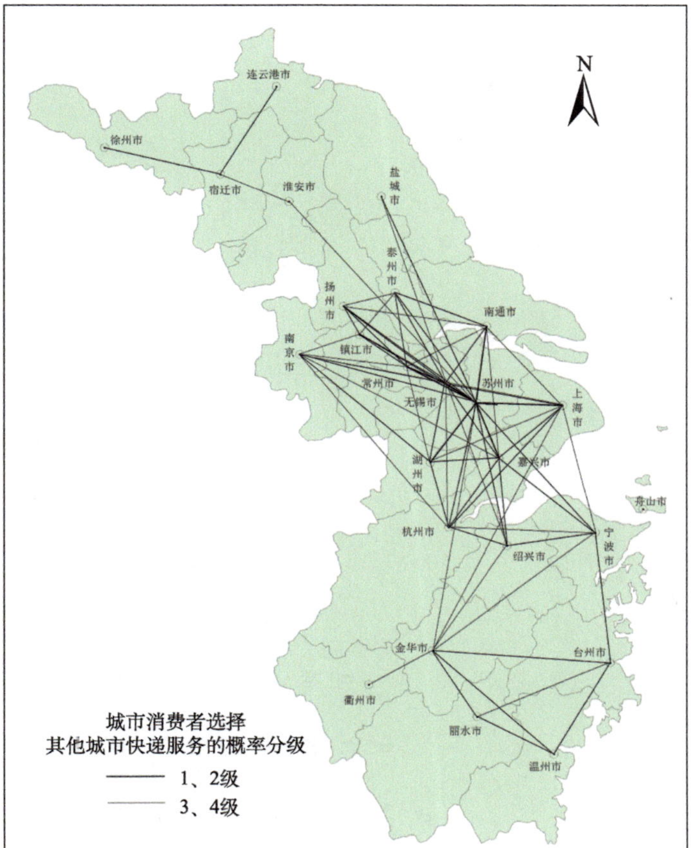

图 7.50　长三角各城市消费者选择其他城市快递服务的概率分级示意图

根据（表 7.34）测算的结果，将这些数据分为 6 个等级：

（1）>10000，有两组：苏州-无锡、苏州-嘉兴；

（2）5000～10000，有 5 组：苏州-常州、苏州-南通、苏州-泰州、苏州-湖州、苏州-上海；

（3）1000～5000；有 25 组：苏州-镇江、苏州-扬州、苏州-盐城、苏州-南京、苏州-杭州、苏州-舟山、苏州-宁波、苏州-绍兴、上海-无锡、上海-嘉兴、无锡-嘉兴、无锡-泰州、无锡-南通、无锡-常州、镇江-常州、镇江-扬州、南通-泰州、宿迁-徐州、杭州-湖州、杭州-嘉兴、杭州-绍兴、宁波-绍兴、金华-台州、金华-丽水、温州-丽水；

（4）500～1000，有 21 组；

（5）100～500，有 78 组；

（6）<100，有 157 组。

表 7.34 消费者选择长三角地区各城市进行快递消费的期望值

城市	苏州	无锡	常州	镇江	南通	泰州	扬州	盐城	淮安	宿迁	连云港	徐州	南京	杭州	湖州	嘉兴	舟山	宁波	绍兴	衢州	金华	台州	温州	丽水	上海
苏州	0																								
无锡	35485	0																							
常州	9626	3636	0																						
镇江	3258	961	1030	0																					
南通	7467	1281	278	43	0																				
泰州	5678	1862	656	183	1072	0																			
扬州	2333	663	495	1399	374	421	0																		
盐城	1408	373	128	50	313	109	143	0																	
淮安	795	200	79	46	116	64	127	282	0																
宿迁	505	124	49	23	71	33	55	106	288	0															
连云港	471	115	43	21	84	30	51	119	149	719	0														
徐州	341	82	31	14	47	20	32	53	76	1308	71	0													
南京	1884	526	386	300	150	96	357	68	69	243	28	69	0												
杭州	3380	461	147	29	175	30	45	31	12	57	9	22	522	0											
湖州	7895	873	347	55	290	48	80	44	17	77	12	28	946	1728	0										
嘉兴	12573	1220	215	34	374	53	53	47	15	63	11	23	480	1501	314	0									
舟山	1019	170	43	10	76	15	17	17	7	31	6	13	161	220	36	219	0								
宁波	1816	276	66	14	117	21	23	23	9	39	7	15	221	478	63	500	17	0							
绍兴	2406	348	81	19	139	25	31	27	10	46	8	18	354	3023	174	764	4	1905	0						
衢州	614	108	35	9	50	10	15	13	6	29	5	14	176	220	38	106	1	236	121	0					
金华	906	153	40	10	68	14	17	16	6	32	5	13	193	347	50	188	1	410	258	113	0				
台州	554	99	27	7	46	10	12	12	5	25	4	10	133	154	27	102	2	778	151	10	1115	0			
温州	423	77	21	6	37	8	10	10	4	22	4	9	112	109	21	74	1	351	90	12	959	998	0		
丽水	510	92	25	7	43	9	12	12	5	24	4	10	128	141	26	91	1	219	100	27	3585	366	2049	0	
上海	8362	1129	203	33	689	77	55	54	16	64	13	24	467	367	158	1039	2	540	173	6	479	112	145	6	0

将这些相互之间联系比较明显的城市分别用粗（1、2 级）、细（3、4 级）不同的线标于图上（图 7.51），可以清楚地反映它们之间的相互关系。显然，主要的 53 组城市之间的联系集中布局在高速交通网络发达的宁沪杭甬“Z”形走廊上，且以苏州和无锡对外联系最为密切，因此，未来可以考虑在该地区建立更高一级的快递转运中心。

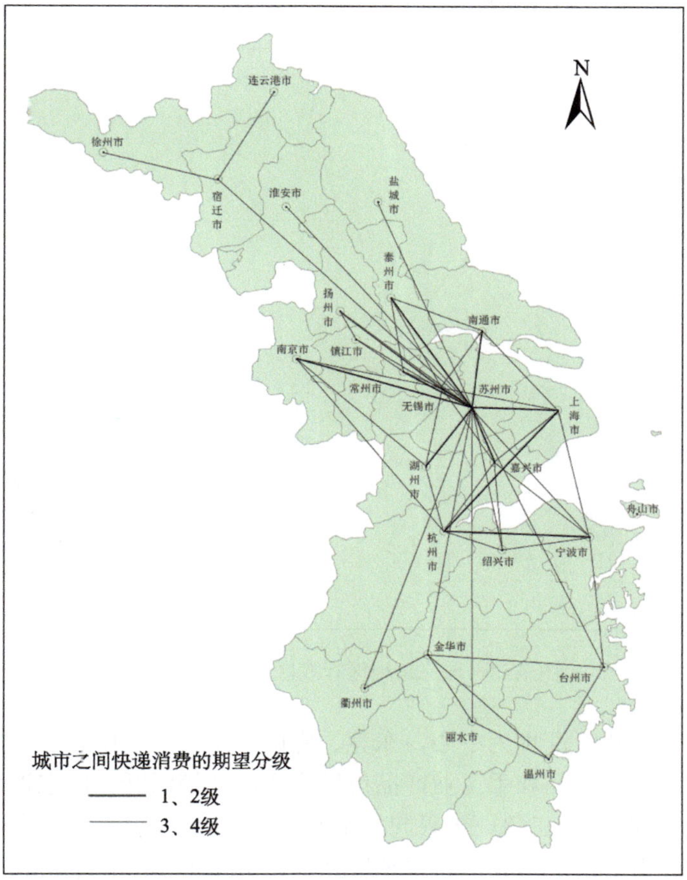

图 7.51　长三角地区城市之间快递消费的期望分级示意图

7.5　珠三角地区快递网络的空间结构

7.5.1　地区概况与快递业发展

随着全球经济一体化进程、中国经济发展速度加快和国内外贸易活动日益活跃，不同区域的经济交换频率不断加快，物流市场日趋活跃。快递市场作为物流领域最具活力的分支，近年来更是异军突起，率先走出了一条高增长的道路。2008 年以来，国内快递业务量平均每年以 27%的比例递增，业务总量是原来的 3 倍，日均处理量扩大到原来的 6 倍，2015 年“双十一”期间快递业务最高日处理量突破 1.4 亿件。经过近几年的发展，我国快递业已成为增长速度最快、发展潜力最大的新型服务业。2014 年，我国快递业务量达 140 亿件，同比增长 52%，跃居世界第一；2015 年，全国快递业务量累计完成 206.7 亿件，同比增长 48%；业务收入累计完成 2769.6 亿元，同比增长 35.4%。预计国内快递市场的规模将会在 2020 年达到 5122 亿元。

珠三角毗邻港澳，与东南亚地区隔海相望，包括广州、深圳、佛山、东莞、中山、珠海、江门、肇庆、惠州共 9 个城市，即本章的研究区域为“小珠三角地区”（图 7.52）。

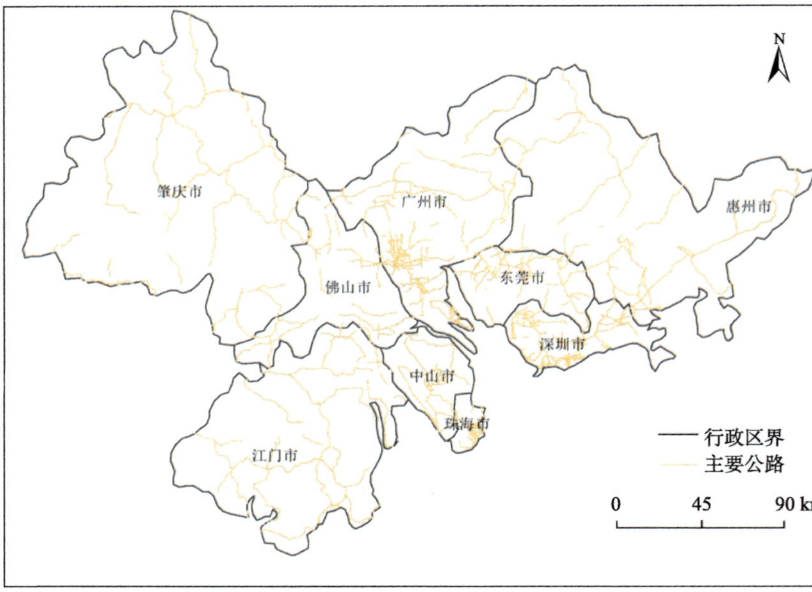

图 7.52　珠三角地区行政区划与主要公路

珠三角地区以广州、深圳为中心，东莞、佛山、珠海为副中心，在广州这个世界贸易大港的依托下，农副产品和手工业产品市场广阔，产销活跃。广东近代工业的新兴产业主要在 19 世纪末叶从珠三角一带兴起。目前，珠三角地区已经成为世界知名的加工制造和出口基地，是世界产业转移的首选地区之一，初步形成了以电子信息、家电等为主的企业群和产业群。珠三角地区还聚集了广东省重要的科技资源，是全省高新技术产业的主要研发基地，是中国规模最大的高新技术产业带，也是国内乃至国际重要的高新技术产业生产基地。与此同时，珠三角地区是有全球影响力的先进制造业基地和现代服务业基地。

珠三角地区是全省交通运输最繁忙、最发达的地区，初步形成了以广州为中心，铁路、公路、水路、民航等多种运输方式相配合，衔接港澳、沟通全省和全国的较为发达的综合交通网络。

珠三角地区是南方地区对外开放的门户；是中国的“南大门”，我国参与经济全球化的主体区域，全国科技创新与技术研发基地，全国经济发展的重要引擎，辐射带动华南、华中和西南地区发展的龙头；是我国人口集聚最多、创新能力最强、综合实力最强的三大区域之一，有“南海明珠”之称。

2015 年，广东省快递业务量累计完成 50.14 亿件（表 7.35），同比增长 49.4%，占全国快递业务量 24.26%，快递业务量仍保持全国第一。其中，国内同城快递业务量 15.11 亿件，同比增长 59.46%；国内异地快递业务量 32.91 亿件，同比上升 45.99%；国际及港澳台业务量 2.12 亿件，同比增长 37.56%。2015 年，广东省国内同城、国内异地、国际及港澳台快递业务及其他快递业务收入分别完成 101.49 亿元、318.89 亿元、155.71 亿元及 39.82 亿元，同比分别增长 50.07%、29.72%、25.07%和 71%。

表 7.35　2015 年广东省各地区发展情况

区域	快递业务量/亿件	占全省/%	快递业务收入/亿元	占全省/%
珠三角地区	46.60	92.94	583.02	94.66
粤东	2.64	5.27	19.81	3.22
粤西	0.48	0.96	6.53	1.06
粤北山区	0.42	0.84	6.55	1.06
全省	50.14	100.01	615.91	100

注：根据广东省邮政管理局网站“行业统计”中 2015 年历月邮政行业运行情况整理。
因数值修约，加和不等于 100

可以看出，珠三角地区快递业务量占广东全省业务量的比重为 92.94%，粤东、粤北、粤西山区仅占 7.07%；快递业务收入方面，珠三角地区所占比重更是达到 94.66%，接近 95%，而广东省其他区域仅占 5.34%。因此，珠三角快递业发展情况基本可以代表广东省快递业的发展情况。

7.5.2　研究数据与研究方法

这里的数据主要通过快递企业官网、网络访谈（微博、论坛）、电话访谈和实地调研快递企业获取。其中，样本企业的快递网点数据主要来源于顺丰、“四通一达”、天天、优速、全峰和宅急送的公司官方网站，并通过百度地图拾取坐标工具获得各网点具体的坐标值；S 公司集散中心、二级中转场数据以及 B 公司城市分拨中心数据均通过网络或电话访谈该公司在职员工获取；快递量数据来源于珠三角地区各市邮政管理局官网；人口数量、GDP 等数据来自国家统计局网站、广东省统计局网站、珠三角地区各市的统计年鉴以及《中国城市统计年鉴》等 2014 年的统计数据。其中，快递企业的各级网点地址为本次研究的核心数据。

首先，这里选择珠三角地区具有代表性的 10 家民营企业为研究样本，样本企业的网点数据主要来源于公司官网。通过网络访谈（微博、论坛）、电话访谈样本企业 S 公司与 B 公司的工作人员，得到了该快递企业较为翔实的各级网点数据，这是研究的关键性数据。

其次，根据获取的珠三角地区前十位快递企业网点数据，分析其总体布局与区域分布情况，运用 ArcGIS 的核密度分析工具探讨其空间集聚特征。

再次，分析珠三角地区影响快递网点分布的因素以及各主因子对研究对象贡献值的大小。运用 SPSS 工具进行主成分分析以及和回归分析，选取经济因素、人口因素、快递业基础设施因素、交通及快递业务量因素四大类因素，合计 16 个因子探讨快递服务网点空间分布不均衡的原因。

最后，选取珠三角地区 10 家样本企业中具有代表性的 S 公司与 B 公司，通过分析其各级网络节点的功能及空间分布，得到两家企业在珠三角地区的快递网络空间结构，以分析珠三角地区快递网络的空间格局，同时对比分析两家企业的网络组织结构。

7.5.3　快递网点的空间组织

改革开放以来，珠三角地区凭借其卓越的地理优势及相关政策的扶持，其 GDP 长期领跑全国。而其经济的迅猛发展也带动了本地快递业的强劲增长。珠三角地区强劲的快递需求直接催生了大批民营快递企业，如顺丰、申通、圆通、百世、中通、韵达、天天、宅急送等。珠三角地区各类快递企业大致可以划分为三大竞争主体：一是以 FedEx、UPS、DHL、TNT 为首的外资企业；二是以邮政特快专递（EMS）为代表的国有快递企业；三是民营快递，主要包括顺丰与“四通一达”等大中型民营快递企业。其中，还有一些企业规模较小、体制灵活的小型企业也占据了当地的一些市场份额。这些小型企业以同城和省内产品为主，如全日通、联昊通、全一、飞虹、能达、奇速等。

本节选取企业规模较大、服务网络健全且业务量在珠三角地区排名前十的大中型民营快递企业为研究样本，讨论其网点布局以及网络组织结构。这 10 家快递企业分别是顺丰、圆通、申通、韵达、中通、百世、天天、优速、全峰、宅急送。

1）前十位快递企业网点总体布局情况

根据前十位快递企业网点数量在珠三角地区 9 个城市的统计，顺丰速运在珠三角地区的网点数量最多，达到了 780 个。顺丰速运发家于广东顺德，且其早期实施珠三角地区的发展战略，在珠三角地区形成了完善的服务网络，因此，相比其他企业，顺丰速运在珠三角地区的网点最为密集；其次韵达、中通、圆通的网点也较为密集，均占顺丰速运网点数量的 60%以上；网点数量最少的为宅急送，仅占顺丰速运网点数量的 5.6%（表 7.36、图 7.53）。

表 7.36　珠三角地区前十位快递企业网点数量

快递企业	网点/个
顺丰	780
圆通	481
申通	324
韵达	560
中通	538
百世	143
天天	313
优速	197
全峰	111
宅急送	44

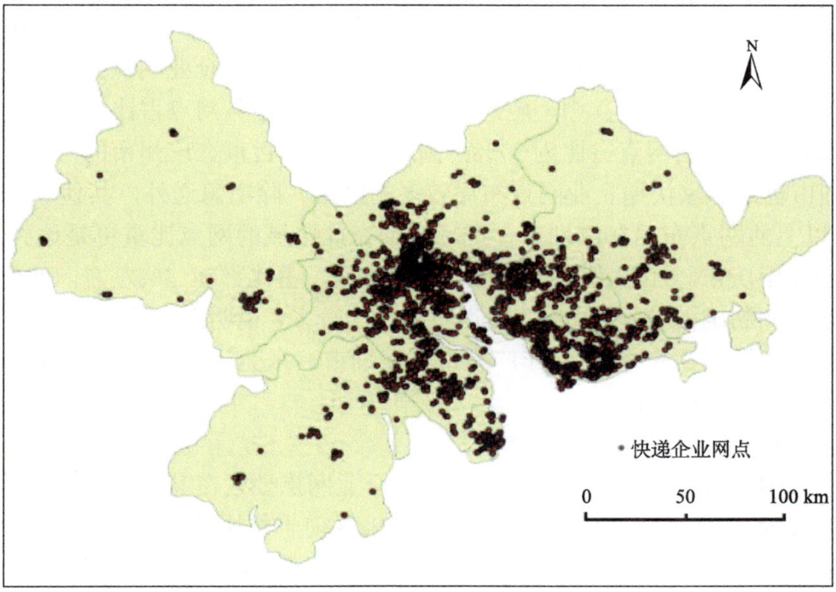

图 7.53 珠三角地区前十位快递企业网点分布

2）前十位快递企业网点在各城市的布局

广州市分布的快递企业网点数量最多，占珠三角地区网点总数的 30.7%，为 1071 个，在珠三角地区各城市中具有明显优势；深圳市、东莞市、佛山市次之，分别达到 20.1%、14.5%、11.8%；肇庆市最少，在网点总数中仅占 2.6%，网点数量为 90 个，但肇庆市在珠三角地区各城市中区域面积最大，为 15000km^2，而网点数量分布最多的广州市，其市域面积为 7345km^2，不足肇庆市的一半（图 7.54）。

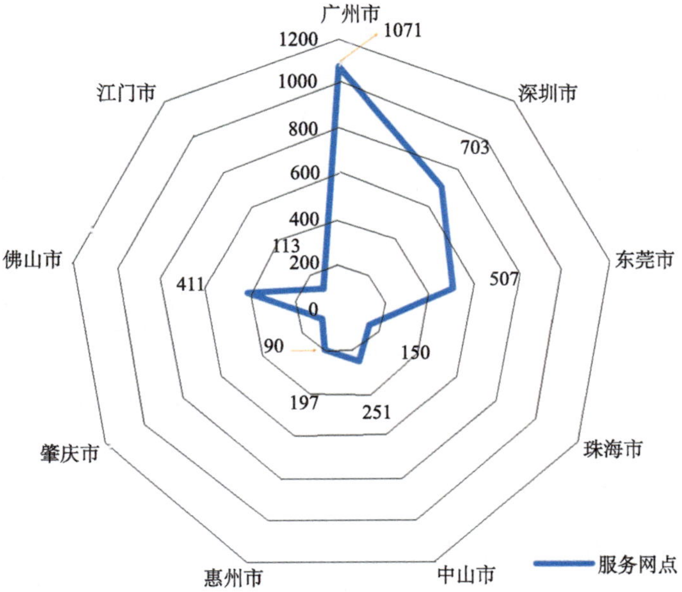

图 7.54 前十位快递企业在珠三角地区各城市的网点数量（单位：个）

顺丰、圆通、申通、韵达、中通、百世、天天、优速、全峰、宅急送这 10 家快递企业在珠三角地区各城市均有网点分布。广州市是 10 家快递企业网点数目占比最多的区域，占比均在 28%及以上，其中，宅急送设在广州市的服务网点占比最大，为 45%；申通快递分布在广州市的网点占比为 37%；圆通、中通、百世在广州市的网点占比均超过 30%。深圳市也是各家快递企业网点布局较多的区域，除宅急送外，其他 9 家快递企业将其 15%以上的网点布局在深圳市，全峰快递在此区域的网点比重更是达到 28%。10 家快递企业在肇庆市与江门市布局的网点数量最少，占比都在 3%左右，而广州市、深圳市、东莞市、佛山市这几个城市的网点布局占比较多，说明人口数量与 GDP 水平是影响网点稀疏的主要因素——2015 年广州市、深圳市、东莞市、佛山市人口数量与 GDP 水平均位于珠三角地区前四位。

3）前十位快递企业网点集聚分析

通过 ArcGIS 核密度分析工具计算出快递企业网点要素在其周围邻域中的核密度，把集聚程度分为 9 个等级，结果表明，珠三角地区前十位快递企业网点在空间呈现“一极多核”的空间集聚现象；在广州市形成明显的最高等级的集聚区，深圳市形成了仅次于广州市的次级集聚区；以此为核心，核密度向外围区域依次减弱；在东莞市和佛山市形成了明显的 6 级集聚区，中山市、珠海市也形成了明显的 7 级和 8 级集聚区。珠三角地区未来将有可能形成“多极”的快递网点空间分布格局（图 7.55）。

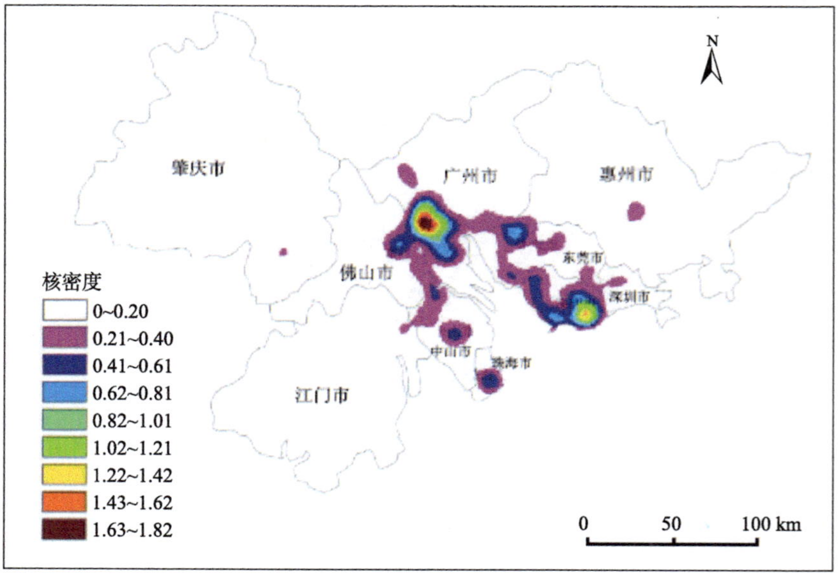

图 7.55 珠三角地区前十位快递企业网点核密度分析

7.5.4 快递网点分布的影响因素

珠三角地区 10 家样本快递企业网点在各城市地区的分布不是均衡的。各家快递企业网点总是集聚分布在某几个区域，而在其他区域则网点数量较少。是哪些因素导致了快递网点空间分布不均衡？在所有影响因素中，哪几个因素对快递网点的空间分布贡献最大？通过主成分分析方法可以发现影响快递网点分布的主要因素，通过多元回归分析讨论各个主因子对网点分布的贡献率大小。

1. 指标选取

一般认为，快递网点的分布主要受制于地区经济发展水平、人口状况、快递需求量、地区交通状况和政策环境等因素的影响。基于数据的科学性与可行性原则，这里遴选经济因素、人口因素、快递业基础设施因素、交通与快递业务量因素以及其他因素这五大类因素，共计 16 个快递业发展相关因子，形成快递企业网点空间分布影响因素的指标体系（表 7.37）。这个体系包括用来衡量物流业发展状况及增长速度的指标（物流业增加值占 GDP 比重、快递业务量）、经济发展水平、城市化水平、地区产业结构、地区货物运输量、公路网里程、人口资源等方面的因素。这些因素从资金、潜力以及产业结构等方面反映了地区经济生产状况，共同影响了快递网点的布局状况。

表 7.37　快递业空间结构的影响因子

序号	影响因子	序号	影响因子
X_1	行政区划面积	X_9	固定资产投资额
X_2	人口数量	X_{10}	城市化水平
X_3	人口密度	X_{11}	公路网里程
X_4	人均 GDP	X_{12}	货运量
X_5	第二产业增加值占 GDP 比重	X_{13}	周转量
X_6	第三产业增加值占 GDP 比重	X_{14}	公路货运量
X_7	工业生产总值	X_{15}	物流业增加值占 GDP 比重
X_8	快递业务量	X_{16}	移动电话用户数

1）经济因素

一个地区在一定时期内的经济状况，可以反映该地区社会经济过去的发展情况、目前的发展水平以及将来的发展形势。我们选取的经济因素的具体指标包括人均 GDP、第二产业增加值占 GDP 比重、第三产业增加值占 GDP 比重、工业生产总值、固定资产投资额、物流业增加值占 GDP 比重等。其中，某地区人均 GDP 比较客观地反映了该地区经济发展水平以及程度。一般来说，人均 GDP 与快递业发展水平呈正相关；第二产业增加值占 GDP 比重与第三产业增加值占 GDP 比重这两个指标可以概括出地区产业结构，目前来说，区域产业结构中第一产业的快递需求较小，第二、第三产业比重越大，快递需求也越大，进而快递网点的分布就越多；工业生产总值反映了一个地区工业水平以及地区经济基础，也对快递网点数量产生影响；固定资产投资额表示地区基本建设、改造更新的投入，也反映了地区经济基础；物流业增加值占 GDP 比重反映了地区物流业发展状况，快递业是物流业的重要组成部分，也是物流业中发展最为迅猛的分支。因此，物流业增加值占 GDP 比重也可以客观反映快递业发展的基本状况。

2）人口因素

对于快递业这样的市场指向性产业来说，人口因素的重要性不言而喻。地区人口数量以及人口密度都不同程度地影响着快递网点的分布，地区人口数量决定了网点总量；地区人口密度决定了网点的分布位置。普遍来说，人口数量较大的区域，快递服务需求大，网点数量也较多，反之则较少。快递网点多分布在人口密度大的区域，且人口密度越大，网点级别越高，服务半径也越大。

3）快递业基础设施因素

快递业基础设施状况关系到快递业目前的发展水平以及未来的发展潜力。基于数据的可获取性，我们选取公路网里程、移动电话用户数作为测度指标。交通可达性是快递业赖以生存的基础，关系到快递各级网点的布局以及快件运送的时效性。珠三角地区作为全国高速交通路网最发达的区域之一：到 2010 年末，珠三角地区核心区域高速公路里程达到 2116km，密度达到 7.37km/100km^2，从世界范围来看，这个密度仅次于纽约都市圈。该区域内的快递运送主要通过公路运输来实现，铁路、水路次之；移动电话用户数反映了地区通信设施状况，通信水平高的区域，对快递业的发展产生有利影响。

4）交通货运量及快递业务量因素

交通货运量与快递业务量也是衡量区域快递业发展水平的重要指标，它可以直接反映出区域内各城市交通运力水平以及区域快递业务需求水平。我们选取交通货运量及快递业务量因素中的货运量、周转量、公路货运量以及快递业务量 4 个因子作为测度指标。

5）其他因素

这里进一步选取其他两个影响快递企业网点分布数量的因素——行政区划面积与城市化水平。就目前的状况来看，城市化水平越高的区域，工业化水平越高，社会经济发展程度越高，居民的快递服务需求越旺盛，快递业发展水平也就越高；一般来说，行政区划面积越大，人口分布相对越分散，快递网点分布也越分散。具体来说，在行政区划面积较大的区域，快递网点多趋向于人口密度大的区域分布，在人口密度较小的区域，快递网点也较少。

2. 影响因子的测度及分析

1）主成分分析

对 2014 年数据进行标准化变换，使变量的均值为 0、方差为 1，以消除变量间的量纲化关系，使数据具有可比性。这里量纲化处理的定义为

$$X_i = \frac{x_i - \overline{x}_i}{s_i}\left(i = 1, 2, 3, \cdots, n\right)$$

式中，X_i 为量纲化后的样本值；x_i 为变量 i 的原始数据；$\overline{x}_i$ 为所有变量的平均数；s_i 为标准差。

鉴于国内尚未建立起统一的分析快递企业网点空间结构的体系框架，这里采用空间结构研究的传统方法——因子分析法来分析快递企业网点的空间结构。运用 SPSS 软件中的因子分析工具，采用具有 Kaiser 标准化的正交旋转法，将因子分析收敛的最大迭代次数设置为 100，旋转在 5 次迭代后收敛。系统将选取的 16 个因子量纲化处理后的数据

进行旋转，提取出 3 个主因子，累计贡献率为 92.999%（表 7.38）。

表 7.38　主因子贡献率

主因子	贡献率/%	累计贡献率/%
F_1	63.395	63.395
F_2	22.484	85.879
F_3	7.120	92.999

根据表 7.39 的数据：①F_1 主因子与 X_2、X_3、X_4、X_7、X_8、X_9、X_{10}、X_{11}、X_{12}、X_{13}、X_{14}、X_{15}、X_{16} 因子都有很高的关联性。这些因子涉及快递业发展的基础设施、人口水平、快递业发展的地方经济基础和快递业绩效等，因此，将 F_1 主因子命名为快递业发展综合实力因子。根据表 7.40，该因子单项排名中，位于前三位的城市分别是广州市、深圳市和佛山市，其余城市均呈负数。②F_2 主因子与 X_{10} 呈较高的相关性，命名该因子为城市化水平因子。以该因子排序，位于前列的城市是深圳市、东莞市和珠海市。③F_3 主因子与 X_6 因子有较高的关联性，代表了该区域产业结构状况，可称其为产业结构因子。综合三个主因子及其贡献率，进而得到影响城市快递网点空间分布的整体实力值 F，各城市得分和排名见表 7.40。其计算公式如下：

$$F = \frac{a_1F_1 + a_2F_2 + \cdots + a_nF_n}{A} \tag{7.15}$$

式中，F 为城市快递业发展总体水平；F_n 为主因子；a_n 为主因子贡献率；A 为主因子累计贡献率。由式（7.15）计算得出综合得分最高的是深圳市，位于第二、第三名的分别是广州市和东莞市；其次为佛山市。以上 4 个城市综合得分大于 0，中山市、珠海市、惠州市、江门市、肇庆市的综合得分小于 0。深圳市、广州市在与众多因子均呈正相关的 F_1 主因子排名中分别为第二、第一，其综合得分也远高于其他几个城市，表现出了很强的快递产业综合实力。在除深圳市、广州市外的珠三角地区的 7 座城市中，得分大于 0 的还有东莞市、佛山市两座城市，这两座城市的快递业发展初具规模，但是在综合实力上与深圳市和广州市还有很大差距。2014 年的快递业相关数据显示，珠三角地区 9 个城市快递业空间发展不平衡，按各城市快递业数据分级、分层，珠三角地区快递网点空间结构明显呈现出以深圳市、广州市为中心的双核心空间结构模式。

表 7.39　主因子特征

变量	主因子		
	F_1	F_2	F_3
行政区划面积	−0.108	−0.979	−0.015
人口数量	0.927	0.005	0.218
人口密度	0.633	0.582	0.482
人均 GDP	0.676	0.642	0.033
第二产业增加值占 GDP 比重	−0.857	0.210	0.249

续表

变量	主因子		
	F_1	F_2	F_3
第三产业增加值占 GDP 比重	−0.586	0.429	0.679
工业生产总值	0.768	0.281	0.233
快递业务量	0.964	0.119	0.110
固定资产投资额	0.957	−0.027	−0.181
城市化水平	−0.802	0.319	−0.303
公路网里程	−0.036	−0.985	−0.086
货运量	0.930	−0.033	−0.343
周转量	0.952	−0.106	−0.241
公路货运量	0.926	0.043	−0.349
物流业增加值占 GDP 比重	0.953	0.204	0.198
移动电话用户数	0.893	0.244	0.319

表 7.40　珠三角地区城市快递业发展水平得分排序

城市	F_1	F_2	F_3	F	排名
深圳市	1.155	1.523	1.525	1.273	1
广州市	2.146	−1.284	−0.797	1.091	2
东莞市	−0.149	0.735	0.469	0.114	3
佛山市	0.004	0.404	−0.701	0.047	4
中山市	−0.539	0.557	−1.054	−0.314	5
珠海市	−0.595	0.705	−1.312	−0.336	6
惠州市	−0.539	−0.771	0.395	−0.524	7
江门市	−0.713	−0.635	0.381	−0.610	8
肇庆市	−0.772	−1.233	1.094	−0.741	9

2）回归分析

由表 7.41 得到的是常用统计量，相关系数 R=0.979，判定系数 R^2=0.958，调整后的判定系数 R^2=0.932，回归估计的标准误差 S=0.001，说明样本的回归效果比较好，此模型可用。

表 7.41　回归分析模型

模型	R	R^2	调整后 R^2	标准估计的误差	更改统计量				
					R^2 更改	F 更改	df 1	df 2	Sig.F 更改
1	0.979	0.958	0.932	0.260	0.958	37.709	3	5	0.001

预测变量：常量、F_1、F_2、F_3

表 7.42 为回归系数分析结果，其中 t 为回归系数检验统计量，Sig.为相伴概率值。

因此，该多元线性回归方程为

$$Y = 4.943 \times 10^{-17} + 0.963F_1 + 0.173F_2 + 0.002F_3 + \varepsilon \tag{7.16}$$

据此，对于快递企业网点分布数量来说，F_1（快递业发展综合实力因子）对其的贡献比较大，F_1 每提高 1 分，网点数量将提高 0.963 分；其次是 F_2（城市化水平因子），城市化水平每提高 1 分，网点数量将提高 0.173 分；而 F_3（产业结构因子）对网点数量的贡献相对较小，产业结构每提高 1 分，网点数量仅提高 0.002 分。

表 7.42　回归系数分析

模型	非标准化系数		标准系数	t	Sig.
	B	标准误差			
常量	4.934×10^{-17}	0.087		0	1.000
F_1	0.963	0.092	0.963	10.468	0.000
F_2	0.173	0.092	0.173	1.884	0.118
F_3	0.002	0.092	0.002	0.026	0.980

3）小结

第一，对可能影响快递企业网点分布的 16 个因子进行主成分分析，提取出影响快递企业网点布局的 3 个主因子，累计贡献率为 92.999%，经概括归纳，这三个主因子可分别命名为快递业发展综合实力因子、城市化水平因子以及产业结构因子。

第二，通过计算影响城市快递网点空间分布的整体实力值，得到珠三角地区城市快递业发展水平得分排序：广州市与深圳市综合实力水平明显大于珠三角地区其他 7 个城市。因此，珠三角地区 9 个城市快递产业空间发展不平衡，明显呈现出以深圳市、广州市为中心的双核心空间结构模式。

第三，通过回归分析，构建多元线性回归方程，得到 3 个主因子对区域快递网点数量的贡献值，发现快递业发展综合实力因子对网点数量的贡献值最大，其次为城市化水平因子，产业结构因子的贡献值最小。

7.5.5　快递企业案例分析

在珠三角地区业务量、规模最大的前 10 家民营快递企业中，S 公司不同于其他民营快递企业“自营+加盟”的经营方式，始终采用自营方式构建自身快递网络。B 公司成立于浙江杭州，早期立足于长三角地区，逐渐将业务拓展至珠三角地区，公司采用“自营+加盟”构建快递网络。因此，基于研究合理性与数据可得性，这里选取 S 公司与 B 公司为样本，对比研究其网络组织结构。

1. 珠三角地区 S 公司网点布局分析

1）公司概况

1993 年，S 公司诞生于广东顺德，总部设在深圳，主要经营国内、国际快递及相关业务。自成立以来，S 公司一直注重快递基础设施建设，采用自建、自营的方式建立起自己庞大的速运网络，并统一规范全国各网点经营方式，极力倡导标准化的工作流程。2015 年底，其已建有 12000 多个营业网点，覆盖中国 31 个省（自治区、直辖市），300 多个大中城市及 1900 多个县级市或县区。S 公司被认为是国内时效最快、服务质量最好的快递公司。

与此同时，S 公司积极拓展国际件服务，目前已开通美国、日本、韩国、新加坡、马来西亚、泰国、越南、澳大利亚、蒙古国等国家的快递服务。2015 年 7 月，S 公司已拥有近 34 万名员工，1.6 万台运输车辆，19 架自有全货机及遍布中国、海外的 12260 多个营业网点。

S 公司为满足客户的个性化需求，着力打造丰富的产品体系，不断推出多元化的服务产品。基于对市场的准确分析和借鉴国际快递巨头的经验，S 公司设立了以下几种服务（产品）（表 7.43）。

S 公司凭借其精准的市场定位以及目标客户选定，针对不同客户群体量身定做了一系列服务（产品）与增值服务，具体见表 7.44。

表 7.43　S 公司服务（产品）类型

服务类型	服务内容
标快	提供高品质门到门快递服务，各环节均以最快速度进行发运、中转和派送，中国地区互寄：1～2 天
特惠	为寄递非紧急物品而设计的经济型快递服务。寄递物品范围广泛：液体、粉末、化妆品、锂电池和酒类等
即日达	提供当日寄件当日送达的门到门快递服务，包括同城即日到、省内即日到和跨省即日到
次晨达	在指定服务范围和寄递时间内收寄，承诺次日早晨 10:30 前送达的全新顺丰领先服务
特安	为寄递高价值物品（单票声明价值超过 2 万元）的客户提供特殊监控、专车派送、专业理赔的服务
物流普运	发运大件或较重物品而推出的经济型物流服务，价格经济实惠
重货快运	为快速发运一批跨省货物而推出的性价比较高的重货快递服务，通过直发机场，确保 24h 内送达目的地
全球顺	为满足港澳台及海外地区电商客户需求，推出的一款适用于“港澳台/海外至中国内地（大陆）”的电商 B2C 市场的专属服务

表 7.44　各客户群体服务（产品）与增值服务

客户类型	服务（产品）	增值服务
商务客户	标快、标快（国际）、即日达、次晨达、特惠、物流普运、重货快运、特安	保价、代收货款、签单返还、更改付款方式、委托件、等通知派送、超时退费、包装服务、正式报关、安检报备、特殊入仓服务、派件地址变更、电子账单、派件短信通知（SMS）、签收短信通知（MSG）、系统对接服务
电商客户	电商专配、标快、即日达、特惠、物流普运、特安、全球顺	买卖保、保价、代收货款、垫付货款、等通知派送、退货服务、换货服务、超时退费、包装服务、正式报关、安检报备、派件地址变更、收件地址保密、电子账单、派件短信通知、签收短信通知、系统对接服务
个人客户	标快、即日达、次晨达、特惠、物流普运、特安	保价、代收货款、超时退费、委托件、包装服务、正式报关、派件地址变更、收件地址保密、电子账单、派件短信通知、签收短信通知、自寄/自取件服务

2）S 公司网点分布

从图 7.56 可以看出，S 公司网点主要集中分布于广州市、深圳市、东莞市、佛山市；

中山市、珠海市次之；而行政区划面积较大的肇庆市、江门市、惠州市网点分布最为稀疏。网点分布最密集的 4 个城市，GDP 稳居珠三角地区前四，且因为这 4 个城市人口数量较多，快递服务需求量较大。

从 S 公司网点在珠三角地区 9 个城市的分布数量统计来看，广州市的网点数量最多，为 219 个，占网点总数量的 28%以上，第二是深圳市，有 142 个，第三是东莞市，119 个，第四是佛山市，102 个。除此以外，中山市、惠州市的网点数量也比较多，均在 50 个及以上。而行政区划面积最大的肇庆市分布的网点数量最少，仅为 20 个，占网点总数的比例不足 3%。从网点密度方面来看，深圳市的网点密度最大，达到了 7.11 个/10^2km^2，东莞市的网点密度仅次于深圳市，为 4.737 个/10^2/km^2，广州市与中山市的网点密度较大，肇庆市的网点密度最小，仅为 0.0067 个/10^2km^2（图 7.57、图 7.58）。

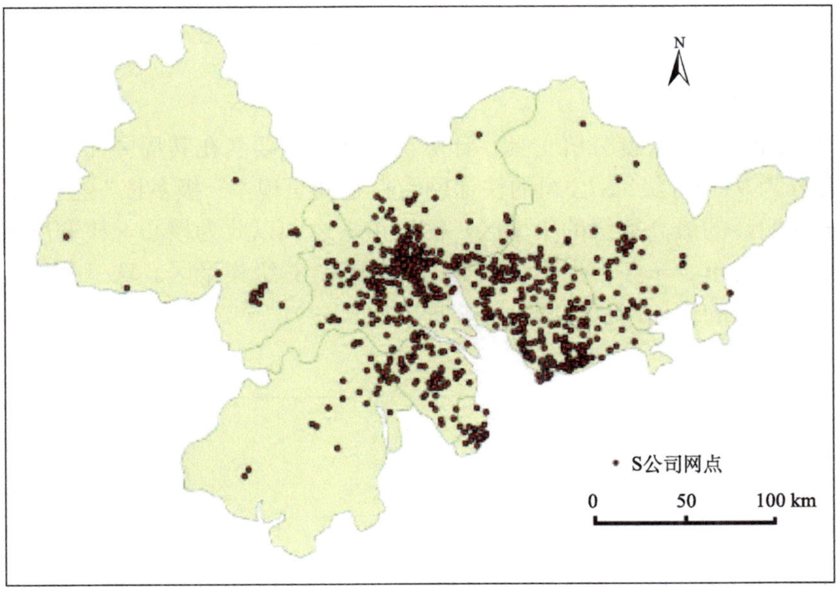

图 7.56　S 公司网点分布

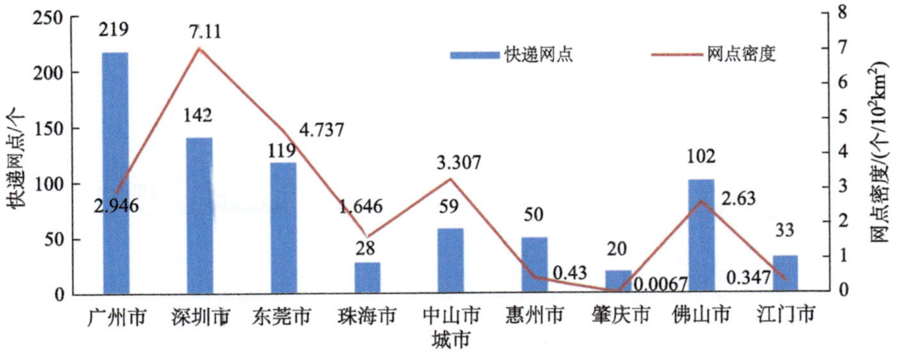

图 7.57　珠三角地区各城市 S 公司网点数量统计

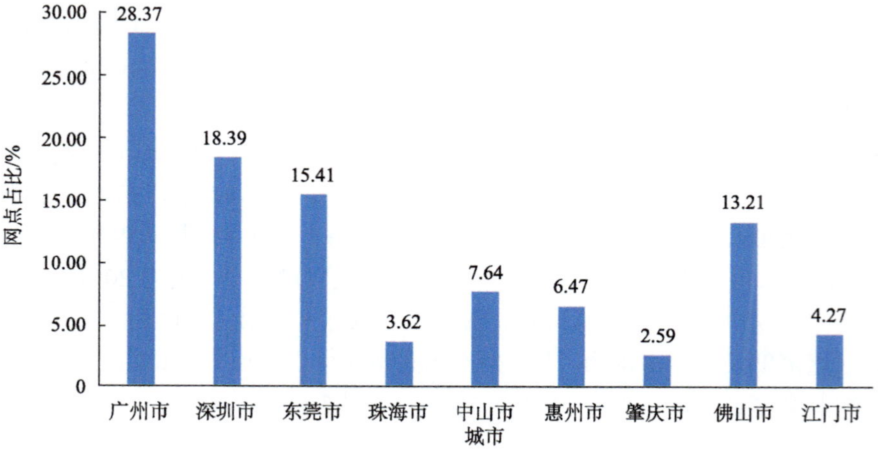

图 7.58　珠三角地区各城市 S 公司网点占比

3）S 公司网点集聚分析

运用 ArcGIS 的核密度分析工具，计算出快递网点要素在其周围邻域中的核密度，把集聚程度分为 9 个等级。S 公司的快递网点在空间呈现“一极多核”的空间集聚现象：在广州市形成明显的最高等级的集聚区，深圳市次之；以此为核心，核密度逐渐向外围区域减弱；在珠海市、东莞市也形成明显的 7 级和 8 级集聚区。珠三角地区未来将有可能形成“多极”的快递网点空间分布格局（图 7.59）。

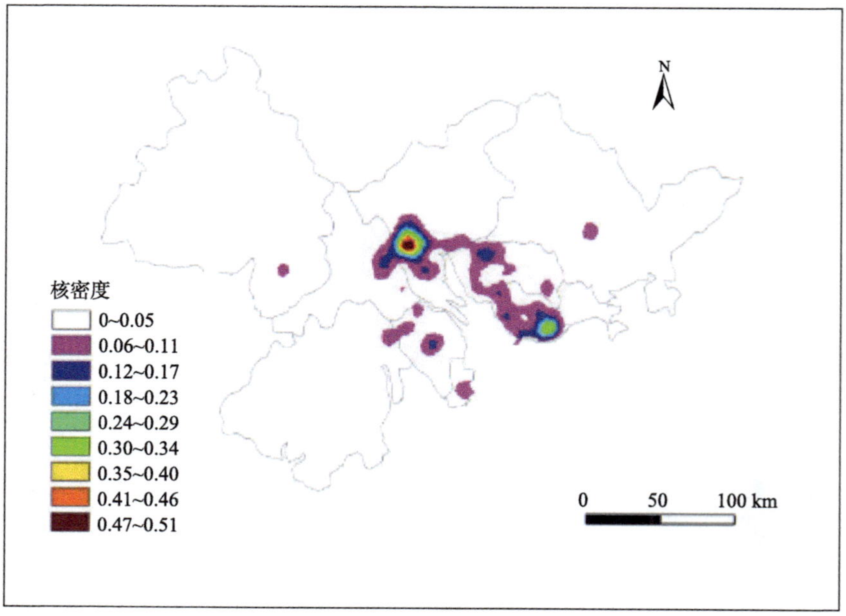

图 7.59　S 公司网点核密度分析

2. S 公司在珠三角地区的快递网络

快递服务网络是指以多个区域集散中心为一级节点（还存在将区域集散中心按货量要求和行政区级别再细分为一级、二级节点的情况）、部分城市集散中心为二级节点、各业务集散点为三级节点，以各级节点间的路由为线，统一布局、合理分工、相互衔接，形成覆盖一定区域范围的物理网络。客户快递服务的需求分布不规则，范围涵盖跨地区、跨省市，所以快递服务网络必须具有网络化和可扩性。同时，快递资源的需求分布是分层次的，同城快递业务主要集中在城市或地区范围内，异地快递业务需要区域转运中心把这些城市连接起来，而全国范围内的跨区域快递业务则需要干线运输资源将各区域转运中心连接起来。因此，快递网络系统同样也应该具有分层多级的网络特性。

1）全网转运中心分布

S 公司根据地理位置与货量因素将中国划分为华南区、华东区、东北区、华北区和东南区。各大区通过其区域转运中心相互连接并围绕其核心物流节点分别构建自己的流通网络。2013 年底，S 公司拥有的一级中转场 12 个、二级中转场 121 个分布在全网六大逻辑区域，并由不同区域的一级中转场构成了目前的四大转运中心：华南转运中心、华东转运中心、华北转运中心、东南转运中心（表 7.45）。

表 7.45　S 公司全网络中转场概览

区域	一级中转场/个	二级中转场/个
华南	3	26
华东	4	27
东南	2	15
华北	3	27
华中	0	22
海外	0	4
全网络	12	121

2）S 公司多分配“轴-辐”式网络结构分析

S 公司的网络呈现出鲜明的区域性和层次性。其网络的层次与其经营组织的层次一一对应，分为总部、区部、分部、点部四个层次。具体来说，公司的总部设在深圳，而在区部的层次上，区域性的特点得到了充分的体现，公司将我国分为华南、华东、华北、东南、东北、华中 6 个区域，但没有为 5 个区域设置各自的枢纽城市，而是在这一层级上设置了北京、上海、杭州、广州、深圳、厦门等 12 个区域转运中心，这几个城市之间通过包机运输连接。在第三层次上，分部的职能倾向于行政管理与组织、市场运作和经营，较少参与实质性的作业流程，但是与之对应的有城市配送中心，其负责将区内点部收集来的货物进行分拣、存储，最后发往机场，以及对外地发来的快件进行分拣，并送往相应点部。点部则是这一网络最末端的节点，也是该网络中最基本的运营单位，其职能是负责快件的收取和派送，以及根据快件运送目的地对其进行分拨。

多分配“轴-辐”式网络由主干运输网络（转运中心之间）、配送网络（转运中心至配送中心之间、配送中心至网点之间）和收派送网络（网点至客户之间）构成。其中，主干运输网络是快递网络的核心部分，是快递时效性的保证；收派送网络是快递企业与客户接触的重要环节；配送网络是主干运输网络与终端取送网络之间的衔接网络，与收派送网络一样直接按地域远近实行分区管理。就 S 公司多分配“轴-辐”式网络而言，转运中心可以将快件转运、分配至各配送中心，这种关系与中转节点之间的业务量、运输成本、分拣成本、中转效率等多种因素有关。该网络结构要求转运中心除了与区域内二级中转场有转运与分拨业务外，还与其他区域转运中心进行业务往来，转运、中转等作业只能在转运中心进行。因此，任意两个中转场之间的快件在运输路径上存在 1～2 个转运中心，而路径上的配送中心可能是 2～3 个甚至更多（图 7.60）。

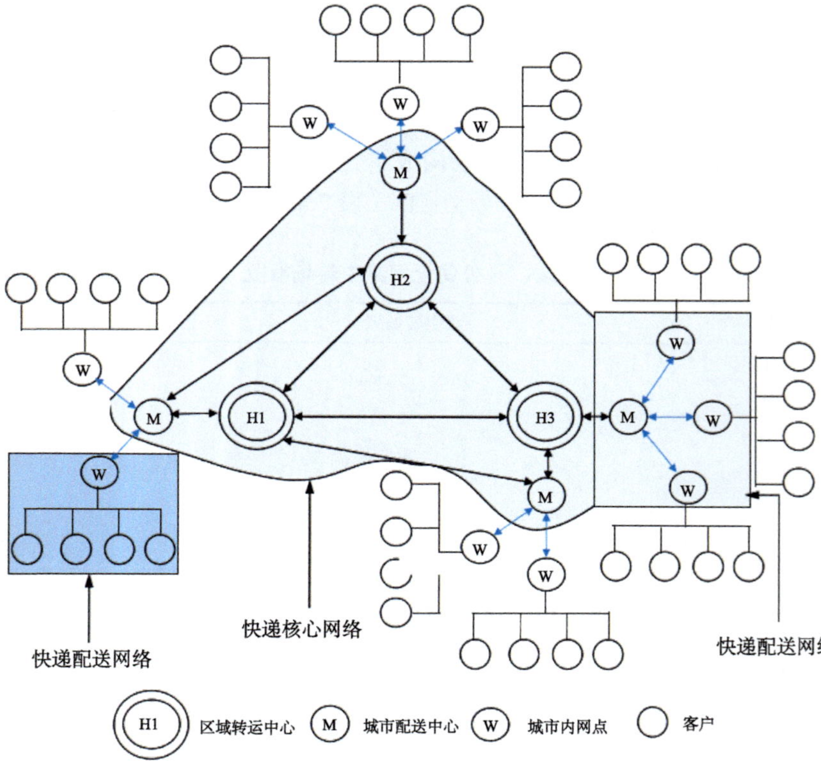

图 7.60　S 公司多分配“轴-辐”式网络结构图

在整个快递网络中，随着节点间快递量的增加、分拣参数和运输固定费用的降低、中转参数的提高，S 公司应采用“点对点”直达方式，以保证在实现规模效应的同时，充分发挥距离的经济性，保证服务质量；当经济发展不均衡时，仅有部分节点之间业务量较大，此时，应当优先选择混合“轴-辐”式网络。

3）S 公司在珠三角地区的快递网络空间结构

S 公司最初立足于珠三角地区，经过 20 多年的建设与不断完善，该地区的网络结构相比全国其他地区来说更为完善、合理。S 公司在珠三角地区的快递网络隶属于华南地区快递网络，同时也是华南地区快递网络的重要组成部分。又因为整个华南地区的快递都由华南转运中心集散、分拨。因此，这里以华南转运中心为切入点来研究 S 公司在珠三角地区的快递网络的空间结构。

华南转运中心有一级中转场（转运中心）、二级中转场和快件取送网点的主要节点。其中，转运中心和二级中转场节点构成的网络是整个网络的核心部分。

第一，转运中心。华南转运中心由深圳航空组、广州航空组、深圳中转场三个一级中转场组成，主要负责华南地区快件的集中和分发任务，所有的货物在到达目的地之前都在此集中，在经过处理后经航空运输发往其他区域转运中心。转运中心在整个网络中起关键性作用，其运营的稳定、运作效率在很大程度上影响整个网络工作的正常开展。其中，深圳航空组主要负责华南地区由深圳机场出港货物的分拣、建包及打板等操作；广州航空组位于广州市花都区花东镇金田工业区，主要处理通过广州白云国际机场的进出港航空件、通过广州快件监管中心进出口的货物分拨操作；深圳中转场位于深圳宝安国际机场物流园国内货运村，主要负责广东省内与广东省以外全网各地区（包括港澳台、韩国、新加坡)往来货物的集散、分拨。

第二，二级中转场。华南区二级中转场共 12 个，负责对区域内各个网点的快件进行收集和集中分拣，并转运至转运中心；二级中转场的主要功能是对快件进行转运和中转，操作流程涉及储存、分拣和转运。其在整个网络中隶属第二层次，它是连接转运中心和取送网点的中枢环节。

第三，快件取送网点。网点是快递网络的各分支节点。快递员从客户处取件，此时快件便进入网络中，通过网络其他节点和运输通道，再由终点站工作人员进行配送，最终完成整个运输过程。

华南转运中心的 3 个一级中转场（深圳航空组、广州航空组、深圳中转场）分别承担着本区域内快件的转运。一级中转场是级别最高的中转场站，负责范围广，快件处理量大，航线多，下辖多个二级中转场及网点，并与其他的一级中转场或二级中转场对接；12 个二级中转场是搭建一级中转场与各网点之间转运业务的中枢纽带，其分布在深圳、广州、东莞、惠州、佛山、五邑和潮汕等地，具体是广州新塘、广州番禺、深圳坂田、深圳彩田、深圳黄田、东莞大朗、东莞虎门、中山、惠州、佛山、五邑、潮汕 12 个中转场。

华南转运中心的 3 个一级中转场均位于珠三角地区，12 个二级中转场中有 10 个也位于珠三角地区。因此，S 公司在珠三角地区的快递网络是华南地区快递网络的重要组成部分。

图 7.61 显示了 S 公司在珠三角地区的一级中转场与二级中转场所构成的快递网络，因取送网点数量较多，为清晰直观地展示网络，基层派送网点未予显示，这是 S 公司在珠三角地区快递网络的核心部分。区域内一级中转场与所有二级中转场对接，区域内各个网点的快件在到达目的地之前，首先运送至二级中转场集中分拣，之后发往一级中转场转运、分拨。连接各个中转场之间的通道一般具有方向性、有限性和选择性等特点。每条通道都有两个运输方向，有起点和终点，两个节点之间可能有多条通道连接，因此需要选择最短路径。图 7.61 中中转场之间的连线默认为节点间的最短运输线路。

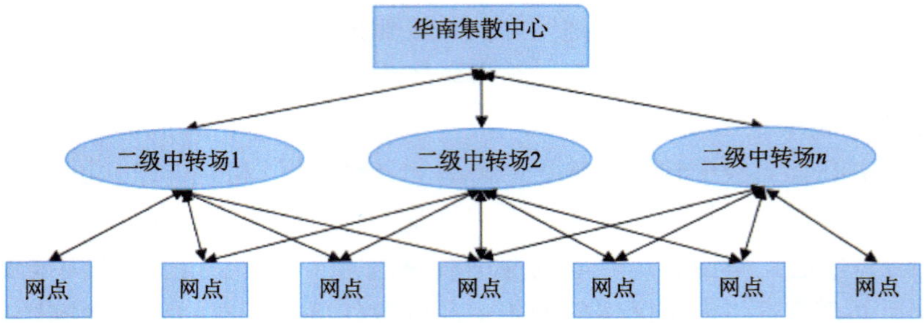

图 7.61　S 公司华南集散中心组织构架

就转运中心与二级中转场构成的快递网络（图 7.62）看，由于各个二级中转场相互之间没有连接，区域内快件在到达目的地之前，需先运送至转运中心集中分拣，然后再发往目的地，S 公司此类网络的构建方式符合典型的“轴-辐”式网络组织模式。在“轴-辐”式网络结构中，货物的转运通过枢纽节点的设立来实现，并以此来实现规模效应和范围效应，最终达到减少成本、提高网络效率的目的。在这个快递网络中，转运中心为枢纽节点，二级中转场是非枢纽节点。“轴-辐”式网络结构将运量集中到枢纽节点上，从而大大减少了网络中的通道数量以及运输工具的配置数量。此外，枢纽点的运量得到保证，运输的频率也会加快，使得运输的时效性增强。这种网络结构充分利用了枢纽的集聚作用，使得干线运量提升，进而产生了规模经济，同时也充分发挥了单位投资额度下网络面积扩大的范围经济，实现了对资源的最大化利用和网络整体运输成本的最小化。

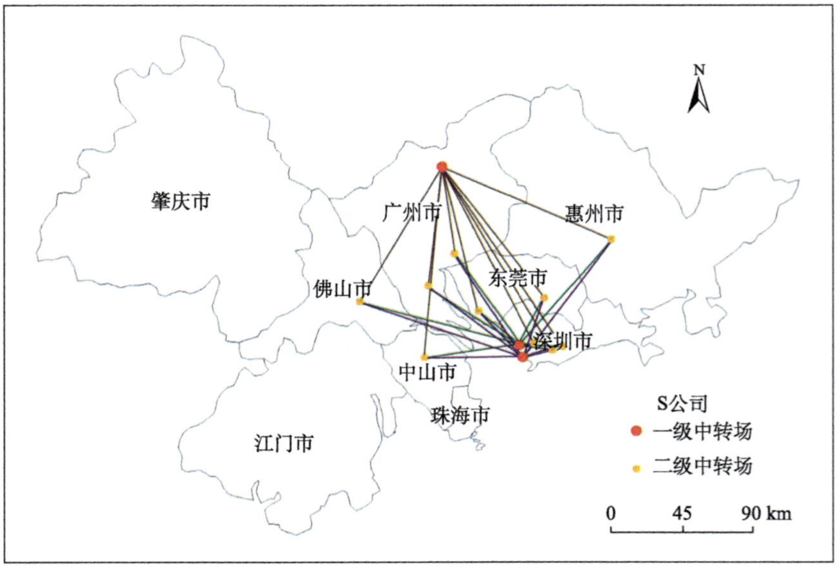

图 7.62　S 公司在珠三角地区的快递核心网络

这种网络结构要求转运中心除了与珠三角地区的二级中转场有集散与分拨业务外，还与其他区域转运中心进行业务往来，转运、中转等只能在转运中心进行。因此，任意两个中转场之间的快件在运输路径上存在 1～2 个转运中心，有的甚至更多。这无疑在二级中转场之间产生了大量三角运量，增加绕道成本，降低了网络效率。因此，如果出现部分二级中转场之间业务量较大的情况时，应在这些节点之间采用“点对点”直达方式，以保证在实现规模效应的同时，充分发挥距离的经济性，提高网络效率，保证服务质量。

3. 珠三角地区 B 公司网点布局分析

1）B 公司概况

B 公司成立于 2003 年，总部位于浙江省杭州市，是一家经营国际、国内快递运输服务的大型民营快递公司。B 公司采用“自营＋加盟”的经营方式，构建自身服务网络。成立之初，B 公司立足长三角区域，之后将市场拓展至全国，并在国内各个区域形成了完善的快递服务网络，网络延伸至乡镇区域。B 公司业务辐射至西藏、新疆等偏远地区，为用户提供了精准的速递服务。

B 公司拥有各级分拨中心 280 余个，各级网点超过 16000 个，开通了全网省际、省内干线班车 2200 余条，超过 13 万人的专业团队为千家万户提供了全年无休的速递服务。

2）B 公司网点分布

B 公司在珠三角地区各城市共有网点 143 个，主要分布在广州市与深圳市，较为集中（图 7.63）。从网点数量方面来看，B 公司网点在广州市最为密集，达到 45 个，占总网点个数的 31.5%；深圳市次之，拥有网点个数 39 个，占总数的 27.3%；接下来是东莞市、佛山市、珠海市；分布最为稀疏的城市为肇庆市，仅为 4 个，占网点总数的比例不足 3%。从网点密度方面来看，深圳市的网点密度最高，达到了 1.95 个/10^2km^2；广州市、深圳市、珠海市次之，均在 0.6 个/10^2km^2 左右；肇庆市网点密度最小，仅为 0.027 个/10^2km^2。

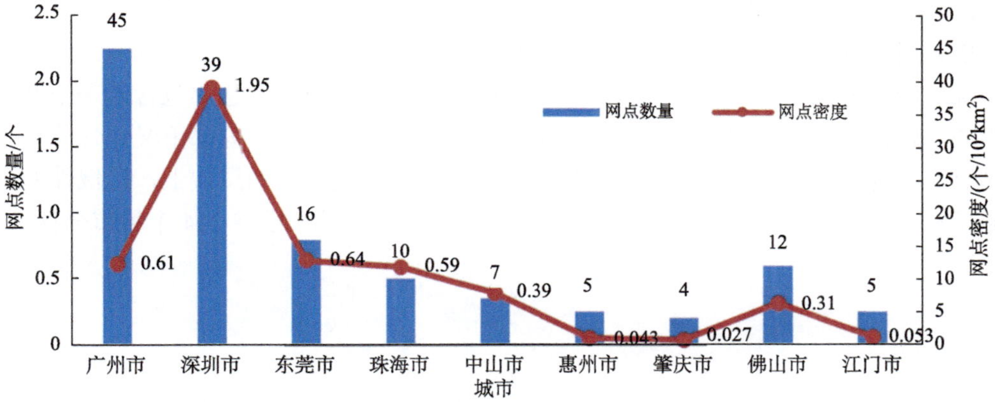

图 7.63　珠三角地区 B 公司的网点数量及网点密度

4. B 公司在珠三角地区的快递网络

1）全网分拨中心分布

B 公司根据地理位置与货量因素，将目前的整个国内市场划分为华东区、华南区、华北区、华中区、东北区、西南区和西北区。2015 年底，B 公司拥有城市分拨中心（仓）244 个，它们分布在全网七大逻辑区域（表 7.46）。

表 7.46　B 公司各区域城市分拨中心统计

区域	城市分拨中心/个
华东	70
华南	29
华北	40
华中	29
东北	33
西南	29
西北	14
全网络	244

B 公司在华东地区的城市分拨中心有 70 个，占分拨中心总数的 28.7%，明显多于其他各区域（表 7.46）。这是由于 B 公司注册成立于杭州，公司成立之初立足于长三角地区，因此在长三角地区有了完善的快递网络系统，并且位于长三角地区的上海市、浙江省、江苏省、安徽省等省市人口密集、经济发展水平高，对快递服务需求旺盛；华南、华北、华中、东北、西南这五个区域的分拨中心数量相当，差距不大；西北地区分拨中心数量仅为 14 个，仅占分拨中心总数的 5.7%。这是因为西北地区地广人稀，大部分地区经济发展滞后，快递服务需求量较小，再加上西北部分地区交通条件有限，从而为分拨中心的设立增添了障碍。

2）B 公司快递网络结构分析

B 公司的网络结构同 S 公司一样，呈现出鲜明的区域性和层次性。其网络的层次分为总部、城市分拨中心（仓）、分部、网点四个层次（图 7.64）。总部包含若干个城市分拨中心（仓）；城市分拨中心（仓）包含若干个分部与一级站点；分部下又包含若干个二级站点。具体来说，公司的总部设在杭州，而在城市分拨中心的层次上，区域性的特点得到了充分的体现，B 公司在我国 31 个省（自治区、直辖市）设立 244 个城市分拨中心，

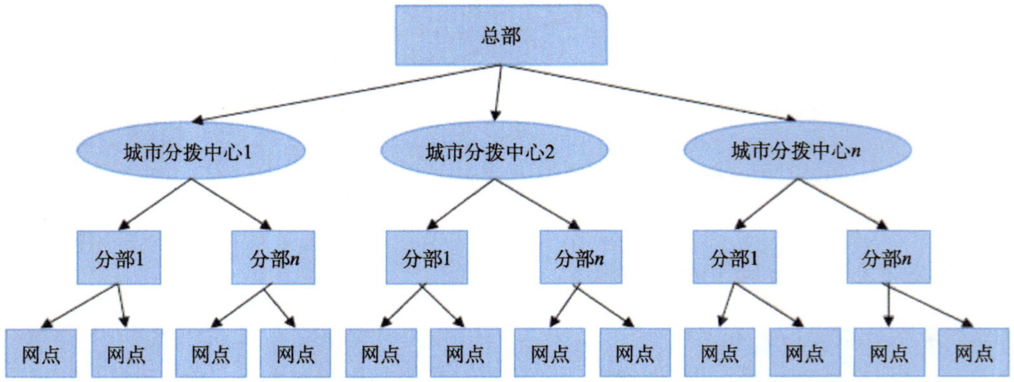

图 7.64　B 公司组织构架

每个城市分拨中心下包含若干个一级站点与分部。第三层次上的分部的职能也是倾向于公司行政管理和组织、市场运作和经营，较少参与实质性的作业流程。第四层次上的取送网点是网络最末端的节点，也是网络最基本的运营单位，负责在区域内收集货物并发往城市分拨中心进行分拣、存储，最后发往机场，以及对外地发来的快件进行分拣并配送至客户。

3）B 公司在珠三角地区的快递空间网络结构

B 公司在珠三角地区有城市分拨中心（仓）、快件取送网点的主要节点，其中，城市分拨中心构成的网络是整个网络的核心部分。

第一，城市分拨中心（仓）。B 公司在珠三角地区的城市分拨中心有广州分拨中心、虎门分拨中心、深圳分拨中心、中山分拨中心、惠州分拨中心、广州海珠分拨仓、广州番禺分拨仓、珠海分拨仓、佛山分拨中心、广州夏良分拨仓。其主要负责对区域内各个网点的快件进行集中和分发，所有的货物在到达目的地之前都在此集中，再经过处理后经航空运输发往其他城市分拨中心（仓），它们在整个网络中起关键性作用，其运营的稳定、运作效率将在很大程度上影响整个网络工作的正常开展。其中，广州分拨中心、虎门分拨中心为中转型分拨；中山分拨中心、佛山分拨中心为始发分拨；深圳分拨中心是末端分拨；其他为市内仓库。

第二，取送网点。B 公司在珠三角地区的取送网点分为两个等级，其中隶属于城市分拨中心的网点为一级站点，隶属于分部的为二级站点。一级站点与二级站点共同承担区域内快件的收取与配送工作。

图 7.65 显示了 B 公司在珠三角地区的城市分拨中心（仓）所构成的快递网络（因取送网点数量较多，为使网络清晰直观展现，基层派送网点未予显示），这是 B 公司在珠三角地区快递网络的核心部分。区域内所有城市分拨中心两两对接，区域内各个网点的

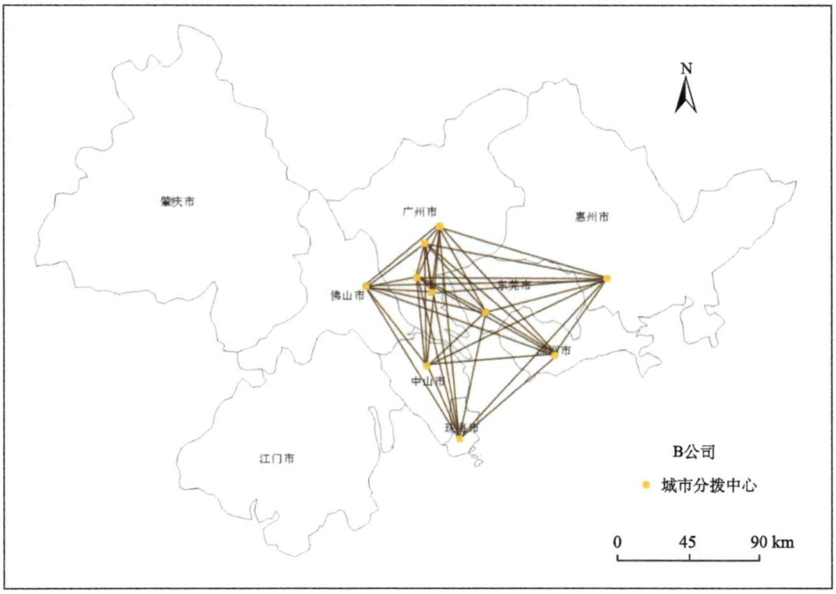

图 7.65　B 公司在珠三角地区的快递核心网络

快件在到达目的地之前，首先运送至城市分拨中心（仓）集中分拣，之后发往目的地所在区域的城市分拨中心集散、分拨。同样，连接各个分拨中心之间的通道也具有方向性、有限性和选择性等特点。网络中每条通道都有两个运输方向，有起点和终点，但两个节点之间可能有多条通道连接，因此一样需要选择最短路径。图 7.65 中城市分拨中心之间的连线默认为节点间的最短运输线路。

就城市分拨中心构成的快递网络来看，如果排除肇庆市与江门市，其属于明显的“点对点”式组织模式。由于肇庆市与江门市并没有城市分拨中心分布，区域内各个网点的快件在到达目的地之前，首先运送至其他地区城市分拨中心（枢纽节点）集中分拣。综合以上分析，该网络符合典型的“组合”式网络组织模式——“轴-辐”式与“点对点”式组合的快递网络结构，是综合利用“轴-辐”式和“点对点”网络结构优势的一种混合“轴-辐”式网络结构，其目的是在充分发挥“轴-辐”式网络结构优势的基础上，与“点对点”模式实现最佳匹配，使快件能在一定的时间内以最低的成本从寄件人送至收件人手中。在地区经济发展双核结构的情况下，各地经济发展不平衡，地区间的快递量呈现不均衡现象，部分地区间的信息交流非常频繁，快递量非常大，而大部分地区则较小，采用“轴-辐”式与“点对点”式组合的快递网络结构，能充分发挥“轴-辐”式网络的规模经济和密度经济性，并通过与“点对点”网络结构结合，减少“轴-辐”式网络连接的距离不经济以及中转额外环节、分拣环节增加带来的成本增加。在地区社会经济发展的双核结构情况下，“轴-辐”式与“点对点”式组合的网络结构是具有低成本和准时效的快递网络组织模式。

B 公司在珠三角地区现有的城市分拨中心都实现了两两对接，快件在经过取送网点收件后，先发往寄件地区的城市分拨中心集散，之后直接发往目的地所属地区的城市分拨中心，最后配送至客户手中。然而，B 公司尚未在肇庆市与江门市设立城市分拨中心。发往肇庆市的快件，首先由其他城市分拨中心发往广州分拨中心，再由广州分拨中心发往肇庆市各配送网点；相应地，肇庆市发出的快件，经由广州分拨中心发往全国各地城市的分拨中心。江门市的快件则按照寄件地或收件地不同在广州或深圳分拨中心集散。这样的网络构建方式虽然充分发挥了距离经济性，保证了网络效率，但却增加了网络枢纽建设的成本。有些城市间业务量较小，为了节约成本可不必采用“点对点”直达式。

若能获取快递企业城市间、区域间业务流量等相关数据，可以通过复杂网络的分析方法，结合相关网络理论，构建起区域快递网络结构关系分析的定量化方法，得到各个快递节点（以城市或区域为一个快递节点）之间的关系，以及对网络成员行为的影响程度。对珠三角地区快递网络模式的样本分析表明，企业现有的网络模式都存在不经济的现象，若之后可以获取快递企业各枢纽节点的业务量等相关数据，则可对枢纽节点的布局优化以及快递企业网络组织模式的建设提供切实可靠的依据。

第8章　快递服务的区域城市网络：长三角地区案例

城市网络是由区域内不同等级、不同规模的城市间相互作用形成的一个有机整体。起步于21世纪初的城市网络研究，一定意义上是对传统城市体系研究的扩展和深化，是中国城市地理研究的新领域，并掀起了研究热潮。现有研究主要基于企业联系、交通流、信息流视角，运用铁路航空、通信信息和企业内部空间联系的数据，对城市间的联系及其形成的网络进行分析。

快递服务过程是城市间物质和能量交换的重要渠道，快递配送是互联网交易的虚拟流与快速交通实体流相互作用产生的物质流动，其影响城市间的相互关系，是研究城市网络特征的有效切入点。本章试图从物流的视角，基于快递企业总部和分支机构空间分布数据，探索长三角地区城市网络及其结构。

一个快递企业的总部-分支机构形成这个企业在一定区域的快递服务网络。总部是快递企业的核心，承担企业及其服务网络的控制、指挥作用，分布在一个国家重要区域的中心位置；分支机构分布在不同区域，负责物品的流通和配送，一般布局于交通枢纽的车站、机场等附近；配送中心及下级的众多服务网点承担所在区域内所有快递物品的分拨、配送、收揽。按照不同的目的地进行分类编排，通过航空、公路或铁路等交通运输方式发往其他配送中心。

8.1　地区快递服务业发展

这里的长三角地区为《长江三角洲地区区域规划》确定的上海市、江苏省、浙江省，共25个地级以上城市地域。2016年，长三角地区人口1.6亿人，占全国的13.83亿人的11.57%。

目前，长三角地区3944家企业拥有快递业务运营许可证，在前十大快递企业中，有7家总部位于长三角地区：上海市6家[五家位于青浦区，一家（国通）位于松江区]，南京一家（天天，位于苏宁总部园区）。长三角地区交通运输体系较为完善，依靠高速公路、高速铁路、众多大型机场等有效衔接，其区位优势和在国家经济中的重要战略地位大大促进了本地区的快递业发展。

“十二五”时期，长三角地区快递业发展迅猛，转型升级有力推进，企业竞争实力不断增强，监管自律格局基本形成，呈现出良好发展态势，长三角地区快递业在全国的引领示范作用进一步增强（图8.1、表8.1）。

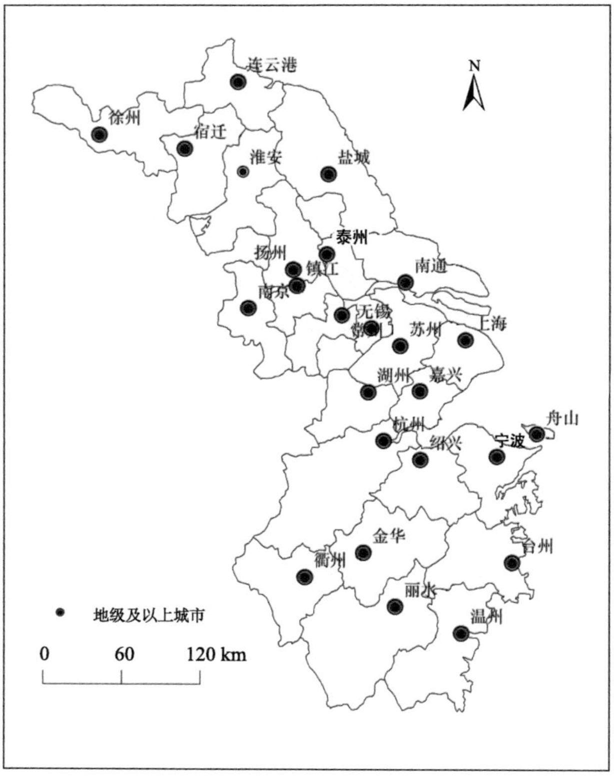

图 8.1　研究区域地级及以上城市

表 8.1　2016 年长三角地区城市人口规模排名

城市	人口/万人	城市	人口/万人
上海	2419.70	淮安	489.00
苏州	1064.74	宿迁	487.94
杭州	918.80	常州	470.83
温州	917.50	泰州	464.58
徐州	871.00	嘉兴	461.40
南京	827.00	连云港	449.64
宁波	787.50	扬州	449.14
南通	730.20	镇江	318.13
盐城	723.50	湖州	297.50
无锡	652.90	丽水	216.50
台州	608.00	衢州	216.20
金华	552.00	舟山	115.80
绍兴	498.80	合计	16008.30

资料来源：根据各省市 2016 统计年鉴整理

2015 年，长三角地区快递业规模大幅增长，已成为现代服务业中最具活力的新兴产业之一，为经济社会发展做出了重要贡献。2015 年，快递业务量达 78.2 亿件，快递业务收入达 1129.7 亿元，分别是 2010 年的 10.7 倍、5.8 倍（图 8.2、表 8.2），快递业务收入占邮政业务收入的比重由 60%提升到 83%。长三角地区的快递业务量和业务收入在全国的占比分别达 38.0%、40.8%，快递业务收入占 GDP 比重由 2010 年的 0.23%提高到 0.82%。区域快递营业网点增至 2.23 万个，县级网点覆盖率达 100%，乡镇民营快递网点覆盖率达 95%，快递网络不断健全。快递干线车辆从 2.26 万辆增至 7.2 万辆，综合运输能力明显提升。在建或建成投入使用的快递专业类物流园区达 19 个，配备全自动分拣设备的枢纽型分拨中心 8 个，快件处理能力显著增强。快递电子运单使用率达到 65%，行业智能化水平进一步提升。快递业支撑网络零售交易额突破 1.24 万亿元，快递服务支撑关联产业能力不断增强。按照本地区“十三五”规划，到 2020 年，长三角地区快递业务量达到 265 亿件，业务收入达到 3313 亿元，年均增长分别为 27.7%、24%。

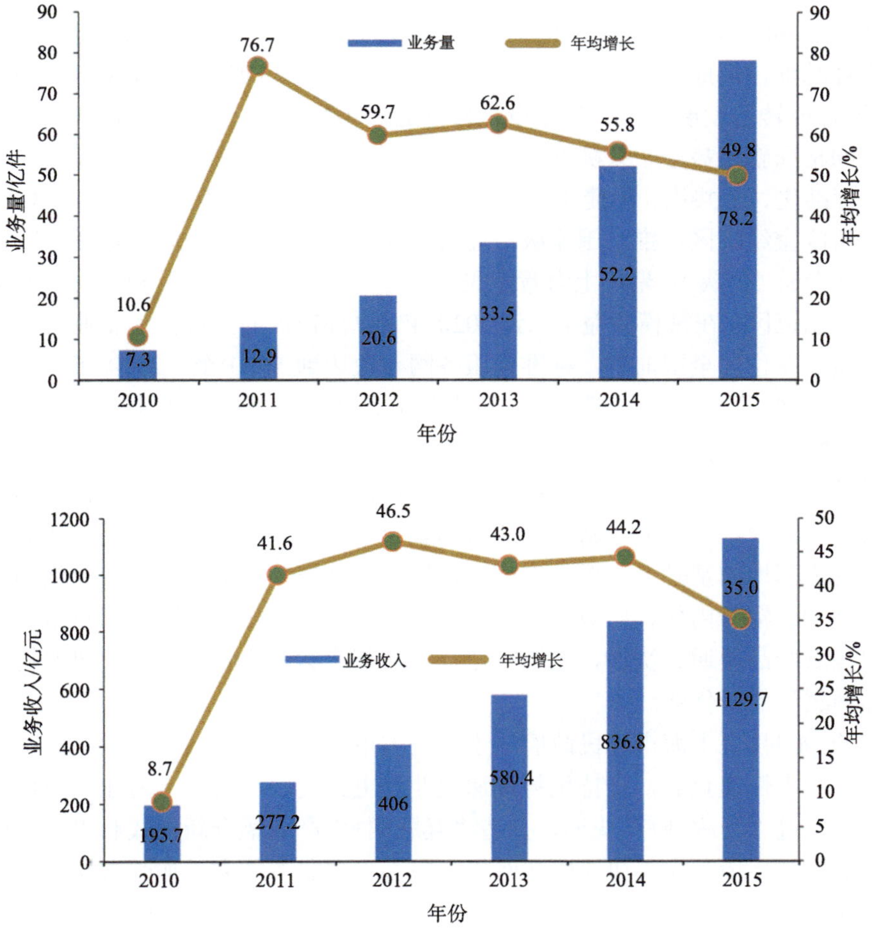

图 8.2　2010～2015 年长三角地区快递业发展情况

资料来源：国家邮政局授权上海、浙江、江苏三省市邮政管理局联合发布的《长江三角洲地区快递服务发展“十三五”规划》

表 8.2 长三角地区快递业务发展（2016～2019 年）

地区	2016 年		2017 年		2018 年		2019 年	
	业务量/亿件	业务收入/亿元	业务量/亿件	业务收入/亿元	业务量/亿件	业务收入/亿元	业务量/亿件	业务收入/亿元
上海	26.03	709.51	31.20	868.90	34.90	1020.30	31.30	1288.80
江苏	28.38	339.30	36.00	408.20	43.90	480.90	57.40	619.00
浙江	59.90	541.30	79.30	668.20	101.10	779.30	132.63	912.90
长三角地区	114.31	1590.11	146.50	1945.30	179.90	2280.50	221.33	2820.70
全国	312.80	3974.00	400.60	4957.00	507.10	6038.00	635.20	7498.00

资料来源：根据各省市《邮政行业发展统计公报》（2016～2019 年）、《国民经济和社会发展统计公报》（2016～2019 年）整理

2015 年底，上海市有经营许可证的快递企业 1433 家，比“十一五”末增长了 2.87 倍，备案企业 680 家，快递总部经济实力持续增强，“十二五”期间，上海市集聚了 24 家快递企业总部，形成了外资在东、国有在中、民营在西的快递企业总部格局。青浦区“全国快递行业转型发展示范区”建设积极推进。2020 年，上海市将进一步打造“一体两翼”空间格局新优势——深耕市区（一体），聚焦快递产业服务和安全，打造智能化、平台化、标准化、公共化、便捷化、集约化的快递末端派送体系；做强浦东（东翼），聚焦浦东祝桥临空经济区，推进国家级快递物流园区建设，形成中国快递业国际化的战略高地；提升青浦（西翼），聚焦上海青浦民营快递总部集聚区，建设和完善青浦全国快递业转型发展示范区。在规模效益上，到 2020 年，总部在沪的上市快递企业将达 4～6 家，城乡网络覆盖率位居全国前列，标准化服务网点数达到 5000 个。2019 年，上海市快递业务收入 1288.80 亿元，已经超过“十三五”上海邮政业发展规划目标的 1100 亿元。

“构筑协调互联空间格局”是上海现代物流业发展“十三五”规划的主要内容之一，其着重对五大重点物流园区功能布局进行优化，进一步拓展并丰富专业物流基地布局，主要针对新的产业集聚态势、新的产业集约要求、新的城市运行和居民生活需要，在先进制造业物流基地的基础上，增加农产品、快递、公路货运枢纽三类专业化物流基地，形成东西联动、辐射内外、层级合理、有机衔接的物流业协调互联空间新格局。专业物流基地聚焦农产品流通、快递、先进制造业、公路货运四个专业领域，快递物流基地打造“一体两翼”的新优势。

2017 年 4 月，《上海市人民政府关于促进本市快递业发展的实施意见》明确的主要任务是培育壮大快递企业，支持优势快递企业有更大发展，稳固上海在全国快递总部的经济地位；推进“互联网+”快递，打造“互联网+”产业融合新模式和“大众创业、万众创新”的发展环境；完善快递服务网络，完善末端服务能力，加强末端资源的对接，鼓励企业建立国际快件处理中心；衔接综合交通体系，实施快递“上车、上船、上飞机”工程；推动产业协同发展，实现快递电商协同发展，开放普惠邮政设施公共资源，与制造业、金融业融合发展；加强快递安全监管，成立邮政业安全中心，落实安全管理措施。

2015 年，江苏省快递业务量达到 22.9 亿件，业务收入达到 290.7 亿元，分别居全国第三、第四位，分别是“十一五”末的 9.6 倍和 5.2 倍，年均分别增长 57.3%和 39%；日

均快递业务量达到 627.5 万件，日均完成快递业务收入达到 0.8 亿元，人均快递业务量达到 28.6 件。支撑网络零售交易规模 3400 亿元，相当于全省社会零售总额的 12.9%。快递园区建设迈出新步伐。苏南快递产业园区获批“全国快递产业集聚发展示范园区”，成为全国首个国家级快递示范园区。苏中、苏北快递产业园建设稳步推进，全省共建成 12 个快递物流园区。快递服务网络不断完善。依托交通枢纽建设邮件快件处理中心，全省省际大型快件处理中心共计 46 个。覆盖长三角地区的中国邮政南京航空速递物流转运中心成为世界第三、亚洲第一的转运中心。快递末端投递服务水平不断提升。“十二五”期间，全省共建成快递末端综合服务平台 1579 个，推动快递服务进驻社区 11437 个；投放智能快件箱 7818 组，累计格口 42.85 万个；快递下乡网点数 5779 个，在全国率先实现乡镇快递服务网点全覆盖。快递服务种类不断丰富，有效满足了不同层次的市场需求。快递行业放心消费创建不断深化，快递服务满意度居全省十大服务业前列。

在江苏省现代产业体系发展规划中，快递业被列为重点支持的新业态，是该省物流业“十三五”发展规划要大力发展的民生物流体系的重要组成部分，结合“一带一路”与长江经济带战略实施，围绕三大中转联运走廊，重点推进“五大通道、四大枢纽、九大节点”建设是该规划的首要任务。其中，在九大节点中，发挥无锡的综合交通优势，推进航空快递发展，在淮安依托涟水国际机场强化快递分拨功能，建设服务苏北，辐射鲁南、豫南、皖北地区的现代商贸物流分拨中心；在盐城，依托南洋国际机场，推进电商快递物流建设；在南京、苏州、连云港、徐州等枢纽城市培育电商快递专业物流园区。按照江苏省邮政业“十三五”发展规划，到 2020 年，快递业务量达到 62 亿件，年均增长 22%；业务收入达到 750 亿元，年均增长 21%。行业收入占 GDP 的比重达到 1%，建成快递服务中心或快递公共投递服务站 3000 个。快递服务行政村通达率达到 100%，快递网点行政村覆盖率达到 50%。重点快递企业枢纽型分拨中心自动化分拣设备配置率达到 50%，快递企业手持终端配备率达到 90%。建成 26 个快递物流园区，园区快递业务量收入占地区快递业务收入总量的 35%以上。培育业务收入超 50 亿元的快递企业有 4 个，这 4 个企业快递业务收入占比 55%以上。统筹全省快递物流园区规划和布局，在南京、无锡等地布局国家一级快递专业类物流园区，在苏州、徐州、南通、连云港、淮安等地布局国家二级快递专业类物流园区。以无锡苏南国家级快递产业集聚发展示范园区为龙头，力争建成 2 个国家一级快递专业类物流园区。快递网络优化工程作为规划的重点工程，在苏南、苏中、苏北分别建设 1～2 个区域性仓储配送基地，优化快递重要节点布局。合理布局一批规模大、辐射能力强的快件转运中心和枢纽中心。在南京、苏州、无锡、淮安建设一级跨省快件转运中心；在徐州、南通、连云港、泰州建设二级跨省快件转运中心。中国邮政速递物流无锡长三角邮件转运中心项目、顺丰速运无锡中转场项目建成并投入运营。完善快递末端服务，统筹规划、合理布局快递产业（物流）园区、分拨中心、末端投递网点三级配送节点。加快快递企业标准化门店、快递服务中心和快递公共投递服务站建设。2020 年，全省建成 100 个校园快递公共服务平台，1000 个快递末端标准化示范网点，3000 个快递公共服务平台（快递服务中心和快递公共投递服务站）。

2015 年，浙江省全年快递业务量完成 38.3 亿件，同比增长 55.9%，占全国的 18.5%；

快递业务收入完成 383.8 亿元，同比增长 39.9%，占全国的 13.9%。快递业务收入在行业中占比继续提升。快递业务收入占行业总收入的比重为 88.4%，比上年提高 8.2 个百分点。快递物流是浙江省“十三五”的重点发展领域。到 2020 年，全省快递年业务量达到 100 亿件，年业务收入超过 1000 亿元。年业务收入超 100 亿元的快递企业达 5 家以上，其中年业务收入超 200 亿元的快递企业超过 2 家。浙江省正在加快形成覆盖全省、联通全国、走向国际的快递服务网络，推进快递末端服务能力和快递企业末端网点标准化建设，鼓励和支持快递企业面向农村和山区、海岛等边缘区域布局落户，推动快递企业在乡镇铺设服务网点，提高城乡快递服务网点覆盖率，以全面实现乡乡有网点、村村通快递。浙江省还同时推进并加强快递企业与农业、供销、商贸企业的合作，拓展工业品下乡和农产品进城双向流通渠道。其规划建设的快递物流区域中心和专业类物流园区，将进一步发挥快件转运中心的集聚功能。此外，浙江省国际快件处理中心的建设和发展将积极推动快递企业发展跨境电子商务业务，为本省跨境电商企业提供一站式跨境出口快递服务解决方案，形成与跨境电子商务相适应的快递服务体系。

长三角地区快递市场经营模式呈现出不同层次的发展格局，其中国有企业、民营企业，还有少数的外资企业等各种企业共存，有差异化的竞争，也有多种经营方式（表 8.3）。

表 8.3　2016 年长三角地区不同种类快递市场发展情况

项目	国有	民营	外资
快递业务量/亿件	8.83	143.64	0.54
快递业务收入/亿元	117.20	1378.14	86.94
快递业务量占市场份额比重/%	5.77	93.80	0.35
快递业务收入占市场份额比重/%	7.40	87.09	5.51

8.2　地区前十位快递企业

按照快递市场份额，选取前十位的快递企业：顺丰速运、EMS、申通快递、圆通速递、韵达速递、百世快递、中通快递、宅急送、天天快递、国通快递。10 家快递企业中，总部位于长三角地区的有 7 家（表 8.4）。其中，EMS、顺丰速运、圆通速递、中通快递、申通快递、韵达速递、百世快递 7 家快递企业的 2018 年业务量都超过 20 亿件，业务收入超过 200 亿元，10 家快递企业累计快递业务量及业务收入均超过全国快递业务量和业务收入的 70%，快递业务量最大的企业是最小的企业的 1.7 倍，较 2015 年提高 7.8%，快递业务收入中最大值是最小值的 2.8 倍，比 2017 年提高 7.4%。

本章依据国家邮政局及前十大快递企业官网获取的区域转运中心、城市配送中心、服务门店的位置数据，并采用百度坐标拾取工具搜索相关位置数据，确定相对应的经纬度坐标。长三角各地级市的人口数据、经济数据、快递业务量、快递业务收入、货物运输量等相关数据来自上海市、江苏省、浙江省 2017 年统计年鉴。各城市之间的交通最短距离和时间主要通过百度地图确认，空间分析底图为沪苏浙构成的长三角地区行政区划图。

表 8.4 2018 年前十位快递企业发展发展概况

名称	总部区位	成立年份	发展概况	经营方式
EMS	北京	1980	营业门店 4.5 万个，200 多个服务网点	直营
顺丰速运	深圳	1993	35 万名员工，近 200 多个中转场，7800 多个基层营业网点，6200 多条运输干线	直营
中通快递	上海	2002	30 万名员工，2.9 万个服务网点，80 个区域转运中心，4800 多辆干线运输车	加盟
圆通速递	上海	2000	40 万名员工，118 个区域转运中心，6.8 万个服务网点	加盟
申通快递	上海	1993	个体门店、分公司近 2000 家，快递网点 2 万多个	加盟
韵达速递	上海	1999	分拨中心 70 多个，营业网点 4 万多个，2500 多条运输干线	加盟
百世快递	上海	2003	670 个区域转运中心，9000 多名员工，5000 多个服务门店	加盟
宅急送	北京	1994	2 万多名员工，区域转运中心达 40 多个，247 个城市中转场	直营
天天快递	南京	1994	10 万名员工，1 万多个服务网点，100 多个城市中转站	加盟
国通快递	上海	2003	从业人员超过 5 万人，40 多个分拨中心，营业网点 5000 多个	直营

资料来源：根据各快递企业官网信息整理

8.3 快递企业网点布局

8.3.1 区域转运中心及城市配送中心空间分布

对长三角地区前十位快递企业总部、城市配送中心、服务门店等属性数据进行可视化，得到快递企业区域转运中心、城市配送中心、服务门店的空间分布（图 8.3）。

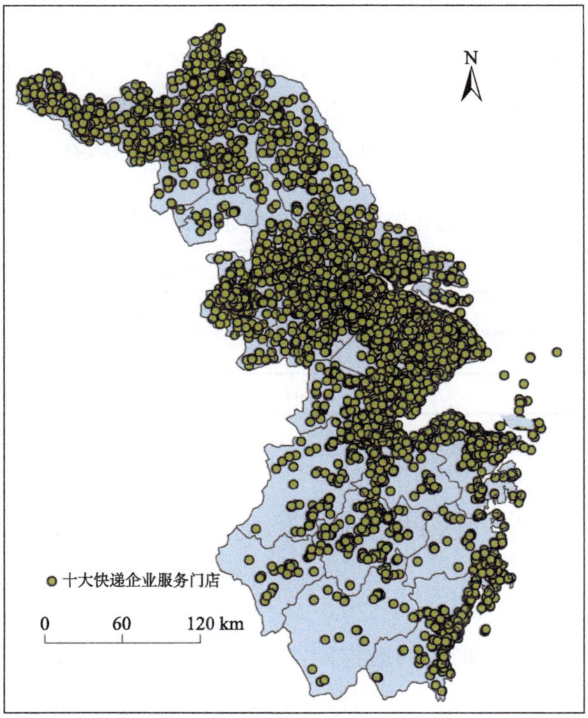

图 8.3 长三角地区快递服务门店空间分布

长三角地区前十位快递企业有一半的总部设在上海，分布于上海市青浦区、松江区；天天快递总部设在南京。区域转运中心是快递企业服务网络的一级节点，集中分布于上海、杭州和南京，苏州、金华各有 1 家（表 8.5）。

表 8.5　长三角地区城市快递企业一级、二级节点数量

城市	区域转运中心/个	城市配送中心/个	城市	区域转运中心/个	城市配送中心/个
上海	10	11	镇江		2
常州		8	杭州	9	6
淮安		7	湖州		3
连云港		0	嘉兴		7
南京	7	5	金华	1	10
南通		6	丽水		1
苏州	1	7	宁波		7
宿迁		0	绍兴		6
泰州		5	台州		5
无锡		9	温州		5
徐州		6	舟山		0
盐城		1	衢州		2
扬州		2			

8.3.2　快递服务门店的空间布局

根据前十位快递企业官网，获得各个快递企业所在城市的服务门店位置数据，共 15533 个服务门店（表 8.6）。显然，中通快递服务门店数量最多，宅急送和国通快递服务门店数量较少。快递门店集中分布在 25 个地级市中，分散在城市内部。

表 8.6　长三角地区前十位快递企业的服务门店数量

企业名称	EMS	顺丰速运	中通快递	圆通速递	申通快递
门店数量/个	971	1368	2894	2774	2411
企业名称	韵达速递	百世快递	宅急送	天天快递	国通快递
门店数量/个	2376	1247	217	994	281

8.4　基于快递企业总-分机构的城市网络

8.4.1　研究方法

基于快递企业总-分机构形成的城市网络可以借鉴沈丽珍等（2018）提出的基于“快速物流”形成的区域流动空间的评价指标，以数理模型进行定量分析，探讨区域流动空间的网络发展趋势与特征。其所建立的数理模型，采取城市快速物流联系量与重力模型相结合，将实际快速物流流量转换为基于概率的“概率流量”。基于此概念和逻辑，以重力模型计算“概率流量”，以城市快速物流水平综合评价得分与区域流空间连接度两个指标，建立区域流空间的综合评价指标体系，实现对区域流空间的测度。

1. 城市快递配送水平综合评价

由于功能联系上的多中心网络具有虚拟性、不可见性和难以获取性的特征，这里参考彼得·霍尔和凯西·佩恩（2010）对欧洲开展的“多中心网络”研究方法，将城市实际快递物流影响要素的各项指标进行权重评价，对城市快递服务水平综合评分进行计算，对前十位快递企业关注度求和、计算权重并进行加权平均，得到各个快递企业快速服务水平综合评分，公式如下：

$$\bar{Z} = \sum_k \left(\frac{M_k}{\sum M_k} \cdot Z_k \right) \tag{8.1}$$

式中，$\bar{Z}$ 为各快递企业加权平均后得到的快递服务水平综合评分；M_k 为快递企业 k 的关注度；$\sum M_k$ 为十大快递企业关注度的总和；$\frac{M_k}{\sum M_k}$ 为快递企业 k 所占比重；Z_k 为快递企业 k 所在城市快递配送服务水平综合评分，通过特征向量矩阵计算得到主因子得分（表 8.7、表 8.8）Z_1、Z_2。

$$Z_1 = 0.412X_1 + 0.414X_2 + 0.365X_3 + 0.416X_4 + 0.265X_5 + 0.317X_6 + 0.168X_7 + 0.391X_8 \tag{8.2}$$

$$Z_2 = -0.032X_1 - 0.034X_2 + 0.283X_3 + 0.110X_4 - 0.613X_5 - 0.017X_6 + 0.716X_7 - 0.054X_8 \tag{8.3}$$

$$Z_k = \frac{60.784 \cdot Z_1 + 220.95 \cdot Z_2}{92.96} \tag{8.4}$$

式中，各变量系数为主因子贡献率，分母为主因子累计贡献率（表 8.8）。X_1 为 GDP；X_2 为社会消费品零售总额；X_3 为互联网用户人数；X_4 为常住人口；X_5 为城镇居民人均可支配收入；X_6 城市中转场数量；X_7 公路里程；X_8 公路货运量。

表 8.7　主因子贡献率

成分	起始特征值			旋转平方和载入		
	合计	方差/%	累计/%	合计	方差/%	累计/%
1	5.331	66.641	66.641	4.870	60.874	60.874
2	1.306	16.328	82.969	1.768	22.095	82.969
3	0.612	7.656	90.625			
4	0.279	3.488	94.113			
5	0.256	3.203	97.316			
6	0.161	2.016	99.332			
7	0.041	0.511	99.843			
8	0.013	0.158	100.001			

表 8.8 主因子得分系数

因子	主因子	
	1	2
GDP	0.412	–0.032
社会消费品零售总额	0.414	–0.034
互联网用户人数	0.365	0.283
常住人口	0.416	0.110
城镇居民人均可支配收入	0.265	–0.613
城市中转场数量	0.317	–0.017
公路里程	0.168	0.716
公路货运量	0.391	–0.054

2. 区域城市网络空间的连接度

采用重力模型建立城市网络空间的连接度，将重力模型中的常系数定为 1000，使得城市间快速物流联系数值量级在 0～10，如此，重力模型为

$$Q_{ij} = 1000 \cdot Z_i \cdot \frac{Z_j}{T_{ij}^2} \tag{8.5}$$

式中，Q_{ij} 为城市 i 和城市 j 的快递物流联系；Z_i 和 Z_j 为两城市的快递服务水平综合评分；T_{ij} 为两个城市最短公路路径所耗费的时间成本。将各城市快速物流综合评价得分代入式（8.5），就可以得到各城市间的快递物流联系（输入与输出总量）。

以同样的方法获得其他 9 家快递企业在长三角各城市间的快速物流联系，按快递关注指数计算权重求平均。其计算公式为

$$\bar{Q}_{ij} = \sum_k \left(\frac{Y_k}{\sum Y_k} \cdot Q_{ijk} \right) \tag{8.6}$$

式中，$\bar{Q}_{ij}$ 为各快递公司加权平均后的城市 i 和城市 j 间的快速物流联系；$\frac{Y_k}{\sum Y_k} \cdot Q_{ijk}$ 为快递 k 的权重；Q_{ijk} 为快递企业 k 在城市 i 和城市 j 之间的快递物流联系。将快递物流联系矩阵各行或各列相加，就能得到特定城市与省内其他城市的快速物流联系总量，即城市间流动空间的连接度。将城市快递物流水平综合评价和城市间连接度两大因子标准化后按 50%权重加和，得到基于快递物流的城市间关系的总体评价，这样便建立起长三角地区 25×25 的关联矩阵，表示城市之间网络连接度。矩阵的各行或者各列相加都可以得到该城市与区域其他城市的总网络连接度，也可以得到任意两个城市间的网络连接度。

将城市之间快递企业总部-分支机构的数量视为网络关联性大小的指标，将快递企业总部的数量和分公司数量求和，以揭示各城市网点的结节性，其计算公式为

$$M_i = \sum R_{ij} \tag{8.7}$$

$$N_i = \sum R_{ji} \tag{8.8}$$

$$O_i = M_i + N_i (i \neq j), (i, j = 1, 2, 3, \cdots, n) \tag{8.9}$$

$$P_i = \frac{O_i}{\sum_{i=1}^{n} O_i} \tag{8.10}$$

式中，M_i 为城市 i 中快递企业总部的数量；N_i 为城市 i 中快递企业分公司的数量；O_i 为城市网点的总连接度；R_{ij} 为城市 i（总部所在地）和城市 j（分支所在地）的关联性；R_{ji} 为城市 j（总部所在地）和城市 i（分支所在地）的关联性；P_i 为城市 i 的相对网络连接度。利用 ArcGIS 的网络分析，得到基于快递企业总-分机构长三角地区城市网络结构。

3. 核密度分析

核密度分析方法是某一搜索区域内有一个中心位置，设置一个等距离的搜索范围，落入搜索范围内的点要素都有不同的权重，靠近中心位置的点会被赋予较大的权重，集聚程度较高，反之，集聚程度不断降低。按照同样的方法对区域内所有点要素进行处理，这样就得到整个区域的要素集聚程度。在平面中，核密度分析方法的公式如下：

$$\Omega(s) = \sum_{i=1}^{n} \frac{1}{nr^2} \varphi\left(\frac{d_{ls}}{r}\right) \tag{8.11}$$

$$\Omega(s) = \sum_{i=1}^{n} \left(1/nr^2\right) \varphi\left(d_{ls}/r\right) \tag{8.12}$$

式中，$\Omega(s)$ 为城市前十位快递网点核密度估计值；n 为快递网点的数量；r 为核密度函数所设置的搜索半径；d_{ls} 为快递网点 s 和快递网点 l 的距离；φ 为 d_{ls} 的权重。通过核密度分析方法，可以分析城市快递网点的集聚程度和城市网络在空间上的关联特征。

4. 时间-空间通达度

时间-空间通达度是城市间联系的重要标准。以研究区域内的 25 个城市为节点，通过百度地图（2018 年）查询两城市间的最短距离及构建时间-距离矩阵，空间通达度的计算公式如下：

$$B_i = \sum_{i=1}^{n} S_{ij} \tag{8.13}$$

$$b_i = B_i \bigg/ \frac{\sum_{i=1}^{n} B_i}{n} \tag{8.14}$$

式中，B_i 为城市 i 的空间通达度值；S_{ij} 为城市 i 到城市 j 的最短交通距离；b_i 为空间通达度系数。

时间通达度计算公式如下：

$$D_i = \sum_{i=1}^{n} T_{ij} \tag{8.15}$$

$$d_i = D_i \bigg/ \frac{\sum_{i=1}^{n} D_i}{n} \tag{8.16}$$

式中，D_i 为城市 i 的时间通达度值；T_{ij} 为两个城市间最短交通时间；d_{ij} 为时间通达度系数。

8.4.2 城市网络连接度及其测度

1. 城市的结节性与城市网络连接度

根据前十位快递企业服务水平综合评价和重力模型分析结果，将基于快递企业总-分机构的长三角地区城市网络空间连接度划分为五个等级，并将长三角地区快递服务水平排名靠前的几个城市网络连接度可视化（图 8.4～图 8.7）。显然，上海-苏州之间的连接度最强，其次为上海-杭州、上海-南通，再次为上海与南京、无锡、宁波，最后为上海与相距较远的徐州、温州等城市。

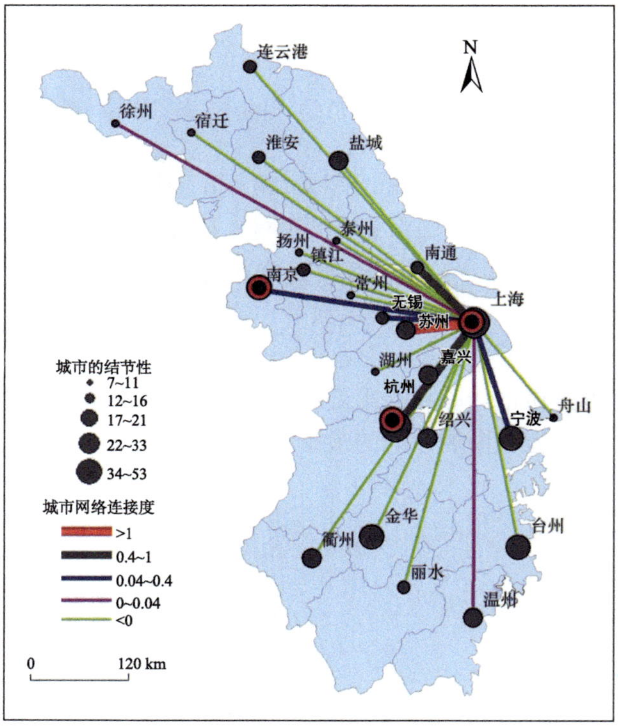

图 8.4　上海的城市结节性及网络连接度

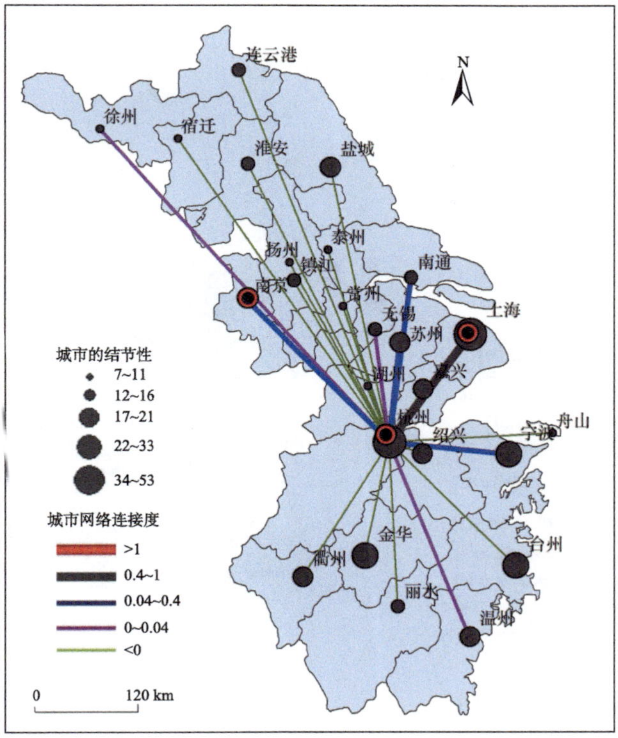

图 8.5　杭州的城市结节性及网络连接度

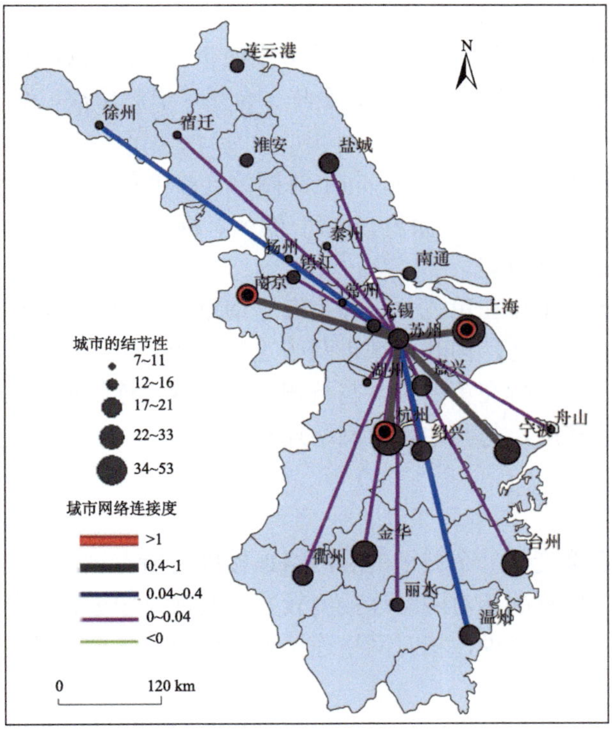

图 8.6　苏州的城市结节性及网络连接度

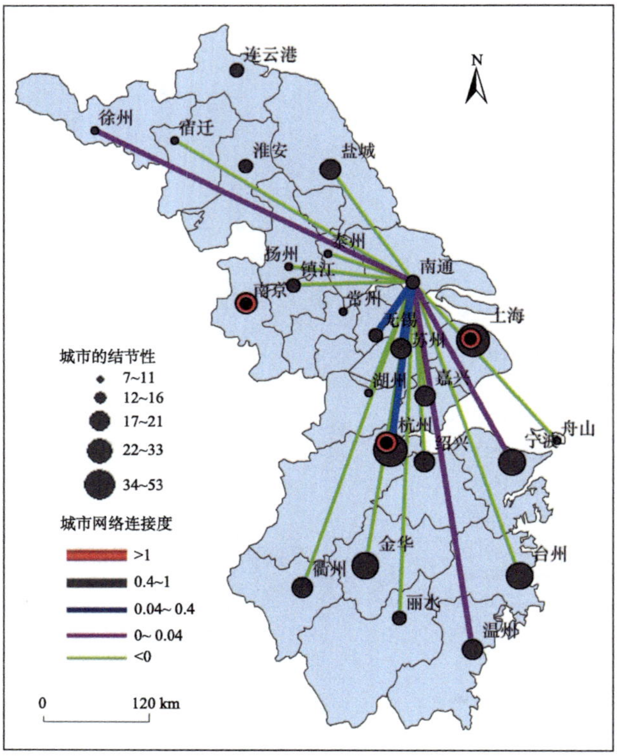

图 8.7　南通的城市结节性及网络连接度

在这里，城市的结节性反映的是某个城市快递企业总部的数量与分支结构的数量的总和。显然，上海和杭州的结节性最高，金华、台州、宁波居次，结节性小于 11 的有徐州、宿迁、扬州、常州等城市。

杭州的快递服务水平排在第二位，与上海网络连接度最强，其次为杭州-南京、杭州-宁波、杭州-南通；再次为杭州-徐州、杭州-温州、杭州-无锡；杭州与江苏北部、浙江西南部城市的网络连接度较弱。

苏州的快递服务水平排在第三位，与上海、南京、杭州、宁波网络连接度较强，与徐州、温州网络连接度次之，与其他城市网络连接度较弱。

南通的快递服务水平排在第四位，与杭州、无锡网络连接度较强，其次为与宁波、温州、徐州的网络连接度，与其他城市网络连接度较弱。

2. 城市相对网络连接度

城市相对网络连接度是一个城市的总网络连接度与所有城市总网络连接度的比值。图 8.8 表明，上海、杭州的相对网络连接度较高，其次是宁波、金华等市，但南京、徐州、宿迁总体偏低。总的来说，相对网络连接度和快递服务节点城市规模大体相似。

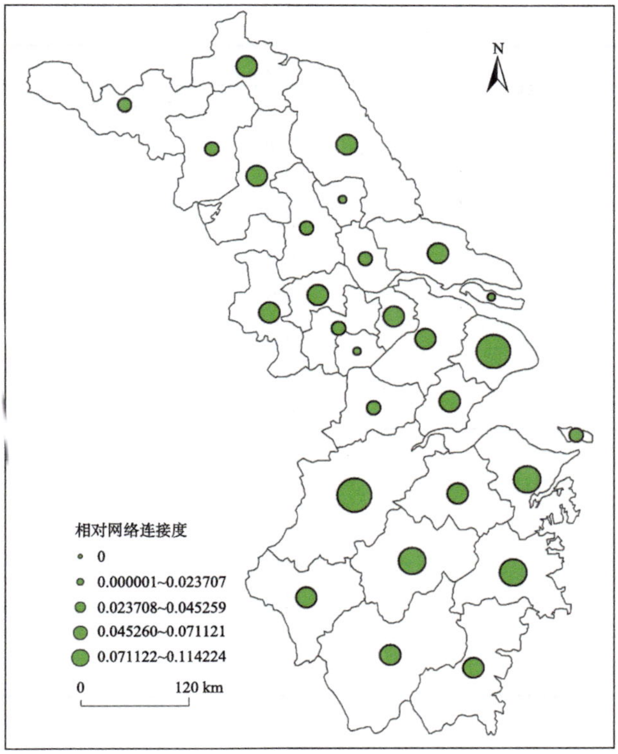

图 8.8　长三角地区城市相对网络连接度

3. 城市的快递服务水平

长三角地区各城市的快递服务水平排在前五位的是上海、杭州、苏州、南通、宁波。若将快递服务水平分为五个等级（表 8.9、图 8.9），则第一等级为上海和杭州，但两个城市之间差异巨大，上海的得分远超杭州；第二等级为苏州、南通、宁波，它们之间的差异较小；第三等级为南京、徐州、无锡、温州。

表 8.9　长三角地区各城市快递配送水平的综合得分

等级	城市	得分
第一等级（>2）	上海	6.11
	杭州	2.18
第二等级（1～2）	苏州	1.88
	南通	1.50
	宁波	1.17
第三等级（0～1）	南京	0.95
	徐州	0.77
	无锡	0.31
	温州	0.05

续表

等级	城市	得分
第四等级（–1～0）	金华	–0.04
	台州	–0.15
	常州	–0.29
	绍兴	–0.44
	淮安	–0.52
	盐城	–0.57
	连云港	–0.65
	嘉兴	–0.68
	宿迁	–1
第五等级（<–1）	扬州	–1.10
	泰州	–1.14
	丽水	–1.29
	湖州	–1.40
	镇江	–1.46
	衢州	–1.68
	舟山	–2.51

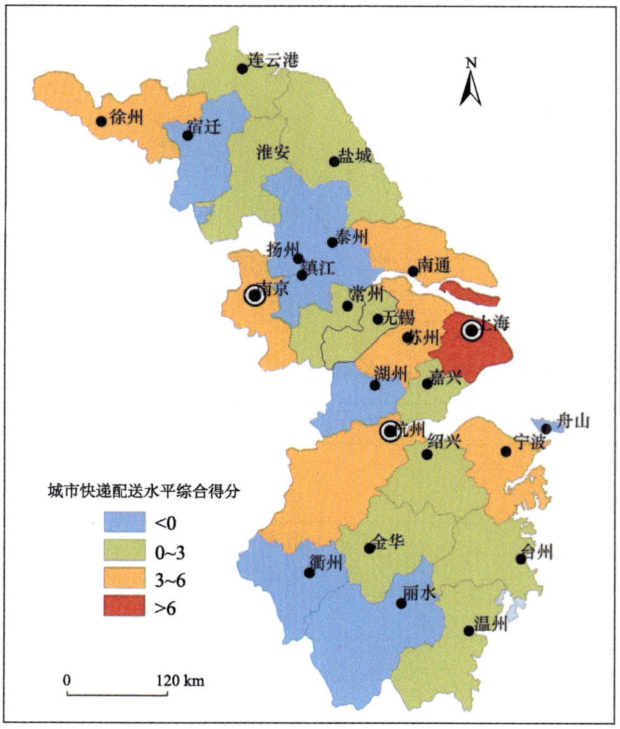

图 8.9　长三角地区城市快递配送水平综合得分

4. 城市快递企业网点的集聚分布状态

从长三角地区城市快递企业网点分布的集聚状态看（图 8.10），其呈现以下几个较为显著的特征：①上海是快递企业网点集聚的核心；②杭州、南京、苏州、无锡、金华等城市为次核心，快递企业网点集聚强度较强；③江苏北部和浙江西南部快递企业网点集聚强度较弱；④集聚强度的分布与长三角地区经济发展轴线一致——沿区域内铁路干线沪宁、沪杭、杭甬线以及公路干线——沪蓉高速（G42）、京沪高速（G2）、沪昆高速（G60）、杭州湾地区环线高速（G92），集聚于南京、上海、杭州、宁波等沿线城市，总体呈“Z”形走向。

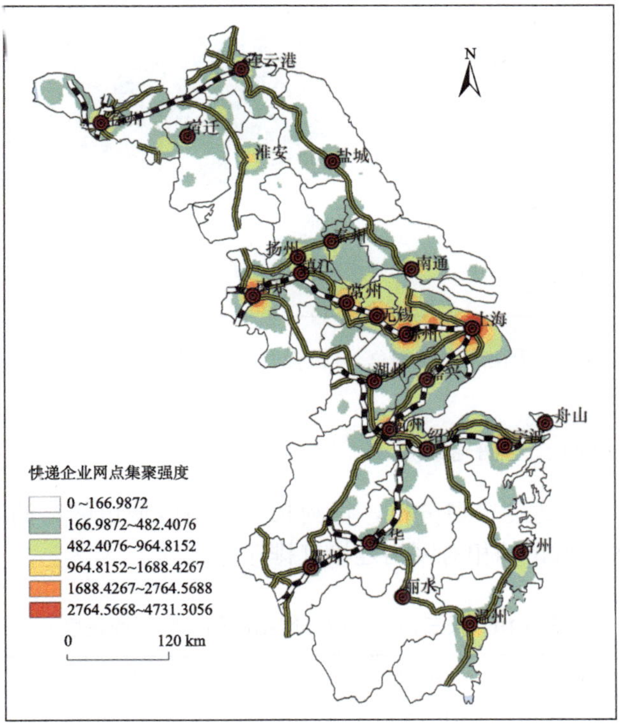

图 8.10　长三角地区城市快递企业网点集聚强度

5. 基于快递企业总-分机构的城市网络连接

基于快递企业总-分机构的长三角地区城市网络连接图（图 8.11）显示出，上海位处网络连接的核心，影响范围最广；南京、杭州、苏州等居次；嘉兴-湖州、嘉兴-宁波、宁波-湖州、宁波-绍兴、宁波-金华、湖州-衢州形成了较强的连接。

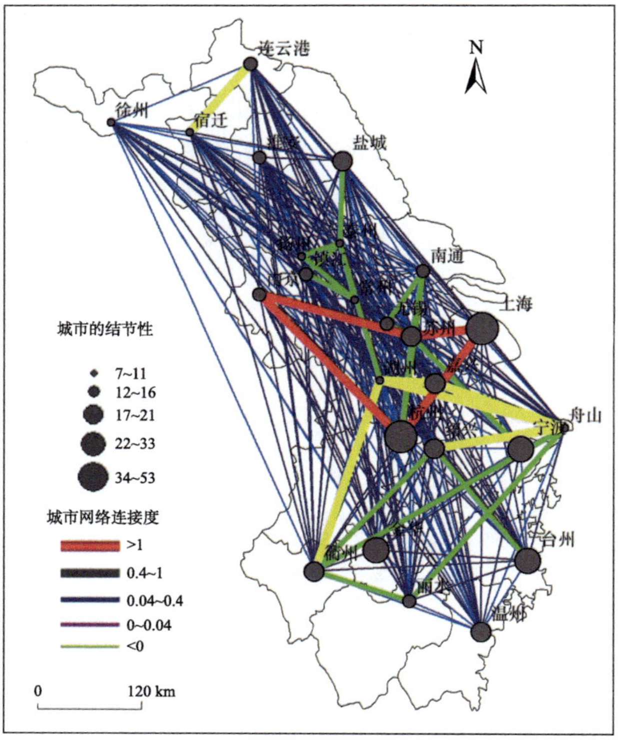

图 8.11　基于快递企业的总-分机构的长三角地区城市网络连接图

6. 城市网络的时间、空间通达度

根据时间、空间通达度模型分析，得到长三角地区城市网络的时间、空间通达度表（表 8.10），将各个城市的相对网络连接度排序。

表 8.10　长三角地区城市网络时间、空间通达度

城市	时间通达度值/h	时间通达度系数	城市	空间通达度值/10^3km	空间通达度系数
苏州	78.60	0.748	嘉兴	5.85	0.719
无锡	79.77	0.759	无锡	5.89	0.724
嘉兴	80.22	0.763	湖州	5.95	0.732
常州	80.43	0.765	常州	6.23	0.766
湖州	81.37	0.774	杭州	6.28	0.772
镇江	84.47	0.804	绍兴	6.47	0.796
杭州	84.67	0.806	镇江	6.51	0.801
南通	86.87	0.827	苏州	6.85	0.843
泰州	87.05	0.828	泰州	6.86	0.843
上海	89.40	0.851	扬州	6.88	0.846
绍兴	90.73	0.863	南通	6.92	0.851
扬州	91.72	0.873	南京	7.38	0.907

续表

城市	时间通达度值/h	时间通达度系数	城市	空间通达度值/10^3km	空间通达度系数
南京	94.05	0.895	连云港	7.64	0.939
宁波	101.62	0.967	上海	7.86	0.967
盐城	106.12	1.010	宁波	8.01	0.986
淮安	113.10	1.076	盐城	8.34	1.026
金华	113.20	1.077	金华	8.80	1.082
舟山	124.62	1.186	淮安	9.40	1.156
衢州	126.37	1.203	舟山	9.48	1.166
宿迁	131.78	1.254	台州	10.03	1.234
连云港	131.87	1.255	衢州	10.09	1.240
丽水	133.43	1.270	丽水	10.41	1.280
台州	134.72	1.282	宿迁	10.90	1.341
徐州	148.05	1.409	温州	11.26	1.385
温州	152.87	1.455	徐州	12.89	1.586

时间通达度分析。苏州的时间通达度值最小，为 78.60h，在整个长三角区域内部时间通达水平最高，时间通达度值最高的是温州，高达 152.87h，时间通达水平最低。根据各城市的时间通达度值和通达度系数，划分出三个层次：①时间通达度值小于 100h 的通达水平较高的“中心地区”有苏州、无锡、嘉兴、常州、湖州、镇江、杭州、南通、泰州、上海、绍兴、扬州、南京；②时间通达度值在 100～120h 的通达水平较弱的“过渡地区”有宁波、盐城、淮安、金华 4 个城市；③时间通达度值在 120～160h 的通达水平较低的“外围地区”有温州、徐州、台州、丽水、连云港、宿迁、衢州、舟山等城市。

空间通达度分析。空间通达度系数越小代表交通越便捷，空间通达度系数大于 1 的有 10 个城市，嘉兴的空间通达度值最小（5.85×10^3km），空间通达度系数最小（0.719），空间通达水平最好；徐州的空间通达度值最大（12.89×10^3km），空间通达度系数最大（1.586），空间通达水平最低。各城市的空间通达水平可以划分为三类：①空间通达度在 5.85×10^3～8×10^3km 的高空间通达水平的“中心地区”有 14 个城市；②空间通达度值在 8×10^3～10×10^3km 的良好空间通达水平的“过渡地区”有宁波、盐城、金华、淮安、舟山 5 个城市；③空间通达度值在 10×10^3～13×10^3km 的较弱空间通达水平的“外围地区”有台州、衢州、丽水、宿迁、温州、徐州。

显然，该地区各城市的时间通达度系数和空间通达度系数具有相对一致性，总体上分为“中心地区”“过渡地区”“外围地区”，由“中心地区”向“外围地区”，通达水平逐渐降低。

8.5　快递企业网络与城市网络的关联性

8.5.1　城市综合发展水平特征

1. 指标体系选取

参照国家创新能力评价指标体系（IMD）（经济发展状况、政府服务效率、企业运营效率、基础设施配套），根据研究对象，采用经济发展、基础设施、人口发展三类共 12 项指标（表 8.11）。

表 8.11　长三角地区城市综合发展水平评价指标

目标	要素	指标项
城市综合发展水平高低	经济发展	GDP
		人均生产总值
		第二产业增加值
		第三产业增加值
		社会消费品零售额
		第三产业就业人数
	基础设施	年末互联网使用情况
		公路里程
		公路货运量
		公路货物周转量
	人口发展	城镇居民人均可支配状况
		常住人口

2. 综合发展竞争力

综合发展竞争力的基本分析是对城市的定向指标排名（表 8.12）。定向指标排名中上海所有指标项都排在第一位，苏州有 3 项排在第二位，竞争力提升显著，杭州有 3 项排在第三位，南京则明显落后于杭州，排名靠后的城市有衢州、丽水、宿迁、淮安等城市，其专项竞争力显然处于劣势地位。

表 8.12　长三角城市部分指标排名

排名	GDP/亿元	常住人口/万人	社会消费品零售额/亿元	城镇居民人均可支配状况/元
1	上海	上海	上海	上海
2	苏州	苏州	杭州	苏州
3	杭州	杭州	南京	杭州
4	南京	温州	苏州	宁波
5	无锡	徐州	宁波	绍兴
6	宁波	南京	无锡	南京
7	南通	宁波	温州	嘉兴
8	徐州	南通	徐州	无锡
9	常州	盐城	南通	舟山
10	温州	无锡	常州	温州
11	绍兴	台州	台州	台州
12	盐城	金华	金华	金华

续表

排名	GDP/亿元	常住人口/万人	社会消费品零售额/亿元	城镇居民人均可支配状况/元
13	扬州	绍兴	绍兴	常州
14	泰州	淮安	嘉兴	湖州
15	台州	宿迁	盐城	镇江
16	嘉兴	常州	扬州	南通
17	镇江	泰州	镇江	泰州
18	金华	嘉兴	泰州	衢州
19	淮安	连云港	淮安	丽水
20	连云港	扬州	湖州	扬州
21	宿迁	镇江	连云港	盐城
22	湖州	湖州	宿迁	淮安
23	衢州	丽水	衢州	徐州
24	舟山	衢州	丽水	连云港
25	丽水	舟山	舟山	宿迁

利用主成分分析和因子分析方法对长三角地区各城市综合竞争力发展水平进行分析。将表 8.8 中的 8 项城市指标输入因子分析工具当中，通过“描述”“抽取”“旋转”“得分”等步骤测出实验结果（表 8.13），在样本的度量和球形的检验结果中，度量值是 0.735，比较接近 1，球形检验中，Sig.的值是 0.000，小于显著水平，表示因子分析有效。

表 8.13　KMO 和 Bartlett 的检验结果

KMO/Bartlett 检验	指标	度量值
取样足够的 KMO 度量	—	0.735
Bartlett 的球形检验	近似卡方	385.270
	df	55.000
	Sig.	0.000

表 8.14 是主成分分析的因子贡献率的提取结果。“初始值”列中“总和”指因子的总特征值，“方差”代表相应的因子特征值在总特征值中的占比。前两个要素的总特征值大于 1，其他要素累计小于 20%，说明其在众多指标中占主要地位，且旋转后的累计和为 79.867%。所以，把总和大于 1 的两个要素作为主因子。

表 8.14　因子贡献率提取结果

要素	初始值			提取后结果			旋转后结果		
	总和	方差/%	累计/%	总和	方差/%	累计/%	总和	方差/%	累计/%
1	7.071	64.284	64.284	7.071	64.284	64.284	4.587	41.697	41.697
2	1.714	15.583	79.867	1.714	15.583	79.867	4.199	38.170	79.867
3	0.727	6.605	86.472						

续表

要素	初始值			提取后结果			旋转后结果		
	总和	方差/%	累计/%	总和	方差/%	累计/%	总和	方差/%	累计/%
4	0.592	5.384	91.856						
5	0.347	3.152	95.008						
6	0.287	2.606	97.614						
7	0.146	1.330	98.944						
8	0.087	0.789	99.733						
9	0.017	0.158	99.891						
10	0.010	0.087	99.978						
11	0.002	0.022	100.000						

为了将主成分分析与因子分析相结合，主成分分析必须通过因子分析来实现，首先，根据初始特征值计算特征向量矩阵（表 8.15），公式如下：

$$Z_n = V_n / \mathrm{SQRT} \tag{8.17}$$

式中，n 为主因子；SQRT 为主因子特征值；V_n 为采用软件 SPSS 分析时根据数据文件定义的新变量，如 V_1、V_2，然后再将因子载荷分别输入 V_1、V_2；Z_1、Z_2 为目标变量中的特征向量。

表 8.15　特征向量矩阵

要素	V_1	V_2	成分 1 F_1	成分 2 F_2
1	0.980	–0.058	0.368	–0.044
2	0.571	–0.613	0.215	–0.469
3	0.861	–0.038	0.324	–0.029
4	0.965	–0.051	0.363	–0.039
5	0.940	0.087	0.353	0.066
6	0.986	–0.016	0.371	–0.012
7	0.813	0.266	0.306	0.203
8	0.365	0.769	0.137	0.587
9	0.892	0.08	0.336	0.061
10	0.537	0.478	0.202	0.365
11	0.615	–0.653	0.231	–0.498

根据特征向量矩阵可以计算主成分，其计算公式为

$$\begin{aligned} Z_1 = {} & 0.368X_1 + 0.215X_2 + 0.324X_3 + 0.363X_4 + 0.353X_5 + 0.371X_6 \\ & + 0.306X_7 + 0.137X_8 + 0.336X_9 + 0.202X_{10} + 0.231X_{11} \end{aligned} \tag{8.18}$$

$$\begin{aligned} Z_2 = {} & -0.044X_1 - 0.469X_2 - 0.029X_3 - 0.039X_4 + 0.066X_5 - 0.012X_6 \\ & + 0.203X_7 + 0.587X_8 + 0.061X_9 + 0.365X_{10} - 0.498X_{11} \end{aligned} \tag{8.19}$$

$$Z = \frac{a_1 Z_1 + a_2 Z_2 + a_3 Z_3 + \cdots + a_i Z_i}{A} \tag{8.20}$$

式中，X_i 为初始变量标准化值，用来对城市进行评分；Z_i 为提取的主成分因子，其计算结果为城市综合发展水平得分；A 为因子特征值的累计贡献率；a_i 为因子特征值占总特征值的比重，可通过变量分析工具得到（表 8.16）。可以将城市发展综合得分分为五个层次：>2、1～2、0～1、–1～0、<–1，它们分别对应实力最强、实力较强、实力相对较强、实力较弱、实力微弱。结果显示，第一层级是上海；第二层级包括杭州、苏州、宁波，杭州与苏州具有临近上海的优势；第三层级包括南京、南通、徐州、盐城、温州 5 个城市；第四层级包括 11 个城市，数量最多，总体实力较弱；第五个层级包括 5 个城市，这些城市在区域的整体经济实力最为微弱，发展空间较大。

表 8.16　长三角地区城市发展水平的综合评分情况

城市	Z_1	Z_2	Z	排名
上海	9.34	–1.03	4.38	1
杭州	3.47	0.19	1.90	2
苏州	0.33	3.03	1.62	3
宁波	2.33	0.01	1.22	4
南京	3.26	–1.56	0.95	5
南通	0.91	0.92	0.92	6
徐州	1.98	–1.05	0.53	7
盐城	–1.07	1.89	0.35	8
温州	0.04	0.03	0.04	9
淮安	–1.61	1.68	–0.04	10
台州	–0.63	0.49	–0.09	11
无锡	1.18	–1.60	–0.15	12
连云港	–1.63	1.30	–0.23	13
丽水	–1.90	1.34	–0.35	14
宿迁	–2.15	1.23	–0.53	15
金华	–1.16	0.02	–0.60	16
扬州	–1.24	0.05	–0.62	17
常州	–0.24	–1.23	–0.71	18
绍兴	–0.60	–0.93	–0.76	19
嘉兴	–0.90	–0.83	–0.87	20
泰州	–1.79	–0.20	–1.03	21
衢州	–2.47	0.37	–1.11	22
镇江	–1.39	–1.29	–1.34	23
湖州	–1.85	–0.78	–1.34	24
舟山	–2.21	–2.05	–2.13	25

8.5.2　快递网络与城市网络的关联性

为测度快递网络与城市网络的相关关系，对城市快递配送水平得分与城市综合发展水平得分进行拟合，对城市相对网络连接度与城市综合发展水平得分进行线性拟合（图8.12、图8.13）。结果显示，城市快递配送水平得分与城市综合发展水平得分的拟合结果呈线性正相关关系，相关系数 R^2 接近 1，且关系较为密切，城市快递发展与城市综合发展较为同步。城市相对网络连接度与城市综合发展水平得分也呈正相关关系，R^2 为 0.5423，拟合值略低，说明二者相关性较弱。

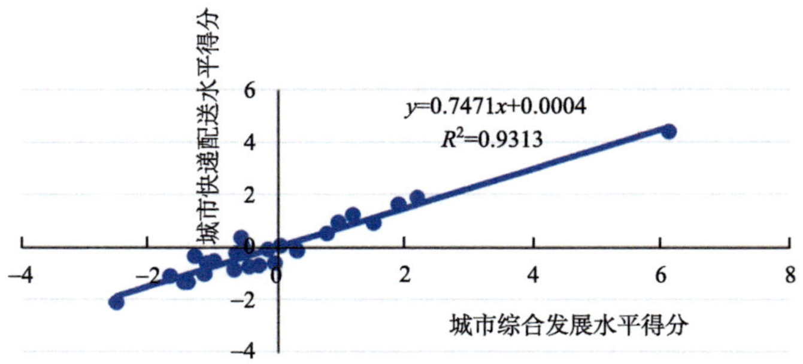

图 8.12　城市快递配送水平与城市综合发展水平拟合

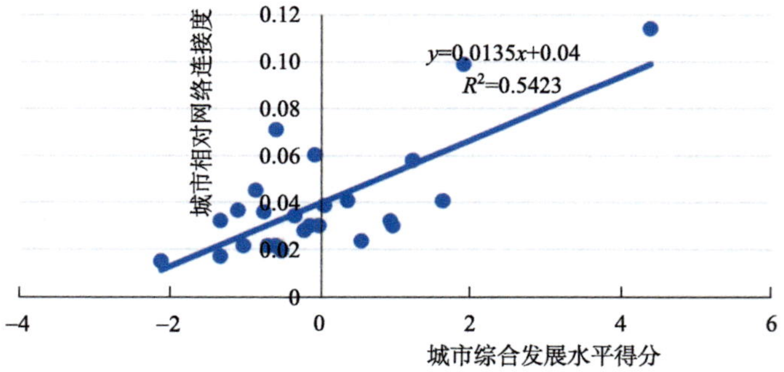

图 8.13　城市相对网络连接度与城市综合发展水平拟合

假设变量间有相似性，采用“距离-相似性度量”分析，得到长三角地区快递配送水平要素与城市综合发展的距离分析的近似矩阵（表 8.17），各变量之间的相关系数值越大，说明二者相关性越高。根据矩阵表，除了快递服务品牌集中度指数与其他要素之间的相关系数都小于 0 之外，其余要素之间基本上都大于 0，与预期基本符合。其中，快递配送水平要素与城市综合发展的经济要素等的相关变量之间的相关系数均接近 1，说明长三角地区城市网络与区域快递配送水平相关性极高。

表 8.17　长三角地区快递配送水平要素与城市综合发展的距离分析近似矩阵

项目	GDP	人均生产总值	第二产业增加值	第三产业增加值	第三产业就业人数	社会消费品零售额	互联网使用率	公路长度	公路运输量	公路货物中转量	居民人均可支配额	快递业务交易量	快递业务收入	配送汽车数量	快递服务路网长度	年人均快递消费量	年人均快递支出	快递服务品牌集中度指数
GDP	1	0.586	0.856	0.988	0.933	0.978	0.791	0.296	0.826	0.440	0.581	0.889	0.890	0.917	0.622	0.240	0.715	–0.424
人均生产总值	0.586	1	0.570	0.517	0.345	0.526	0.309	–0.149	0.411	0.142	0.683	0.405	0.310	0.428	0.405	0.076	0.349	–0.606
第二产业增加值	0.856	0.570	1	0.820	0.740	0.816	0.645	0.414	0.652	0.350	0.533	0.717	0.687	0.753	0.496	0.167	0.563	–0.412
第三产业增加值	0.988	0.517	0.820	1	0.956	0.977	0.773	0.269	0.833	0.395	0.560	0.915	0.942	0.936	0.642	0.248	0.741	–0.341
第三产业就业人数	0.933	0.345	0.740	0.956	1	0.958	0.762	0.300	0.867	0.515	0.503	0.930	0.931	0.944	0.667	0.230	0.702	–0.315
社会消费品零售额	0.978	0.526	0.816	0.977	0.958	1	0.792	0.323	0.871	0.493	0.612	0.918	0.896	0.938	0.723	0.317	0.757	–0.404
互联网使用率	0.791	0.309	0.645	0.773	0.762	0.792	1	0.498	0.662	0.422	0.309	0.724	0.693	0.738	0.509	0.204	0.549	–0.257
公路长度	0.296	–0.149	0.414	0.269	0.300	0.323	0.498	1	0.316	0.417	–0.193	0.304	0.227	0.306	0.299	0.231	0.259	–0.115
公路运输量	0.826	0.411	0.652	0.833	0.867	0.871	0.662	0.316	1	0.635	0.552	0.863	0.815	0.877	0.663	0.296	0.703	–0.407
公路货物中转量	0.44	0.142	0.350	0.395	0.515	0.493	0.422	0.417	0.635	1	0.050	0.422	0.283	0.414	0.390	–0.001	0.177	–0.502
居民人均可支配额	0.581	0.683	0.533	0.560	0.503	0.612	0.309	–0.193	0.552	0.050	1	0.591	0.499	0.629	0.485	0.448	0.624	–0.320
快递业务交易量	0.889	0.405	0.717	0.915	0.930	0.918	0.724	0.304	0.863	0.422	0.591	1	0.913	0.989	0.775	0.382	0.802	–0.289
快递业务收入	0.890	0.310	0.687	0.942	0.931	0.896	0.693	0.227	0.815	0.283	0.499	0.913	1	0.935	0.582	0.369	0.823	–0.150
配送汽车数量	0.917	0.428	0.753	0.936	0.944	0.938	0.738	0.306	0.877	0.414	0.629	0.989	0.935	1	0.724	0.420	0.837	–0.303
快递服务路网长度	0.622	0.405	0.496	0.642	0.667	0.723	0.509	0.299	0.663	0.390	0.485	0.775	0.582	0.724	1	0.360	0.619	–0.318
年人均快递消费量	0.240	0.076	0.167	0.248	0.230	0.317	0.204	0.231	0.296	–0.001	0.448	0.382	0.369	0.420	0.360	1	0.811	–0.025
年人均快递支出	0.715	0.349	0.563	0.741	0.702	0.757	0.549	0.259	0.703	0.177	0.624	0.802	0.823	0.837	0.619	0.811	1	–0.182
快递服务品牌集中度指数	–0.424	–0.606	–0.412	–0.341	–0.315	–0.404	–0.257	–0.115	–0.407	–0.502	–0.320	–0.289	–0.150	–0.303	–0.318	–0.025	–0.182	1

第 9 章　快递网络与区域空间结构：珠三角地区案例

9.1　引　言

2017 年，全国快递业务量累计完成 400.6 亿件，同比增长 28%；业务收入累计完成 4957 亿元，同比增长 24.7%，东、中、西部地区快递业务量比重分别为 81.1%、11.6% 和 7.3%，业务收入比重分别为 80.9%、10.8%和 8.3%。其中，广东快递业务量累计完成 101.4 亿件，业务收入累计完成 1146.7 亿元，分别占全国的 25.31%、23.13%，是全国首个业务量上百亿、业务收入过千亿的快递大省。2017 年，全国快递业务量前 50 位城市中，广东省的城市排序是广州市（1）、深圳市（3）、东莞市（7）、揭阳市（15）、汕头市（21）、佛山市（23）、惠州市（39）。

区域空间结构是社会经济客体在空间中相互作用及所形成的空间集聚程度和集聚形态的投影，表现为区域内各种经济活动的空间分布状态、空间组合形式及区域差异变动态势（李国平，2013）。快递业从属于物流业，近年来我国物流活动、快递服务的迅速发展受到地理学关注。国内地理学对物流活动的研究一般从其本身出发，探讨物流企业，物流活动的空间布局、空间结构、网络格局、区域之间或节点之间联系的空间结构，对城市的空间结构的影响等，对快递服务的地理学研究亦如此，但成果很少。现有相关研究鲜有就既有城市或区域空间结构对物流活动、快递服务的影响展开讨论。快递企业空间布局是否受城市、区域的既有空间结构影响？区域空间结构如何影响快递服务网络及其组织形态？区域空间结构与快递服务网络组织间到底是什么样的关系？本章从三个方面对此展开讨论：①珠三角地区的人口、工业以及综合经济空间结构及其评价；②珠三角地区市场集中度前十位快递企业网络空间组织；③珠三角地区空间结构与快递网络组织的拟合。

9.2　珠三角地区快递服务发展

9.2.1　快递服务规模的城际差异

珠三角地区是我国改革开放的先行地区，也是我国重要的经济中心区域，在全国经济社会发展和改革开放大局中具有突出的带动作用和举足轻重的战略地位。珠三角地区是拥有全球影响力的先进制造业基地和现代服务业基地，也是中国参与经济全球化的主体区域、全国科技创新与技术研发基地。按照《珠江三角洲地区改革发展规划纲要（2008—2020 年）》规划范围，珠三角地区以广州、深圳、佛山、中山、惠州、东莞、珠海、江门、肇庆为主体，辐射泛珠三角区域，并与港澳紧密合作，面积 54764km^2，2017 年末常住人口 5998.49 万人，GDP 达 69070.26 亿元。2019 年，国家发布《粤港澳大湾区发展规划纲要》。珠三角九市加上毗邻的香港和澳门，合称粤港澳大湾区，总面积 5.6 万 km^2，2017 年末总人口约 7000 万人，其是我国开放程度最高、经济活力最强的区域之一，在国家发展大局中具有重要的战略地位。

2018 年上半年广东全省实现地区生产总值 97277.77 亿元，珠三角地区生产总值 81048.50 亿元，占全省的比重为 83.3%（图 9.1）。

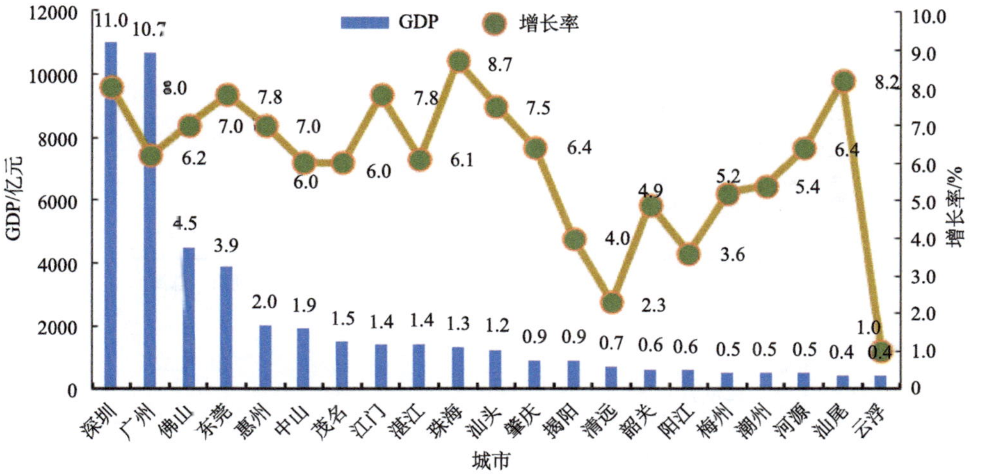

图 9.1 2018 年上半年广东各地市 GDP 及增长率

资料来源：《2018 年上半年广东各地市地区生产总值情况简析》. http://stats.gd.gov.cn/tjfx/content/post_1435462.html

2016 年，珠三角地区快递业务量共 68.41 亿件，占广东的 82.9%，快递业务收入占广东的 91.5%。2016 年，广东快递业务量排名前十的城市依次是广州、深圳、东莞、揭阳、佛山、中山、汕头、惠州、江门、珠海；其中，除揭阳、汕头两座城市外，其余城市均属于珠三角地区，由此可见珠三角地区快递业务量占据了广东快递业务的绝大部分。

2018 年，广东省全年快递业务量完成 129.7 亿件，同比增长 27.9%；快递业务收入完成 1411.3 亿元，同比增长 23.1%（表 9.1）。

表 9.1 2018 年广东省快递业务规模（广东省邮政管理局，2019）

地区	快递业务量/亿件	同比增长/%	比重/%	快递业务收入/亿元	同比增长/%	比重/%
全省	129.7	27.9	100.0	1411.3	23.1	100.0
珠三角	109.7	24.1	84.6	1253.4	21.1	88.8
粤东	17.3	57.2	13.3	122.2	47.4	8.7
粤西	1.4	35.4	1.1	17.3	27.6	1.2
粤北	1.3	29.7	1.0	18.4	21.3	1.3

2018 年，珠三角地区快递业务量排名前五位的城市依次是广州、深圳、东莞、揭阳和汕头，其快递业务量合计占全部快递业务量的比重达到 86.0%。快递业务收入排名前五位的城市依次是广州、深圳、东莞、揭阳和佛山，其快递业务收入合计占全部快递业

务收入的比重达到 86.2%。快递业务量排名前十位的城市依次是广州、深圳、东莞、揭阳、汕头、佛山、中山、惠州、潮州、珠海，其快递业务量合计占全部快递业务量的比重达到 96.5%。快递业务收入排名前十位的城市依次是广州、深圳、东莞、揭阳、佛山、中山、汕头、惠州、珠海、江门，其快递业务收入合计占全部快递业务收入的比重达到 95.8%（图 9.2）。

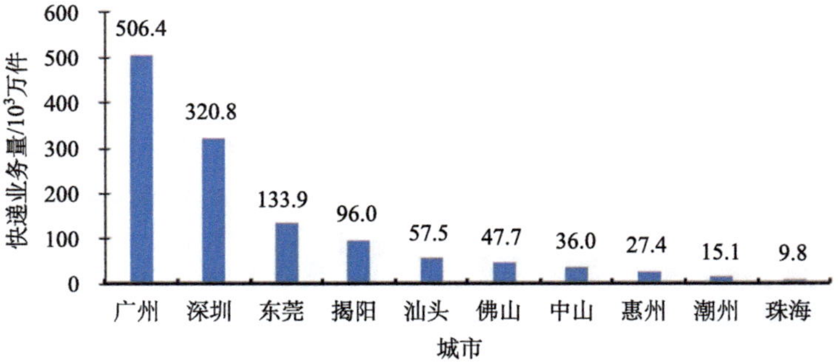

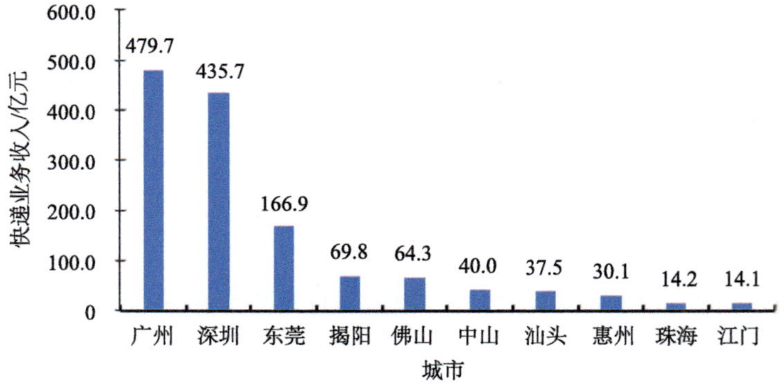

图 9.2　2018 年广东省快递业务量和业务收入前十位城市（广东省邮政管理局，2019）

9.2.2　快递服务水平的城际差异

人均年快递量以及人均年快递支出可以反映各城市人均对快递服务业的消费水平。人均年快递量越大表明快递服务业发展水平越高，人均年快递支出越大表明快递业务增长潜力越大。2016 年，广东人均快递量为 69.8 件，人均快递支出 800.3 元。2016 年，珠三角区域人均快递量达 79.44 件，人均快递量最大的是广州 204.00 件，最小的是肇庆 7.95 件，相差 24.66 倍，在平均水平之上的城市仅广州、深圳、东莞 3 座，其余 6 座城市均在平均水平以下。珠三角人均年快递支出 983.65 元，人均年快递支出最多的是深圳，为 2505.29 元，最少的是肇庆 131.28 元，相差 18.08 倍。人均年快递支出在平均水平以上的城市仅广州、深圳、东莞 3 座。因此，珠三角地区内部快递服务发展水平极度不均衡（表 9.2）。2018 年，广东人均年快递量为 114.2 件，人均年快递支出 1244.3 元。

表 9.2　珠三角快递业务发展水平（2016 年）（广东省邮政管理局，2019）

城市	快递业务量/亿件	位次	业务量比重/%	人均快递量/件	位次	人均快递支出/元	位次
广州	28.67	1	41.70	204.00	1	1968.00	2
深圳	20.45	2	30.00	171.73	2	2505.29	1
东莞	10.69	3	15.50	129.40	3	1484.00	3
佛山	2.97	4	4.31	39.95	5	644.04	5
中山	2.45	5	3.50	77.80	4	912.00	4
惠州	1.59	6	2.30	33.27	7	368.60	7
江门	0.67	7	0.97	14.86	8	245.19	8
珠海	0.60	8	0.87	36.00	6	594.50	6
肇庆	0.32	9	0.46	7.95	9	131.28	9

9.2.3　快递企业发展

快递服务品牌集中度指数 CRN 是指某行业的相关市场内，前 N 家最大的企业所占的市场份额（如产值、产量等的综合)，其是对整个行业的市场集中度测量的指标，用以衡量企业数目和相对规模差异，是市场势力的重要量化指标。近年来，全国快递服务品牌集中度指数 CR8 在 75～83 波动（图 9.3），2017 年，我国快递服务品牌集中度指数 CR8 为 78.7，2018 年 CR8 为 81.2。CR8 即 8 家最大的企业占有该相关市场的份额，快递行业规模经济效应非常显著。2013～2019 年主要快递公司快递业务量见表 9.3。

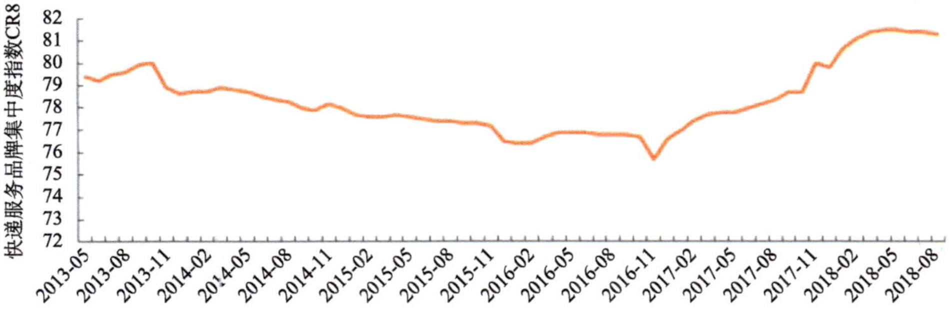

图 9.3　2013～2018 年我国快递服务品牌集中度指数变动

资料来源：《2018 快递公司（CR8）市场占有率和业务排名情况》.http://www.56tim.com/archives/50077

表 9.3　2013～2019 年主要快递公司快递业务量　（单位：亿件）

年份	申通	韵达	圆通	顺丰	中通	百世
2013	14.73	11.49	12.84	10.97	10.67	3.22
2014	23.06	15.68	18.57	16.1	18.16	7.35
2015	25.68	21.31	30.32	16.69	29.46	14.02

续表

年份	申通	韵达	圆通	顺丰	中通	百世
2016	32.6	32.14	44.6	25.8	44.98	21.66
2017	38.98	47.2	50.64	30.52	62.2	37.69
2018	51.12	69.85	66.65	38.69	82.25	54.6
2019 第 1～第 3 季度	50.47	69.33	61.51	32.51	84.32	50.98
2019 年 1～11 月	66.04	89.05	80.92	42.57		

资料来源：《2019 年中国快递业务量、快递业务收入及企业竞争格局分布》. https://www.huaon.com/story/504437

国家邮政局网站（www.spb.gov.cn）所列重点快递企业是 EMS、中外运空运、民航、中铁、顺丰、申通、圆通、韵达、中通、天天、百世、宅急送、德邦、国通、全一、京东、DHL、FedEx、UPS、TNT 20 家企业。其中，前四家为国有企业，后四家为外资企业、国际快递巨头。2018 年，广东省快递服务品牌集中度指数 CR8 为 73.0。相关研资料表明，广东 CR8 即为上述民营快递企业品牌。根据脉策科技（www.metrodata.cn）数据，珠三角地区韵达、中通、顺丰、圆通、百世、天天、申通、EMS、国通、宅急送 10 家快递企业网点总个数为 5979 个（表 9.4），按照珠三角（不包括港澳）的总面积为 4.22 万 km^2 测算，珠三角地区快递网点单位服务面积为 $7.05km^2$，快递网点单位服务半径为 2.65km。

表 9.4　珠三角十家快递网点数量

快递企业	快递网点/个
韵达	1122
中通	933
顺丰	902
圆通	744
百世	669
天天	570
申通	526
EMS	211
国通	196
宅急送	106
总计	5979

资料来源：从脉策科技数据电子 POI 获取

本章即以这 10 家快递企业为对象展开研究，将区域空间结构中的人口、工业企业、经济三要素作为自变量，快递企业网点作为因变量，利用全局性空间分析 OLS 将快递企业网点与人口要素、工业企业要素、经济要素关联起来；采用地理加权回归（GWR）模型量化研究区域人口要素、工业企业要素、经济要素与快递企业网点之间的空间异质性；再将所获得的系数进行空间栅格化，探讨各要素系数在不同空间位置上对快递企业网点产生的强弱作用、变化及其与快递企业网点布局间的关系。

9.3　空间结构及其评价

区域空间结构表现为区域内各种经济活动的空间分布状态、空间组合形式及区域差异变动态势。它的形成及演化不仅有自然禀赋、地理区位、历史和社会文化、基础设施分布、政策制度、劳动力流动、资金流动、市场发育程度等被普遍关注的影响因素，也有信息、科技、生态环境、体制创新等新因素。

快递企业的每一个快递服务网点都具备“配送”与“揽收”的服务。快递服务网点的布局与人口居住、就业分布以及工业生产分布直接相关。人口集聚程度可以反映一个地方的市场规模，工业发展和本地 GDP 则可衡量一个地区的发展水平。一个地区经济发展水平越高，居民的购买力也就越强，相应的快递之处也就越多。这里首先从人口、工业，经济发展水平（GDP）三方面分析珠三角地区的空间结构，在此基础上再探讨人口、工业、经济发展水平与快递网络组织之间的关系。

9.3.1　人口分布的空间格局

人口总规模与分级。2017 年末，珠三角 9 个市 59 个区县级行政区划单位常住人口为 6150.54 万人。其中，户籍人口 3475.10 万人，占珠三角总人口数的 56.50%，外来人口 2675.44 万人，占珠三角总人口数的 43.50%。1982 年，珠三角区域的常住人口为 1772.43 万人，35 年间常住人口增长了 247%，远超全国人口增长率水平。以下分析研究以“常住人口”为准。

2017 年末，珠三角城市人口规模等级见表 9.5，无中、小城市。

表 9.5　珠三角城市人口规模等级（广东省统计局和国家统计局广东调查总队，2018）

（单位：万人）

超大城市（＞1000 万人）	特大城市（500 万～1000 万人）	大城市		中等城市（50 万～100 万人）	小城市	
		Ⅰ型（300 万～500 万人）	Ⅱ型（100 万～300 万人）		Ⅰ型（20 万～50 万人）	Ⅱ型（＜20 万人）
深圳 1252.83 广州 1449.84	佛山 765.67 东莞 834.25	肇庆 411.54 江门 456.17 中山 326.00 惠州 477.70	珠海 176.54			

珠三角各区县人口规模状况。中山市是全国五个没有设置市辖区的城市之一。2017 年末，中山市常住人口 326.00 万人，人口密度 1810.07 人/km^2，GDP 总值 3450.31 亿元。2017 年，深圳市宝安区常住人口 314.90 万人，人口密度 7939.79 人/km^2，GDP 总值 3453.32 亿元。中山市人口规模略高于深圳市宝安区，但人口密度远远低于宝安区，GDP 总值两地基本持平（注：深圳市宝安区常住人口土地面积 396.61km^2，中山市土地面积 1800.14km^2），为方便后续研究，把中山市按照 1 个区县单元计算。2017 年，东莞市常

住人口 834.25 万人，GDP 总值 4308.9156 亿元，虽然也是不设置区县的城市，但是其按地理位置划分了 6 个片区，分别是城区片区（包括莞城、东城、南城、万江、石碣、高埗）、水乡新城片区（麻涌、洪梅、中堂、望牛墩、道滘）、滨海片区（虎门、长安、厚街、沙田）、松山湖片区（包括石龙、石排、茶山、寮步、大岭山、大朗、松山湖高新区）、东部产业园片区（包括常平、黄江、企石、桥头、横沥、谢岗、东坑）、东南临深片区（包括塘厦、清溪、樟木头、凤岗）。为便于详细剖析东莞市空间结构，将这 6 个片区按照 6 个区县单元计算。2017 年，珠三角地区其他 7 个城市的市辖区、县数为广州 11 个、深圳 9 个、珠海 3 个、佛山 5 个、江门 7 个、惠州 5 个、肇庆市 8 个，如此，珠三角各区县人口规模分级统计结果见表 9.6、图 10.4。

表 9.6　珠三角地区 59 个区县人口规模等级划分（广东省统计局和国家统计局广东调查总队，2018）

区县	人口规模分级/万人					
	<20	20～50	50～100	100～200	200～300	>300
数量/个	9	13	12	19	4	2
占比/%	15.25	22.03	20.34	32.20	6.78	3.39

注：表中数据根据珠三角地区 9 个城市 2018 年统计年鉴计算；除东莞的六个片区按市辖区、县级市、县单元计算外，中山市不设区，按一个区县单元计，其余各城市按实际区、县级市、县数量计算

显然，珠三角 9 个城市各区县的人口总规模较大，但区县之间差异也很大。深圳市宝安区人口规模最大，达 314.80 万人，经济实力雄厚，为全国百强区县排名第八；区县人口最少值在肇庆市高新区，仅为 9.15 万人，但其西距肇庆市区 45km，东距广州市 50km，属于广佛半小时经济生活圈，是广东省吸收外资的重点工业园区和示范区、国家高新区以及国家知识产权试点园区。凭借其优越的地理位置以及广东省的特殊定位，未来人口发展具有很大潜力。

珠三角地区人口主要分布珠三角中部的广州市核心区以及东南部的深圳市几个区。其中，人口大于 200 万人的区县分布在深圳市、佛山市和广州市，分别是深圳市宝安区、龙岗区，佛山市南海区、顺德区，广州市白云区；大于 100 万人的区县有深圳市福田区、罗湖区、南山区、龙华区，佛山市禅城区，广州市越秀区、海珠区、天河区、黄浦区、番禺区、花都区、增城区，东莞市城区片区、滨海片区、松山湖片区、东部产业园区、东南临深区，惠州市博罗县，珠海市香洲区，中山市。

人口密度。珠三角地区各个区县人口密度差异极大，最大值位于广州市越秀区，高达 34352 人/km^2，最小值出现在惠州市龙门县 139 人/km^2，中位数是 1844 人/km^2，平均值为 3791.75 人/km^2，平均值是中位数的 2.06 倍，最大值是中位数的 18.63 倍，中位数是最小值的 13.27 倍，由此可知珠三角内部各区县人口密度有极大的差距（表 9.7）。

珠三角地区有 19 个区县人口密度为 1000～5000 人/km^2，有 10 个区县人口密度为 500～1000 人/km^2，18 个区县人口密度＜500 人/km^2，分别占到全部区县的 32.2%、16.95%、30.50%。人口密度大于 1000 人/km^2 的区县占各自城市的比重为广州市 72.72%、深圳市 90%、东莞市 100%、佛山市 60%，其余 5 座城市的人口密度较小。例如，惠州的人口密

度最高出现在仲恺区，仅为 884 人/km^2。珠三角地区人口密度集聚在两个地方：一是广州市荔湾区、海珠区、天河区、越秀区及其周边区域；二是深圳市罗湖区、福田区及其邻近地区。

表 9.7　珠三角各城市人口密度等级　（单位：人/km^2）

高密度城市	中高密度城市	中密度城市	低密度城市
深圳（5962）	东莞（3503） 佛山（2846）	广州（1889） 中山（1828）	珠海（967） 惠州（548） 江门（480） 肇庆（605）

9.3.2　9 个城市各区县 GDP 空间分布

根据珠三角地区 9 个城市各区县的 2017 年 GDP 总量，利用 ArcGIS 将其划分 5 个档级，结果见表 9.8。显然，珠三角地区的经济总量集中于广州、深圳、东莞、佛山、中山。

表 9.8　珠三角地区 9 市各区县国民经济 GDP 分级与区县数量分布（2017 年）（单位：个）

地区	GDP 分级/亿元				
	<350	350～750	750～1500	1500～2500	>2500
广州		1	4	3	3
深圳	1	2		2	4
东莞		1	5		
佛山			2	2	1
珠海	1	1		1	
惠州	1	6			
江门	4	3			
肇庆	6	3			
中山					1
总计	13	17	11	8	9

9.3.3　9 个城市各区县社会消费品零售额空间差异

社会消费品零售额是企业（单位）通过交易售给个人、社会集团的非生产、非经营用的食物商品金额，以及提供餐饮服务所取得的收入金额，包括实物商品网上零售额，但不包括非实物商品网上零售额。珠三角工业水平高，网购普及率极高，电商行业旺盛，快递业承担了大量的急迫的社会消费需求。

珠三角区域社会消费品零售额以广州、深圳、佛山、中山、东莞为主要集聚区域（图 9.4）。

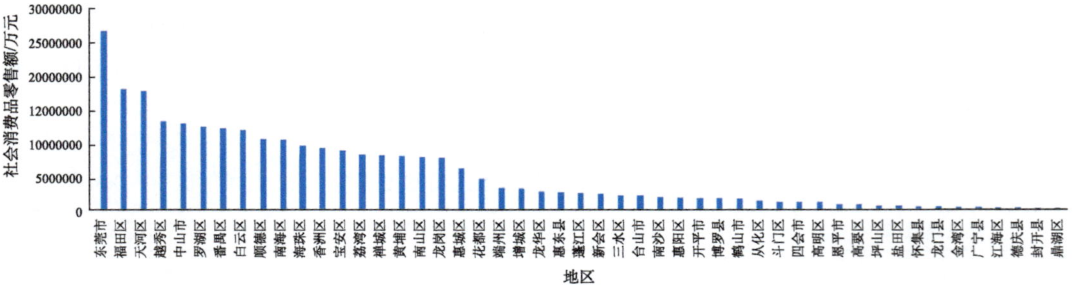

图 9.4　2017 年珠三角各区县社会消费品零售额水平（广东省统计局和国家统计局广东调查总队，2018）

东莞市、中山市为不设区地级市

9.3.4　工业的空间结构

形态紧凑度可以反映城市的空间形态，其计算公式为

$$C = \sqrt{\pi A / \rho}$$

式中，C 为形态紧凑度；A 为工业生产空间的斑块面积；P 为斑块总周长。C 值越大，工业生产空间的形态紧凑度越高，反之形态紧凑度越低。

计算结果表明，珠三角区域生产空间整体的形态紧凑度不高，范围为 0.0200～0.0697（表 9.9）。其中，形态紧凑度最高的为珠海，最低的为广州，说明珠海工业生产空间外围轮廓的形态较为紧凑，而广州工业生产空间外围轮廓的形态较为分散。珠三角 9 座城市工业空间紧凑度排名为珠海、肇庆、中山、江门、惠州、深圳、佛山、东莞、广州，9 座城市中只有肇庆和珠海的紧凑度较高。

表 9.9　珠三角各市工业生产空间紧凑度

城市	紧凑度 C
广州	0.0200
佛山	0.0219
肇庆	0.0621
深圳	0.0272
东莞	0.0204
惠州	0.0277
珠海	0.0697
中山	0.0312
江门	0.0278

核密度估计是从数据样本自身出发研究数据分布特征的方法，通过考察规则区域中点密度的空间变化来研究点的分布特征，其属于一种非参数的估计方式。

利用脉策科技数据，搜索珠三角关键词“工业”获得珠三角各个城市工业园兴趣点 POI，通过核密度分析，得到珠三角 3 个核心——在珠海市香洲区、江门市蓬江区与中山市交界、深圳宝安区以及龙华区部分，1 个次核心——广州市白云区、海珠区、越秀区、荔湾区、番禺区 5 区为外围中心。

9.4　快递网络空间组织

9.4.1　快递网点的空间分布

根据脉策科技数据，珠三角地区前十位快递企业共有 5979 个网点，平均每个快递网点的服务半径为 2.65km，快递网点集中分布于广州市中南部、佛山市东部、中山市、珠海市东部、东莞市、深圳市。

根据快递业的平均服务半径，测算网点缓冲区发现，快递网点覆盖程度最密集的地区在广州市西南部、中山市、珠海市、东莞市、深圳市。肇庆市、惠州市、江门市、佛山市西部仍存在着大量快递网点缓冲区的空白地区。

原则上，珠三角地区各快递网点在平均服务半径 2.65km 范围内，服务的时效性、便捷性能够得到保障。若超出 2.65km 范围之外，服务效率及服务质量受到影响。在 9 个城市中，肇庆市平均每个快递服务半径为 5.44km，在珠三角区域快递平均服务半径最大。以快递服务保障为 y 轴，服务半径为 x 轴，若 x 在 2.65km 范围内快递服务保障为 100%，当 x 值为 2.65～5.44km 时，y 随着 x 的增大而减小至 0，则快递服务保障度与服务距离的变化函数如图 9.5 所示。

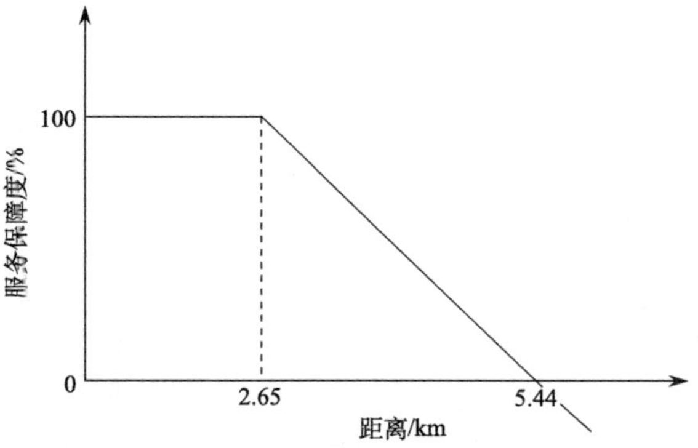

图 9.5　珠三角地区快递服务达标距离范围函数坐标图

利用面积公式反向计算珠三角地区快递网点的标准服务面积覆盖率，公式为

$$\mu = xS_1 / S \tag{9.1}$$

式中，μ 为服务面积覆盖率；x 为快递网点数量；S_1 为每个网点的服务面积；S 为城市总面积。

珠三角各城市快递标准服务面积覆盖率的计算结果见表 9.10。①广州、深圳、东莞、佛山、中山这五座城市快递标准服务面积覆盖率达 100%。②珠海快递标准服务面积覆盖率占 98.46%，表明珠海仍然存在某些地方不在快递标准服务承诺时效的地区范围内，与快递网点的距离较远。但是这个比例非常小，仅占珠海市的 1.54%，同时也证明珠海快递业较为发达。③江门、惠州、肇庆，这三座城市的快递业发展程度非常低，绝大部分地区不在快递网点最大半径 5.44km 范围内，快递服务会因为远距离配送而影响其时效性。特别是肇庆，能够达标的区域仅仅占 7.3%，快递业发展水平滞后。

表 9.10　珠三角各城市快递标准服务面积覆盖率

城市	标准服务面积覆盖率/%
广州	100
深圳	100
东莞	100
佛山	100
珠海	98.46
中山	100
江门	15.95
惠州	19.09
肇庆	7.30

9.4.2　快递网络空间结构

1. 前十位快递企业的一级城市中转场空间分布

在珠三角地区，快递企业的一级中转场集中在广州、深圳、东莞、中山 4 个城市，佛山、江门、惠州也各有一级中转场；在数量上，广州 7 家、深圳 8 家、东莞 6 家，中山 4 家。

2. 前十位快递企业网点空间重力测度

力学重心的概念表示在区域空间上存在某一点，该点在各方向上力量保持相对平衡。将其引入可以分析快递企业空间结构特征。对于空间分布不均衡的地区，其重心位置可以通过数学模型计算得出：设某个地区由 n 个行政单元构成（这里最小单元为区、县），第 i 个区域单元的重心坐标为（X_i ,Y_i），P_i 为该统计单元的某一量化统计指标，则该区域某种属性的重心坐标如下：

$$\bar{X}=\sum_{i=1}^{n}P_iX_i\Big/\sum_{i=1}^{n}P_i \tag{9.2}$$

$$\bar{Y}=\sum_{i=1}^{n}P_iY_i\Big/\sum_{i=1}^{n}P_i \tag{9.3}$$

以珠三角地区前十位快递企业网点数据测算珠三角地区各城市快递企业网点重心和整个珠三角地区快递企业网点重心发现：①各个城市快递企业网点重心的情况分别是，肇庆市的快递企业网点重心位于其中南部高要区；佛山市的位于其市中心禅城区，广州市的位于主城天河区，江门市的位于其东北部新会区；中山市的位于其市区中部；珠海市的位于其香洲区、斗门区，毗邻中山市，从东、南、西三个方向对中山市南部包围；东莞市的位于松山湖片区；深圳市的在市区中部龙华区；惠州市的在惠城区。②整个珠三角的快递企业网点重心则位于广州市南沙区、番禺区与东莞市的交界处。

9.4.3　快递业网点服务能力评价

表 9.11 和表 9.12 为珠三角地区各大城市单位快递网点服务现状。

这里选择以下指标来衡量各个城市快递网点的服务能力 y_n：

x_1 单位服务面积 = 城市面积/快递总网点数；

x_2 单位服务人口规模 = 城市总人口数/快递总网点数；

x_3 单位服务半径 = $\sqrt{x_1/\pi}$；

x_4 单位年快递量 = 城市年快递总量/快递总网点数；

x_5 单位年人均快递量。

单位服务面积的计算方式 x_1 = 城市总面积/快递总网点数。快递业作为现代运输服务业中的分支行业，若单位服务面积越小，说明快递网点布局越密集，服务时效越短，而服务行业更注重客户的体验，所以服务面积排名越靠后的城市服务能力 y_1 也就越强。因此，y_1 与 x_1 之间的关系为负相关。

单位服务人口规模的计算方式 x_2=城市总人口数/快递总网点数，与单位服务面积一样，若单位快递网点服务的总人口数越少，那么针对用户的服务性能也会越好，用户的体验感将越强。因此，y_2 与 x_2 之间的关系为负相关，若单位服务人口数越多，则服务能力越弱。

单位服务半径 $x_3=\sqrt{x_1/\pi}$，其中 x_1 是单位服务面积。单位服务面积与单位服务半径是正相关关系。单位服务半径越小，用户寻求快递服务的便捷程度将越高。因此，y_3 与 x_3 之间的关系为负相关，若单位服务半径越小，则服务能力越强。

单位年快递量 x_4=城市年快递总量/快递总网点数。与前面 4 个自变量不同的是，快递网点的单位年快递量的多与少实际上就表示快递网点的服务效力的强和弱。也可以反映出快递量越大证明快递网点的业务能力越强，网点所辐射的地域对社会零售品需求量也就越大。因此，y_4 与 x_4 之间呈正相关关系。

单位年人均快递量 x_5 的数据由各个城市的邮政管理局公布的年报所得。年人均快递量的大小与当地居民收入状况及消费水平有显著的正相关关系，越发达的地区人均消费水平越高，对服务行业的服务品质要求同样也越高。因此，y_5 与 x_5 之间呈正相关关系。

在这里快递网点的服务能力 y_n 的评判标准依据服务排名顺序分为 3 个等级，每 3 个位次的排名划分为 4 个等级，按照每一等级对快递服务能力有着正相关或负相关因素来评分，若是与 y_n 呈正相关的自变量因子，则排名 1～3 获得 3 分，3～6 名获得 2 分，7～9 名则获得 1 分；若是与 y_n 呈负相关的自变量因子，则排名 1～3 获得 1 分，4～6 名获得 2 分，7～9 名获得 3 分。因此，得到珠三角进行测评结果（表 9.13）。y_n 得分最高的是深圳和东莞，得分 14，其次是广州与中山，得分 13；再次是佛山、珠海，得分 10 分，最后是惠州、江门、肇庆。

表 9.11　珠三角各大城市单位快递网点服务现状 1（广东省统计局和国家统计局广东调查总队，2018）

城市	网点/个	网点单位服务面积/km^2	排名	单位服务人口/（万人/个）	排名
广州	1716	4.33	6	0.82	7
珠海	296	5.78	5	0.60	9
中山	477	3.73	7	0.68	8
深圳	1387	1.44	9	0.86	6
佛山	583	6.64	4	1.28	4
东莞	867	2.84	8	0.95	5
肇庆	161	93.16	1	2.56	1
江门	220	43.20	2	2.07	2
惠州	321	36.13	3	1.49	3

表 9.12　珠三角各大城市单位快递网点服务现状 2（广东省统计局和国家统计局广东调查总队，2018）

城市	单位服务半径/km	排名	单位年快递量/万件	排名	单位年人均快递量/件	排名
广州	1.17	6	167.07	1	204.00	1
珠海	1.35	5	20.27	8	36.00	6
中山	1.08	7	51.36	4	77.80	4
深圳	0.67	9	147.44	2	171.73	2
佛山	1.45	4	50.94	5	39.95	5
东莞	0.94	8	123.30	3	129.40	3
肇庆	5.44	1	19.88	9	7.95	9
江门	3.70	2	30.45	7	14.86	8
惠州	3.39	3	49.53	6	33.27	7

表 9.13　珠三角各城市快递服务能力评分标准

城市	x_1	x_2	x_3	x_4	x_5	y_n
广州	2	3	2	3	3	13
深圳	3	2	3	3	3	14
东莞	3	2	3	3	3	14
佛山	2	2	2	2	2	10
中山	3	3	3	2	2	13
珠海	2	3	2	1	2	10
江门	1	1	1	1	1	5
惠州	1	1	1	2	1	6
肇庆	1	1	1	1	1	5

注：x_1～x_5为快递业各项发展指标，y_n为快递服务能力

由具体各项得分因子看，深圳与东莞的快递服务能力发展各项得分一致；广州和中山快递服务能力发展优势和劣势不同，中山的快递服务能力突出在单位服务面积以及单位服务半径上更优于广州，而广州则在单位年快递量、与单位年人均快递量上更胜中山一筹，且单位年快递量与单位年人均快递量上广州是远远高于中山的，但是在庞大的业务量背景下，服务半径与服务面积的短板使其服务质量受到影响。佛山市发展较为均衡，所有项目因子评分均相等，发展均处于中等水平；珠海与其相比则略有不同，珠海在快递服务能力水平上单位服务人口方面非常突出，达到 3 分，平均每个快递网点服务 0.60 万人，但在单位年快递量上表现较差，仅 1 分，这可能与珠海人均消费水平有关。例如，珠海与广州相比，两者的快递单位服务人口数量相差无几，但在单位快递总量上相差巨大。排名靠后的其他城市各方面均发展较差。

9.5　空间结构与快递网络组织的拟合

9.5.1　全局相关性分析

将珠三角地区每个区县级单元内的快递企业数量（2017 年）作为因变量，将经济因素、人口因素、市场因素、企业集聚因素等具体指标作为自变量，其中经济因素包括国民经济 GDP、社会消费品零售总额；人口因素包括人口密度和人口规模；市场因素包括人均可支配收入，企业集聚因素指每个区县单元的工业企业数量（表 9.14），以此构建全局相关性分析（OLS）模型，结果见表 9.15。

表 9.14　因变量与自变量

因变量	自变量	
快递企业数量	经济因素	国民经济 GDP
		社会消费品零售总额
	人口因素	人口密度
		人口规模
	市场因素	人均可支配收入
	企业集聚因素	工业企业数量

表 9.15　OLS 模型参数及检验结果

自变量	Multiple *R*-Squared=82.25%	
	系数	VIF
国民经济 GDP	0.000001	2.779110
社会消费品零售总额	0.000009	3.176759
人口密度	–0.002939	2.791565
人口规模	0.148686	2.096878
人均可支配收入	0.000356	2.860893
工业企业数量	0.313148	1.540318

结果分析：①Multiple R-Squared 表示 OLS 回归方程解释自变量对因变量影响的程度为 82.25%，自变量的选取可信度较高。②因相关性检验系数值越大，所选取的自变量与因变量之间的关系越紧密，所以根据所选取的因素按检验系数绝对值排名得到工业企业数量、人口规模、人口密度、人均可支配收入、社会消费品零售总额、GDP 对快递企业数量的影响依次减弱。③除了人口密度与快递企业数量之间呈负相关关系外，其他所选取的自变量均与快递企业数量呈正相关。④检验系数还有一种解读：工业企业数量的检验系数为 0.313148，表示工业企业数量每增加一个单位，快递企业数量增加 0.313148 个单位；人口密度为–0.002939，表示人口密度每增加一个单位，则快递企业数量减少 0.002939 个单位。⑤各自变量 VIF 值均小于 7.5，说明所选取的自变量均不存在多重线性关系。

9.5.2　地理加权回归分析

OLS 基于研究区域的均质化，无法解释珠三角各区县内部空间异质性，即回归参数随地理位置变化而变化，若运用加权回归系数能够更准确地体现出这些变化。

在 OLS 的基础上，设某个研究单元 i 的地理中心坐标为（u_i，v_i），β_k 为连续函数 $\beta_k(u, v)$ 在 i 单元的值，根据上文所选取的影响快递企业数量的四类因素及其参数，地理加权回归（GWR）模型如下：

$$Y = \beta_0(u_i, v_i) + \sum_{j=1}^{k}(u_i, v_i)x_{ij} + \sum_{j=2}^{k}(u_i, v_i)x_{ij} + \sum_{j=3}^{k}(u_i, v_i)x_{ij} + \zeta \tag{9.4}$$

式中，Y 为因变量；$\beta_0(u_i, v_i)$ 为空间地理位置函数；x_{ij} 为自变量；ζ 为常数。

GWR 系数的计算利用 ArcGIS 软件的空间分析工具——GWR 工具执行，其中模型的计算运用 AICc 方法，运行结果见表（表 9.16、表 9.17）。

表 9.16　GWR 模型参数估计及检验结果

模型参数	数值
Bandwidth	227805.9736
Residual Squares	108876.1196
Effective Number	9.1485
Sigma	49.2695
AICc	586.7735
R^2	0.8341
Adjusted R^2	0.8039

表 9.17　GWR 模型回归系数的描述性统计分析

变量	平均值	最大值	最小值
国民经济 GDP	0.000001	0.000001	0
社会消费品零售总额	0.000009	0.000011	0.000008
人口密度	–0.002931	–0.002665	–0.003455
人口规模	0.616322	0.681616	0.523295
人均可支配收入	0.000332	0.000548	0.000227
工业企业数量	0.320676	0.339322	0.297220

R^2 为拟合优度，模型拟合优度为 83.41%，较 OLS 的拟合优度 82.25%高。因此，GWR 模型的拟合结果优于 OLS 模型的拟合结果。

对研究区域 59 个区县所选取的自变量的各个系数的平均值、最大值、最小值进行统计，结果显示，所统计的平均值、最大值、最小值的数值波动较小，表明研究区域中 54 个区县所选取的自变量在空间上较为稳定。除人口密度对快递网点的布局有负向影响外，其余自变量均对所研究区域快递网点布局有正向影响，实验结果与 OLS 结果相吻合。

GWR 分析表明：①国民经济 GDP、社会消费品零售总额回归系数对快递企业布局影响较弱；②人口规模回归系数对快递企业的分布影响强度最强，其次为工业企业数量回归系数、人口密度回归系数、人均可支配收入回归系数。

本章快递网点的经纬度数据是通过脉策科技数据爬取得到的，未能获得快递网点的快递流量数据。若能掌握快递业的相关数据以及研究区域各个地理单元的社会经济发展的翔实数据，将能更加准确地揭示快递企业与地区空间结构之间的关系，帮助快递企业提高服务质量，降低运营成本，从而有助于区域规划、城市规划的实施。

参考文献

安徽省邮政管理局. 2015. 2015 年安徽省邮政行业发展统计公报. http: //ah.spb.gov.cn/xytj/201908/t20190820_1906493. html [2016-05-28].

百世快递. 2016. 关于我们. http: //www. 800bestex. com/home/About [2016-09-30].

百世快递. 2019. 供应链/服务网络. http: //www. 800best. com/supply-chain/ [2019-09-30].

彼得·霍尔, 凯西·佩恩. 2010. 多中心大都市: 来自欧洲巨型城市区域的经验. 北京: 中国建筑工业出版社.

长三角联合研究中心. 2016. 长三角年鉴 2016. 南京: 河海大学出版社.

崔颂懿, 孔德文, 王茉. 2019. 客运枢纽人群迷路区的快速识别与优化——以北京南站为例. 交通标准化, 5(3): 34-41.

广东省统计局, 国家统计局广东调查总队. 2018. 广东统计年鉴-2018. 北京: 中国统计出版社.

广东省邮政管理局. 2019. 2018 年广东省邮政行业发展统计公报. http: //gd.spb.gov.cn/xytj/201905/t20190528_1842690. html [2019-12-10].

国家邮政局发展研究中心, 德勤. 2014. 中国快递行业发展报告. https: //www2.deloitte.com/cn/zh/pages/public-sector/articles/china-express-sector-development-report2014. html [2014-09-30].

韩江平. 2007. 中国铁道年鉴. 北京: 中国铁道出版社.

贺登才, 刘伟华. 2011. 现代物流服务体系研究. 北京: 中国物资出版社.

康浩, 王昊, 赖建辉, 等. 2019. 基于多源大数据的北京铁路枢纽客流特征研究. 交通工程, 19(2): 9-14, 26.

况爱武, 黄中祥. 2007. 随机供求下的道路服务水平可靠性. 系统工程, 25(6): 25-30.

李程. 2013. 基于灰色-神经网络的上海物流量组合预测. 物流技术, (1): 143-146.

李国平. 2013. 中国区域空间结构演化态势研究. 北京大学学报(哲学社会科学版), 50(4): 148-157.

李海涛. 2018. 北京西站创新发展实践及启示. 中国铁路, (12): 37-42.

李善同, 侯永志. 2003. 中国大陆: 划分 8 大社会经济区域. 产经评论, (5): 12-15.

李小建. 2006. 经济地理学(第二版). 北京: 高等教育出版社.

林珊, 温惠英. 2014. 基于 AHP-DE 模型的物流公司绩效评价研究. 华南理工大学学报(社会科学版), 16(3): 50-55.

刘一波, 陈灵明. 2014. 基于 DEA 模型的区域物流效率评价实证分析. 物流技术, (15): 206-208.

罗德里格, 孔泰, 斯莱克. 2014. 交通运输地理. 王建伟, 付鑫译. 北京: 人民交通出版社.

倪玲霖, 王姣娥, 胡浩. 2012. 中国快递企业的空间组织研究: 以顺丰速运为例. 经济地理, 32(2): 82-88.

彭庆艳. 2017. 面向 2040 年的上海市骨干路网发展规划. 上海城市管理, (5): 56-64.

前瞻产业研究院. 2020. 2020 年中国航空物流行业市场现状及发展前景分析. https: //bg.qianzhan.com/trends/detail/506/200513-84d56234. html [2021-05-28].

山红梅, 杨珂欣, 胡海涛, 等. 2019. 我国邮政业综合技术效率评价及其影响因素——基于 DEA 和 Tobit 回归模型的分析. 地域研究与开发, 38(1): 11-16.

上海市邮政管理局. 2015. 2014 年上海市邮政行业发展统计公报. http: //sh.spb.gov.cn/hytj1/201505/

t20150520_479299. Html [2015-05-28].

上海市邮政管理局. 2016a. 2015 年上海市邮政行业发展统计公报. http: //xxgk.sh.spb.gov.cn/extranet/detail. html?yc_id=a84472e5-e913-43f5-bdc5-186595034934 [2016-05-28].

上海市邮政管理局. 2016b. 快递企业名录. http: //sh.spb.gov.cn/bmfw/kdqyml/201509/t20150910_643501.html [2016-05-28].

上海市邮政管理局. 2016c. 上海市邮政管理局网站: 行业统计. http: //sh.spb.gov.cn/hytj1/index.html [2016-07-12].

沈丽珍, 席广亮, 秦萧, 等. 2018. 基于快递物流测度的区域流动空间特征——以江苏省为例. 人文地理, 33 (1): 102-108.

王成金, 金凤君. 2005. 中国交通运输地理学的研究进展与展望, 地理科学进展, 24(6): 66-78.

王殿海, 祁宏生. 2010. 交通可靠性研究综述. 交通运输系统工程与信息, (10): 12-21.

王海江, 苗长虹. 2008. 我国客运交通联系的距离衰减规律. 经济地理, 28(2): 275-279.

吴贵文, 黄敬前. 2013. 我国主要民营快递企业物流绩效评价研究——基于超效率 DEA 模型. 物流工程与管理, 11: 102-103.

吴庆春, 李帮义, 丁立波. 2007. 基于主成份分析的江苏省各市区经济发展潜力评价. 价值工程, (9): 25-27.

徐杰, 郑凯, 田源, 等. 2001. 物流中心选址的影响因素分析及案例. 北方交通大学学报, 25(5): 80-82.

杨从平. 2014. 基于复杂网络理论的快递物流配送网络分析——以广西某快递公司为例. 物流技术, (9): 255-257.

杨良杰, 吴威. 2013. 基于 SBM-Undesirable 模型的 1997～2010 年中国公路运输效率评价. 地理科学进展, 32(11): 1602-1611.

杨忠臣, 陆玉麒. 2003. 高速公路建设与区域城镇分布的相互影响初探——以山东省为例. 中国人口·资源与环境, (3): 60-64.

殷峻, 俞济涛, 王丽萍. 2012. 空铁联运接驳方式研究与实践. 高速铁路技术, (5): 12-16.

云珠. 2014. 中铁快运开通高铁快递业务. 综合运输, (4): 1.

张兵, 胡华清, 张莉, 等. 2010. 中国航空货运发展及其空间格局研究. 地理科学, 30(4): 489-495.

张恒博. 2018. 我国航空货运空间组织研究. 综合运输, 40(12): 5-11, 91.

中国民用航空局. 2017. 2016 年民航行业发展统计公报. http: //www.ccaonline.cn/zhengfu/331088.html [2020-06-28].

中国民用航空局. 2019. 2018 年民航行业发展统计公报. http: //www.ccaonline.cn/zhengfu/zftop/514960.html [2020-05-28].

中国民用航空局. 2020. 2019 年民航行业发展统计公报. http: //www.aero.cn/2020/0607/99509.html [2020-05-28].

中国民用航空局发展计划司. 2017. 从统计看民航(2017). 北京: 中国民航出版社.

中铁快运. 2012. 从“经营”向“精营”——中铁快运以客户为中心的服务创新. 物流技术与应用(货运车辆), (5): 62-64.

周华林, 李雪松. 2012. Tobit 模型估计方法与应用. 经济学动态, (5): 105-119.

朱晖, 潘爱丰. 2014. 空铁联运下高铁枢纽地区的规划设计策略. 规划师, (3): 50-54.

Banker R D, Charnes A, Cooper W W. 1984. Some models for estimating technical and scale inefficiencies in data envelopment analysis. Management Science, 30(9): 1078-1092.

Bowersox D J, Closs D J. 1996. Logistical Management: The Integrated Supply Chain Process. New York: Mcgram-Hill Companies.

Brilon W J, Geistefeldt J, Regler M. 2005. Reliability of Freeway Traffic Flow: A Stochastic Concept of Capacity. Proceedings of the 16th International Symposium on Transportation and Traffic Theory. Maryland: Elsevier.

Charnes A, Cooper W, Rhodes E. 1978. Measuring the efficiency of decision making units. European Journal of Operational Research, 2: 429-444.

Chestler L. 1985. Overnight air express-spatial pattern, competition and the future in small package delivery service. Transportation Quarterly, 39(1): 59-71.

Cooper L. 1963. Location-allocation problems. Operations Research, 11(3): 331-343.

Hanink D M. 1997. Principles and Applications of Economic Geography: Economy Policy Environment. New York: John Wiley & Sons.

Hesse M, Rodrigue J. 2004. The transport geography of logistics and freight distribution. Journal of Transport Geography, 12: 171-184.

Janic M. 2003. High-speed rail and air passenger transport: a comparison of the operational environment performance. Journal of Rail and Rapid Transit, 217: 259-269.

Lida Y, Asakura Y, Tanaka H. 1986. Optimal on-ramp traffic control method for urban expressway network with multiple routes. Proeeedings of Infrastructure Planning, 12B: 305-312.

Lida Y, Hasegawa T, Askura Y, et al. 1989. A Formulation of ON-ramp Traffic Control System with Route Guidance for Urban Expressway. Paris: IFAC/IFFIP/IFORS-sixth International Conference on Control in Transportation Systems.

Lin C C, Chen S H. 2004. The hierarchical network design problem for time-definite express common carriers. Transportation Research Part B: Methodological, 38(3): 271-283.

López-Pita A. 2003. The effects of high-speed rail on the reduction of air traffic congestion. Journal of Public Transportation, 6(1): 37-52.

Robert A. 1993. Frankfurt airport pioneering intermodal air-rail developments. Railways and Air Transport, 3: 31-35.

Rodrigue J P, Claude C, Brian S L. 2014. 交通运输地理. 北京：人民交通出版社.

Tone K A. 2001. Slacks-based measure of efficiency in data envelopment analysis. European Journal of Operational Research, 130(3): 498-509.

van Vuuren D V. 2002. Optimal pricing in railway passenger transport: theory and practice in The Netherlands. Transport Policy, 9(2): 95-106.

Vance J E. 1995. The growth of Canada, the mereanlile model, and the corridor of exploitation//Wong S T. Person, Place and Thing-interpretation and Empirical Essays in Cultural Geography. Baton Rouge: Department Geography and Anthropology Louisiana State University: 145-175.

Wang J J, Xiao Z. 2015. Co-evolution between e-tailing and parcel express industry and its geographical imprints the case of China. Journal of Transport Geography, 46: 20-34.

Yang H, Yagar S, LidaY, et al. 1994. An algorithm for the inflow control problem on urban freeway networks with usuer optimal flows. Transportation Research Part B: Methodological, 28B: 123-139.